Attributionstheorie

Attributions-theorie

Grundlagen und Anwendungen

herausgegeben von

Friedrich Försterling
und
Joachim Stiensmeier-Pelster

Hogrefe · Verlag für Psychologie
Göttingen · Bern · Toronto · Seattle

Prof. Dr. Friedrich Försterling, geb. 1953. Studium der Psychologie an der Universität Salzburg, 1977 Promotion. 1977-79 Postdoktoranden-Studium an der University of California, Los Angeles, und Fellowship am Institute for Rational-Emotive Therapy, New York. 1979-88 Wissenschaftlicher Assistent im Bereich Allgemeine Psychologie, Universität Bielefeld. Seit 1986 Lehrbefugnis für das Fach Psychologie. 1988/89 Gastprofessur im Fach Sozialpsychologie, University of Western Ontario, London, Kanada. 1992 Vertretung einer Professur für Persönlichkeitspsychologie, Universität Kiel. Seit 1992 Professur für Sozialpsychologie an der Pädagogischen Hochschule Erfurt.

PD Dr. Joachim Stiensmeier-Pelster, geb. 1957. Studium der Psychologie an der Universität Bielefeld, Diplom 1983; Promotion 1987. 1992 Habilitation an der Universität Bielefeld. Seit 1992 Vertretung einer Professur für Lernen und Kognition an der Universität Bielefeld.

© by Hogrefe · Verlag für Psychologie, Göttingen 1994

Druck: Dieterichsche Universitätsbuchdruckerei
W. Fr. Kaestner GmbH & Co. KG, D-37124 Göttingen-Rosdorf
Printed in Germany
Auf säurefreiem Papier gedruckt

ISBN 3-8017-0639-7

INHALTSVERZEICHNIS

Vorwort

Der vorliegende Band setzt sich aus Beiträgen zusammen, die gegenwärtige Gebiete attributionstheoretischer Forschung zusammenfassen. Die sich mit Attributionen beschäftigende Forschung kann bereits auf eine beachtliche Tradition zurückschauen, und ein Blick in die in den siebziger und achtziger Jahren herausgegebenen einschlägigen Sammelbände gibt Auskunft über die Geschichte dieser Forschung.

Zunächst einmal zeigt das Erscheinungsdatum der ersten Sammelbände (s. z. B. Görlitz, Meyer & Weiner, 1978; Harvey, Ickes & Kidd, 1976, 1978; 1981; Jones, Kanouse, Kelley, Nisbett, Valins & Weiner, 1971; Weary, Stanley & Harvey, 1989), daß Attributionstheorien schon eine recht lange Zeit das Interesse von Psychologinnen und Psychologen eingenommen haben; in der Tat hat kein anderer theoretischer Ansatz innerhalb der Sozialpsychologie so umfangreich und dauerhaft Forschungsarbeiten stimuliert wie die Attributionstheorien.

In den ersten Sammelbänden über Attribution waren vornehmlich Sozialpsychologen vertreten (s. z. B. Görlitz et al., 1978). Dies reflektiert möglicherweise, daß die Attributionstheorien in der ersten Phase ihrer Entwicklung hauptsächlich innerhalb ihrer Ursprungsdisziplin weiterverfolgt wurden.

Attributionstheoretische Forschung in den achtziger Jahren verließ dann ihre Ursprungsdisziplin und wurde auf Fragen der unterschiedlichen Anwendungsgebiete der Psychologie bezogen. Die einschlägigen Sammelbände waren daher auch durch Beiträge gekennzeichnet, in denen die Attributionstheorie auf Fragestellungen aus verschiedenen Anwendungsgebieten der Psychologie bezogen wurde, wie etwa auf Fragen der Klinischen und der Pädagogischen Psychologie.

Die Themen des vorliegenden Bandes reflektieren möglicherweise ebenfalls einen Trend in der Forschungsentwicklung. Die Beiträge stammen diesmal unter anderem von Vertreterinnen und Vertretern unterschiedlicher Teildiszplinen der psychologischen Grundlagenforschung. Die Themen reichen dabei von Fragen der Beziehung zwischen Attribution und Sprache über emotionspsychologische Überlegungen bis hin zu entwicklungspsychologischen Fragen.

Insgesamt reflektieren die in den einschlägigen Sammelbänden zusam-

mengefaßten Forschungsarbeiten der letzten Jahrzehnte somit die Entwicklung der Attributionstheorien: In den siebziger Jahren sind sie den Kinder-
schuhen entwachsen; noch relativ jung haben sie dann in den achtziger
Jahren auf unterschiedlichen psychologischen Anwendungsgebieten mit
anderen Theorien gewetteifert; und heute, in den neunziger Jahren, sind sie
erwachsen, nehmen ihren festen Platz in der Familie psychologischer
Theorien ein, und befinden sich in einem regen Austausch mit zahlreichen
Gebieten und Forschungsbereichen der Psychologie.

Da Themen der Attributionspsychologie inzwischen in unterschiedlichen
Bereichen der Psychologie zum Forschungsgegenstand geworden sind,
haben sich in diesen Bereichen Erkenntnisse angesammelt, die attributionstheoretisch interessierten Wissenschaftlern aus anderen Gebieten nicht
unmittelbar zugänglich sind. Wir haben daher Vertreterinnen und Vertreter
verschiedener Teilbereiche der Psychologie gebeten, attributionspsycho-
logische Forschung aus den Gebieten, in denen sie arbeiten, zusammen-
zufassen. Die Buchbeiträge stellen daher umfassende Zusammenfassungen
von Experten auf den jeweiligen Gebieten dar, die für eine größere Leser-
schaft von Interesse sein dürften.

Bernard Weiner beschäftigt sich mit einem grundlagenbezogenen Thema, nämlich der Attribution von Schuld und Verantwortung. Der Beitrag
von Klaus Fiedler ist einer Serie von Arbeiten zuzuordnen, die die Attributionstheorie mit der Sprachwissenschaft zu verbinden versuchen. Merry
Bullock diskutiert attributionstheoretische Fragen in der Entwicklungspsychologie, und das Kapitel von Miles Hewstone hat ein klassisch sozialpsychologisches Thema zum Gegenstand, nämlich Ingroup und Outgroup-
Attributionen.

Die Beiträge von Rainer Reisenzein, Wulf-Uwe Meyer und Sabine
Rethorst zeigen den Platz attributionstheoretischer Überlegungen im Bereich
der Emotionspsychologie auf, und der Beitrag von Joachim Stiensmeier-
Pelster liefert einen Überblick zu neuerer Forschung zum Phänomen der
gelernten Hilflosigkeit, in der lernpsychologische und attributionstheoretische Ansätze schon seit längerem eine fruchtbare Verbindung eingegangen
sind.

Die Arbeiten von Ralf Schwarzer und Friedrich Försterling befassen
sich schließlich mit attributionstheoretischen Aspekten gesundheitsbezogenen
Verhaltens (Schwarzer) bzw. der Bedeutung attributionstheoretischer Überlegungen für die Klinische Psychologie (Försterling).

Wie diese Themen zeigen, hat die Attributionstheorie eine Fülle von
Anregungen für verschiedene Bereiche der Psychologie geliefert. Wie kaum
eine andere Theorie hat sie es auch Kritikern ermöglicht, ein Arbeitsfeld für
sich zu erschließen, und das ist sicherlich gut, denn der wissenschaftliche

Fortschritt lebt von Kritik. Begrüßenswert ist aber auch, daß diejenigen Kritiker, die behauptet haben, die Attributionstheorien seien eine Modeerscheinung, die sich mit Trivialitäten oder mit Phänomenen von geringer ökologischer Validität beschäftigt, durch die über Jahrzehnte hinweg kontinuierlich publizierten Forschungsberichte widerlegt worden sind.

Die Themen des vorliegenden Buches deuten darauf hin, daß das Thema Attribution noch lange Zeit das Interesse von Psychologinnen und Psychologen in Anspruch nehmen wird.

Bielefeld, im Oktober 1993 Friedrich Försterling
Joachim Stiensmeier-Pelster

Literatur

Görlitz, D., Meyer, W.-U., und Weiner, B. (Hg.) (1978). *Bielefelder Symposium über Attribution.* Stuttgart: Klett-Cotta.

Harvey, J. H., Ickes, W., und Kidd, R. F. (Hg.) (1976). *New directions in attribution research (Vol. 1).* Hillsdale, NJ: Erlbaum.

Harvey, J. H., Ickes, W., und Kidd, R. F. (Hg.) (1978). *New directions in attribution research (Vol. 2).* Hillsdale, NJ: Erlbaum.

Harvey, J. H., Ickes, W., und Kidd, R. F. (Hg.) (1978). *New directions in attribution research (Vol. 3).* Hillsdale, NJ: Erlbaum.

Jones, E. E., Kanouse, D. E., Kelley, H. H., Nisbett, R. E., Valins, S., und Weiner, B. (Hg.) (1971). *Attribution: Perceiving the causes of behavior.* Morristown, N.J.: General Learning Press.

Weary, G., Stanley, M. A., und Harvey, J. H. (Hg.) (1989). *Attribution.* New York: Springer.

Kapitel 1

Sünde versus Krankheit: Die Entstehung einer Theorie wahrgenommener Verantwortlichkeit

Bernard Weiner

University of California, Los Angeles

Attributionstheoretiker beschäftigen sich mit den Ursachen, mit denen der "Mann auf der Straße" Ereignisse, Handlungen und Handlungsergebnisse erklärt. Attributionstheoretiker fragen sich also beispielsweise, wie man zu ganz bestimmten Antworten auf Fragen wie die folgenden kommt: "Warum habe ich (oder eine andere Person) Erfolg/Mißerfolg in der Schule oder im Beruf? Warum wurde meine Einladung (oder die einer anderen Person) abgelehnt/akzeptiert? Warum sind die Reichen reich und die Armen arm?"

Die Antworten auf solche "Warum"-Fragen können sehr unterschiedlich ausfallen und spezifische Umstände können idiosynkratische Ursachenzuschreibungen hervorrufen. Allen Ursachen von Ereignissen sind jedoch drei Eigenschaften gemein: Sie sind entweder innerhalb (internal) oder außerhalb (external) des Handelnden lokalisiert (Lokationsdimension oder Personenabhängigkeit); sie sind über die Zeit stabil oder instabil (Dimension der Stabilität); und sie sind durch den Handelnden willentlich kontrollierbar und veränderbar oder unkontrollierbar und unveränderbar (Dimension der Kontrollierbarkeit; zsf. Weiner, 1985; 1986). So wird z.B. geringe Fähigkeit als Ursache für einen Mißerfolg in Mathematik meist als internal, stabil und unkontrollierbar betrachtet. Dagegen wird eine bereits getroffene Verabredung als Ursache für die Ablehnung einer Einladung durch eine Person gewöhnlich als etwas Externales, Instabiles und nicht Kontrollierbares angesehen. Die Existenz dieser Dimensionen phänomenaler Kausalität zeigt, daß Personen Ursachen in breiten Kategorien organisieren, die über spezifische Situationen und psychologische Kontexte hinausgehen.

Die Klassifikation einer Ursache als kontrollierbar bedeutet nicht nur, daß diese Ursache willentlich verändert werden kann, sondern impliziert auch persönliche Verantwortlichkeit. Die Konzepte der Kontrollierbarkeit und der Verantwortlichkeit sind daher eng miteinander verflochten. Wenn also eine Ursache – wie zum Beispiel mangelnde Anstrengung – für eine Person willentlich kontrollierbar oder veränderbar ist, dann wird die Person für einen durch mangelnde Anstrengung bedingten Mißerfolg auch verantwortlich gemacht. Ein durch mangelnde Fähigkeit verursachter Mißerfolg wird dagegen als unkontrollierbar angesehen, was die Person von der Verantwortung für das negative Ergebnis entbindet. Zusammenfassend schließen somit Wahrnehmungen von Kausalität Annahmen von persönlicher Verantwortlichkeit mit ein.[1]

Dieses Kapitel befaßt sich mit der Dimension der Kontrollierbarkeit und mit den Konsequenzen, die sich ergeben, wenn wir andere Personen für etwas verantwortlich machen. Ich werde über die Entstehung einer Theorie der persönlichen Verantwortlichkeit berichten und gleichzeitig aufzeigen, daß dieses Konzept die soziale Interaktion in erheblichem Maße beeinflußt. Es wird dargelegt, daß man dazu neigt, andere Personen als verantwortlich oder nichtverantwortlich für negative Ereignisse wahrzunehmen und aufgrund dessen als "gut" oder "böse" zu beurteilen. Zwar wird schon in der Bibel vor solchen Urteilen und ihren Konsequenzen gewarnt ("Wer von euch ohne Sünde ist, werfe als erster einen Stein auf sie", Evangelium des Johannes, Kapitel 8, Vers 7; "Richtet nicht, damit ihr nicht gerichtet werdet!", Evangelium des Matthäus, Kapitel 7, Vers 1). Dennoch scheinen Zuschreibungen von Verantwortlichkeit und die an sie geknüpften Bewertungen im täglichen Leben allgegenwärtig zu sein. Vermutlich wären die biblischen Warnungen nicht notwendig gewesen, wenn dies anders wäre. Aber es ist eine Sache, die weite Verbreitung und die Bedeutung von Verantwortlichkeitszuschreibungen zu dokumentieren und eine andere, eine korrespondierende psychologische Theorie zu entwickeln. Dieses Kapitel beschäftigt sich mit der Entwicklung einer solchen Theorie, welche versucht, Urteile über Verantwortlichkeit (Sünde) in ein breiteres konzeptuelles System zu integrieren.

---

[1] Kausale Kontrollierbarkeit und persönliche Verantwortlichkeit stehen auch in Beziehung zu Konzepten wie Intentionalität, Fehlverhalten, Schuld und so weiter. Diese Themen können aufgrund ihrer Komplexität in diesem Artikel nicht behandelt werden.

Bewertungen in leistungsbezogenen Situationen

Den Ausgangspunkt für die Entwicklung der im folgenden zu schildernden
Theorie bildeten Untersuchungen zu den Determinanten von Bewertungen

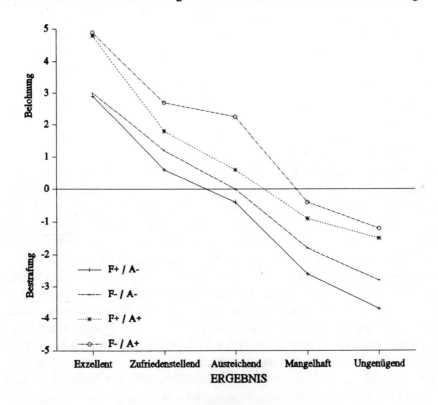

Abbildung 1
Sanktionierung in Abhängigkeit von Leistungsergebnis, vorhandener (+)
bzw. nicht vorhandener (-) Anstrengung (A) und Fähigkeit (F)
(aus Weiner & Kukla, 1970)

im Leistungskontext. Zur Frage, wie Bewertungen von Personen in leistungsbezogenen Situationen (in der Schule, bei sportlichen Wettkämpfen
und am Arbeitsplatz) vorgenommen werden, existiert eine umfangreiche
Literatur. Ein Teil dieser Forschungsarbeiten variierte die wahrgenommenen
Ursachen für Erfolg und Mißerfolg und erfaßte deren Einfluß auf Bewertungen. Eine Serie von Untersuchungen von Weiner und Kukla (1970) lieferte

die prototypische Vorgehensweise. Von fiktiven Studenten wurde berichtet, sie hätten bei einer Prüfung Erfolg oder Mißerfolg gehabt. Diese Ergebnisinformation wurde kombiniert mit Information über das Fähigkeits- und Anstrengungsniveau (den dominanten wahrgenommenen Ursachen für Leistungsergebnisse) der Studenten. Zum Beispiel wurde in einer Bedingung ein Student mit hoher Fähigkeit und niedriger Anstrengung beschrieben, der bei einer Prüfung Mißerfolg hatte, während in der kontrastierenden Bedingung ein anderer Student mit niedriger Fähigkeit und hoher Anstrengung erfolgreich war. Die Versuchspersonen wurden gebeten, jeden der fiktiven Studenten zu bewerten, d.h. ihm durch Lob bzw. Tadel Rückmeldung zu geben.

Die Ergebnisse einer der Untersuchungen von Weiner und Kukla (1970) sind Abbildung 1 zu entnehmen. In dieser Untersuchung reichten die von dem Studenten angeblich erzielten Ergebnisse von "exzellent" über "gut", "mittelmäßig" und "mäßiger Mißerfolg" bis zu "klarer Mißerfolg". Die Bewertungsskala reichte von +5 (für maximale Belohnung) bis zu -5 (für maximale Bestrafung). Abbildung 1 zeigt, wie erwartet, daß positive Ergebnisse stärker belohnt (und weniger bestraft) wurden als negative. Von größerer Wichtigkeit ist im gegenwärtigen Zusammenhang aber, daß hohe Anstrengung oder Motivation (A+) bei Mißerfolg stärker belohnt und weniger bestraft wurde als Mangel an Anstrengung oder Motivation (A-). Die ausgeprägteste Bestrafung erzeugte die Kombination von hoher Fähigkeit mit mangelnder Anstrengung (F+/A-), während Mangel an Fähigkeit bei hoher Anstrengung (F-/+A) die höchste Belohnung hervorrief. Dieses Datenmuster konnte in zahlreichen Kulturen, darunter Brasilien, Deutschland, Indien und dem Iran, repliziert werden. Die Befunde wurden außerdem auch in realen Situationen nachgewiesen, so zum Beispiel in Schulen, am Arbeitsplatz und bei sportlichen Wettkämpfen (s. zusammenfassend Weiner, 1986).

Obwohl diese Untersuchung systematische Beziehungen zwischen Wahrnehmungen von Kausalität und Bewertungen aufgedeckt hat, wurde nicht näher untersucht, welche Mechanismen zwischen den kausalen Zuschreibungen von Fähigkeit und Anstrengung und den nachfolgenden Bewertungen vermitteln. *Warum* wird Mangel an Anstrengung bei Mißerfolg mehr bestraft als Mangel an Fähigkeit? Wie können diese Beziehungen in einem theoretischen Rahmen konzeptualisiert werden?

Der intervenierende Prozeß: Urteile über Verantwortlichkeit und dadurch hervorgerufene Emotionen

Einer der intervenierenden Prozesse, der oben bereits angedeutet wurde, besteht in der Kategorisierung von Ursachen in ein dimensionales System, das Kontrollierbarkeit bzw. persönliche Verantwortlichkeit beinhaltet. Die Studenten werden für ihr aufgewendetes Maß an Anstrengung verantwortlich gemacht, da sie dieses kontrollieren und verändern können. Besonders der Mangel an Anstrengung führt zu Verantwortlichkeitszuschreibungen, da es als eine bewußt in Kauf genommene Fahrlässigkeit gilt, nicht einmal einen Versuch zu unternehmen (Fincham & Jaspars, 1980). Dagegen werden die Studenten nicht für ihr Fähigkeitsniveau verantwortlich gemacht, welches in dieser Untersuchung als ein stabiles, unkontrollierbares Charakteristikum dargestellt wurde. Somit erzeugte Mangel an Anstrengung in Kombination mit hoher Fähigkeit deshalb die höchste Bestrafung, weil der Student bei dieser Ursachenkonfiguration ohne Frage für den Mißerfolg verantwortlich ist. Auf ähnliche Weise erzeugte hohe Anstrengung in Verbindung mit niedriger Fähigkeit die höchste Belohnung, da der Student hier ganz eindeutig für seinen Erfolg verantwortlich ist. Leistungsbewertungen haben daher eine moralische (Verantwortungs-) Komponente und es ist anzunehmen, daß eine motivationale Sequenz, die die Daten aus Abbildung 1 erklärt, neben dem Ergebnis der Leistung und dessen spezifischen Ursachen auch das Konzept der Verantwortlichkeit beinhalten muß.

Aber dies sind nicht die einzigen involvierten intervenierenden Prozesse. Man hat nämlich gefunden, daß Wahrnehmungen von Verantwortlichkeit die Gefühle von Mitleid und Ärger beeinflussen. Dies ist ein Aspekt der von den "Appraisal"-Theoretikern vertretenen, generelleren Position, daß das Denken die Gefühle beeinflußt (siehe Roseman, Spindel & Jose, 1990). Zum Beispiel ließen Weiner, Graham und Chandler (1982) College-Studenten Situationen ihres Lebens beschreiben, in denen sie Ärger oder Mitleid erlebt haben. Praktisch alle Situationen, die Ärger erzeugten, waren mit der Verletzung einer "man sollte/müßte" Regel assoziiert (zum Beispiel: "Mein Zimmerkamerad hat das Geschirr nicht abgewaschen."). Averill (1983) faßt seine eigene Forschungsarbeit zu den Antezedenzien von Ärger wie folgt zusammen: "most episodes described by angry persons involved either an act they considered voluntary or unjustified or else a potentially avoidable accident (due to negligence and lack of foresight)... More than anything else, anger is an attribution of blame" (S.1150).

Im Gegensatz zu der für Ärger typischen Kognition persönlicher Verantwortlichkeit sind unkontrollierbare Ursachen mit Mitleid assoziiert.

In der Untersuchung von Weiner et al. (1982) war die Mehrheit der Situationen, die Mitleid hervorriefen, durch einen Mangel an persönlicher Verantwortlichkeit charakterisiert, wie zum Beispiel die Lage von physisch oder psychisch Behinderten oder alten Menschen. Etwas allgemeiner spekuliert Wispe (1991): "one will sympathize more with a brave sufferer, in a good cause, in which one's afflictions are beyond one's control" (S.134). Zusätzlich zur Wahrnehmung von Verantwortlichkeit scheinen somit auch affektive Reaktionen die Verantwortlichkeitsurteile zwischen Anstrengungs- und Fähigkeitsattributionen einerseits und Bewertungen andererseits zu vermitteln. Somit sind bereits zwei mögliche Sequenzen, die den Bewertungsprozeß bei Mißerfolg beschreiben, implizit angesprochen worden: (1) Mangel an Anstrengung als Ursache --> persönliche Verantwortlichkeit --> Ärger --> Bestrafung und (2) Mangel an Fähigkeit als Ursache --> keine persönliche Verantwortung --> Mitleid --> keine Bestrafung.

Diese Hypothese, daß Wahrnehmungen von Verantwortlichkeit und Schuld und damit einhergehende Affekte wie Ärger und Mitleid zwischen negativen Ereignissen und den Reaktionen auf diese Ereignisse vermitteln, wird im folgenden Abschnitt im Kontext von Einstellungen gegenüber stigmatisierten Personen untersucht.

Reaktionen gegenüber stigmatisierten Personen

Zahlreiche Forschungsarbeiten haben gezeigt, daß sowohl die stigmatisierte Person selbst als auch andere beobachtende Personen nach dem Ursprung des Stigmas suchen und sich fragen, ob die Ursache des Stigmas persönlich zu verantworten ist. Wie Wright (1983) zeigt, stellen sich körperbehinderte Personen häufig die existentielle Frage: "Warum ich?". Auch werden sie oft von anderen mit der Frage konfrontiert: "Wie ist das passiert?". Diese Ursachensuche tritt nicht nur in Zusammenhang mit körperlichen Stigmata auf. In gleicher Weise werden Fragen der Art gestellt: "Warum trinkt er so viel?" oder "Was hat ihren Nervenzusammenbruch verursacht?". In vielen Fällen kann jedoch das Stigma bereits eine bestimmte Ursache nahelegen, so daß kein Bedürfnis nach weiteren Informationen besteht. Zum Beispiel wird Fettleibigkeit von vielen Personen automatisch auf übermäßige Nahrungszufuhr zurückgeführt und AIDS auf homosexuelle Aktivitäten.

Meine Kollegen und ich (Weiner, Perry & Magnusson, 1988) untersuchten die Beziehung zwischen Stigma, wahrgenommener Verantwortlichkeit, Affekten und Handlungsabsichten. In diesen Untersuchungen wurden 10 Stigmata (AIDS, Alzheimer-Krankheit, Blindheit, Krebs, Kindesmißhandlung, Drogenmißbrauch, Herzerkrankungen, Fettleibigkeit, Querschnittslähmung und Vietnam-Krieg-Syndrom) von Versuchspersonen hinsichtlich der Verantwortlichkeit und Schuld, die der stigmatisierten Person selbst zukommt, eingeschätzt. Außerdem wurden die affektiven Reaktionen Ärger und Mitleid sowie die Bereitschaft zur Hilfeleistung (in Form von wohltätigen Spenden und persönlicher Hilfestellung) beurteilt. Die Einschätzungen wurden auf 9-Punkte-Skalen vorgenommen, deren Extrem beispielsweise mit "vollkommen verantwortlich" bzw. "gar nicht verantwortlich", "großer Ärger" bzw. "gar kein Ärger" gekennzeichnet waren.

Tabelle 1
Mittelwerte für die verschiedenen mit Verantwortlichkeits-Urteilen zusammenhängenden Variablen

Stigma	Verantwortlichkeit	Schuldzuweisung	Mögen	Mitleid	Ärger	Hilfsbereitschaft	Wohltätige Spenden
Alzheimersche Krankheit	0.8^a	0.5^a	6.5^{bc}	7.9^a	1.4^a	8.0^a	6.9^{bc}
Erblindung	0.9^a	0.5^a	7.5^a	7.4^a	1.7^a	8.5^a	7.2^{abc}
Krebs	1.6^{ab}	1.3^{ab}	7.6^a	8.0^a	1.6^a	8.4^a	8.1^a
Koronare Erkrankungen	2.5^b	1.6^b	7.5^a	7.4^e	1.6^e	8.0^a	7.5^{ab}
Querschnittslähmung	1.6^{ab}	0.9^{ab}	7.0^{ab}	7.6^a	1.4^e	8.1^a	7.1^{abc}
"Vietnam-Krieg"-Syndrom	1.7^{ab}	1.5^b	5.7^c	7.1^a	2.1^e	7.0^b	6.2^{cd}
Aids	4.4^c	4.8^c	4.8^d	6.2^b	4.0^c	5.8^c	6.5^{bc}
Kindesmißbrauch	5.2^c	6.0^{de}	2.0^f	3.3^d	7.9^a	4.6^d	4.0^f
Drogenmißbrauch	6.5^d	6.7^e	3.0^e	4.0^d	6.4^b	5.3^{cd}	5.0^e
Fettleibigkeit	5.3^c	5.2^{cd}	5.7^c	5.1^c	3.3^d	5.8^c	4.0^f

aus: Weiner, Perry und Magnusson, 1988, S. 740.
Mittelwerte innerhalb von Spalten, die nicht mit den gleichen Buchstaben versehen sind, unterscheiden sich auf dem p < .01 Niveau.

Die Ergebnisse einer für diese Untersuchungen repräsentativen Studie sind in Tabelle 1 wiedergegeben. Aus Tabelle 1 geht hervor, daß die wahrgenommene persönliche Verantwortlichkeit und Schuld für sechs der zehn Stigmata als niedrig (Alzheimer-Krankheit, Blindheit, Krebs, Herzerkrankung, Querschnittslähmung und Vietnam-Krieg-Syndrom), für die übrigen vier (AIDS, Kindesmißhandlung, Drogenabhängigkeit und Fettleibigkeit) dagegen als hoch eingeschätzt wurden. Stigmatisierte Personen wurden somit im allgemeinen für *körperliche Probleme* nicht verantwortlich gemacht, wohl aber für Stigmata, die sich vorrangig durch *Verhaltensauffälligkeiten* oder *mentale Probleme* auszeichnen. Offensichtlich hängt das Urteil "Das Opfer ist schuldig" also von der Antwort auf die Frage "Schuldig wofür?" ab.

Tabelle 1 zeigt darüber hinaus, daß Personen, die man nicht für ihr Stigma verantwortlich machte, hohe Sympathiewerte erhielten, daß man Mitleid aber keinen Ärger für sie empfand, und schließlich, daß eine hohe Bereitschaft bestand, ihnen zu helfen. Umgekehrt erhielten Personen, die für ihr Stigma verantwortlich gemacht wurden, niedrige Sympathiewerte, man empfand wenig Mitleid und vergleichsweise starken Ärger für sie, und sie lösten nur geringe Hilfsbereitschaft aus.

Wir wollen nun die Beziehungen zwischen Stigmata, Kausalattributionen bzw. Urteilen über Verantwortlichkeit, affektiven Reaktionen und Handlungen (in diesem Fall Hilfeleistungen) untersuchen. Die Korrelationen zwischen diesen Variablen sind in Tabelle 2 dargestellt. Stigmata gingen als dichotome Variablen in die Analyse ein, und es wurden kombinierte Indizes für Verantwortlichkeit (Verantwortlichkeit + Schuld), positiven Affekt (Sympathie + Mitleid - Ärger) und Hilfeverhalten (persönliche Hilfe + Wohltätigkeit) gebildet. Die Höhe der Korrelationen ist konsistent mit der angenommenen Sequenz: Ursprung des Stigmas --> wahrgenommene Verantwortlichkeit --> Affekt --> Handlung (Hilfe). Dies bedeutet, daß Verantwortlichkeit und Affekt zwischen Stigma und Hilfeverhalten vermitteln, wobei der Effekt der Verantwortlichkeitszuschreibungen über die durch sie verursachten Gefühle zustande kommt. Das erhaltene Korrelations-muster stimmt deshalb mit diesem Modell überein, weil die Höhe der Korrelationen zwischen zwei Variablen abnimmt, je mehr Schritte zwischen diesen Variablen im vorgeschlagenen Modell liegen. So besteht eine Korrelation von r = .38 zwischen den Variablen *Ursprung des Stigmas* und *Hilfeverhalten,* die in der angenommenen Pfadsequenz durch drei Schritte voneinander getrennt sind. Wenn man Variablen betrachtet, die nur zwei Schritte auseinanderliegen (*Ursprung des Stigmas* zu *Affekt* und *wahrgenom-mene Verantwortlichkeit* zu *Hilfeverhalten*), dann beträgt die mittlere

Korrelation r = .44. Für Korrelationen zwischen hypothetisch unmittelbar benachbarten Variablen (*Ursprung des Stigmas* zu *wahrgenommener Verantwortlichkeit*, *Verantwortlichkeit* zu *Affekt*, *Affekt* zu *Hilfeverhalten*) ergibt sich im Mittel eine Korrelation von r = .63. Eine Pfadanalyse ergab, daß in dieser Untersuchung das Hilfeverhalten am stärksten durch die Affekte beeinflußt wurde (beta = .68), aber nur mäßig durch wahrgenommene Verantwortlichkeit und den Ursprung des Stigmas (respektive Betawerte = .14 und .12). Diese Ergebnisse stützen die angenommene Abfolge der motivationalen Variablen.[2]

Tabelle 2
Korrelationen zwischen wahrgenommener Verantwortlichkeit
und weiteren Variablen

	Ursprung des Stigmas	Wahrgenommene Verantwortlichkeit[2]	Positive Emotion	Hilfeleistung
Ursprung des Stigmas		.59[3]	.50	.38
Wahrgenommene Verantwortlichkeit			.66	.38
Positive Emotion				.65
Hilfeleistung				

Aus: Weiner, Perry & Magnusson, 1988
[1]Stigmata mit physischen Ursachen = 2; psychische/behavioristische Stigmata = 1
[2]Hohe Werte bezeichnen gering wahrgenommene Kontrollierbarkeit
[3]Alle p's < .01

Ein weiteres interessantes Ergebnis dieser Untersuchung ist, daß das Ausmaß an moralischer Verurteilung und die damit einhergehenden Affekte und Verhaltensweisen durch attributionsrelevante Informationen geändert werden können. Wenn den Versuchspersonen zum Beispiel gesagt wurde, daß die Herzerkrankung durch Rauchen und Trinken, oder die AIDS-Infizierung durch eine Bluttransfusion verursacht worden sei, dann wurde die Herzerkrankung als kontrollierbar bzw. AIDS als unkontrollierbar

---

[2] Diese Ergebnisse schließen die Möglichkeit nicht aus, daß in anderen Kontexten andere Sequenzen möglich sind, darunter auch der Fall, daß Emotionen Attributionen von Verantwortlichkeit beeinflussen.

wahrgenommen. Diese Änderung der Verantwortungszuschreibung führte zu einer theoriekonsistenten Änderung der Affekte und Verhaltensabsichten (siehe Weiner et al., 1988). Ähnlich war Homosexualität mit mehr Ärger verbunden, wenn sie als Ergebnis einer persönlichen Entscheidung dargestellt wurde, als wenn sie als Ausdruck einer vom Homosexuellen selbst nicht willkürlich beeinflußbaren sexuellen Neigung beschrieben wurde (Whitley, 1990). Analog wird einer fettleibigen Person gegenüber positiver reagiert, wenn ihr Übergewicht auf eine Schilddrüsenüberfunktion zurückzuführen ist, anstatt auf übermäßiges Essen (de Jong, 1980).

Zusammenfassend ergab sich, daß Reaktionen gegenüber stigmatisierten Personen in gleicher Weise wie Leistungsbewertungen zum Teil auf moralischen Prinzipien beruhen. Personen, die für ihr Stigma verantwortlich gemacht werden, werden als "moralische Versager" angesehen, was zu negativen Affekten ihnen gegenüber und zu damit verbundenen negativen Verhaltensabsichten führt. Dagegen gelten Personen, die für ihr Stigma nicht verantwortlich gemacht werden, als "unschuldige Opfer" und rufen altruismusbezogene Affekte und positives Verhalten hervor. Was somit dargestellt wurde, ist die begriffliche Unterscheidung zwischen *Sünde* und *Krankheit* und die unterschiedlichen Konsequenzen dieser Konzeptualisierungen.

Zur Generalität von Urteilen über Schuld und Krankheit

In der Einleitung wurde postuliert, daß Wahrnehmungen von Verantwortlichkeit die soziale Interaktion wesentlich beeinflussen. Dies ist möglicherweise deshalb der Fall, weil Kontrollierbarkeit eine grundlegende Eigenschaft wahrgenommener Ursachen ist. Man betrachte zum Beispiel die Verschiedenartigkeit der folgenden Phänomene, die in die Kategorien Sünde (Verantwortlichkeit) versus Krankheit (keine Verantwortlichkeit) eingeordnet werden können:

Scheidung versus Witwenstand. Ein kürzlich im Magazin *Family Circle* erschienener Artikel trug die Überschrift: "Where's our sympathy for divorced women?" (Lear, 1991). Nach Lear ist die Überzeugung weit verbreitet, "Widowhood is something that happens to you. Divorce is something you cause" (S.73). Sie argumentiert ferner, daß verwitwete Personen Mitleid und Hilfeverhalten hervorrufen. Tatsächlich zielte die Etablierung des (amerikanischen) Wohlfahrtsystems ursprünglich darauf, Witwen sozial abzusichern (Katz, 1986). Dagegen lösen Geschiedene oft Ärger und Ablehnung aus. Somit hängen die Reaktionen auf den Verlust eines Lebenspartners selbst in unserer liberalen Gesellschaft von der Ursache der Trennung ab. Es gibt zwar bislang keine experimentellen Untersuchungen, die diese Aussagen stützen, aber sie scheinen intuitiv korrekt.

Hyperaktivität versus Schüchternheit. Obwohl beide dieser Stigmata oft zu Problemen im Klassenzimmer Anlaß geben, lösen Hyperaktive häufig Ärger und Vernachlässigung aus, während Schüchterne Mitleid und Unterstützung evozieren (Brophy & Rohrkemper, 1981). Lehrer und Gleichaltrige halten hyperaktive Kinder oft für ihr Fehlverhalten verantwortlich, während dies bei sozial Zurückgezogenen nicht der Fall ist (Juvonen, 1991). Daß Hyperaktivität oftmals als schuldhaft wahrgenommen wird, ist besonders bemerkenswert, weil es objektive Belege dafür gibt, daß ihre Ursachen gewöhnlich unkontrollierbar sind.

"Sich gut fühlen" versus "Sich schlecht fühlen". In einer Reihe von Studien untersuchten Karasawa und ihre Kollegen (Karasawa, 1991; Liu, Karasawa & Weiner, im Druck) die wahrgenommenen Ursachen für positive und negative Stimmungen. Dabei zeigte sich, daß die Ursachen für positive Stimmungen vorwiegend in der Situation bzw. in dem, was man als Geschehen annimmt, angesiedelt wurden, während als Hauptursachen für schlechte Stimmungen vorwiegend irgendwelche dispositionalen Tendenzen innerhalb der Person angesehen wurden. In Übereinstimmung mit diesen Befunden ist gut dokumentiert, daß Depressive sowohl Feindseligkeit und Ärger (siehe Coyne, 1976; Winer, Bonner, Blaney & Murray, 1981) als auch Vermeidung und Ablehnung (vgl. den Überblick von Gurtman, 1986) hervorrufen. Tatsächlich reagieren Menschen sogar auf Depressive dann negativ, wenn diese als Folge ungünstiger Lebensumstände depressiv werden (Coates, Wortman & Abbey, 1979). Das Motto "Laugh and the world laughs with you; cry and you cry alone" reflektiert offenbar das attributionstheoretische Muster "Laugh and something good happened; cry and there is something wrong with you."

Formalisierung des theoretischen Modells

Bis jetzt sind zwei Variablen identifiziert worden, die zwischen auslösendem Ereignis (ein Leistungsergebnis; eine stigmatisierte Person) und der letztendlichen Reaktion (Belohnung oder Bestrafung; Hilfeverhalten oder Vernachlässigung) vermitteln: Wahrnehmungen von Verantwortlichkeit und die durch diese Zuschreibungen hervorgerufenen Affekte (Ärger, Mitleid).

Die genaue Art und Weise, in der das auslösende Ereignis, die vermittelnden Variablen und die Reaktion miteinander verknüpft sind, ist
jedoch noch nicht spezifiziert worden. Tatsächlich sind eine ganze Reihe
motivationaler Modelle denkbar, in denen diese Konzepte miteinander
verknüpft werden. Fünf davon (hier nur innerhalb des Kontextes von
Hilfeverhalten; siehe Reisenzein, 1986) sind in Abbildung 2 dargestellt.

Folgt man dem Modell 1 in Abbildung 2, dann beeinflussen Wahrnehmungen von Kontrollierbarkeit (Verantwortlichkeit) Ärger und Mitleid,
welche ihrerseits das Hilfeverhalten determinieren. In diesem Modell gibt
es also keine direkte Verbindung zwischen Ursachenzuschreibungen und
Handlungen (Hilfeverhalten), sondern das Verhalten wird gänzlich durch die

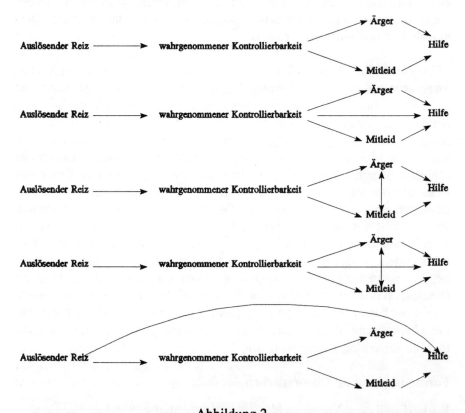

Abbildung 2
Fünf Modelle der Beziehung zwischen Kognitionen (Attributionen), Emotionen
(Mitleid und Ärger) und Verhalten (Hilfeleistung) (nach Reisenzein, 1986)

vermittelnden Emotionen determiniert. In Modell 2 beeinflussen Wahrnehmungen von Verantwortlichkeit das Hilfeverhalten sowohl - als distale Ursachen – indirekt (nämlich vermittelt durch die Affekte) als auch – als proximale Ursachen – direkt. In Modell 3 wird eine neue Variante vorgestellt, in der eine Verbindung zwischen Ärger und Mitleid angenommen wird. Zum Beispiel könnten diese beiden Affekte sich gegenseitig hemmen oder miteinander inkompatibel sein. Modell 4 fügt der Annahme der affektiven Inkompatibilität eine direkte Beziehung zwischen Wahrnehmung von Verantwortlichkeit und Hilfeverhalten hinzu. Schließlich wiederholt Modell 5 die Annahmen von Modell 1, jedoch wird zusätzlich eine direkte Verbindung zwischen dem auslösenden Ereignis und der Handlung postuliert. Zum Beispiel könnte das auslösende Ereignis manchmal kulturelle Normen in bezug auf Hilfeverhalten evozieren, welche die Wahrscheinlichkeit von Hilfeleistung unabhängig von Überzeugungen über die Ursache der Hilfebedürftigkeit beeinflussen. Zusammenfassend unterscheiden sich die einzelnen Modelle also vorrangig darin, ob Emotionen und/oder Gedanken und/oder die auslösende Situation die endgültige Reaktion beeinflussen, und welche Art von Beziehung zwischen positiven und negativen Affekten angenommen wird.

Studien zum Hilfeverhalten. Um herauszufinden, welches der beschriebenen Modelle tatsächlich motivationale Sequenzen am besten beschreibt, sind eine Reihe von Untersuchungen mit Hilfeverhalten als abhängiger Variable durchgeführt worden (Betancourt, 1990; Meyer & Mulherin, 1980; Reisenzein, 1986; Schmidt & Weiner, 1988). Zum Beispiel wurden in der Untersuchung von Schmidt und Weiner (1988) den Versuchspersonen Szenarien präsentiert, die einen Studenten beschrieben, der sich von einem Mitstudenten dessen Vorlesungsmitschrift leihen wollte. In einem Szenario gab die Person als Grund an, sie brauche die Mitschrift, da sie ein Augenleiden gehabt habe und deshalb nicht an der Vorlesung habe teilnehmen können (nicht verantwortlich), während sie in der anderen Bedingung mitteilte, daß sie sich zur Vorlesungszeit am Strand befunden habe (persönlich verantwortlich). Die Versuchspersonen schätzten ein, wie verantwortlich die Studenten für ihre jeweilige Situation waren, wieviel Ärger und Mitleid sie für sie empfinden würden, wenn die Bitte an sie gerichtet würde und wie groß die Wahrscheinlichkeit sei, daß sie ihre Vorlesungsmitschrift ausleihen würden.

In Abbildung 3 sind die Ergebnisse einer Pfadanalyse der Daten (N = 496) dargestellt. Abbildung 3 zeigt, daß Verantwortlichkeit (Kontrollierbarkeit) positiv mit Ärger und negativ mit Mitleid korreliert. Dies bedeutet, daß (in diesen Szenarien) die Person, die am Strand war, Ärger hervorruft, während der Student mit dem Augenleiden eher Mitleid auslöst. Ferner verringert Ärger die Absicht zur Hilfe, während Mitleid sie erhöht. Außerdem ist aus Abbildung 3 klar ersichtlich, daß die Daten das Modell 5 in Abbildung 2 stützen. Es besteht eine kausale Sequenz: Attribution --> Affekt --> Handlung, wobei die spezielle Situation zusätzlich auch direkt das Hilfeverhalten beeinflußt (siehe Barnes, Ickes & Kidd, 1979 für bestätigende Befunde aus einer Studie, in der reale statt hypothetische Situationen untersucht wurden). Beachten Sie, daß mangelnde Fähigkeit als Ursache für akademischen Mißerfolg konzeptuell einem Augenleiden als Ursache für den Bedarf nach einer Vorlesungsmitschrift vergleichbar ist. Beides sind nämlich "Krankheiten", d. h. unkontrollierbar, so daß die Person nicht verantwortlich gemacht wird. Ähnlich sind mangelnde Anstrengung und der Strandbesuch – attributionstheoretisch gesehen – äquivalent, da beide kontrollierbar sind, so daß die Person verantwortlich gemacht wird.

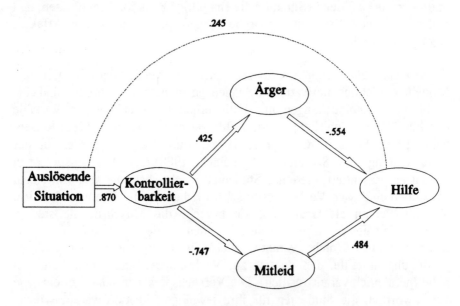

Abbildung 3
Vereinfachtes Strukturgleichungs-Modell von Hilfeverhalten
(nach Weiner, 1988)

Suche nach Generalität

Lassen Sie uns nun eine Bestandsaufnahme machen, um den Erkenntnisfortschritt zu verfolgen, den wir bis jetzt aufgezeigt haben. Zuerst wurde berichtet, daß Anstrengungsmangel als Ursache für Mißerfolg im Leistungskontext besonders bestraft wird, während mangelnde Fähigkeit als Ursache für Mißerfolg nicht zu Tadel Anlaß gibt. Es wurde dann angenommen, daß dies teilweise auf die Überzeugung zurückzuführen sei, daß Personen für mangelnde Anstrengung persönlich verantwortlich gemacht werden, nicht aber für den Mangel an Fähigkeit. Kontrollierbarkeit der Ursachen – welche zu Schlüssen auf persönliche Verantwortlichkeit führt – wurde als ein grundlegendes Charakteristikum oder eine fundamentale Dimension phänomenaler Kausalität identifiziert; sie soll daher in vielen Situationen von Bedeutung sein, in denen Kausalattributionen auftreten, wie etwa im Leistungskontext bei Erfolg und Mißerfolg. Ferner erzeugen Attributionen von Verantwortlichkeit versus Nichtverantwortlichkeit für Mißerfolg oder für einen Bedürfniszustand (wie etwa Hilfebedürftigkeit) emotionale Reaktionen wie Ärger und Mitleid. Daher wurde eine motivationale Sequenz vorgeschlagen, die mit einem bestimmten Ereignis beginnt, das es zu erklären gilt (so zum Beispiel ein Leistungsergebnis oder ein Stigma). Diese Sequenz setzt sich dann fort über Verantwortlichkeitszuschreibungen und die affektiven Reaktionen von Ärger und Mitleid und endet schließlich in der Handlung. Diese Spekulation wurde durch Studien zum Hilfeverhalten bestätigt. Diese Studien lieferten darüber hinaus Evidenz dafür, daß Verantwortlichkeitszuschreibungen das Handeln nur indirekt beeinflussen, nämlich über den intervenierenden Prozeß der Anregung von Emotionen. Somit verläuft der motivationale Prozeß vom Denken über das Gefühl zur Handlung. Diese Analyse integriert somit Urteile über "Sünde" versus "Krankheit" in ein umfassenderes theoretisches Modell.

Im folgenden Abschnitt des Artikels untersuche ich weitere, über Hilfeverhalten hinausgehende Verhaltensweisen und psychologische Phänomene, die aus der Perspektive des vorgestellten Modells analysiert werden können: Ablehnung unter Gleichaltrigen, Aggression und Einstellungen gegenüber Armut. Jedes dieser Phänomene dokumentiert die Generalität und Sparsamkeit des dargestellten Ansatzes zur Unterscheidung zwischen "Sünde" und "Krankheit".

Ablehnung unter Gleichaltrigen. Untersuchungen von Coie und Mitarbeitern (zum Beispiel Coie, Dodge & Coppotelli, 1982; Coie & Kupersmidt, 1983) haben gezeigt, daß Kinder, die von Gleichaltrigen abgelehnt werden, typischerweise aggressiv, unattraktiv und/oder sozial zurückgezogen sind. Doch obwohl Kinder generell dazu tendieren, Gleichaltrige nicht zu akzeptieren, die von der Norm abweichende Charakteristika zeigen, hängen ihre Reaktionen auch vom Typ der Abweichung ab. Kinder, die aggressives, antisoziales oder hyperaktives Verhalten zeigen, werden am wenigsten gemocht, während physisch oder psychisch behinderte und sozial zurückgezogene Kinder innerhalb der abweichenden Gruppen "bevorzugt" werden (siehe Sigelmann & Begley, 1987). Juvonen (1991) argumentierte deshalb, daß Ablehnung auch durch die Interpretationen der abweichenden Charakteristika durch die Gleichaltrigen bestimmt wird, insbesondere durch Annahmen über Verantwortlichkeit.

Zur Überprüfung dieser Annahmen sammelte Juvonen (1991) soziometrische Daten, mit deren Hilfe deviante und abgelehnte Sechstkläßler identifiziert wurden. Daraufhin sollten Klassenkameraden einschätzen, wie verantwortlich die devianten Kinder für diese Abweichungen seien, in welchem Ausmaß sie gegenüber den Kindern positive (Sympathie und Mitleid) und negative (Wut und Ärger) Affekte empfinden würden, und wie bereitwillig sie verschiedene Arten von sozialer Unterstützung gewähren würden.

Die Ergebnisse dieser Untersuchung sind in einem deskriptiven Pfad-Diagramm in Abbildung 4 dargestellt. Die Abbildung zeigt, daß wahrgenommene Verantwortlichkeit negativ mit positiven und positiv mit

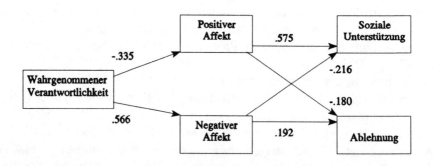

Abbildung 4

Pfad-Modell wahrgenommener Verantwortlichkeit, Affekte und sozialer Konsequenzen bezüglich normabweichender Schüler (nach Juvonen, 1991)

negativen Affekten korreliert. Je größer somit die wahrgenommene Verantwortlichkeit, desto weniger Mitleid und desto mehr Ärger wurde empfunden. Außerdem korrelieren positive Affekte positiv mit sozialer Unterstützung und negativ mit Ablehnung, während negative Affekte negativ mit sozialer Unterstützung und positiv mit Ablehnung korrelieren. Mit anderen Worten, je größer das Mitleid, desto mehr wird potentiell Unterstützung gegeben und desto weniger Ablehnung erfolgt. Je größer dagegen der Ärger, desto weniger soziale Unterstützung wird gewährt und desto größer ist die Tendenz zur Ablehnung. Schließlich steht der Affekt erneut direkt in Beziehung zu den Unterstützungs- und Ablehnungsindizes, während die Attributionen nur indirekt mit dem Handeln verbunden sind, nämlich durch die vermittelnden affektiven Reaktionen. Daher sind die Daten vollkommen konsistent mit der früher beschriebenen attributionstheoretischen Literatur zum Hilfeverhalten.

Juvonen (1991) analysierte auch die spezifischen Varianten abweichenden Verhaltens und berichtet, daß Gleichaltrige vor allem für Angeberei, Regelverstöße und Hyperaktivität verantwortlich gemacht werden, und daß diese Kategorien devianten Verhaltens besonders viel Ärger und Ablehnung erzeugen. Am wenigsten verantwortlich gemacht werden Gleichaltrige dagegen für Schüchternheit und ihre physische Verfassung (z.B. Epilepsie); diese erzeugen vorwiegend Mitleid und wenig Ärger.

Aggression. Eine Reihe von Untersuchungen zeigt, daß aggressive Kinder bei der Erklärung der von Gleichaltrigen verursachten negativen Ereignisse eine attributionale Voreingenommenheit (Bias) aufweisen. So neigen sie z.B. dazu, das Angerempeltwerden in einer Warteschlange auf eine feindselige Absicht zurückzuführen. Diese Voreingenommenheit wird besonders deutlich, wenn die Ursache für das Ereignis mehrdeutig ist (siehe Dodge & Crick, 1990). Es konnte ebenfalls gezeigt werden, daß diese verzerrten Intentionalitäts- (Verantwortlichkeits-) Urteile nachfolgend zu "vergeltenden" Verhaltensweisen Anlaß geben. In der Tat fühlen sich auch nicht zu Aggression neigende Individuen gerechtfertigt, aggressiv zu reagieren, wenn sie das aggressive Verhalten eines anderen auf dessen böswillige Absicht zurückführen.

Darüber hinaus ist behauptet worden, daß aggressives Verhalten häufig durch die Emotion des Ärgers verursacht wird (siehe Berkowitz, 1983; Ferguson & Rule, 1983). Deshalb wird eine kausale Sequenz: intentionale Schädigung --> Ärger --> aggressive Vergeltung vorgeschlagen, die konsistent mit dem früher vorgeschlagenen Modell ist. Aggression wird also als eine Reaktion auf die "Schuld" eines anderen aufgefaßt. Wenn sich dies bestätigt, dann würden sich das Auf-Jemanden-Zugehen (Hilfeverhalten), das Sich-Von-Jemandem-Abwenden (Ablehnung und Vernachlässigung) und das Sich-Gegen-Jemanden-Wenden (Aggression) in ein- und dieselbe theoretische Konzeption einfügen lassen; man könnte dann nämlich all diese Verhaltensweisen als unterschiedliche Reaktionen auf Schuld ("Sünde") versus Krankheit auffassen.

In einer Überprüfung dieser hypothetischen motivationalen Sequenz durch Graham, Hudley und Williams (im Druck) sollten sowohl aggressive als auch nichtaggressive Jugendliche auf hypothetische Situationen reagieren, die Personen mit unterschiedlicher Intention zur Schädigung eines anderen beschrieben. Die jugendlichen Vpn gaben an, ob die den Schaden verursachende Person mit Absicht handelte (ein Index für Verantwortlichkeit), das Ausmaß an Ärger, das sie verspüren würden, wenn sie tatsächlich in dieser Situation wären; und die Wahrscheinlichkeit, mit der sie Vergeltungsmaßnahmen initiieren würden.

Die Korrelationen zwischen wahrgenommener Verantwortlichkeit, Ärger und Vergeltungsabsichten waren sowohl für die aggressiven als auch die

Tabelle 3

Korrelationen und partielle Korrelationen zwischen Intentionalität, Ärger und aggressiven Handlungen für beide Statusgruppen (aus Graham, Hudley, & Williams, im Druck)

Messung	Status-Gruppe	
	Nicht-aggressiv	Aggressiv
Korrelationen		
Intentionalität x Ärger	.70***	.51***
Intentionalität x Handlung	.61***	.33*
Ärger x Handlung	.66***	.41**
Partielle Korrelationen		
Intentionalität x Handlung.Ärger	.27	.16
Ärger x Handlung.Absicht	.41***	.30*

*$p < .05$ **$p < .01$ ***$p < .001$

nicht-aggressiven Kinder hoch positiv (siehe Tabelle 3). Tabelle 3 zeigt auch, daß bei Auspartialisierung von Ärger die Korrelation zwischen wahrgenommener Verantwortlichkeit und Aggressivitätsurteil zwar positiv bleibt, der Zusammenhang jedoch nicht mehr signifikant ist. Dagegen bleibt die Korrelation zwischen Ärger und Aggressivitätsurteil signifikant, wenn die Verantwortlichkeit (Schädigungsabsicht) statistisch konstant gehalten wird. Dieses Datenmuster legt erneut nahe, daß Affekte eine "proximalere" Determinante aggressiver Intentionen sind als Gedanken über Verantwortlichkeit, obwohl sowohl Verantwortlichkeit als auch Affekte zwischen der Wahrnehmung und der Reaktion auf eine vermeintlich feindselige Handlung vermitteln. Ferner beschreibt diese kausale Sequenz sowohl die Daten für die nichtaggressiven als auch für die aggressiven Kinder (wobei die Zusammenhänge bei den aggressiven Kindern geringer sind) (eine gleichlautende, generelle Schlußfolgerung ziehen auch Betancourt und Blair, im Druck).

Armut. Viele Untersuchungen haben sich mit den wahrgenommenen Ursachen von Armut beschäftigt (siehe z. B. Feagin, 1972). Dabei sind drei Haupttypen von wahrgenommenen Ursachen identifiziert worden: individuumsbezogene Ursachen wie etwa Faulheit, welche die Verantwortung den Armen zuschreiben; strukturelle (soziale) Faktoren, wie Mangel an Arbeitsplätzen, welche externale ökonomische und soziale Faktoren als Ursache annehmen; und schließlich fatalistische Ursachen, wie Schicksal und Glück.

In zwei Untersuchungen ließen Zucker und Weiner (im Druck) als liberal bzw. konservativ klassifizierte Collegestudenten und Erwachsene einschätzen, für wie wichtig sie 13 in diesem Zusammenhang als dominant identifizierte Ursachen für Armut hielten. Eine Beziehung zwischen politischer Ideologie und Vorstellungen über Armut kann man insofern vermuten, als "At the root of every ideology there are premises about the nature of causation, the agents of causation, and appropriate ways for explaining complex events" (Lane, 1962, Seite 318). Die Versuchspersonen gaben darüber hinaus an, für wie kontrollierbar sie Armut hielten, d. h., das Ausmaß, zu dem Arme für ihre Probleme persönlich verantwortlich seien. Auch sollten Affekte wie Mitleid und Ärger gegenüber diesen Personen eingeschätzt werden, und es wurden Urteile über die Bereitschaft zur Hilfeleistung abgegeben. Zwei Arten von Hilfe wurden unterschieden: Persönliche Hilfe und staatliche Unterstützung.

Abbildung 5 zeigt die Wichtigkeitseinschätzungen für die drei Ursachentypen. Aus der Abbildung ist ersichtlich, daß frühere Ergebnisse repliziert wurden, nach denen Konservative internale Ursachen als wichtigere Determinanten für Armut ansehen als Liberale dies tun. Dagegen messen

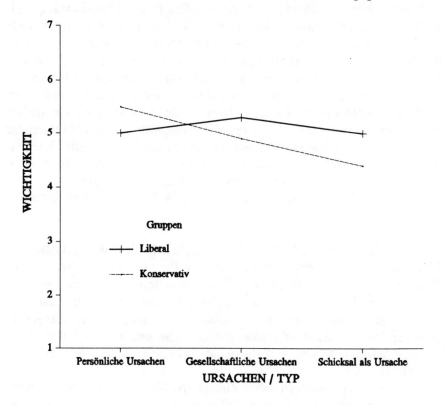

Abbildung 5
Wahrgenommene Wichtigkeit individualistischer, sozialer und fatalistischer
Ursachen in Abhängigkeit von politischer Ideologien
(aus Zucker & Weiner, im Druck)

Liberale sozialen Faktoren größere Wichtigkeit als Konservative (siehe auch Williams, 1984). Von größerem Interesse ist im gegenwärtigen Zusammenhang aber zu überprüfen, ob das früher beschriebene theoretische Modell – nach dem Armut entweder als Sünde oder als Krankheit aufgefaßt werden kann – Gültigkeit hat.

Abbildung 6 zeigt die Ergebnisse einer Strukturgleichungsanalyse des vollständigen Datensatzes, welcher die politische Einstellung, Kausalattributionen, Einschätzungen der Verantwortlichkeit, Affekte und Hilfeverhalten beinhaltet. Abbildung 6 zeigt erneut, daß Konservatismus negativ mit der Tendenz korreliert, soziale Determinanten für Armut verantwortlich zu machen und positiv mit der Neigung, internale Ursachen heranzuziehen. Ferner korrelieren soziale Ursachen negativ mit persönlicher Verantwortlichkeit, während individuelle Ursachen in positivem Zusammenhang zu Verantwortlichkeitszuschreibungen stehen. So geht zum Beispiel die Bereitschaft, Faulheit als Ursache für Armut anzugeben, und die Ablehnung der Aussage "Die Regierung stellt nicht genügend Arbeitsplätze zur Verfügung" mit hoher wahrgenommener persönlicher Verantwortung für Armut einher. Verantwortlichkeit wiederum korreliert negativ mit Mitleid und positiv mit Ärger. Ferner erhöht Mitleid die Bereitschaft zu persönlicher Hilfe, während Ärger die Bereitschaft senkt.

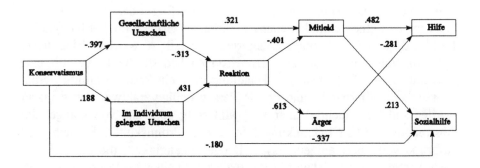

Abbildung 6
Vereinfachtes Strukturgleichungs-Modell zu Hilfe und Sozialleistung
(von Zucker & Weiner, im Druck)

Zusätzlich zum Befund, daß Wohltätigkeit durch Mitleid verstärkt wird, zeigt Abbildung 6, daß das Gewähren von staatlicher Unterstützung (welfare) (nicht aber von persönlicher Hilfe) in direktem negativem Zusammenhang mit Konservatismus und wahrgenommener Verantwortlichkeit steht. Daher scheint es, daß, je weniger man direkt in eine Handlung involviert ist, desto größer ist der Beitrag "kalter" Gedanken zum intendierten Verhalten. Anders formuliert: Je stärker man an der Hilfeleistung persönlich beteiligt ist, desto größer ist die Rolle der Emotionen bei der Steuerung der Aktivitäten. Diese Möglichkeit erweitert das konzeptuelle Netzwerk in eine neue Richtung, welche wichtige theoretische und praktische Implikationen hat.

Zusammenfassung und abschließende Bemerkungen

Um sich durch die soziale Welt zu navigieren, entwickelt der Mensch als "naiver Psychologe" sparsame und generelle Theorien. Ein Kennzeichen dieser naiven Kreationen einfacher und doch psychologisch breiter Systeme ist die Gruppierung zahlreicher spezifischer Ereignisse in wenige allgemeine Kategorien. Die Annahme von gleichartigen genotypischen Eigenschaften, die hinter den phänotypischen Unterschieden stehen, vereinfacht das Handeln, da nicht jedes Ereignis als etwas idiosynkratisches und einzigartiges betrachtet werden muß, das einer neuen, maßgeschneiderten Reaktion bedürfte. Zum Beispiel führt sowohl die Klassifikation eines großen ledernen Objektes als auch die eines schmalen geflochtenen Objektes als *Stuhl* in beiden Fällen zu der Gewißheit, daß es sich um Sitzgelegenheiten handelt.

Auch spezifische Ursachen von Ereignissen – wie Anstrengung und Fähigkeit als Determinanten von Leistungserfolg oder ein Zuviel an Nahrung und eine Schilddrüsenüberfunktion als Gründe für Fettleibigkeit – fordern dazu auf, in breitere Kategorien eingeteilt zu werden. Eine dieser Klassifikationen oder kausalen Dimensionen betrifft die Frage, ob eine Ursache für ein Ergebnis, eine Handlung oder ein Zustand kontrollierbar oder unkontrollierbar ist und ob die Person dafür verantwortlich gemacht werden soll oder nicht. Daher sind Mißerfolg aufgrund von mangelnder Anstrengung, AIDS-Erkrankung infolge von Promiskuität, Fettleibigkeit aufgrund von übermäßigem Essen, Drogenabhängigkeit, die durch Suche nach Anregung ausgelöst wurde, der Bedarf nach einer Vorlesungsmitschrift aufgrund des Strandbesuchs und Armut ausgelöst durch das Unvermögen, Geld beiseite zu legen, genotypisch "gleich", da sie die Wahrnehmung von persönlicher Verantwortlichkeit hervorrufen.

Aber auch wenn – im Unterschied zu den obigen Beschreibungen – keine direkte kausale Information gegeben wird, sind Drogenmißbrauch, AIDS, Fettleibigkeit, Scheidung, Hyperaktivität und negative Stimmungen einander genotypisch gleich, da sie gewöhnlich zur Wahrnehmung von persönlicher Verantwortung führen. Für Konservative würde außerdem Armut in diese Kategorie (persönlicher Verantwortung) fallen, ebenso wie für ein aggressives Kind eine kausal mehrdeutige feindselige Handlung eines anderen. Alle diese Sachverhalte legen eine "Sünde" des Betroffenen nahe.

Betrachtet man den entgegengesetzten Pol dieser Dimension, so handelt es sich bei Mißerfolg aufgrund geringer Fähigkeit, AIDS durch eine Bluttransfusion, Fettleibigkeit aufgrund einer Schilddrüsenüberfunktion, Drogenabhängigkeit infolge einer medizinischen Behandlung, Bedarf nach Unterrichtsmitschriften wegen eines Augenleidens, und Armut verursacht durch fehlende Arbeitsplätze ebenfalls um genotypisch gleiche Sachverhalte, da sie alle die Wahrnehmung von Nichtverantwortlichkeit hervorrufen. Außerdem sind selbst bei Abwesenheit zusätzlicher Informationen die Alzheimer-Krankheit, Blindheit, Witwenstand und Schüchternheit dieser Kategorie zuzurechnen, da sie meist spontan zur Annahme führen, daß die Person für diese Zustände nicht verantwortlich ist. Für Liberale würde außerdem Armut in diese Kategorie fallen, genauso wie ein nichtaggressives Kind eine kausal mehrdeutige, nur möglicherweise feindselige Handlung eines anderen als unkontrollierbar einstuft. All diese Sachverhalte können als "Krankheit" bezeichnet werden.

Kausale Überzeugungen rufen Ärger (bei Wahrnehmung von Verantwortlichkeit) und Mitleid (bei Wahrnehmung von Nichtverantwortlichkeit) hervor, obwohl selbstverständlich die Intensität dieser Reaktionen von vielen weiteren Faktoren, wie insbesondere der persönlichen Wichtigkeit des Ereignisses abhängt. Diese beiden "moralischen" Emotionen verursachen ihrerseits, wenn Ärger über Mitleid vorherrscht, antisoziale oder negative Handlungen, wie etwa Bestrafung als Folge einer Leistungsbewertung, die Weigerung, eine Vorlesungsmitschrift zu verleihen, das Unterlassen von persönlicher Hilfe für Bedürftige, Ablehnung durch Gleichaltrige, aggressive Vergeltung und weiteres mehr. Oder sie führen, wenn Mitleid vorherrscht, zu prosozialem Verhalten, wie etwa Nichtbestrafung, Hilfeleistung, Unterstützung durch Gleichaltrige und Verzicht auf aggressive Vergeltung. Somit ist eine weitgehend identische theoretische Analyse auf Leistungbewertungen, Reaktionen auf stigmatisierte Personen, Hilfeverhalten, Ablehnung durch Gleichaltrige, Aggression und soziale Reaktionen auf Armut anwendbar.

Selbstverständlich ist jedoch jeder dieser Bereiche psychologischer Forschung auch durch zahlreiche bereichsspezifische Faktoren bestimmt. Zum Beispiel hängt die Leistungsbewertung auch in starkem Maße von der Aufgabenschwierigkeit ab, Reaktionen auf stigmatisierte Personen von der Aussicht auf deren Genesung, Hilfeverhalten von der Anzahl anderer Personen, die Hilfe leisten könnten (Diffusion der Verantwortlichkeit), Aggression wird auch durch andere negative Affekte als Ärger beeinflußt, und Reaktionen auf Verarmte hängen u.a. von der Verfügbarkeit von Kapital ab. Diese Tatsache sollte Psychologen aber nicht davon abhalten, nach Gemeinsamkeiten in diesen unterschiedlichen Kontexten zu suchen, um generelle Gesetzmäßigkeiten zu entdecken. Dieser Anspruch hat jedenfalls den vorliegenden Ansatz geleitet.

Literatur

Averill, J. R. (1983). Studies on anger and aggression. *American Psychologist, 38,* 1145-1160.

Barnes, R. D., Ickes, W. & Kidd, R. I. (1979). Effects of perceived intentionality and stability of another's dependency on helping behavior. *Personality and Social Psychology Bulletin, 5,* 367-372.

Berkowitz, L. (1983). The experience of anger as a parallel process in the display of impulsive, "angry" aggression. In R. Geen & E. Donnerstein (Eds.), *Aggression: Theoretical and empirical reviews: Vol. 1. Theoretical and methodological issues (103-133).* New York: Academic Press.

Betancourt, H. (1990). An attribution-empathy model of helping behavior: Behavioral intentions and judgements of help-giving. *Personality and Social Psychology Bulletin, 16,* 573-591.

Betancourt, H. & Blair, I. (im Druck). A cognition (attribution) - emotion model of reactions to violence in conflict situations. *Personality and Social Psychology Bulletin.*

Brophy, J. E. & Rohrkemper, M. M. (1981). The influence of problem ownership on teachers' perceptions of and strategies for coping with problem students. *Journal of Educational Psychology, 73,* 295-311.

Coates, D., Wortman, C. B. & Abbey, A. (1979). Reactions to victims. In I. H. Frieze, D. Bar-Tal & J. S. Carrol (Eds.), *New approaches to social problems (21-52).* San Fransisco: Jossey-Bass.

Coie, J. D., Dodge, K. A. & Coppotelli, H. (1982). Dimensions and types of social status: A cross-age perspective. *Developmental Psychology, 18,* 557-570.

Coie, J. D. & Kupersmidt, J. B. (1983). A behavioral analysis of emerging social status in boys' groups. *Child Development, 54,* 1400-1416.

Coyne, J. C. (1976). Depression and the response of others. *Journal of Abnormal Psychology, 85,* 186-193.

DeJong, W. (1980). The stigma of obesity: The consequences of naive assumptions concerning the causes of physical deviance. *Journal of Health and Social Behavior, 21,* 75-87.

Dodge, K. A. & Crick, N. R. (1990). Social information-processes bases of aggressive behavior in children. *Personality and Social Psychology Bulletin, 16,* 8-22.

Feagin, J. R. (1972). Americas welfare stereotypes. *Social Science, 52,* 921-933.

Ferguson, T. & Rule, B. (1983). An attributional perspective on anger and aggression. In R. Geen & E. Donnerstein (Eds.) *Aggression: Theoretical and empirical reviews: Vol. 1. Theoretical and methodological issues (41-74).* New York: Academic Press.

Fincham, F. D. & Jaspars, J. M. (1980). Attribution of responsibility: From man the scientist to man as lawyer. In L. Berkowitz (Ed.), *Advances in experimental social psychology, Vol. 13 (81-138).* New York: Academic Press.

Graham, S., Hudley, C. & Williams, E. (im Druck). Attributional and emotional determinants of aggression among African-American and Latino young adolescents. *Child Development.*

Gurtman, M. B. (1986). Depression and the response of others: Reevaluating the reevaluation. *Journal of Abnormal Psychology, 95,* 99-101.

Juvonen, J. (1991). Deviance, perceived responsibility and negative peer reactions. *Developmental Psychology, 27,* 672-681.

Karasawa, K. (1991). *An attributional analysis of reactions to negative emotions.* Unpublizierte Dissertation, University of California, Los Angeles.

Katz, M. B. (1986). *In the shadow of the poorhouse: A social history of welfare in America.* New York: Basic Books.

Lane, R. (1962). *Political ideology: Why the American common man believes what he does.* New York: MacMillan.

Lear, M. W. (1991). Shades of loneliness. *Family Circle, 11/5,* 70-73.

Liu, J., Karasawa, K. & Weiner, B. (im Druck). Inferences about the causes of positive and negative emotions. *Personality and Social Psychology Bulletin.*

Meyer, J. P. & Mulherin, A. (1980). From attribution to helping: An analysis of the mediating effects of affect and expectancy. *Journal of Personality and Social Psychology, 39,* 201-210.

Reisenzein, R. (1986). A structural equation analysis of Weiner's attribution-affect model of helping behavior. *Journal of Personality and Social Psychology, 50,* 1123-1133.

Roseman, I. J., Spindel, M. S. & Jose. P. E. (1990). Appraisals of emotion-eleciting events: Testing a theory of discrete emotions. *Journal of Personality and Social Psychology, 59,* 899-915.

Schmidt, G. & Weiner. B. (1988). An attribution-affect-action theory of behavior: Replications of judgments of help-giving. *Personality and Social Psychology Bulletin, 14,* 610-621.

Sigelman, C. K. & Begley, N. L. (1987). The early development of reactions of peers with controllable and uncontrollable problems. *Journal of Pediatric Psychology, 12,* 99-115.

Weiner, B. (1985). An attributional theory of achievement motivation and emotion. *Psychological Review, 92,* 548-573.

Weiner, B. (1986). *An attributional theory of motivation and emotion.* New York: Springer Verlag.

Weiner, B., Graham, S. & Chandler, C. (1982). Pity, anger, and guilt: An attributional analysis. *Personality and Social Psychology Bulletin, 8,* 226-232.

Weiner, B. & Kukla, A. (1970). An attributional analysis of achievement motivation. *Journal of Personality and Social Psychology, 15,* 1-20.

Weiner, B., Perry, R. & Magnusson, J. (1988). An attributional analysis of reactions to stigmas. *Journal of Personality and Social Psychology, 55,* 738-748.

Whitley, B. E., Jr. (1990). The relationship of heterosexuals' attributions for the causes of homosexuality to attitudes toward lesbians and gay men. *Personality and Social Psychology Bulletin, 16,* 369-377.

Williams, S. (1984). Left-right ideological differences in blaming victims. *Political Psychology, 2,* 573-581.

Winer, D. L., Bonner, T. O., Blaney, P. H. & Murray, E. J. (1981). Depression and social attraction. *Motivation and Emotion, 5,* 153-166.

Wispe, L. (1991). *The psychology of sympathy.* New York: Plenum.

Wright, B. A. (1983). *Physical disability, a psychosocial approach,* 2nd Edition. New York: Harper.

Zucker, G. S. & Weiner, B. (im Druck). Conservatism and perceptions of poverty: An attributional analysis. *Journal of Applied Social Psychology.*

Kapitel 2

Welchen Spielraum läßt die Sprache für die Attribution?

Klaus Fiedler, Gün R. Semin und Catrin Finkenauer
Universität Heidelberg

Ohne zu übertreiben, kann man von der Sozialpsychologie ganz allgemein behaupten, daß sie Sprache und verbale Kommunikation bisher wie ein Stiefkind behandelt hat, und diese Mißachtung der Sprache gilt im besonderen für ihr liebstes Kind, die Attributionsforschung. Aus der Linguistik importierte Konzepte spielen für die Theoriebildung so gut wie keine Rolle, wie ein Blick in relevante Handbücher (Wyer & Srull, 1984) oder Annual-Review-Artikel (Kelley & Michela, 1980) beweist. Lehrbücher gehen, wenn überhaupt, noch eher auf nonverbale als auf verbale Kommunikation als Gegenstand sozialpsychologischer Forschung ein (vgl. etwa Raven & Rubin, 1983; Sears, Peplau, Freedman & Taylor, 1988), und viele der theoretisch aktuellsten Fragen verbergen ihren zentralen Bezug zur Sprache (z. B., die gesamte trait-zentrierte Persönlichkeitsforschung, vgl. Goldberg, 1982; Semin, 1990; Shweder, 1982). Obwohl die Sozialpsychologie sich erklärtermaßen für Gruppen und Dyaden und Einheiten jenseits des Individuums interessiert und obwohl Sprache das Hauptmedium für Kommunikation und Sozialisation in solchen Systemen darstellt, tauchen linguistische Konzepte wie Wortklassen, Satzstellung oder Grammatikalität, Gebrauch von Adverbien oder Quantoren, aktiv versus passiv, Casus und Tempus, Idiomatik oder Dialekt so gut wie niemals explizit in psychologischen Erklärungen auf. Im Gegenteil, häufig wird sprachliches Verhalten geradezu ideologisch diffamiert als schlechter Ersatz für "wirkliches" Verhalten, womit wohl motorisches Verhalten gemeint sein muß, auch wenn der bedeutendste Teil der menschlichen Interaktion in Politik, Familie, Therapie, Justiz, Medien, Literatur, Schule und im psychologischen Labor aus verbalem Verhalten besteht.

Diese kaum verständliche Vernachlässigung sprachlicher Faktoren, die sich so leicht und objektiv definieren und operationalisieren lassen, gilt wie gesagt besonders für die Attributionsforschung, wo sozialpsychologische Theorien vielleicht am weitesten entwickelt sind. Ein Platz für sprachliche Faktoren ist weder in Kelleys (1967) ANOVA-Modell der Kausalattribution noch in Jones und Davis' (1965) Theorie des Korrespondenzschlusses, und die wichtigsten attributionalen Phänomene wie der Akteur-Beobachter-Fehler (Jones & Nisbett, 1972), der Self-Serving Bias (Zuckerman, 1979) oder der False-Consensus Effect (Marks & Miller, 1987) werden gewöhnlich durch sprachfreie Prozesse erklärt. Obwohl Heider (1958) in seinem oft als Ursprung der Attributionspsychologie bezeichneten Buch die Rolle der Alltagssprache aufgezeigt und betont hat, ist die spätere Theoriebildung an diesem Aspekt seines Werkes eigentlich bis heute vorbeigegangen. Darüber kann auch etwa das *abnormal-conditions focus model* von Hilton und Slugoski (1986) nicht hinwegtäuschen, welches die Annahme macht, daß eine gute Erklärung nicht nur logisch schlüssig sein muß, sondern auch ungewöhnliche, vom Normalen abweichende Gründe zutage fördern muß, die im Sinne der Konversationslogik (Grice, 1975) "der Rede wert" sind. Mit anderen Worten, Attribution muß nicht nur logisch, sondern auch kommunikativ sein. Aber selbst bei dieser Theorie liegt das Kommunikative eher in der Abweichung von Skripten oder Wissensstrukturen als in ganz spezifischen Sprach-Variablen. Hingegen finden sich als rühmliche Ausnahme die Untersuchungen über die sogenannte implizite Kausalität von Verben (Abelson & Kanouse, 1966; Brown & Fish, 1983; Fiedler & Semin, 1988), also das Phänomen, daß bestimmte Verben regelmäßig eine Attribution an das Satz-Subjekt implizieren, während andere Verben eine Objekt-Attribution suggerieren. Selbst dieses bemerkenswerte Phänomen wird jedoch, wie wir in einem späteren Abschnitt zeigen werden, eher kognitivistisch als psycholinguistisch erklärt.

Im vorliegenden Beitrag möchten wir im Gegensatz dazu demonstrieren, welch zentrale Bedeutung der Sprache für eine umfassende Theorie der Attribution eigentlich zukommen müßte. Im Titel des Beitrages steht absichtlich nicht die Frage, welchen Platz Attributionsprozesse für Sprache lassen, sondern welchen Spielraum die Sprache überhaupt für attributionale Urteile läßt. Damit soll darauf angespielt werden, daß sich in der Sprache als System nicht nur einige, sondern die meisten attributionstheoretisch relevanten Variablen wiederfinden. Unsere Überlegungen gehen dabei von folgenden drei Annahmen aus, die gewiß nicht sehr gewagt erscheinen, aber sehr starke Implikationen mit sich bringen:

(1) Die Sprache bildet einen zentralen Teil der Ökologie, innerhalb derer sich Prozesse des Wahrnehmens, Denkens, Lernens und der sozialen

Interaktion vollziehen und entwickeln. Ähnlich wie die Affordanzen der physikalischen Umwelt mitbestimmen, welche perzeptiven und kognitiven Leistungen ein Organismus entwickeln kann (Garner, 1986; Gibson, 1979), werden die Leistungen der sozialen Kognition durch die sprachliche Umwelt eingeschränkt. Diese Annahme ist von der Tatsache unberührt, daß die sprachliche Umwelt anders als die physikalische selbst das Ergebnis menschlicher Intelligenz ist; trotzdem müssen sich Menschen in ihrer Intelligenz und Sozialisation an diese Umwelt anpassen.

(2) Viele der attributionalen Gesetze und Phänomene, die gewöhnlich als kognitive oder motivationale Phänomene intrapsychisch erklärt werden, sind bereits in der Sprache als einem System von Regeln und einem Speicher von semantischem Wissen fertig angelegt. Viele Antworten auf attributionale Fragen liegen also bereits jenseits der Köpfe von einzelnen Personen in der Semantik der Sprache vor, ohne daß ein aktueller kognitiver Prozeß stattfinden muß. Phantastisch ausgedrückt: Ein Wesen von einem anderen Stern, welches unsere Sprache versteht, versteht zu einem bestimmten Grad auch wie wir attribuieren, unabhängig von seiner kognitiven Ausstattung. Mit dieser Annahme soll kein naiver linguistischer Determinismus proklamiert werden, wonach die Sprache das Denken einseitig beeinflußt; sie soll nur darauf aufmerksam machen, daß attributionales Wissen – welche kognitiven Entwicklungsprozeße auch immer zugrunde liegen mögen – in der Sprache in kristalliner Form encodiert und unabhängig von aktuellen kognitiven Prozessen verfügbar ist.

(3) Durch den alltäglichen Sprachgebrauch werden unwillkürlich und häufig unabsichtlich Attributionen kommuniziert, die keinen aktuellen kognitiven Prozeß der Urteilsbildung widerspiegeln, sondern in die Sprache eingebaute Konventionen. Dieses inzidentell weitergegebene attributionale Wissen ist übrigens nur zum Teil der bewußten Reflexion zugänglich; der übrige Teil ist auch sprachlich versierten Menschen und geschickten Rhetorikern nicht gewahr. Sie sind zumindest nicht imstande, alle in den folgenden Abschnitten behandelten linguistischen Regelmäßigkeiten zu erkennen oder bewußt anzuwenden.

Taxonomie von Wortklassen als Analyseinstrument

Es gibt viele Möglichkeiten, Sprache zu segmentieren oder zu analysieren, aber eine einfache Unterscheidung verschiedener Wortklassen, die als Prädikate in Beschreibungen von Verhalten auftreten können, hat sich in unseren eigenen Arbeiten als besonders vielversprechend erwiesen (Fiedler & Semin, 1992; Semin & Fiedler, 1988, 1991). Die als *Linguistic Category*

Model (LCM) bezeichnete Taxonomie von Wortklassen ist in Tabelle 1 in Stichworten zusammengefaßt. Die Domäne des LCM ist *interpersonale Sprache*, also Wörter zur Beschreibung von Verhaltensweisen zwischen Menschen; Nomina und Attributionen von nicht-belebten Objekten gehören nicht zum Gegenstandsbereich.

Die vier bzw. fünf Wortklassen bilden eine Hierarchie aufsteigender Abstraktheit; je abstrakter ein Attribut (Verb oder Adjektiv), das einer Person zugeschrieben wird, desto aussagekräftiger erscheint ein Satz, desto mehr Verallgemeinerung drückt eine Aussage aus und desto unabhängiger vom Kontext wird die Bedeutung des Satzes. *Descriptive Action Verbs* (DAVs) beschreiben konkret beobachtbare Verhaltensweisen mit einer klaren situationalen Referenz, deren Bedeutung und Bewertung stark vom jeweiligen Kontext abhängt. DAVs sind, als wichtigstes definierendes Merkmal, durch wenigstens ein physikalisch invariantes Merkmal gekennzeichnet (z.B. involviert *telefonieren* immer einen Telefonhörer, *küssen* immer die Lippen). Auch *Interpretive Action Verbs* (IAVs) haben einen klaren Bezug zu einer einzelnen Handlungsepisode und bezeichnen objektiv beobachtbares Verhalten. Anders als DAVs beschränken sich IAVs jedoch nicht auf das Beschreiben, sondern enthalten eine Interpretation und typischerweise eine positive oder negative Bewertung. Die Bedeutung von IAVs (z.B. *helfen, beleidigen*) ist nicht an einzelne invariante Merkmale gebunden; es gibt kein einziges Merkmal von *helfen,* das allen Formen von Helfen gemeinsam ist. Die Bedeutung von IAVs abstrahiert von solchen einzelnen Manifestationen und liefert stattdessen eine Interpretation, die sich nicht mehr unmittelbar beobachten läßt (was als *helfen* interpretiert wurde, kann sich bald als *täuschen* entpuppen). *State Verbs* (SVs) bezeichnen subjektive (emotionale oder mentale) Zustände (oder Zustandsveränderungen) und beziehen sich somit nicht mehr auf objektiv beobachtbares Verhalten. Sie abstrahieren von einzelnen Verhaltensepisoden mit einem klaren Beginn und Ende; daher fragen wir in der Regel nicht wie oft, sondern wie lange jemand *gehaßt* oder *bewundert* wurde, und im Englischen nehmen SVs nicht gut die Verlaufsform an ("Bob is admiring Anne"; vgl. Miller & Johnson-Laird, 1976). Schließlich abstrahieren *Adjektive* (ADJs) nicht nur von der einzelnen Verhaltensepisode, sondern auch von der individuellen Objektperson. Während SVs wie *vertrauen* oder *verabscheuen* wie auch alle zuvor genannten Verben ein Verhalten gegenüber einer ganz bestimmten Objekt-Person implizieren, bedeuten ADJs wie *feindselig* oder *ehrlich,* daß jemand die betreffenden Eigenschaften unabhängig von einzelnen Objekt-Personen an den Tag legt. Insofern bilden ADJs, die sich im übrigen syntaktisch leicht von den anderen Wortklassen trennen lassen, die höchste

Stufe der Abstraktheit; sie sind am meisten dekontextualisiert und losgelöst von konkreten empirischen Beobachtungen.

Es hat sich als empirisch nützlich erwiesen, wenngleich von der Systematik her nicht unbedingt zwingend, von den IAVs eine weitere Klasse abzuspalten, die zwar ebenfalls eine Handlung des Subjekts interpretieren (und bewerten), aber ansonsten vor allem einen Zustand im Objekt betonen, der durch die Subjekt-Handlung hervorgerufen wird (z.B., *erschrecken, beruhigen)*. Diese als *State Action Verbs* (SAVs) bezeichneten Wörter verhalten sich in semantischen Studien (s.u.) folgerichtig wie eine Wortklasse, die zwischen IAV und SV liegt (vgl. Semin & Fiedler, 1991). SAVs wurden nur in einigen neueren Untersuchungen berücksichtigt und fehlen daher bei den meisten der im folgenden berichteten Ergebnisse.

Tabelle 1
Linguistic Category Model (LCM)

STUFE	KATEGORIE	BEISPIELE	MERKMALE
I	DAV	anrufen treffen besuchen anfassen	Singuläre Verhaltensepisode Konkrete Situationsreferenz Invariantes Merkmal Verständnis kontextabhängig
II	IAV	betrügen verletzen helfen ermuntern	Singuläre Verhaltensepisode Konkrete Situationsreferenz Interpretation und Wertung Autonomes Verständnis
III	SV	bewundern hassen mögen beneiden	Dauerhafter Zustand Keine Situationsreferenz Interpretation und Wertung Abstrahiert von Handlungen
IV	ADJ	ehrlich aggressiv nett clever	Dauerhafte Disposition Keine Situationsreferenz Hoch interpretativ Abstrahiert von Handlungen

Semantik der Wortklassen oder Logik der Attribution?

Es ist nicht unwichtig anzumerken, daß die im vorigen Abschnitt behandelten und in Tabelle 1 zusammengefaßten Einteilungsmerkmale auf linguistischen Kriterien beruhen (z. B., physikalisch invariantes Merkmal, Beobachtbarkeit, episodische und personale Referenz, Verlaufsform etc.), die operational unabhängig sind von den kognitiv-semantischen Implikationen der Wortklassen, denen wir uns nun zuwenden. Aufgrund einer systematischen Analyse der im gesamten Lexikon vorkommenden DAVs, IAVs, SAVs, SVs und ADJs wurden Stichproben aller Wortklassen ausgesucht und in einer ganzen Reihe von empirischen Studien zur Beurteilung hinsichtlich verschiedener semantischer Aspekte vorgelegt. Viele dieser Studien wurden mehrfach, mit verschiedenen Wortstichproben, in deutscher wie in englischer Sprache durchgeführt, und die Ergebnisse sind stabil und hoch reliabel. Elementare Stimulussätze, in deren Prädikat die verschiedenen Wortklassen eingesetzt wurden, waren hinsichtlich der folgenden semantischen Kriterien zu beurteilen:

Subjekt-Information: Wieviel Information verrät der Satz über die Persönlichkeit des Subjekts?

Zeitliche Stabilität: Wie stabil oder dauerhaft ist die durch den Satz ausgedrückte Eigenschaft der Person?

Situations-Abhängigkeit: Wie aussagekräftig ist der Satz hinsichtlich der Situation, in der das beschriebene Verhalten auftritt?

Verifizierbarkeit: Wie eindeutig verifizierbar (oder falsifizierbar) ist das mit dem Satz ausgedrückte Attribut?

Bestreitbarkeit: In welchem Maße könnte die Satzaussage Gegenstand von Meinungsverschiedenheiten sein?

Willentliche Kontrolle: In welchem Maße impliziert der Satz willentliche Kontrollierbarkeit des Verhaltens durch das Subjekt?

Klarheit des Imperativs: Wie klar und eindeutig ist die Handlungsanweisung, die ein Imperativ mit dem Prädikat des Satzes ausdrückt?

Der genaue Wortlaut der Fragen, die alle als Indikatoren von sprachlicher Abstraktheit angesehen werden können, variierte geringfügig von Studie zu Studie. Die Antworten erfolgten auf Rating-Skalen. Die Varianzen und Kovarianzen der semantischen Ratings bildeten den Input für Diskriminanzanalysen mit dem Ziel, die a priori gegebenen Wortklassen aufgrund ihrer semantischen Eigenschaften zu trennen. Typischerweise lassen sich etwa 90% der Wörter diskriminanzanalytisch richtig zuordnen. Der Zusammenhang der Wortklassen mit den semantischen Merkmalen ist so eng, daß sogar einzelne Merkmale schon eine erstaunlich gute Klassifikation gestatten. Die für unsere Zwecke wichtigsten semantischen Implikationen der Wortklassen des LCM sind in Abbildung 1 in einer Übersicht dargestellt.

Die Abbildung sollte zum Ausdruck bringen, daß mit wachsender Abstraktheit des Sprachgebrauchs – von DAV zu IAV, (SAV), zu SV und ADJ – die Aussagekraft bezüglich des Subjekts und die zeitliche Stabilität

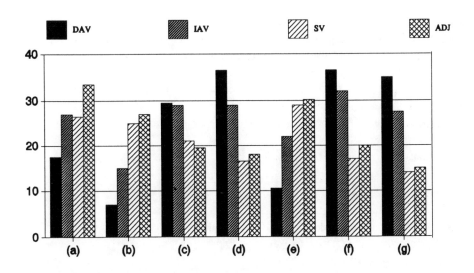

(a) Aussagekraft bezüglich Subjekt   (b) Zeitliche Stabilität
(c) Situationsabhängigkeit (d) Verifizierbarkeit (e) Bestreitbarkeit
(f) Willentliche Kontrolle   (g) Klarheit des Imperativs

Abbildung 1
Diskrimination von Wortklassen nach semantischen Merkmalen

zunehmen, die Information bezüglich der Situation abnimmt ebenso wie die
objektive Verifizierbarkeit, die willentliche Kontrollierbarkeit und die Klarheit der Handlungsanweisung, während die Bestreitbarkeit größer wird.
Diese Zusammenhänge sind zumeist monoton und wie schon gesagt hoch signifikant, obwohl nicht alle Kriterien zwischen allen Wortklassen trennen.
Von besonderem Interesse für das implizite attributionale Wissen ist
indessen die Tatsache, daß die mit den Wortklassen hoch korrelierten
semantischen Merkmale eng verwandt, wenn nicht identisch sind mit den-
jenigen Variablen, die in Attributionstheorien eine zentrale Rolle spielen,
namentlich den Theorien von Kelley (1967) und Jones und Davis (1965)
oder auch von Weiner (1985). Diese zentralen Variablen sind: Konsensus,
Konsistenz (Stabilität), Distinktivität, Kontrolle, Absicht und eindeutiges
Effektmuster. Sie decken sich weitgehend mit unseren semantischen Kriterien *Subjekt-Information, zeitliche Stabilität, Situationsabhängigkeit* und
Kontrolle, während Absicht und eindeutiges Effektmuster sich durch Kombinationen der Kriterien *Kontrolle, Verifizierbarkeit* und *Klarheit der Hand-*

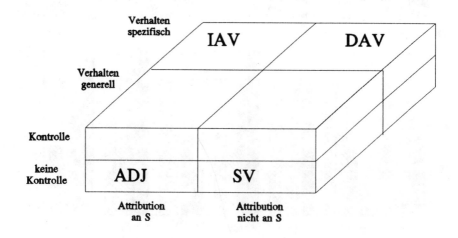

Abbildung 2
Veranschaulichung verschiedener "Sprachspiele", die verschiedenen Wortklassen
entsprechen und unterschiedliche Attributionsregeln enthalten

lungsanweisung darstellen lassen. Wenn dem so ist, dann sind mit dem Gebrauch verschiedener Wortklassen nicht nur irgendwelche semantischen
Merkmale hoch korreliert, sondern gerade diejenigen Merkmale, welche für
die Attribution eines Verhaltens entscheidend sein sollten. Betrachten wir
nun, wie sich die prominentesten Attributionstheorien im semantischen
Raum darstellen und welches neue Licht der Sprachansatz auf die beiden
Theorien wirft.

Abbildung 2 verdeutlicht semantische Merkmalsunterschiede, die
ziemlich genau den Anfangsbedingungen der prominenten Theorien von
Kelley sowie Jones und Davis entsprechen. Betrachten wir zunächst das
Merkmalsmuster oder "Sprachspiel" auf der ADJ-Ebene. Adjektivische
Aussagen wie *P ist arrogant, Gabi ist ängstlich* oder *Studenten sind faul*
sind gemäß der Übersicht in Abbildung 1 gekennzeichnet durch hohe
Subjekt-Information, hohe Stabilität und geringe Situations-Abhängigkeit. In
Kelleys (1967) Termini übersetzt bedeutet das niedrigen Konsensus (die
Aussage läßt sich nicht auf viele andere Subjekte generalisieren), hohe
Konsistenz (hohe Generalisierung über die Zeit) und niedrige Distinktivität
(die Aussage ist nicht auf bestimmte Situationen oder Objekte beschränkt).
In einem einzigen adjektivischen Ausdruck ist also, wenn man die semanti-

schen Implikationen berücksichtigt, eine ganze Verteilung von Verhaltensweisen über Subjekte, Objekte und Zeitpunkte hinweg enthalten, die einen
kompetenten Sprecher/Hörer zwingt, den ADJ-Satz an das Subjekt zu
attribuieren (*P ist arrogant* impliziert eine Ursache in P). Dies ist keinesfalls trivial, denn ADJ-Sätze sind keineswegs immer absichtlich als Attributionen gemeint, sondern werden oft gebraucht, um einfach nur aktuelles
Verhalten zu kommentieren. Die Äußerung *Sei nicht so arrogant!* bezieht
sich ganz offensichtlich auf ein konkretes Verhalten in einer spezifischen
Situation und nicht auf eine stabile Eigenschaft. Oder die Äußerung *Peter
war (gestern) taktlos* hat offenbar eine konkrete und zeitlich begrenzte
Referenz. Auf ähnliche Weise werden adjektivische Äußerungen sehr häufig
unkritisch in Kommentaren oder Beschreibungen von Verhaltensweisen verwendet, ohne daß sie als explizite Attributionen gerechtfertigt oder gemeint
wären. Man könnte stattdessen auch sagen *Peter hat (gestern) andere in
Verlegenheit gebracht* oder *Lach nicht über andere!*, aber es gibt Kommunikationsregeln, die Sprecher veranlassen, nicht auf der konkreten
Verhaltensebene zu bleiben, sondern adjektivische Interpretationen mitzuliefern (vgl. Fiedler & Semin, 1992). [So werden durch einen habituell
adjektivischen Sprachgebrauch implizit und häufig ungewollt internale
Attributionen an das Satzsubjekt mitgeteilt im Sinne von geringem Konsensus, geringer Distinktivität und hoher Konsistenz, die durch das tatsächliche
Verhalten nicht gerechtfertigt sind.] Dieser unkritische und bereitwillige
Gebrauch von ADJ-Sätzen (vgl. Fiedler, Semin & Bolten, 1989, Studie 1)
soll in einem späteren Abschnitt noch genauer behandelt werden.

In jedem Falle dürfte klar sein, daß die semantischen Implikationen von
Adjektiven auf der gleichen Logik beruhen wie Kelleys (1967) Modell. Es
ist nicht die syntaktische Form < S ist ATTRIBUT >, die automatisch eine
Attribution an S bewirkt, sondern es liegt an der Semantik der ADJs. Dies
beweisen zahlreiche Ausnahmen, die nicht das übliche Kelley-Muster
hervorrufen und somit auch keine S-Attribution: *S ist beeindruckt, S ist
erbost, S ist angewidert.* Trotz der gleichen syntaktischen Form führen
diese Sätze eher zu einer Objekt-Attribution.

Interessanterweise ist aber Mills "law of difference", auf dem Kelleys
Modell beruht (d.h., die Analyse der Variation zwischen Subjekten, Objek-
ten und Zeitpunkten), nicht die einzige Grundlage für eine vernünftige
Attribution. Daß ein Verhalten internal zu erklären ist, also seinen Ur-
sprung innerhalb der Subjekt-Person hat, läßt sich nicht nur durch die
Varianzanalyse, sondern auch durch die Intentionalitätsanalyse nachweisen.
Gemeint ist hier der Unterschied zwischen der Attribution von "causes" und
"reasons" (vgl. Buss, 1978; Kruglanski, 1975). Während sich Kelleys

Modell mit "causes" befaßt, bezieht sich das nicht minder populäre Modell
von Jones und Davis (1965) auf "reasons". Nach dieser Logik werden
Verhaltensweisen dann auf eine internale, dispositionale Eigenschaft im
Subjekt zurückgeführt, wenn sie kontrolliert und zielgerichtet erfolgen und
einen Schluß auf absichtliches Handeln zulassen (vgl. auch die Reformulierung der Theorie durch Jones & McGillis, 1976). Diese Bedingungen werden nun genau durch die semantischen Eigenschaften von IAVs
erfüllt (vgl. Abbildung 1), eine Wortklasse, die ebenso wie ADJ regelmäßig
zu S-Attributionen führt. Sätze wie *Bodo verletzt Ina, Anne hilft ihren
Freunden* oder *P erschreckt andere Menschen* implizieren hohe Kontrolle
und Verifizierbarkeit und die Möglichkeit, einen klaren Imperativ zu bilden,
und suggerieren damit absichtliches, zielgerichtetes Verhalten mit einem
distinktiven Effektmuster, abgesehen davon, daß sie auch als sehr infor-
mativ bezüglich der Subjekt-Person empfunden werden. Diese Sätze erzeugen ebenfalls regelmäßig den Eindruck einer S-Attribution, aber während die Semantik der ADJs dem Kelley-Modell entspricht, steckt in der
Semantik von IAVs eine andere Attributionslogik, die eher dem Modell von
Jones & Davis entspricht.

Versuchen wir den Unterschied noch klarer herauszuarbeiten. ADJs und
IAVs sind beide aussagekräftig hinsichtlich S (niedriger Konsensus). Aber
während ADJs zeitliche Stabilität (d.h., hohe Konsistenz), geringe Objekt-
Spezifität (hohe Distinktivität) und geringe willentliche Kontrolle implizieren (d.h., oft keinen Imperativ zulassen), implizieren IAVs gerade das
Gegenteil: begrenzte Zeitdauer, klare Objekt- und Situationsreferenz und
hohe (absichtliche) Kontrolle (vgl. Abbildung 2). Beide semantischen
Merkmalsmuster führen jedoch sehr regelmäßig zu S-Attributionen, was
sicher nicht beides mit Kelleys Logik vereinbar ist, denn die modale
Bedeutung von IAVs entspricht einem Muster von geringem Konsensus,
hoher Distinktivität, und geringer Konsistenz.

An den verschiedenartigen "Sprachspielen" von IAVs und ADJs wird
hier ein Unterschied zwischen den beiden Attributionstheorien sichtbar, der
ansonsten so deutlich nicht gesehen wurde. Tatsächlich springen wir im
Alltag sehr häufig von der einen in die andere Attributionslogik und wieder
zurück, ohne daß die Beteiligten es merken. Bei der Beurteilung von Baga-
telldelikten oder Vergehen macht etwa der Delinquent (der Kelley-Logik
folgend) geltend, daß schließlich die meisten Menschen sich schon einmal
mit Alkohol an das Steuer gesetzt haben (Konsensus), daß sie es nur ein
einziges Mal getan haben (Konsistenz) und nur aus einem sehr triftigen
Anlaß (Distinktion), während es Richter und Staatsanwalt nach der
Jones-und-Davis Logik nur interessiert, ob das Delikt wissentlich und

vorsätzlich begangen wurde. Gerade in der Rechtsprechung spielt das letztere Modell eine viel größere Rolle als das Kelley-Modell. Für die Klassifikation einer Gewalttat als Mord muß ein Motiv ersichtlich sein (z. B., Eifersucht gegenüber einer spezifischen Objekt-Person); das heißt, hohe Distinktivität macht entgegen der Kelley-Logik häufig den geplanten, gezielten, absichtlichen Charakter der Handlung klar und unterstützt somit eine internale Attribution.

Zugleich wird deutlich, daß die mit verschiedenen Wortklassen verbundenen Sprachspiele jeweils die Vernunft des anderen Sprachspiels bzw. der anderen Attributionstheorie außer Acht lassen. So suggeriert der Satz *S belügt O* eine vorsätzliche Handlung und damit eine eindeutige S-Attribution, läßt jedoch außer Acht, daß Lügen ein alltägliches und konsensuelles Verhalten ist (Turner, Edgley & Olmstead, 1975) und damit uninformativ im Sinne von hohem Konsensus. Andererseits ist das ADJ-Sprachspiel, welches Kelley entspricht, häufig die Quelle von Konflikten und führt auf eine Art Kategorienfehler. Denn dieselben Traits oder Dispositionen, die durch geringen Konsensus, geringe Distinktivität und hohe Konsistenz gekennzeichnet sind, implizieren gleichzeitig zumeist geringe willentliche Kontrolle durch das Subjekt. Daher kann ein Subjekt im Grunde für solche Attribute nicht verantwortlich gemacht werden. So impliziert etwa die Äußerung *Sei nicht so langweilig!* oder *Sei nicht schüchtern!* eine internale Eigenschaft im Subjekt, aber diese bezieht sich nicht auf ein absichtliches, zielgerichtetes Verhalten. Das Subjekt hat keine willentliche Kontrolle über diese Eigenschaften, sondern ist einer Eigenschaft oder Emotion "ausgeliefert", also im Grunde genommen determiniert von *externalen* Kräften außerhalb der eigenen freien Willensentscheidung.

In Weiners (1985) Attributionstheorie spielen die Dimensionen Lokalität (Internalität), Kontrolle und Stabilität eine entscheidende Rolle. Es ist unschwer zu erkennen, daß die genannten semantischen Merkmale der Verben und Adjektive auch diese Dimensionen abdecken. Kontrolle und Stabilität kommen explizit unter den semantischen Merkmalen von Abbildung 1 vor, und Lokalität (d.h., interne versus externe Attribution) ergibt sich wie gesehen aus den übrigen semantischen Merkmalen. Sofern Weiners Theorie aber alle möglichen Kombinationen von Lokalität, Kontrolle und Stabilität zuläßt, ist sie anpassungsfähiger als diejenigen von Kelley oder Jones und Davis. Wenn das handelnde Subjekt hohe Kontrolle über sein Verhalten zu haben scheint, können Schuld und Verantwortung attribuiert werden; dieser Schluß entspricht der Theorie von Jones und Davis und dem IAV-Sprachspiel. Unabhängig davon können jedoch Lokalität und Stabilität frei variieren; bei hoher Kontrolle kann ein Verhalten stabil und internal oder aber auf einzelne Zeitpunkte beschränkt oder auf andere Subjekte generalisierbar sein. Wegen dieser Flexibilität läßt sich Weiners Theorie weniger gut in das Schema einer semantischen Kategorie pressen als die anderen beiden Theorien. Die starken empirischen Korrelationen zwischen den semantischen Wortmerkmalen lassen jedoch vermuten, daß bestimmte Kombinationen von Weiners Dimensionen sehr selten auftreten oder fast ganz verschwinden, sobald Verhalten einmal sprachlich repräsentiert ist.

In jedem Falle stellt sich aber heraus, daß der Sprachansatz nicht nur ein alternatives Licht auf Attributionsprozesse wirft, sondern vor allem einen beinahe gegensatzartigen Unterschied zwischen zwei der prominentesten Theorien verdeutlicht, der in dieser Weise selten deutlich wird: Jones und Davis' Annahme, daß ein eindeutiges, klares Effektmuster und absichtliche Kontrolle eine Bedingung für internale Attribution an das Subjekt sind, ist mit Kelleys Annahme von geringer Distinktivität und hoher Konsistenz als Bedingungen von internaler Attribution kaum vereinbar. Die Modellannahmen sind deshalb nicht vereinbar, weil die relevanten semantischen Merkmale der Subjekt-Information und zeitlichen Stabilität negativ korrelieren mit den semantischen Merkmalen der Kontrollierbarkeit, Verifizierbarkeit und Situationsabhängigkeit, und der größte Teil dieser semantischen Konfundierungen wird durch die Wortklassen des LCM aufgeklärt.

Darüber hinaus erweist sich der Sprachansatz auch als theoretisch fruchtbar und führt zu neuen Hypothesen, für die es im übrigen bereits empirische Bestätigung gibt. Tatsächlich gibt es empirische Belege ganz anderer Art für die These, daß Attributionen auf der Ebene von ADJ und IAV ganz unterschiedlichen Regeln folgen. So werden wir später eine Partnerschaftsuntersuchung näher berichten (Fiedler, Semin & Koppetsch, 1991), in der sich zeigte, daß in freien Verbalisierungen über den Partner und sich selbst auf der ADJ-Ebene ein Actor-Observer-Bias (d.h., mehr interne Zuschreibungen an den Partner) und auf der IAV-Ebene ein Egocentric Bias (d.h., mehr interne Zuschreibung an die eigene Person) erfolgt. Vermutlich spielt das ADJ-Sprachspiel (wenig Differenzierung über Situationen und Zeit) beim Sprechen und Urteilen über andere Personen eine größere Rolle, während das IAV-Sprachspiel (zielgerichtetes und willentlich kontrolliertes Handeln) eher auf das Selbst angewandt wird.

Es dürfte übrigens kein Zufall sein, daß ADJs und IAVs, die beiden Wortklassen, welche zwei universelle Attributionstheorien simulieren, sich mit verschiedenen anderen Untersuchungsmethoden als die beiden Wortklassen erwiesen haben, die am meisten zu internen Attributionen und zu Trait-Inferenzen führen. So zeigen Inferenzurteile (Semin & Fiedler, 1991), daß IAVs von allen Verben am ehesten einen Schluß auf ein zugrunde liegendes Subjekt-Attribut implizieren (z. B., S hilft O --> S ist hilfsbereit). Satzverifikations-Experimente, in denen Ja-Nein-Antwort und Latenzzeit auf Sätze wie *Die Krankenschwester hilft anderen Menschen* (IAV) oder *Die Krankenschwester sorgt sich um andere Menschen* (SV) gemessen werden (Fiedler & Semin, 1990), zeigen, daß IAVs und ADJs die "gewichtigsten" Attribute sind (hohe Latenz und hohe Schwelle, mit "Ja" zu antworten). Semantische Studien mit abgeleiteten Adjektiven (z. B., helfen --> hilfsbereit), die den gleichen Wortstamm haben wie ein DAV (gesprächig), IAV (hilfsbereit), SAV (bedrohlich), SV (neidisch) oder mit genuinen ADJs, die gar nicht von einem Verbstamm ableitbar sind (freundlich), zeigen darüber hinaus, daß genuine (nicht ableitbare) und IAV-bezogene Adjektive die größte Aussagekraft bezüglich des Subjektes in sich tragen.

Warum gerade ADJs und IAVs (wenn auch aus verschiedenen Gründen) besonders viel interne Attribution implizieren, wird aus Faktorenanalysen deutlich (Semin & Fiedler, 1991), in die neben den oben genannten semantischen Kriterien (Abbildung 1) noch Fragen nach dem Lokus der Kausalität (Liegt die Ursache für das Verhalten eher beim Subjekt oder beim Objekt?) und nach dem Lokus der Emotionalität (Geht das Verhalten mit einer emotionalen Reaktion im Subjekt/Objekt einher?) aufgenommen wurden. Solche Faktorenanalysen (oder auch Diskriminanzanalysen mit vorgegebenen Wortklassen) bringen eine klare zweidimensionale Lösung mit den beiden Faktoren *Abstraktheit* und *Lokus der Attribution*. Auf dem ersteren Faktor haben die Variablen Subjekt-Information, Stabilität und (mit umgekehrten Vorzeichen) Verifizierbarkeit und Bestreitbarkeit die höchste Ladung, während auf dem zweiten Faktor alle Variablen hoch laden, die mit dem Lokus der Attribution zu tun haben (Ursache im Subjekt und Emotion im Objekt versus Ursache im Objekt und Emotion im Subjekt). Im Einklang mit unserer vorherigen Charakterisierung der beiden Sprachspiele führen ADJs vor allem wegen ihrer hohen Werte auf der Abstraktheits-dimension (d.h., weil sie stabile Dispositionen anzeigen) zu Subjekt-Attri-butionen, während IAVs wegen ihrer hohen Werte auf der Lokalisations-dimension einen internalen Ursprung des Verhaltens im Subjekt besonders eindeutig anzeigen. Wie sich die Wortklassen des LCM auf die letztere Dimension abbilden, soll nun im Zusammenhang mit einer zweiten Schnitt-stelle von Sprach- und Attributionsforschung weiter untersucht werden.

Attribution und die implizite Kausalität von Verben

Die einzige wesentliche und bei weitem meist zitierte Verbindung von Attribution und Sprache ist das Phänomen der impliziten Kausalität von Verben (Abelson & Kanouse, 1966; Brown & Fish, 1983; Fiedler, 1978; Fiedler & Semin, 1988; Garvey & Caramazza, 1974). Bestimmte Verben wie *helfen, verletzen, betrügen, heilen* oder *ermutigen*, die sich weitgehend mit den hier als IAVs bezeichneten decken, rufen systematisch eine Attribution an das Satzsubjekt hervor, während andere Verben, nämlich SVs wie *mögen, bewundern, verabscheuen, verachten* oder *respektieren*, den Eindruck erzeugen, daß die Ursache des Verhaltens in der Objekt-Person liegt. Hier spiegelt sich die unterschiedliche Position von IAVs und SVs auf der zweiten Dimension wider, die wir Lokalisationsdimension genannt haben, während beide Verbklassen auf der ersten Dimension (Abstraktheit) nicht weit voneinander liegen. Das Phänomen der impliziten Verbkausalität ist überaus reliabel, über viele Sprachen generalisierbar (Fiedler, Semin, Ritter, Bode & Medenbach, 1992) und für sich genommen von großem praktischen Interesse, wenn man nur an sprachliche Manipulation durch Zeitungsüberschriften, Werbeslogans oder den Wortlaut von Persönlichkeitsgutachten denkt. Daneben hat sich dieses Phänomen jedoch zu dem vielleicht bedeutendsten Paradigma oder Testfall für die Neo-Whorfianische Frage entwickelt, ob Sprache das Denken oder umgekehrt das Denken die Sprache beeinflußt (Brown, 1986).

Obwohl sich hier die Attributionspsychologie explizit mit Verben und linguistischen Variablen beschäftigt, verwundert es kaum, daß genuin sprachliche Strukturen nur ganz ausnahmsweise zur theoretischen Erklärung herangezogen werden (Hoffman & Tschir, 1990) und daß Sprache ansonsten eher als Manifestationsfeld denn als Ursprung von Attributionstendenzen behandelt wird. Die bekannteste und weithin stillschweigend akzeptierte Erklärung stammt von Brown und Fish (1983) und ist entsprechend den vorherrschenden Heuristiken der Theoriebildung (vgl. Fiedler, 1991) eine kognitivistische. Nach dieser Theorie evozieren IAVs und SVs unterschiedliche Schemata, welche unterschiedliche Muster von Konsensus und Distinktivität für IAVs und SVs implizieren und das "Geheimnis der Verben" somit auf völlig normale Attributionsgesetze zurückführen, ohne daß eine besondere Rolle der Sprache angenommen werden muß. Nach Brown und Fish induzieren IAV-Sätze (Oskar verletzt Helmut) ein sogenanntes *Agent-Patient Schema*, welches impliziert, daß die Handlung des Satzes über Objekte oder "Patients" eher generalisierbar ist als über Subjekte oder "Agents" (d.h., Oskar verletzt vermutlich auch andere Leute außer Helmut, aber, was Oskar tut, gilt kaum für viele andere Akteure). Demnach werden IAVs durch ein kognitives Schema vermittelt, welches eine subjekt-spezifische Handlung anzeigt, mithin geringen Konsensus und geringe Distinktivität als Bedingungen für eine normale Subjektattribution. Dem-gegenüber wird für SV-Sätze (Oskar bewundert Helmut) ein *Recipient-Stimulus Schema* angenommen, in dem das Subjekt als "Recipient" und das Objekt als "Stimulus" fungiert und welches mehr Generalisierung über Rezipienten als Stimuli impliziert: Helmut wird vermutlich von anderen außer Oskar auch bewundert, aber diese Bewunderung wird kaum vielen anderen entgegengebracht. Dieses Muster von hohem Konsensus und hoher Distinktivität führt natürlich zur Objekt-Attribution.

In der Tat finden diese Annahmen über unterschiedliche Generalisierung empirische Bestätigung (Brown & Fish, 1983; Fiedler, 1978), aber das muß freilich nicht die Ursache, sondern kann auch die Folge der unter-schiedlichen kausalen Interpretation von IAVs und SVs sein. Im Rahmen unseres eigenen Sprachansatzes (Fiedler & Semin, 1988, Fiedler et al., 1992) sind wir indessen zu Befunden und Argumenten gelangt, die mit einer "normalen" attributionstheoretischen Erklärung kaum vereinbar sind und der Sprache eine wesentliche Rolle einräumen.

(a) Erstens haben wir im vorigen Abschnitt gesehen, daß Konsensus und Distinktivität nur zwei von vielen semantischen Merkmalen der beiden Wortklassen sind und daß andere "Sprachspiele" mit IAVs und SVs denkbar sind. So implizieren SVs ebenso viel Informativität bezüglich des Subjekts wie IAVs und liegen auf der ersten Dimension (Abstraktheit) nicht niedriger (vgl. Abbildung 1). Außerdem implizieren SV-Sätze (wie *S bemitleidet O, Walter beneidet Lothar*) eine stabile, durch bewußte oder absichtliche Anstrengung schwer zu verändernde (affektive) Eigenschaft im Subjekt, die sehr wohl als motivationaler Ursprung des Verhaltens gedeutet werden könnte. Das Konsensus-Distinktivität-Spiel ist also keineswegs eine logisch zwingende Folge aus der Semantik dieser beiden Wortklassen, sondern bestenfalls ein willkürlich oder konventionell ausgewähltes Spiel.

(b) Die Schema-Erklärung, welche annimmt, daß IAVs ein subjekt-spezi-fisches und SVs ein objekt-spezifisches Merkmal aktivieren, ist insbesondere mit dem folgenden Befund nicht vereinbar: In Experimenten, in denen Versuchsteilnehmer nach den plausibelsten Ursachen (An-tezedenzen) und Folgen (Konsequenzen) eines Satzes gefragt werden (Au, 1986; Fiedler & Semin, 1988), zeigt sich zunächst wie erwartet, daß als Antezedenz eines *S IAV O* Satzes ein Satz mit S als Subjekt angenommen wird, während *S SV O* Sätze einen antezedenten Satz mit O suggerieren. Dieser Befund paßt zu der Annahme, daß schemaartige Wissensstrukturen

eine Inferenz von IAV zu S-Attribut und von SV zu O-Attribut anbahnen,
eben weil IAV-Schemata spezifisches Wissen für S und SV-Schemata etwas
für O Spezifisches anzeigen. Damit inkompatibel ist jedoch der fast noch
stärkere Befund, daß die erschlossenen Konsequenzen von IAVs auf O
hinweisen und die Konsequenzen von SVs auf S. Wenn die angeblich
schemageleiteten Inferenzschlüsse nicht bereits kausales Wissen
voraussetzen (welches sie ja erklären sollen), dann würde die Schema-
Theorie verlangen, daß antezedente wie konsequente Inferenzen
gleichermaßen von IAV zu S und von SV zu O führen. Die starke
Umkehrung dieses Zusammenhangs läßt jedoch vermuten, daß nicht nur die
paradigmatischen Eigenschaften der beiden Wortklassen zur Erklärung
herangezogen werden müssen, sondern auch ihre *syntagmatische* Abfolge in
größeren Text- oder Diskurszusammenhängen.

(c) Solche syntagmatischen Regeln haben wir in einer neueren Arbeit
(Fiedler et al., 1992) im Sinne einer Kontext-Grammatik in ihren Grund-
zügen dargestellt. Wenn IAV- und SV-Sätze kontextfrei dargeboten werden
und kompetente Sprachbenutzer gebeten werden, antezedente wie konsequente Sätze zu erschließen, dann ergeben sich hoch systematische Regeln,
die demonstrieren, daß auch kontextfreie Sätze im Rahmen eines implizit
erschlossenen *Default-Kontextes* verstanden werden. Nicht die Semantik des
einzelnen Wortes selbst determiniert nach dieser Erklärung eine konstante
Kausaldeutung des Satzes, sondern der Satz erhält seine kausale Bedeutung
im Rahmen eines solchen größeren Kontextes. Der typische (modale)
Kontext eines fokalen IAV-Satzes ist die Sequenz *S sv O --> S IAV O -->
O iav S*, das heißt, eine Sequenz, die von einem S-Zustand in der Antezedenz über die fokale S-Handlung zu einer O-Reaktion führt. Die typische
SV-Sequenz lautet demgegenüber: *O iav S --> S SV O --> S iav O*. Die
Parameter dieser Kontext-Grammatik lassen sich im Sinne eines Markov-
Modells durch die Übergangswahrscheinlichkeiten schätzen, mit denen auf
einen S-Zustand oder eine S-Handlung ein S-Zustand, eine S-Handlung, ein
O-Zustand oder eine O-Handlung folgt. Wie sich zeigt, sind diese Parameter über verschiedene Sprachen hinweg beachtlich invariant und
beschreiben antezedente wie konsequente Schlüsse gleichermaßen. Die
Kontext-Grammatik regelt nicht nur, ob antezedente und konsequente Sätze
zu S oder O gehören, sondern auch, auf welcher Sprachebene Kontextsätze
liegen (DAV, IAV, SV, ADJ), wo antezedente und konsequente Emotionen
liegen etc. Sie läßt das spezifische Phänomen der Verb-Kausalität somit als
Spezialfall einer viel reichhaltigeren Klasse von grammatischen Regeln
erscheinen, die weit mehr als kausale Schlüsse bedingen.

(d) Beachtenswert ist, daß die Regeln der Kontext-Grammatik gegen die

Schema-Logik verstoßen, nicht nur wegen der bereits erwähnten Umkehrung von antezedenten zu konsequenten Schlüssen. Betrachten wir etwa die typische Sequenz für *S IAV O* -Sätze (z. B., Oskar hilft Helmut), zu denen ein antezedenter *S sv O* -Satz gehört (z. B., Oskar mag Helmut), das heißt, im Prädikat des S-spezifischen Antezedenz-Satzes steht besonders oft ein SV, welches aber nach der Schema-Logik O-Verursachung anzeigt.

(e) Noch eklatanter ist die Verletzung der Schema-Logik, wenn die Stimulus-Sätze nicht kontextfrei dargeboten werden, sondern ein Kontext explizit vorgegeben wird, der entweder die Kontext-Grammatik erfüllt oder verletzt. Dann verlieren die Verben der fokalen Sätze auf einmal ihre ansonsten sehr starke kausale Information, wenn die Sequenz gegen den Default-Kontext verstößt, aber in einer Weise, die durch die Schema-Logik nicht verständlich ist. Werden etwa die Rollen von Subjekt und Objekt im antezedenten Satz vertauscht (d.h., Helmut mag Oskar statt Oskar mag Helmut als Antezedenz von Oskar hilft Helmut), dann weisen nun beide Sätze auf Oskar als Ursache positiven Sozialverhaltens (weil mögen ein SV und helfen ein IAV ist). Aber dennoch geht die S-Attribution des fokalen helfen-Satzes verloren, statt daß sie noch verstärkt würde. Ähnliche Anomalien ergeben sich etwa, wenn der antezedente Satz verneint wird, was ebenfalls die Default-Grammatik verletzt. Wenn Oskar Helmut hilft, obwohl Oskar Helmut *nicht* mag, dann ist dies (nach dem Konsensus-Prinzip) umso bemerkenswerter für Oskar und sollte nicht minder zu einer S-Attribution führen. Tatsächlich bewirkt die Verletzung der Kontext-Grammatik jedoch, daß die Verb-Kausalität durch solche Verneinung reduziert oder gar umgekehrt wird.

In diesem kurzen Überblick der zugegebenermaßen nicht ganz leicht verständlichen neueren Forschung über Verb-Kausalität wollten wir hauptsächlich zeigen, daß der Spielraum, den die Sprache für die Attribution läßt, nicht nur durch die paradigmatischen Eigenschaften einzelner Wortklassen eingeschränkt wird, sondern ebenfalls durch syntagmatische Regeln über die Abfolge von sprachlichen Verhaltensbeschreibungen in größeren Einheiten als dem einzelnen Satz. Gleichzeitig wollten wir zeigen, daß genuin linguistische Konzepte selbst dort kaum beachtet wurden, wo Attributionsforschung ganz offensichtlich mit Verben zu tun hat. In jedem Falle aber ist das Phänomen der Verb-Kausalität von großer "Face-Validity" und verdeutlicht wie kaum ein anderes Phänomen die Möglichkeit, Kausalattribution (im Gerichtssaal, in den Medien oder im Streit zwischen Ehepartnern) durch subtile sprachliche Kleinigkeiten zu manipulieren.

Sprache, Perspektivität und der Akteur-Beobachter-Fehler

In diesem Abschnitt wollen wir an einem weiteren Beispiel verdeutlichen, daß der Sprachansatz nicht nur eine kreative Funktion hat und zu neuartigen Erklärungen attributionaler Phänomene führt, sondern auch helfen kann, bekannte Phänomene zu präzisieren und Widersprüche in der Literatur aufzuklären. Es geht immerhin um eine der am meisten erforschten und für die zwischenmenschliche Interaktion bedeutendsten Fehlertendenzen in der Attribution, den Actor-Observer Bias (Jones & Nisbett, 1972). In aller Regel neigen *Akteure* dazu, eher externale Attributionen für ihre eigenen Handlungen zu finden, während *Beobachter* eher internale Attributionen vornehmen und den Akteur selbst als Ursprung des Verhaltens sehen. Diese perspektivische Tendenz ist gut bestätigt (Watson, 1982) und wird gewöhnlich durch die unterschiedliche Wahrnehmungsperspektive von Akteur und Beobachter erklärt (Storms, 1973) oder auch durch das unterschiedliche Wissen über eigenes und fremdes Verhalten (Watson, 1982).

Daß auch unterschiedliche Sprachstile, mit denen man über eigenes und fremdes Verhalten spricht oder schreibt, für die Erklärung des Akteur-Beobachter-Fehlers wichtig sein können, ist wiederum völlig ignoriert worden. Für eine solche Annahme gibt es jedoch gute theoretische Gründe und hinreichend empirische Evidenz. Eine Analyse von freien Verbalisierungen über das Selbst und über andere Personen zeigt, daß Sprachbenutzer ganz offensichtlich in der selbstbezogenen Rede weniger abstrakte Ausdrücke und insbesondere weniger Adjektive gebrauchen als bei Fremdbeschreibungen (Semin & Fiedler, 1989). Codiert man etwa mit Hilfe des LCM die Antworten auf die Frage, warum die Versuchsperson selbst ein Studienfach oder einen Freund/eine Freundin gewählt hat oder warum eine andere gut bekannte Person ihr Studienfach oder ihre/n Freund/in gewählt hat, und wertet man Aussagen auf der DAV-, IAV-, SV- und ADJ-Ebene mit 1, 2, 3 oder 4, so lassen sich die Ergebnisse einer der bekanntesten Akteur-Beobachter-Studien (Nisbett, Caputo, Legrant & Maracek, 1973) auch quantitativ sehr gut simulieren. Diese Tendenz, bei freien Verbalisierungen über sich selbst mehr konkrete Termini und weniger ADJs zu gebrauchen als bei Aussagen über andere, ist übrigens allgemeiner als die Attributionstendenz selbst. Die Sprachunterschiede zwischen Akteuren und Beobachtern treten auch dann auf, wenn gar nicht nach Attributionen oder Erklärungen gefragt wird, sondern die Versuchsteilnehmer einfach nur in freier Rede ein Erlebnis oder eine Begebenheit berichten, in der sie selbst oder jemand anderes der Protagonist ist (Semin & Fiedler, 1989). Der Spracheffekt ist also allgemeiner als der Attributionseffekt und daher kaum nur eine Reflexion verborgener Attributionsprozesse. Er erstreckt sich übrigens auch auf den Sprachgebrauch gegenüber der eigenen und einer fremden Gruppe (Fiedler, Semin & Finkenauer, 1993; Maass, Salvi, Arcuri, & Semin, 1989), was kaum auf die Perspektive der Wahrnehmung reduzierbar ist.

Warum selbstbezogener Sprachgebrauch abstrakte Ausdrücke vermeidet, läßt sich nur vermuten. Dispositionale Zuschreibungen wie "Ich bin ein ehrlicher Mensch" oder "Ich bin intelligent" verstoßen aus naheliegenden Gründen ebenso gegen stille Konventionen wie "Ich bin ein arroganter Typ". So befangen die Selbstzuschreibung erwünschter Attribute wirkt, so ironisch und oft ebenso anormal wirkt die Selbstattribution von unerwünschten Eigenschaften. Offenbar gibt es gute Gründe für eine solche Konvention, wonach es anderen vorbehalten bleibt, uns abstrakte Attribute zu "verleihen", so wie ein Schiedsrichter oder eine Jury in Sport und Gericht ebenfalls von anderen gebildet werden muß. Ein anderer Grund für den "vorsichtigeren", weniger abstrakten, mehr faktisch-konkreten Sprachgebrauch über das Selbst liegt womöglich in der Rechenschaft ("accountability", Tetlock, 1991), die wir über unser eigenes Verhalten schuldig sind. Wenn Sprachbenutzer ihre Äußerungen belegen oder Rechenschaft darüber abgeben sollen, wird ihr Sprachgebrauch sofort konkreter im Sinne der LCM-Stufen (Fiedler, Semin & Bolten, 1989, Studie 3). Aber egal, welches die Funktion und die Ursache ist, der verschiedene Sprachgebrauch aus der Akteur- und Beobachter-Perspektive ist empirisch gut bestätigt und liefert prinzipiell eine alternative Erklärung des Attributionsfehlers: Die internalen Attributionen von Beobachtern spiegeln in unbekanntem Maße ihren habituell häufigeren Gebrauch von dispositionalen Ausdrücken und ADJs wider, während die weniger dispositionalen Attributionen der Akteure dem häufigeren Gebrauch von IAVs oder DAVs entsprechen, die bekanntlich stärker situationsgebunden und in ihrer Bedeutung kontextabhängig sind (vgl. Abbildung 1). Typischerweise kommen in den konkreteren Äußerungen über das Selbst auch weitaus mehr adverbiale Attribute vor (des Ortes, der Zeit, der Modalität), welche diese Situationsabhängigkeit unterstreichen (Semin & Fiedler, 1989).

Nachdem die potentielle Rolle der Sprache beim Zustandekommen des Akteur-Beobachter-Fehlers einmal anerkannt und Attributionen mithilfe des LCM näher analysiert werden, ergeben sich auch neue theoretische Einsichten und lassen sich Widersprüche oder Konflikte aufklären. Ein solcher Konflikt besteht offensichtlich zwischen dem Actor-Observer-Bias einerseits und dem sogenannten Egocentric Bias (Ross & Sicoly, 1979) in Partnerschaften; das ist die Tendenz, sich selbst mehr Verantwortung und Initiative für gemeinsames Handeln zuzuschreiben als dem Partner. Während der erstere Bias mehr internale Partner-Attribution impliziert, sagt der letztere Bias mehr internale Selbst-Attribution voraus, ohne daß von seiten der Attributionstheorien erklärt würde, wann die eine und wann die andere Vorhersage zutrifft. Durch eine Sprachanalyse von freien Verbalisierungen in Partnerschaften konnten Fiedler, Semin und Koppetsch (1991) zeigen, daß in der Tat beide Attributionstendenzen zugleich auftreten, nur auf verschiedenen Sprachebenen. Der Actor-Observer-Bias äußert sich auf der ADJ-Ebene (d.h., mehr ADJs in partnerbezogenen Aussagen) und der Egocentric Bias auf der IAV-Ebene (mehr IAVs in selbstbezogenen Aussagen), und beide Tendenzen spiegeln die allgemeine Regel wider, über sich selbst in konkreteren Ausdrücken als über den Partner zu sprechen.

Eine letzte Bemerkung gilt der naheliegenden Versuchung, den Unterschied in der selbst- und fremdbezogenen Sprache doch sofort wieder kognitivistisch zu interpretieren. Die Zurückhaltung, sich selbst vereinfachende, abstrakte ADJs zuzuschreiben, könnte ganz einfach der Tatsache entspringen, daß unser Wissen über uns selbst viel reichhaltiger und vielfältiger ist als das Wissen über andere Leute (vgl. Sande, Goethals & Radloff, 1988). Wir wissen viel zu viel über uns selbst, um uns einfach nur als "extravertiert" oder "schüchtern" zu beurteilen; wir haben oft genug gesehen, daß wir sowohl extravertiert als auch introvertiert, sowohl schüchtern als auch selbstbewußt sind. Aber allein die Tatsache, daß das Selbst die vielleicht reichhaltigste und komplexeste Gedächtnisstruktur ist, die wir haben, kann die genannten Befunde nicht erklären. Neuere Studien zeigen, daß die Vermeidung von vereinfachenden, einseitigen Selbstbeurteilungen und die gleichzeitige Tendenz, sich selbst mehr als anderen Personen beide Attribute eines antonymen Gegensatzpaares zuzuschreiben (z. B., sowohl extravertiert als auch introvertiert), nicht auf der ADJ-Stufe am größten ist, sondern auf der IAV-Stufe. Es wäre also voreilig, den perspektivischen Sprachgebrauch sofort wieder durch kognitivistische Annahmen erklären zu wollen. Viel plausibler erscheint uns, daß die Vermeidung von ADJs in Selbstbeschreibungen zumindest zum Teil auf Kommunikationsregeln zurückzuführen ist.

Abstrakter Sprachgebrauch und Fundamentaler Attributionsfehler

Abgesehen von der differentiell größeren Abstraktheit der Sprache über andere, ist die allgemeine Tendenz zu abstrakten, adjektivischen Aussagen in der interpersonalen Sprache bemerkenswert. Selten bewegen sich Sprecher oder Erzähler auf einer rein deskriptiven Ebene; vielmehr ist die

Bereitschaft verblüffend, mit der wir, ohne lange zu zögern, von beobacht-
barem Verhalten (DAV, IAV oder SAV) auf abstrakte Traits oder Dispositionen (ADJ) schließen. Offenbar gehört es zur Aufgabe eines Sprechers,
nicht bloß zu beschreiben, sondern Interpretationen, Bewertungen und
Attributionen mitzuliefern, wenn er/sie nicht total uninformativ und uninter-
essant wirken will (Zajonc, 1960). Diese universelle Neigung von Sprach-
benutzern zu abstrakten Äußerungen entspricht natürlich einer generellen
Neigung zu internalen, dispositionalen Attributionen. Somit motivieren
Sprachverwendungsregeln nicht nur den Actor-Observer-Bias und den
Egocentric Bias, sondern auch den Fundamentalen Attributionsfehler (Ross,
1977) oder die allgemeine Tendenz, den Ursprung des Verhaltens innerhalb
von Personen zu sehen.

Wie bereitwillig Sprachbenutzer von der Verhaltensebene auf die Ebene
von Traits und Dispositionen (ADJs) wechseln, zeigt eine kleine Studie von
Fiedler, Semin und Bolten (1989, Studie 1). Versuchsteilnehmer bekamen,
je nach Bedingung, eine Reihe von gegensätzlichen IAVs oder SVs vorgelegt, aus denen sie die treffendsten Ausdrücke zur Beschreibung von vier
sozialen Rollen heraussuchen sollten: ein Hausmeister, eine Designerin, ein
Manager und eine Kindergärtnerin. Auf diese Weise wurden zunächst Per-
sonbeschreibungen auf der Stufe von IAV bzw. SV erzeugt. Diese wurden
anderen Personen vorgelegt mit der Aufgabe, die Beschreibungen den vier
Rollen zuzuordnen und sodann in eigenen Worten anderen Versuchsteil-
nehmern weiterzuerzählen. Letztere hatten ebenfalls die Beschreibungen den
Rollen zuzuordnen und dann wieder in eigenen Worten weiterzuerzählen.
Ein zentrales Ergebnis dieser Studie über das Weitererzählen war die
ungeheuer starke Tendenz zur Abtraktheit, das heißt besonders zur Verwendung von ADJs. Während die Beschreibungen erster Ordnung wie
gesagt auf der Stufe von IAVs oder SVs fixiert waren, bestanden die Prädikate der Beschreibungen "aus zweiter Hand" bereits zu über 40% aus
ADJs. Es gibt also in der freien Beschreibung sozialen Verhaltens eine
überaus starke, fast unkritische Tendenz, Verhalten mit Dispositionen
gleichzusetzen. Oder anders ausgedrückt: der kooperative, interpretative
Sprachgebrauch begünstigt dispositionale Attributionen oder den fundamentalen Attributionsfehler und dürfte in dem Maße eine bedeutende Rolle für
die Entstehung und Weitergabe von sozialen Stereotypien spielen, wie
solche Stereotypien oft auf Information aus zweiter oder dritter Hand
beruhen. Diese stereotypisierende Wirkung ist umso stärker, als abstrakte
Attribute einen besonders starken Einfluß auf die Selektivität der nachfolgenden Informationsverarbeitung haben (Fiedler, Semin & Bolten, 1993,
Studie 2).

Sprache, Meta-Attribution und Para-Attribution

Wir haben damit schon verschiedene Möglichkeiten aufgezeigt und durch Befunde und Beispiele belegt, wie Attribution schon vor allen aktuellen kognitiven Prozessen in der Sprache angelegt ist. Zunächst wurde an den semantischen Studien im Rahmen des LCM verdeutlicht, daß allein in die Wortsemantik von DAVs, IAVs, SVs und ADJs alle wesentlichen Faktoren der beiden Attributionstheorien von Kelley sowie Jones und Davis eingebaut sind. Danach wurde am Beispiel der Verb-Kausalität eine andere Spielart verdeutlicht; Sprache bedingt Attributionen nicht nur durch die paradigmatischen Regeln bestimmter Wortklassen, sondern auch durch die syntagmatischen Regeln, nach denen bestimmte Sätze in einem größeren Kontext aufeinander folgen können. Aber auch die Pragmatik des Sprachgebrauchs engt den Attributionsspielraum ein, wie wir am Beispiel des unterschiedlichen Sprachgebrauchs von Selbst- und Fremdbeschreibungen gesehen haben. Diese pragmatischen Regeln simulieren gewissermaßen einen Akteur-Beobachterfehler, ebenso wie die allgemeine Tendenz zur Abstraktheit einen fundamentalen Attributionsfehler simuliert. Schließlich wollen wir uns jetzt noch mit der Rolle der Sprache bei der "Meta-" und "Para-Attribution" befassen.

Zunächst sei erklärt, was diese beiden Begriffe bedeuten sollen. Unter *Meta-Attribution* ist eine Attribution über Attributionen zu verstehen, also zum Beispiel Urteile über die Güte und Echtheit von Attributionen. Von ganz universeller Bedeutung für soziales Verhalten sind etwa Meta-Attributionen der Glaubwürdigkeit bzw. die Frage der Lügenerkennung. Wir sind ständig damit befaßt, die Glaubwürdigkeit dessen einzuschätzen, was andere sich selbst oder anderen zuschreiben, und für diesen Aspekt der Meta-Attribution spielt Sprache ebenso eine Rolle wie für *Para-Attributionen* oder suggestiv beeinflußte Attributionen, für die es keine rationale Informationsbasis gibt.

Ein mehrfach beobachtetes Ergebnis in unseren eigenen Untersuchungen über Lügendetektion und Glaubwürdigkeit besagt, daß relativ intime Aussagen, die viel über die Gefühle, Wünsche und privater Motive des Sprechers verraten, eher für glaubwürdig gehalten werden als faktische Aussagen über beobachtbare Sachverhalte, die wenig affektiven Gehalt haben (Fiedler & Huwe, 1992; Fiedler & Walka, im Druck). Demnach tut ein Lügner oder Heuchler gut daran, Äußerungen nicht auf der IAV-Ebene ("Ich behandle Kinder niemals unfreundlich"), sondern auf der SV-Ebene ("Ich hasse es, wenn man Kinder unfreundlich behandelt") auszudrücken. Ein Wechsel von der faktischen IAV-Sprache auf die gefühlsmäßige

SV-Sprache entspricht offenbar auch der Strategie, die intuitiv von vielen Menschen im öffentlichen Leben (Politiker, Journalisten) verwendet wird, um glaubwürdig zu erscheinen. Empirische Studien bestätigen diese anekdotischen Beobachtungen. Fiedler und Huwe (1992) verglichen beispielsweise die Glaubwürdigkeit von freien Aussagen über Partnerschaften. Manipuliert wurde noch nicht einmal der Inhalt der Aussagen selbst, sondern die Sprachebene der Fragen, worauf die Sprecher zu antworten hatten (z.B. "Erzähle mir etwas darüber, ob Du etwas an Deinem Partner nicht magst" (SV) vs. "... ob Du bestimmte Eigenschaften an Deinem Partner kritisierst" (IAV)). Obwohl der Frageinhalt parallelisiert war, erschienen die Antworten auf SV-Fragen systematisch glaubwürdiger als die Antworten auf IAV-Fragen zu gleichen Inhalten.

Wieder sind mit dem Gebrauch von IAVs versus SVs zu viele semantische Merkmale konfundiert, um eine einzige, eindeutige Erklärung für diesen Glaubwürdigkeitsvorteil von SVs anzugeben. Es kann sein, daß die mit dem Gebrauch von emotionalen SVs verbundene Selbstenthüllung einen Vertrauenseffekt auslöst, weil es vielleicht eine Norm gibt, in solch vertrauensvollen Situationen nicht zu lügen, in denen man etwas über private Gefühle und Wünsche verrät. Diese Erklärung stellt auf die Tatsache ab, daß die meisten SVs Emotionswörter sind. Mindestens ebenso plausibel erscheint uns jedoch die Tatsache, daß SVs weniger verifizierbar oder falsifizierbar sind als IAVs (vgl. Abbildung 1) und deswegen weniger Anhaltspunkte zur Widerlegung geben. Faktische Aussagen wie "Ich bin diese Woche zweimal in die Oper gegangen" sind eher verifizierbar als subjektive Aussagen wie "Ich liebe die Oper"; erstere sollten daher auch eher einen Wahrheits-Check auslösen als letztere. Für diese Theorie, wonach in dem Maße die Glaubwürdigkeit in Frage gestellt wird und Zweifel geweckt werden, wie eine Aussage Angriffspunkte für die Falsifikation gibt, wird durch eine Reihe neuerer Befunde aus der Lügenforschung bestätigt (Fiedler & Walka, 1993). In jedem Falle aber zeigt unser Beispiel aus der Lügenforschung, daß der Gebrauch bestimmter Wortklassen nicht nur die Attribution, sondern auch die Meta-Attribution beeinflussen kann.

Gleiches gilt für Para-Attribution oder die suggestive Zuschreibung von Personattribution, wenn eigentlich keine entsprechende Information vorhanden ist. Nehmen wir als Beispiel die bekannten konstruktiven Fehler aus der Augenzeugen-Forschung (vgl. Loftus, 1979). Nach dem Betrachten eines Videofilms über einen Verkehrsunfall werden die Versuchsteilnehmer gefragt, ob sie bestimmte Details in dem Film gesehen haben (z.B. ein Stopschild, Glassplitter oder eine Scheune). Infolge dieser Suggestivfragen glauben die Zeugen sich später zu erinnern, die suggerierten Details tatsächlich gesehen zu haben. Analoge Effekte gibt es auch in der Attribution. Eine Befragung, ob eine zuvor beschriebene Stimulusperson bestimmte Attribute besitzt oder nicht, bewirkt eine suggestive Veränderung des Eindruckes, so als ob die Person tatsächlich die fraglichen Attribute hätte (vgl. Fiedler, Asbeck & Nickel, 1991; Fiedler, 1993). Interessant für unseren Zusammenhang ist dabei, daß der Einfluß solcher Suggestivfragen auf die Attribution wiederum von der Wortklasse der suggerierten Attribute abhängt: ADJ-Fragen wirken sich wegen der größeren Abstraktheit stärker auf nachfolgende Urteile aus als IAV- oder SV-Fragen (Fiedler, Semin & Bolten, 1989, Studie 2). Andererseits erzeugen SV-Fragen oft einen wohl-wollenderen Eindruck von der Zielperson als IAV-Fragen, ganz im Ein-klang mit dem oben berichteten Einfluß auf die Glaubwürdigkeit.

Abschließende Bemerkung

In einem überaus lesenswerten Artikel hat Brandtstädter (1982) argumen-tiert, daß viele Befunde und Probleme der Attributionsforschung (wie auch anderer Gebiete) eigentlich gar nicht auf empirischen Fragen beruhen, sondern im Grunde analytisch zu beantworten sind. Wenn wir etwa wissen, daß Susi eine Aufgabe löst, die sonst kaum jemand löst, und daß Susi wiederholt solche schwierigen Aufgaben löst, dann hat die Versuchsperson gar keine andere Möglichkeit als eine Attribution an Susis Fähigkeit. Der Begriff Fähigkeit ist schließlich so definiert, daß jemand schwierige Auf-gaben regelmäßig löst, und würde die Versuchsperson anders attribuieren, gäbe er/sie allenfalls zu erkennen, daß er/sie nicht der Sprache mächtig ist.

Brandtstädters Argument erscheint uns ebenso überzeugend wie wichtig für die Attributionsforschung, nur teilen wir nicht die Folgerung, daß die semantischen Restriktionen, denen die Attribution unterliegt, keine em-pirische Fragestellung mehr darstellen. Sprachverstehen ist eine eminent empirische Frage und kein analytischer Sachverhalt. In diesem Beitrag wollten wir den Leser dafür sensibilisieren, wie vielfältig und dicht gewebt das Netz von semantischen Merkmalen ist, welches den Spielraum der Attribution erheblich einschränkt, wann immer Information durch das Medium der Sprache transportiert wird. Was diese sprachlichen Restrik-tionen psychologisch so interessant macht, ist vor allem die Tatsache, daß sich Sprachbenutzer normalerweise der sprachlichen Zwänge nicht bewußt sind, nicht merken, wenn sie durch die Wahl einer bestimmten Wortklasse manipuliert werden, und daß bei fast allen wichtigen Entscheidungen in Politik, Beruf und Rechtswesen die Information sprachlich repräsentiert wird. Es ist angesichts der berichteten Befunde nicht übertrieben zu sagen, daß in dem Moment, da empirische Information einmal in der Sprache recodiert wurde, in den meisten Fällen eine Attribution (d.h., kausale Erklärung, Bewertung, Abstraktion) bereits vorgegeben ist. Dem Empfänger der verbalen Kommunikation bleibt wenig Spielraum, von dieser semantisch vorgezeichneten Attribution abzugehen. Dieser Sachverhalt ist unseres Erachtens bisher nicht radikal genug klargestellt worden. Um dies zu betonen, haben wir im Titel dieses Beitrages nicht gefragt, ob Sprache einen Teil Varianz aufklärt, sondern wieviel Varianz an der Attribution sie überhaupt noch offen läßt.

Literatur

Abelson, R. P. & Kanouse, D. E. (1966). Subjective acceptance of verbal generalizations. In S. Feldman (Ed.), *Cognitive consistency: Motivational antecedents and behavioral consequents* (pp. 171-197). Academic Press.

Au, T. K.-F. (1986). A verb is worth a thousand words: The causes and consequences of interpersonal events implicit in language. *Journal of Memory and Language, 25,* 104-122.

Brandtstädter, J. (1982). Apriorische Elemente in psychologischen Forschungsprogrammen. *Zeitschrift für Sozialpsychologie, 13,* 267-277.

Brown, R. (1986). Linguistic relativity. In S. H. Hulse & B. F. Greene, Jr. (Eds.), *One hundred years of psychological research in America: G. Stanley Hall and the Johns Hopkins Tradition* (pp. 241-246). Baltimore: Johns Hopkins University Press.

Brown, R. & Fish, D. (1983). The psychological causality implicit in language. *Cognition, 14,* 237-273.

Buss, A. R. (1978). Causes and reasons in attribution theory: A conceptual critique. *Journal of Personality and Social Psychology, 36,* 1311-1321.

Fiedler, K. (1978). Kausale und generalisierende Schlüsse aufgrund einfacher Sätze. *Zeitschrift für Sozialpsychologie, 9,* 37-49.

Fiedler, K. (1991). Heuristics and biases in theory formation: On the cognitive processes of those concerned with cognitive processes. *Theory and Psychology, 1,* 407-430.

Fiedler, K. (1993). Constructive processes in person cognition. *British Journal of Social Psychology,* (im Druck).

Fiedler, K., Asbeck, J. & Nickel, S. (1991). Mood and constructive memory. *Cognition and Emotion, 5,* 363-378.

Fiedler, K. & Huwe, S. (1992). *Veridicality judgments of written and audiotaped messages.* Unpublished research, University of Gießen.

Fiedler, K. & Semin, G. R. (1988). On the causal information conveyed by different interpersonal verbs: The role of implicit sentence context. *Social Cognition, 6,* 21-39.

Fiedler, K. & Semin, G. R. (1990). *Verification latencies for sentences at different linguistic levels.* Unpublished Research, University of Gießen.

Fiedler, K. & Semin, G. R. (1992). Attribution and language as a sociocognitive environment. In G. R. Semin & K. Fiedler (Eds.), *Language, interaction and social cognition* (pp. 79-101). London: Sage.

Fiedler, K., Semin, G. R. & Bolten, S. (1989). Language use and reification of social information: Top-down and bottom-up processing in person cognition. *European Journal of Social Psychology, 19*, 271-295.

Fiedler, K., Semin, G. R. & Finkenauer, C. (1993). The battle of words between gender groups: A langauge-base approach to intergroup processes. *Human Communication Research 19*, 409-441.

Fiedler, K., Semin, G. R. & Koppetsch, C. (1991). Language use and attributional biases in close personal relationships. *Personality and Social Psychology Bulletin, 17*, 147-155.

Fiedler, K., Semin, G. R., Ritter, A., Bode, P. & Medenbach, M. (1992). *A discourse grammar approach to understanding the causal impact of interpersonal verbs*. Submitted for publication.

Fiedler, K. & Walka, I. (im Druck). Training lie detectors to use nonverbal cues instead of global heuristics. *Human Communication Research*.

Garner, W. (1986). Interactions of stimulus and organism in perception. In S.H. Hulse and B. F. Green, Jr. (Eds.), *One hundred years of psychological research in America: G. Stanley Hall and the John Hopkins tradition* (pp. 199-240). Baltimore: John Hopkins Press.

Garvey, C. & Caramazza, A. (1974). Implicit causality in verbs. *Linguistic Inquiry, 5*, 459-464.

Gibson, J. J. (1979). *The ecological approach to visual perception*. Boston: Houghton Mifflin.

Grice, H. P. (1975). Published in part as 'Logic and conversation'. In P. Cole & J.L. Morgan (Eds.), *Syntax and semantics, Vol. 3: Speech acts* (pp. 365-372). New York: Seminar Press.

Goldberg, L. R. (1982). From ace to Zombie: some explorations in the language of personality. In C.D. Spielberger and J.N. Butcher (Eds.), *Advances in personality assessment*. Vol. 1. Hillsdale, NJ: Erlbaum.

Heider, F. (1958). *The psychology of interpersonal relations*. New York: Wiley.

Hilton, D. J. & Slugoski, B. R. (1986). Knowledge-based causal attribution: The abnormal conditions focus model. *Psychological Review, 93*, 136-153.

Hoffman, C. & Tschir, M. A. (1990). Interpersonal verbs and dispositional adjectives: The psychology of causality embodied in language. *Journal of Personality and Social Psychology*, (im Druck).

Jones, E. E. & Davis, K. E. (1965). From acts to dispositions: The attribution process in person perception. In L. Berkowitz (Ed.), *Advances of experimental social psychology*. Vol. 2. New York: Academic Press.

Jones, E. E. & McGillis, D. (1976). Correspondent inferences and the attribution cube: A comparative appraisal. In J.H. Harvey, W. J. Ickes and R. F. Kidd (Eds.), *New directions in attribution research*. Vol. 1. Hillsdale, NJ: Erlbaum.

Jones, E. E. & Nisbett, R. E. (1972). The actor and the observer: Divergent perceptions of the causes of behavior. In E. E. Jones et al. (Eds.), *Attribution: perceiving the causes of behavior*. Morristown, NJ: General Learning Press.

Kelley, H. H. (1967). Attribution theory in social psychology. In D. Levine (Ed.), *Nebraska Symposium on Motivation* (Vol. 15, pp. 192-238). Lincoln: University of Nebraska Press.

Kelley, H. H. & Michela, J. L. (1980). Attribution theory and research. *Annual Review of Psychology, 31*, 451-501.

Kruglanski, A. (1975). The endogenous-exogenous partition in attribution theory. *Psychological Review, 82*, 387-406.

Loftus, E. F. (1979). *Eyewitness testimony*. Cambridge: Harvard University.

Maass, A., Salvi, D., Arcuri, L. & Semin, G. R. (1989). Language use in intergroup contexts. *Journal of Personality and Social Psychology, 57*, 981-993.

Marks, G. & Miller, N. (1987). Ten years of research on the false-consensus effect: An empirical and theoretical review. *Psychological Bulletin, 102*, 72-90.

Miller, G. & Johnson-Laird, P. N. (1976). *Language and perception*. Cambridge: Cambridge University Press.

Nisbett, R. E., Caputo, C., Legrant, P. & Maracek, J. (1973). Behavior as seen by the actor and as seen by the observer. *Journal of Personality and Social Psychology, 27*, 1540-1565.

Raven, B. H. & Rubin, J. Z. (1983). *Social Psychology* (2nd edition). New York: Wiley.

Ross, M. & Sicoly, F. (1979). Egocentric biases in availability and attribution. *Journal of Personality and Social Psychology, 37*, 322-336.

Ross, L. (1977). The intuitive psychologist and his shortcomings: Distortions in the attribution process. In L. Berkowitz (Ed.), *Advances in Experimental Social Psychology* (Vol. 10). New York: Academic Press.

Sande, G. N., Goethals, G. R. & Radloff, C. E. (1988). Perceiving one's own traits and others': The multifaceted self. *Journal of Personality and Social Psychology, 54*, 13-20.

Sears, D. O., Peplau, A., Freedman, J. L. & Taylor, S. E. (1988). *Social Psychology*. Sixth edition. Englewood Cliffs, NJ: Prentice Hall.

Semin, G. R. (1990). Everyday assumptions, language and personality. In G.R. Semin & K. J. Gergen (Eds.), *Everyday understanding. Social and scientific implications*. London: Sage.

Semin, G. R. & Fiedler, K. (1988). The cognitive functions of linguistic categories in describing persons: Social cognition and language. *Journal of Personality and Social Psychology, 54*, 558-568.

Semin, G. R. & Fiedler, K. (1989). Relocating attributional phenomena within a language-cognition interface: The case of actors' and observers' perspectives. *European Journal of Social Psychology, 19*, 491-508.

Semin, G. R. & Fiedler, K. (1991). The linguistic category model, its bases, applications and range. In W. Stroebe & M. Hewstone (Eds.), *European Review of Social Psychology* Vol. 2. Chichester: Wiley.

Shweder, R. A. (1982). Fact and artifact in trait perception: the systematic distortion hypothesis. In B. A. Maher & W. B. Maher (Eds.), *Progress in experimental personality research*. Vol. 2. New York: Academic Press.

Storms, M. D. (1973). Videotape and the attribution process: Reversing actors' and observers' points of view. *Journal of Personality and Social Psychology, 27*, 165-175.

Tetlock, P. E. (1991). An alternative metaphor in the study of judgment and choice: People as politicians. *Theory and Psychology, 1*, 451-475.

Turner, R. E., Edgley, C. & Olmstead, G. (1975). Information control in conversation: Honesty is not always the best policy. *Kansas Journal of Sociology, 11*, 69-89.

Watson, D. (1982). The actor and the observer: How are their perceptions of causality divergent? *Psychological Bulletin, 92*, 682-700.

Weiner, B. (1985). An attributional theory of achievement motivation and emotion. *Psychological Review, 92*, 682-700.

Wyer, R. S., Jr. & Srull, T. K. (1984). *Handbook of social cognition.* Hillsdale, NJ: Erlbaum.

Zajonc, R. B. (1960). The process of cognitive tuning and communication. *Journal of Abnormal and Social Psychology, 61,* 159-167.

Zuckerman, M. (1979). Attribution of success and failure revisited, or: The motivational bias is alive and well in attribution theory. *Journal of Personality, 47,* 245-287.

Kapitel 3

Zur Entwicklung des kausalen Denkens: Drei Forschungstraditionen

Merry Bullock
Max-Planck-Institut für Psychologische Forschung, München

Die Frage, wann und wie sich kausales Denken entwickelt, sollte einfach zu beantworten sein. Dieser Eindruck drängt sich jedenfalls auf, wenn man den Umfang der Literatur zum kausalen Denken bei Kindern aus den letzten drei Jahrzehnten betrachtet. Bei genauerem Hinsehen zeigt sich jedoch, daß die vorliegenden Arbeiten keineswegs eine eindeutige Beschreibung des Entwicklungsverlaufs des kausalen Denkens zulassen. Vielmehr finden sich in der Literatur mindestens drei unterschiedliche Beschreibungen.

1. In einer ersten Gruppe von Arbeiten wird die These vertreten, daß Vorschulkinder, ja vielleicht sogar schon Säuglinge und Kleinstkinder ein bemerkenswertes kausales Verständnis besitzen und daß die grundlegenden Prinzipien des kausalen Schlußfolgerns im wesentlichen entwicklungsinvariant sind.
2. Abweichend davon wird in einer zweiten Gruppe von Arbeiten behauptet, daß das kausale Denken von Vorschulkindern gravierenden Einschränkungen unterliege und daß diese Einschränkungen erst im Grundschulalter überwunden werden, wenn Kinder komplexere kausale Schemata erwerben und diese Schemata bei der Verarbeitung kausaler Informationen verwenden.
3. Eine dritte Gruppe von Untersuchungen legt schließlich eine noch pessimistischere Schlußfolgerung nahe, nämlich die, daß sich kausales Denken erst im Jugendalter entwickle und selbst dann nicht bei allen Personen und nicht bei allen Typen von Aufgaben.

Was kann man also über die Entwicklung des kausalen Denkens aussagen? Zunächst ist zu beachten, daß die Untersuchungen, die zu solch unterschiedlichen Schlußfolgerungen führen, drei unterschiedlichen Forschungstraditionen entstammen:

1. Untersuchungen kindlicher Kausalerklärungen für einfache physikalische oder soziale Ereignisse – meist aus kognitiv-entwicklungspsychologischer Perspektive – deuten darauf hin, daß fundamentale kausale Denkschemata bereits im Alter von 4 Jahren, wenn nicht schon früher, vorhanden sind (siehe Bullock et al., 1982; Shultz, 1982).
2. Arbeiten zu Kausalattributionen von Kindern für Verhaltenseffekte – eher aus sozialpsychologischer Perspektive – deuten darauf hin, daß es wesentliche Entwicklungsveränderungen in der Anwendung kausaler Inferenzschemata während der Grundschulzeit gibt, obwohl diese Schemata gegen Ende des Vorschulalters prinzipiell verfügbar sind (siehe Ruble & Rholes, 1981; Kassin, 1981).
3. Schließlich zeigen Untersuchungen über Hypothesenbildung, Hypothesenprüfung und die kausale Interpretation von komplexen Informationen bei Kindern, Jugendlichen und Erwachsenen – wiederum aus kognitiv-entwicklungspsychologischer Perspektive – daß Kinder in solchen quasi-wissenschaftlichen Aufgaben grundlegende Fehler machen und daß selbst Erwachsene häufig nicht gut abschneiden (vgl. Kuhn et al., 1988; Shaklee & Elek, 1988).

Trotz langer und vielfältiger Forschungsarbeiten sind diese verschiedenen Forschungsparadigmen nahezu unabhängig voneinander geblieben. Alle drei Paradigmen haben das gemeinsame Ziel, die Denkprozesse zu beschreiben, die Ereigniserklärungen und kausalen Schlußfolgerungen zugrundeliegen. Alle drei Paradigmen bedienen sich außerdem der gemeinsamen Metapher vom Kind als Wissenschaftler, der Informationen sucht und bewertet. Diese drei Paradigmen gelangen jedoch zu unterschiedlichen entwicklungspsychologischen Schlußfolgerungen. Ich will in diesem Kapitel diskutieren, warum das so ist.

Meine These ist, daß die Perspektiven der drei Traditionen unterschiedlich sind, was dazu führt, daß komplementäre Aspekte des kausalen Denkens jeweils als Figur bzw. Grund behandelt werden. Genauer gesagt: die kognitive Entwicklungsforschung zum kausalen Denken hat sich auf zwei Fragen konzentriert: wann und wie grundlegende kausale Prinzipien erworben werden, und wann Kinder beginnen, Strategien zur Prüfung von Kausalannahmen zu verwenden und zu verstehen. In dieser Tradition werden unterschiedliche Informationsmuster (z.B. Kovariationsmuster) und kausale

Attributionen als Mittel benutzt, um nach Kausalprinzipien zu fragen und nicht als vorrangige Forschungsfragestellung. Im Gegensatz dazu liegt das Hauptinteresse der Attributionsforschung darin, zu klären, wie Kinder verschiedene Informationsmuster interpretieren und bewerten, und ab wann ihre Interpretationen konsistent bestimmten Mustern folgen. In dieser Tradition wird eine Entwicklungsinvarianz der grundlegenden Kausalprinzipien implizit vorausgesetzt, aber nicht direkt getestet.

Diese unterschiedlichen Schwerpunktsetzungen haben dazu geführt, daß der Begriff "Kausalattribution" in den unterschiedlichen Forschungstraditionen unterschiedliche Bedeutung hat und daß zur Untersuchung des kausalen Denkens unterschiedliche Arten von prototypischen Ereignissen (z.B. physikalischer vs. sozialer Kontext) herangezogen wurden. Ich will im folgenden versuchen, über die ziemlich banale Beobachtung, daß in verschiedenen Forschungstraditionen unterschiedliche Fragestellungen untersucht werden, hinauszugehen: In den drei Forschungstraditionen sind die forschungsleitenden Fragestellungen unterschiedlich, es werden unterschiedliche Grundannahmen über kritische Entwicklungsmechanismen gemacht und die daraus abgeleiteten Entwicklungsmodelle sind ebenfalls unterschiedlich. Um zu einem befriedigenden Verständnis der Entwicklung des kausalen Denkens zu kommen, ist es notwendig, genauer zu betrachten, was in jeder Tradition unter "kausalem Denken" verstanden wird und wie die wesentlichen Entwicklungsschritte und Entwicklungsmechanismen spezifiziert werden.

Die folgende Diskussion der verschiedenen Forschungstraditionen zum kausalen Denken gliedert sich in zwei Teile. Ich beginne mit einem kurzen Überblick über die entwicklungspsychologische Forschung in jedem der drei Bereiche – (1) kausales Denken bei jüngeren Kindern, (2) Kausalattributionen und (3) Testen von Kausalhypothesen – unter dem Aspekt der forschungsleitenden Fragestellung, der allgemeinen Entwicklungstrends und der Erklärungshypothesen für Entwicklungsveränderungen. Im zweiten Teil begebe ich mich auf weniger sicheres Terrain und spekuliere darüber, wie jede der Forschungstraditionen davon profitieren könnte, die theoretischen Fragen und empirischen Befunde der jeweils anderen Traditionen zu berücksichtigen.

Kehren wir zunächst noch einmal zu einer allgemeinen Beschreibung des Ausgangsproblems zurück: Man stelle sich vor, daß das Kind mit einer Unmenge von Informationen konfrontiert ist, aus denen es mögliche Ursachen für ein Ereignis auswählen kann: Nach welchen Kriterien oder Infe-

renzregeln wählt das Kind eine Ursache (eine Kausalattribution) aus und
wie ändern sich diese Kriterien oder Regeln im Laufe der Entwicklung? Es
gibt mindestens zwei verschiedene – mit unterschiedlichen philosophischen
Traditionen verbundene – Arten, wie man die Frage nach den Quellen von
Kausalinferenzen, den Regeln, nach denen sie gezogen werden und Entwicklungsveränderungen in diesen Regeln stellen kann. Die erste Art
besteht darin, zu fragen, wie Stimulus-Informationen, d.h. Information über
zeitliche Abfolge, räumliche bzw. zeitliche Kontiguität, Konsistenz oder
Regelmäßigkeit des Auftretens, Kovariation, Ähnlichkeit zwischen Ursache
und Effekt u.s.w., enkodiert und bewertet werden. Unter dieser Perspektive
werden Regeln des kausalen Schlußfolgerns als mehr oder weniger rationale
Inferenzschemata verstanden, die spezifizieren, welche Arten von Informationen wichtig sind und wie verschiedene Informationsquellen integriert und
gewichtet werden sollen. Die zweite Art besteht darin, zu spezifizieren, wie
Kausalprinzipien, z.B. zeitliche Priorität der Ursache oder Vorhandensein
eines Mechanismus verstanden und angewendet werden, um ein Ereignis zu
verstehen. Unter dieser Perspektive sind kausale Regeln definitorische
Prinzipien, die festlegen, welche Arten von Mechanismen Ursache und
Wirkung verketten können und die die Aufmerksamkeit auf bestimmte
Arten von Stimulus-Informationen lenken. Eine meiner Thesen ist, daß die
unterschiedlichen Forschungstraditionen kausale Inferenzregeln in unterschiedlichem Sinne definiert haben, so daß das, was unter der einen Perspektive zentral, d.h. Figur ist, unter der anderen Perspektive implizit
vorausgesetzt wird, d.h. Grund ist. Im folgenden versuche ich, diese Behauptung durch eine kurze Beschreibung der empirischen Forschung in
jeder der drei Traditionen zu belegen.

Die kognitiv-entwicklungspsychologische Forschung
zum kausalen Denken

Die wichtigste entwicklungspsychologische Frage in der kognitiven Forschung zum kausalen Denken ist, ob Grundschulkinder, Vorschulkinder
oder sogar Säuglinge überhaupt irgendeine Art von kausalem Denken
zeigen (die Antwort ist "ja") und wenn ja, wie sie Ereignis-Ursachen
identifizieren. Im Laufe der Jahre wurden unterschiedliche Ansätze zur
Beantwortung dieser Frage gewählt; in Abhängigkeit vom gewählten Ansatz
haben sich die Antworten verändert. In frühen Studien, wie jener von
Piaget (1952), wurden Kinder aufgefordert, alltägliche, jedoch erfahrungs-
fremde kausale Ereignisse (wie z.B. die Bewegung des Mondes) zu erklä-

ren; Piaget hat aus seinen Befunden gefolgert, daß das Denken des Vor-
schulkindes "prä-kausal" sei, d.h. daß Vorschulkinder in willkürlicher
Weise Ereignisse, die in räumlichem oder zeitlichem Zusammenhang
stattfinden, kausal miteinander verknüpfen.

Der nächste Schritt fand in den 70ern statt. Die Studien aus dieser Zeit
zeigen, daß Vorschulkinder und jüngere Schulkinder systematischer sind als
Piaget behauptet hat und ferner, daß Kinder Stimulus-Informationen wie
Kontiguität, Kontingenz und Kovariation systematisch verwenden können,
um kausale Schlüsse zu ziehen (z.B. Siegler & Liebert, 1974; Shultz &
Mendelson, 1975). In den letzten zwei Jahrzehnten hat sich die Fragestellung nochmals geändert und zwar in der Weise, daß nun gefragt wird, ob
die Verwendung von Stimulus-Informationen auf grundlegende Regeln
zurückzuführen ist, insbesondere auf kausalitätsstiftende Prinzipien wie
zeitliche Priorität oder das Vorhandensein von Mechanismen (Bullock et
al., 1982; Leslie, 1982). Im Augenblick ist die meistdiskutierte Frage, ob
das Mechanismus-Prinzip (auch Prinzip der generativen Übertragung genannt) den kausalen Schlüssen von Kindern zugrundeliegt (Sophian &
Huber, 1984; Das Gupta & Bryant, 1989). Dieses Prinzip besagt, daß die
Verursachung eines Ereignisses durch ein anderes impliziert, daß etwas
zwischen den beiden Ereignissen stattfindet, d.h. es gibt einen Mechanismus, der Ursache und Effekt verknüpft (z.B. Übertragung von Energie oder
Kraft für physikalische Ereignisse oder Wünsche und Intentionen für
menschliches Verhalten). Ein Mechanismus wird als ein notwendiges
Kriterium der kausalen Definition eines Ereignisses betrachtet, weil er am
deutlichsten kausale von anderen Ereignissequenzen unterscheidet. Mit
anderen Worten: Mechanismen sind der Klebstoff, der Ereignissen kausale
statt zeitliche, räumliche oder andere Kohärenz gibt. Die entwicklungspsychologische Frage ist dann, ab wann Kinder dieses Prinzip verstehen
können.

Zahlreiche Untersuchungen über das Kausalverständnis im physikalischen Bereich folgen der gleichen Logik: Attributionen für einen Effekt
(z.B. eine Glocke klingelt; eine Kerze geht aus; ein Gegenstand bewegt
sich) sollen anhand von verschiedenen Informationen, die in ihrem Stimu-
lus-Merkmal gleich (z.B. räumliche Kontiguität, zeitliche Kontiguität oder
Kovariation) sind, sich aber im Vorhandensein eines Mechanismus unterscheiden, gezogen werden. Die Ergebnisse solcher Untersuchungen zeigen,
daß Kinder ab 4 Jahren generell diejenige mögliche Ursache aussuchen, für
die es einen Mechanismus gibt, anstatt derjenigen, für die es keinen Mechanismus gibt. Das zeigt sich in folgendem Beispiel:

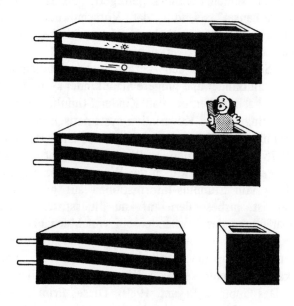

Abbildung 1
Apparatur, mit Hilfe derer das Verständnis des kausalen Mechanismus
überprüft wurde.

Die ersten zwei Abschnitte der Abbildung zeigen eine Kiste, die mit zwei
Tasten und zwei abwärts laufenden Bahnen ausgestattet ist. Wenn beide
Tasten gleichzeitig gedrückt werden, finden zwei parallele Ereignisse statt:
auf einer Bahn rollt eine Kugel bergab. Auf der anderen Bahn leuchtet eine
Reihe von Lichtern, und zwar eins nach dem anderen, so daß es wie ein
sich bewegendes Licht aussieht. Kurz nachdem die Kugel das Ende der
ersten Bahn erreicht und das letzte Licht am Ende der zweiten Bahn erlo-
schen ist, tritt eine Puppe aus der Kiste heraus. Wichtig ist, daß das Kugel-
rollen und das Lichterlöschen gleichzeitig beendet werden bzw. ihre Infor-
mationsbeziehung zum Effekt, d.h. die zeitliche bzw. räumliche Kontiguität
sowie Kovariation mit dem Effekt gleich ist. Den Probanden wird nun die
Frage gestellt, was den Effekt verursacht hat. Wenn man von einer strengen
Stimulus-Informationsanalyse ausgeht, könnten entweder die Kugel oder das
Licht die Ursache sein. Aber diese Antwort geben weder Erwachsene noch
4- bzw. 5-jährige Kinder. Stattdessen wird überwiegend die Kugel als
Ursache des Puppenauftritts gewählt. Ferner können Kinder diesen Schluß

auch rechtfertigen. Sie sagen, sie hätten die Kugel deshalb gewählt, weil die Kugel die Puppe angestoßen hat und sie sich deshalb in Bewegung gesetzt hat. Das heißt, eine Inferenz eines plausiblen Mechanismus hat das Urteil Richtung Kugel und nicht Richtung Licht geführt. Daß das Urteil sich auf einen Mechanismus gründet, läßt sich durch eine einfache Manipulation belegen: Wenn man in einem anderen Durchgang die Kiste so gestaltet, daß der Teil, in dem die Puppe steckt, von den beiden Bahnen abgetrennt wird (siehe Abbildung 1, unterer Teil) und der Vorgang des Kugelrollens und der Lichterkette derselbe ist, wie im vorherigen Experiment beschrieben, so ändert sich der Kausalschluß bei den Probanden (sowohl bei den Erwachsenen als auch bei den Kindern). Auf die Frage, was den Effekt (Erscheinen der Puppe im abgetrennten Teil) verursacht hat, antworten die Probanden unterschiedlich. Entweder sie lachen und meinen, daß der Versuchsleiter sie ausgetrickst habe oder sie wählen die Lichter und sagen, daß Strom oder Draht unsichtbar den Effekt ausgelöst haben, oder aber sie wählen doch die Kugel, denken sich aber gleichzeitig etwas aus, wie die Kugel mit der Puppe Kontakt haben könnte (Bullock et al., 1982).

Die Anwendung des Mechanismus-Prinzips ist nicht nur auf physikalische Ereignisse beschränkt. Kinder können auch die Ursachen für menschliches Verhalten anhand von Inferenzen über Intentionen, Überzeugungen und Wünsche identifizieren. Zum Beispiel zeigt Shultz (vgl. Shultz & Kestenbaum, 1985), daß schon 3- und 4-jährige Kinder intendierte von nicht-intendierten Handlungen unterscheiden können, wenn sie die Intentionen eines Handelnden kennen. Untersuchungen über das kindliche Verständnis von subjektiven Überzeugungen (insbesondere über das Verständnis falschen Glaubens) zeigen, daß Kinder das Wissen bzw. Nichtwissen eines Handelnden über einen kritischen Sachverhalt als Mechanismus verwenden, um sein Verhalten zu erklären (siehe Perner, 1991; Wellman, 1990).

Aus diesen und ähnlichen Befunden einer Vielzahl weiterer Studien ergibt sich die allgemeine Folgerung, daß die kausalen Inferenzen von Kindern bereits im späten Vorschulalter primär durch die Annahme eines vermittelnden Mechanismus determiniert werden und daß Mechanismus-Information gegenüber anderen Informationstypen (z.B. raum-zeitliche Kontiguität oder Kovariation) bevorzugt wird.

Woher kommt das Mechanismus-Prinzip? Eine mögliche Antwort, die gegenwärtig in der Entwicklungspsychologie bevorzugt vertreten wird – nicht nur in Bezug auf kausales Denken sondern auch in Bezug auf andere Formen des Denkens – ist, daß Kinder reichhaltiges bereichsspezifisches konzeptuelles Wissen (oft als intuitive Theorien bezeichnet) über Typen von kausalen Transformationen in fundamentalen Inhaltsbereichen erwerben, und daß dieses Wissen ihre spezifischen Kausalattributionen leitet. Zum Beispiel behaupten Wellman und Gelman (1992) in einem Überblicksartikel in der neuesten Ausgabe des *Annual Review of Psychology*, daß Vorschulkinder über intuitive Kausaltheorien und Annahmen über mögliche Mechanismen für die Bereiche der intuitiven Alltagsphysik, -biologie und -psychologie verfügen. Insbesondere verwenden Kinder das Prinzip der Energieübertragung in Bezug auf die Objektwelt, Zuschreibungen von Wünschen und Überzeugungen in Bezug auf den psychischen Bereich und biologische Funktionen in Bezug auf Lebewesen. Eine wesentliche Implikation dieser These ist, daß Entwicklungsveränderungen im kausalen Schließen auf einen Zuwachs an inhaltlichem Wissen bzw. auf die Restrukturierung oder Reorganisation der Wissensbasis zurückzuführen sind und nicht auf Veränderungen bei den grundlegenden allgemeinen Inferenzprozessen.

Zusammenfassend kann man also sagen, daß die Plausibilität bzw. Möglichkeit eines vermittelnden Mechanismus das Hauptkriterium ist, das bei Kindern die Wahl zwischen konkurrierenden Ursachen leitet. Dieses Mechanismus-Prinzip ist offenbar schon früh verfügbar. Später vollziehen sich zwei Arten von Entwicklungsveränderungen: (1) Kinder erwerben ein reichhaltigeres und differenzierteres Verständnis für verschiedene Inhaltsbereiche, so daß ihre kausalen Urteile immer zutreffender (oder jedenfalls dem Verständnis Erwachsener ähnlicher) werden und (2) Kinder können mit zunehmendem Alter immer besser über die Basis ihrer Kausalurteile reflektieren und die Gründe für diese Urteile verbalisieren.

Die Forschung zur Entwicklung von Kausalattributionen

Anders als in der kognitiv-entwicklungspsychologischen Tradition liegt das zentrale Interesse der Forschung zur Entwicklung von Kausalattributionen nicht in der Frage nach möglichen Mechanismen, sondern in der Frage, wie Kinder verschiedene Arten von Informationen verarbeiten und integrieren, um verschiedene Ursachenarten zu attribuieren. Zu entscheiden ist, ob ein Ereignis z.B. durch eine persönliche Disposition bzw. einen Zustand des Handelnden oder durch externe Merkmale der Situation verursacht wurde. Anders als in der Forschung zur Entwicklung des kausalen Schlußfolgerns ist in der Kausalattributionsforschung das prototypische Ereignis dadurch gekennzeichnet, daß der zu erklärende Effekt meistens ein Verhaltensergebnis ist, und dieses Ergebnis im allgemeinen durch die Annahme einer Reihe gleich plausibler Ursachen erklärt werden kann. Ferner ist es bei vielen Verhaltensereignissen – anders als bei physikalischen oder einfachen intentionalen Ereignissen – nicht von vornherein klar, was Ursache und was

Wirkung ist. Die wahrgenommene Ursache eines Verhaltens kann in der Person liegen (Dispositionen, Fähigkeiten, Wünsche, etc.) oder im Zieleffekt (Kommentare anderer Personen, Aufgabenmerkmale etc.).

In der Forschung zur Entwicklung von Kausalattributionen werden eine Reihe aufeinander bezogene Fragen gestellt, die aus der Literatur zu attributionalen Prozessen bei Erwachsenen stammen. Zum Beispiel (1) ob und wann Kinder Informationen über Kovariation über Situationen, Handelnde und Zeit verwenden können, um eine Ursache zu identifizieren (d.h. Distinktheit-, Konsistenz- und Konsensusinformation nach dem Kovariationsprinzip nach Kelley, 1973); (2) wann und wie Kinder kausale Schemata verwenden, um zu inferieren, wie unterschiedliche hinreichende bzw. notwendige Ursachen zusammenwirken, um einen Effekt zu verursachen; und (3) ob und wie Kinder Kovariations-Information verwenden, um Schlüsse über Persönlichkeitsmerkmale oder Fähigkeiten zu ziehen (z.B. wie Fähigkeits- oder Anstrengungs-Attributionen durch Kovariation durch Erfolg bzw. Mißerfolg beeinflußt werden).

Allgemein betrachtet legt die Forschung zur kindlichen Verwendung des Kovariationsprinzips den Schluß nahe, daß schon Vorschulkinder einige Informationsmuster wie Konsistenz oder Distinktheit verwenden, wenn diese Information einzeln vorgegeben wird. Allerdings erwerben Kinder erst im Schulalter die Fähigkeit, Attributionen durch Integration verschiedener Informationen aus unterschiedlichen Quellen abzuleiten oder Attributionen für ihr eigenes Verhalten nach dem Kovariationsprinzip vorzunehmen. Forschungen zur Entwicklung kausaler Schemata zeigen ähnliche Muster: Kinder verarbeiten Informationen über multiple Ursachen nach systematischen kausalen Schemata erst in der Schulzeit und verwenden komplexere Schemata noch später. Zum Beispiel gibt es eine Reihe von Inferenzschemata, genannt "multiple-hinreichende kausale Schemata", die besagen, daß die Wirkung einer möglichen Ursache durch das Vorhandensein anderer möglicher Ursachen beeinflußt wird. Ein Beispiel dafür ist das sogenannte "Abwertungsprinzip". Dieses Schema besagt, daß die kausale Gewichtung interner Merkmale (d.h. von Merkmalen des Handelnden) sich verringert, wenn eine mögliche externe Ursache ebenfalls vorhanden ist. Ein konkretes Beispiel: meine Attribution, daß Sie dieses Kapitel aus intrinsischem Interesse oder aus Neugier lesen, wird sich abschwächen, wenn ich feststelle, daß Sie es für ein Referat lesen müssen, Sie nichts anderes zu lesen haben oder Sie für das Lesen eine Belohnung bekommen.

Im allgemeinen werden die Attributionen von Vorschulkindern und jüngeren Grundschulkindern nicht durch Abwertung (discounting) oder Kompensieren geleitet, sondern durch einfachere Regeln wie z.B. eine

Additionsregel, nach der jede mögliche Ursache die Wirkung anderer möglicher Ursachen verstärkt. Kinder meinen zum Beispiel, daß die Anwesenheit einer externen Ursache (z.B. Belohnung) die kausale Wirkung einer internen Ursache (z.B. Interesse) vergrößert bzw. daß konsistenter Erfolg ein Indikator sowohl für Fähigkeit als auch Anstrengung sei.

Die Attributionsliteratur hat sich nicht umfassend mit der Frage des Entwicklungsmechanismus beschäftigt. Die Erklärungen, die dafür gegeben werden, warum die Attributionen jüngerer Kinder anders sind als die von Erwachsenen (Kinder also reifere Attributionsschemata nicht besitzen), sind, daß Kindern die kognitiven bzw. logischen Voraussetzungen fehlen oder daß sie diese Operationen aufgrund von begrenzten Informationsverarbeitungskapazitäten nicht anwenden können oder daß sie solche Schemata nicht anwenden wollen, d.h. daß sie aus motivationalen Gründen schlecht abschneiden.

Die Forschung zur Prüfung von Kausalhypothesen

In der Forschung zum Testen von kausalen Hypothesen (in der Literatur auch als "wissenschaftliches Denken" bezeichnet) werden die Verarbeitung von Informationen über mögliche Ursachen für ein Phänomen und die darauf basierenden Inferenzprozesse betrachtet. Ähnlich wie in der Attributionsforschung fragen manche Wissenschaftler nach Altersunterschieden in den Kausalinferenzen, die aus Kovariationsinformation gezogen werden. Die beiden Forschungsbereiche unterscheiden sich jedoch in mehrfacher Weise: (1) die prototypischen Fragestellungen der Forschung zum wissenschaftlichen Denken beziehen sich auf physikalische Ursachen für physikalische Effekte und nicht auf Ursachen für menschliches Verhalten; (2) das angenommene Modell für reifes Denken ist ein ausgebildeter Wissenschaftler und nicht ein Laie; und (3) Ziel ist nicht die Erklärung des Erwerbs von kausalen Inferenzprozessen an sich, sondern die Klärung der allgemeineren Frage nach dem Erwerb der Fähigkeit, Evidenz und empirische Tests zu verwenden, um eigenes Wissen, eigene Hypothesen oder eigene Theorien über kausale Zusammenhänge zu überprüfen bzw. zu ändern. Obwohl viele ähnliche Inferenzprozesse wie in der Attributionsforschung untersucht werden, werden die Prozesse in der Forschung zum wissenschaftlichen Denken im allgemeinen anders definiert. Dies hängt zusammen mit einer Fokussierung auf physikalische Ereignisse und mit der Verwendung von Evidenz als Mittel, um Hypothesen zu bestätigen bzw. zu widerlegen. Deanna Kuhn et al., 1988 z.B. unterscheidet drei Inferenztypen: Inklusion (das Vorhandensein einer Kausalbeziehung aufgrund von Kovariationsinformation erschließen); Exklusion (das Fehlen einer Kausalbeziehung aufgrund von Nicht-Kovariationsinformation erschließen) und Nichtdeterminiertheit (feststellen, daß kein Kausalschluß zulässig ist, wenn bei zwei möglichen Ursachenfaktoren beide mit einem Ergebnis kovariieren). In der Literatur zum wissenschaftlichen Denken wird interessanterweise eine Kovariation von zwei Merkmalen mit einem Effekt als "konfundiert" bezeichnet, während dasselbe Muster in der Attributionsliteratur als "multipelhinreichende Information" bezeichnet wird.

Das folgende Beispiel einer typischen Untersuchung zum wissenschaftlichen Denken dient der Verdeutlichung einiger Entwicklungsbefunde in diesem Bereich. Stellen Sie sich vor, Sie werden mit folgendem Problem konfrontiert (übersetzt, nach Kuhn et al., 1988):

> Einige Wissenschaftler untersuchten, ob die Art des Essens, das ein Kind zu sich nimmt, einen Einfluß darauf hat, ob ein Kind Erkältungen bekommt oder nicht. Die Wissenschaftler hatten sich entschlossen, ihre Untersuchungen in einem Internat durchzuführen. Die Kinder essen dort gemeinsam ihre Mahlzeiten im Speisesaal und sie essen alle dasselbe. Sie sitzen jeweils zu sechst am Tisch. Die Wissenschaftler wollten nun wissen, ob das servierte Essen einen Einfluß auf den Gesundheitszustand der Kinder hat. Es wurde daher veranlaßt, daß für die Dauer von sechs Monaten an verschiedenen Tischen verschiedene Arten von Essen serviert wurden. Während dieser Zeit wurde sorgfältig bei allen Kindern Buch darüber geführt, ob sie Erkältungen bekommen hatten. Ich werde Dir jetzt einige Fragen über die Ergebnisse der Wissenschaftler stellen (S. 38).

Zuerst wurden die Meinungen der Kinder über die Effekte der verschiedenen Essenssorten abgefragt, z.B. ob sie glaubten, daß die Brotart oder die Art des Getränkes die Gesundheit beeinflussen könnte. Dann wurden ihnen sequentiell Informationen über die Kovariation zwischen Essen und Erkältungen vorgelegt.

Für zwei der vier verwendeten Variablendimensionen (d.h., Essenssorten) hatten die Wissenschaftler keine und für zwei eine 100%ige Kovariation mit dem Auftreten von Erkältungen festgestellt. Innerhalb jedes Paares einer Kovariations- bzw. Nicht-Kovariationsbedingung gab es eine Variable, für die das Kind einen kausalen Zusammenhang mit Gesundheit vermutet hatte und eine, für die das Kind keinen kausalen Zusammenhang unterstellt hatte.

Mit solchen Aufgaben zeigten Kuhn und Kollegen, daß Grundschulkinder Schwierigkeiten haben, eindeutige von konfundierten Tests zu differenzieren und daß Kinder (bis zur 9. Klasse) dazu neigen, Kovariationsevidenz, die nicht mit ihren eigenen Überzeugungen übereinstimmt, zu ignorieren oder wegzuerklären. Ähnliche Untersuchungen zur *Produktion* von empirischen Tests zeigen analoge Ergebnisse: Grundschulkinder produzieren konfundierte Tests, in denen sie Variablen nicht kontrollieren und sie interpretieren häufig ihre eigenen Ergebnisse falsch und ziehen einen kausalen Schluß aus unvollständiger Kovariationsinformation (Kuhn et al., 1988; Koslowski et al., 1991).

In der Literatur zur Entwicklung des wissenschaftlichen Denkens werden unterschiedliche Ansichten darüber vertreten, ab wann genau sich bei Kindern die Fähigkeit entwickelt, kausale Tests zu verstehen: schon 6- bzw. 7-jährige begreifen, (1) daß Fälle, in denen die vermutete Ursache vorhanden ist, mit solchen Fällen verglichen werden müssen, in denen sie nicht vorhanden ist, um einen kausalen Zusammenhang zu überprüfen und können (2) einen eindeutigen von einem inkonklusiven Test unterscheiden, wenn nur zwei Variablen berücksichtigt werden müssen.

Trotzdem ist die allgemeine Schlußfolgerung aus der Literatur zum wissenschaftliches Denken, daß die Fähigkeiten (1) Hypothesen und Evidenz explizit zu differenzieren und zu koordinieren, (2) darüber zu reflektieren, ob Evidenz eine Hypothese bestätigt oder nicht (d.h. kausale Attributionen, die auf eigenen Überzeugungen basieren, zu unterscheiden von Attributionen, die auf empirischer Evidenz basieren) und (3) valide Inferenzstrategien zu verwenden und invalide Inferenzstrategien zu vermeiden, sich langsam während der Grundschulzeit entwickeln, im Jugendalter konsistenter werden, jedoch selbst bei Erwachsenen nicht immer vorhanden sind.

Die Entwicklungsmechanismen, die für Veränderungen in den Inferenzschemata, die dem wissenschaftlichen Denken zugrundeliegen, vorgeschlagen werden, unterscheiden sich etwas von jenen, die in der Attributionsforschung postuliert werden. Obwohl Forscher beider Forschungstraditionen meinen, daß Informationsverarbeitungsprozesse eine wichtige Rolle spielen, behaupten jene, die die Perspektive "wissenschaftliches Denken" vertreten, eher, (1) daß die Verwendung effektiver und reiferer Strategien und zugleich die Vermeidung falscher oder inkonklusiver Strategien zumindest teilweise auf Wissen über bestimmte kausale Mechanismen zurückzuführen sei; aber auch (2), daß wissenschaftliche Fähigkeiten sich entwickeln, wenn Kinder zunehmend über Diskrepanzen und Übereinstimmungen zwischen ihren eigenen Überzeugungen und der Evidenz reflektieren. Im Gegensatz zur Literatur zum kausalen Denken bei Kleinkindern, die dem bereichsspezifischen Wissen und intuitiven Theorien eine unterstützende Rolle zuschreiben, legt die Literatur zum wissenschaftlichen Denken den Schluß nahe, daß spätere Entwicklungen in der Fähigkeit, Hypothesen zu testen bzw. zu evaluieren, eher auf die Fähigkeit, sich von Theorien und Überzeugungen zu *distanzieren*, zurückzuführen ist.

Soweit eine kurze Beschreibung der drei Forschungsbereiche, die zu unterschiedlichen Schlüssen über die Entwicklung des kausalen Denkens führen. Nun gehe ich zum spekulativeren Teil dieses Artikels über und versuche darzustellen, wie die Forschung zur Kausalattributionsentwicklung bereichert werden könnte, wenn Perspektiven aus den eher kognitiven Bereichen berücksichtigt würden.

Die Ergebnisse von Untersuchungen über kausales Denken und kausales Testen können an zwei Enden eines Kontinuums eingeordnet werden. Einerseits zeigen sich frühe Kompetenzen, wenn Kinder kausale Inferenzen für begrenzte Bereiche, in denen sie über bereichspezifisches Wissen verfügen, ziehen. Andererseits zeigt sich frühe Inkompetenz, wenn die Aufgabe die Interpretation oder Bewertung komplexerer Evidenz erfordert, besonders wenn diese Evidenz den eigenen Überzeugungen widerspricht. Wo lassen sich kausale Attributionen in dieses Kontinuum einordnen? Meiner Kenntnis nach wurde diese Frage bisher in der Attributionsliteratur nicht direkt gestellt. Es könnte ein fruchtbares Unterfangen sein, sich ihr zuzuwenden. Ich will dies am Beispiel von zwei zusammenhängenden Themen, jeweils bezogen auf die Rolle des Wissens bzw. von intuitiven Theorien, erläutern.

Das erste Thema berührt eine Frage, die in der Literatur zur Entwicklung von kausalen Attributionsschemata nur gelegentlich gestellt wird: was ist es, was sich entwickelt? Die Schemata selber (wie in der erwachsenenbezogenen Literatur), das Wissen darüber, wann man die Schemata anwenden sollte, die logischen oder informationsverarbeitenden Fähigkeiten, die notwendig sind, um die Schemata zu verwenden oder die Motivation, sie zu verwenden? Eine Möglichkeit, die nicht direkt getestet wurde, obwohl sie indirekt und implizit in manche Untersuchungen einbezogen wurde, ist die Rolle des bereichspezifischen Wissens oder der Theorien von Kindern über die Bedeutung möglicher Ursachen für Verhalten. Zum Beispiel ändern sich die Attributionen des Aufgabenerfolgs auf Fähigkeit, Glück oder Anstrengung im Laufe der Entwicklung, wobei die Attributionen von jüngeren Kindern eher zu zeigen scheinen, daß sie Fähigkeit und Anstrengung als additive und nicht als kompensatorische Ursachen verstehen. Meist wurde dies so interpretiert, daß Kinder eine weniger sophistizierte Regel verwenden. Es könnte aber auch sein, daß Kinder verschiedenen Alters diesen Faktoren unterschiedliche Bedeutungen zuschreiben. Kinder sehen möglicherweise Fähigkeit nicht als intern und stabil (eine Disposition) an; schließlich ändern sich ihre eigenen Erfahrungen, Fähigkeiten oder zumindest Fertigkeiten rapide mit ihrer zunehmenden motorischen und kognitiven Koordination; sie variieren mit den Aufgabenanforderungen und sie werden von Anstrengung oder von Übung stark beeinflußt. Umgekehrt wäre es auch möglich, daß Kinder Fähigkeit als intern und stabil verstehen, aber nicht glauben, daß es schwierig ist, solche Merkmale zu ändern.

Daß es wichtig ist, das Wissen und die subjektiven Annahmen über relevante kausale Dimensionen zu berücksichtigen, zeigt sich in einer neueren Untersuchung von Aloise und Miller (1991). Diese Autoren behaupten, daß es mit der Kenntnis, was eine plausible externe Ursache sein kann, und nicht mit einem fehlenden kausalen Inferenzschema zusammenhängt, ob ein Kind das Abwertungsprinzip verwenden kann oder nicht. Insbesondere behaupten sie, daß das Verständnis für soziale Manipulation dafür ausschlaggebend ist, ob Kinder das Abwertungsprinzip anwenden. Weil bei den meisten Untersuchungen zum Abwertungsprinzip ein Erwachsener, meistens die Mutter, als externe Ursache fungierte, kann es sein, daß Kinder der Mutter keine manipulative Intention unterstellen. Um diese These zu überprüfen, untersuchten sie 3- und 4-jährige Kinder. Sie verglichen vier Bedingungen: der extern sozial Handelnde, der eine mögliche externe Ursache liefert (und dadurch die Wirkung interner Ursachen durch Abwertung verringern sollte) war entweder eine Mutter oder ein älterer Bruder, die entweder mit oder ohne manipulative Intentionen dargestellt wurden. Als abhängiges Maß sollten die Probanden zwei Protagonisten bezüglich ihrer intrinsischen Motivation vergleichen. Die zwei Protagonisten waren verschieden. Der eine spielte spontan mit einem Spielzeug und der andere spielte, weil ihm von seiner Mutter (seinem bösen Bruder/ seiner bösen Mutter/ seinem Bruder) gesagt wurde, er solle spielen. Die Ergebnisse dieser Studie zeigten keine Altersunterschiede in den Attributionen darüber, welcher Protagonist das Spielzeug lieber mag; die Verwendung des Abwertungsprinzips war überdurchschnittlich häufig nur für den großen bösen Bruder. Die Autoren interpretieren diese Ergebnisse als ein Zeichen dafür, daß schon jüngere Kinder das Abwertungsprinzip anwenden können, daß aber diese Leistung kontextabhängig ist. Sie sagten: "Eine Fokussierung auf die kognitiven kausalen Schemata, die dem Abwertungsprinzip zugrundeliegen, sollte ergänzt werden um Untersuchungen des relevanten sozialen Wissens und personbezogener Wahrnehmungen, die die Verwendung dieses Schemas leiten" (übersetzt nach Aloise & Miller, S. 84).

Diese These kann verallgemeinert werden: um die Entwicklung der Kausalattributionsregeln und Schemata völlig zu verstehen, braucht man sowohl eine Beschreibung des Wissens des Kindes und der Annahmen des Kindes über die Dimensionen, die in diesen Schemata stecken als auch eine Beschreibung der Theorien des Kindes darüber, wie psychologische Merkmale mit Verhaltensereignissen verknüpft werden können.

Allgemeiner betrachtet: eine Spezifizierung impliziter Theorien des Kindes über Menschen, soziale Ereignisse und soziale Konstrukte könnte Einblick geben in jene Kontexte, in denen Attributionsschemata verfügbar oder nicht verfügbar sein sollten. Dadurch wäre es möglich, systematischer der Frage nach dem komplementären Erwerb von Inferenz-Schemata und dem Wissen, wann es angebracht ist, diese anzuwenden, nachzugehen. Folgt man dieser Annahme, so ist es nötig, erst eine Spezifizierung der Bedeutung von Dimensionen, die für die Attributionen wichtig sind, vorzunehmen, bevor weitere Erklärungen der Entwicklung der Attributionen folgen können.

Mein zweiter Punkt ist eher methodologischer Natur und ist motiviert durch Überlegungen zur Entdeckung sophistizierterer Denkprozesse bei Kleinkindern in der kognitiven Entwicklung. Über einen längeren Zeitraum gab es in der Entwicklungspsychologie die Annahme, daß die Entwicklung durch relativ bereichsübergreifende Prozesse erklärt werden kann. Das heißt, Denken ist Denken, und nur die Form und nicht der Inhalt des Denkens ist entscheidend. Eines der bemerkenswertesten Ergebnisse der letzten Jahrzehnte ist, daß diese Annahme in vielen Fällen falsch ist. Beginnend mit frühen Untersuchungen zum Spracherwerb, in denen sich zeigte, daß der Erwerb einer Muttersprache nur dann möglich ist, wenn das Kind komplizierte Inferenzen, die selbst Erwachsene nicht bewußt ableiten können, machen kann, wurde bis heute für eine Vielzahl von Bereichen gezeigt, daß die kognitiven Kompetenzen von Kindern wesentlich von den Inhalten des Denkens abhängen und daß Kinder oft Konzepte oder Inferenzschemata nur in den Bereichen verwenden, in denen sie über reichhaltiges strukturiertes Wissen verfügen. Dies läßt vermuten, daß die Kausalattributionen von Kindern nicht nur von ihren Theorien über die relevanten Konzepte abhängen, sondern auch von ihren individuellen Erfahrungen im spezifischen Inhaltsbereich der jeweiligen Untersuchung. Zum Beispiel berichtet Andreas Helmke (1991, 1992) zwei interessante Befunde aus einer Längsschnittuntersuchung zu Attributionen für Erfolg und Mißerfolg. Er klassifizierte zunächst die Spontanerklärungen der Kinder für Leistungsergebnisse nach den verwendeten Attributionsmustern. Er fand, daß Vorschulkinder Ursachen erwähnten, die im allgemeinen in der Attributionsliteratur nicht berücksichtigt werden (z.B. Alter), daß sie unter Ursachen wie Anstrengung Unterschiedliches verstanden (sie unterschieden zwischen variabler Anstrengung und Persönlichkeitsmerkmalen wie Fleiß) und daß sie die Aufgabenschwierigkeit fast nie erwähnten. Ferner fand Helmke, daß die Häufigkeit, mit der Kinder überhaupt Attributionen für Erfolg und Mißerfolg vornahmen, mit Fähigkeit und Selbstvertrauen kovariierte: weniger fähige und weniger selbstsichere Kinder zeigten mehr Attributionen; dies deutet darauf hin, daß die persönliche Erfahrung mit der Notwendigkeit, Ursachen für ein Leistungsergebnis zu finden, ein wichtiger Faktor bei der Entwicklung von Attributionsschemata sein könnte. Meine zweite Folgerung ist daher, daß frühe Attributionsregeln in Situationen untersucht werden sollten, die für Kinder verschiedenen Alters von Bedeutung sind und für die sie über gut ausgebildete kausale Theorien verfügen.

Schlußfolgerungen

Meine Schlußfolgerungen können nur begrenzte Gültigkeit beanspruchen, da ich einige wichtige Aspekte, wie z.B. die motivationale oder emotionale Funktion von Attributionen und ihre Auswirkungen auf das Selbstkonzept und das Verständnis anderer Personen überhaupt nicht berücksichtigt habe. Für einen Großteil der sozialpsychologischen Literatur über Attributionen ist sie natürlich genau der wesentliche Aspekt – es spielt keine so große Rolle, wie Attributionen gemacht werden, was wichtig ist, ist, daß sie gemacht werden und daß sie von Einstellungen und Verhalten beeinflußt werden und ihrerseits Einfluß darauf haben. Dies ist sicher richtig, ich möchte aber behaupten, daß Versuche, die Attributionsstile von Kindern (oder Erwachsenen) zu erklären bzw. zu beeinflussen, voraussetzen, daß man mehr über die Entwicklungsmechanismen weiß, die in verschiedenen Altersbereichen das Zustandekommen von Attributionen steuern. Diese Mechanismen können nur aufgedeckt werden, wenn wir mehr darüber erfahren, was Attributionen aus der Perspektive des Kindes bedeuten, d.h. wenn in entwicklungspsychologischen Arbeiten nicht nur die Verwendung von Attributionsschemata durch Kinder verschiedenen Alters untersucht wird, sondern auch die Bedeutung, die die Dimensionen, die diesen Schemata zugrundeliegen, für das Kind haben.

Literatur

Aloise, P. A. & Miller, P. H. (1991). Discounting in preschoolers: Effect of type of reward agent. *Journal of Experimental Child Psychology, 52,* 70-86.

Bullock, M., Gelman, R. & Baillargeon, M. (1982). The development of causal reasoning. In W. J. Friedman (Ed.), *The developmental psychology of time* (pp. 209-254). New York: Academic Press.

Das Gupta, P. & Bryant, P. E. (1989). Young children's causal inferences. *Child Development, 60,* 1138-1146.

Helmke, A. (1991). Self-concept of ability, achievement-related motives and attitudes of first graders. In F. E. Weinert & W. Schneider (Eds.), *The Munich Longitudinal Study on the Genesis of Individual Competencies (LOGIC), Report No. 7: Assessment procedures and results of wave four* (pp. 68-94). Munich: Max Planck Institute for Psychological Research.

Helmke, A. (1992). Self-concept of aptitude, achievement-related motives, and attitudes of second graders. In F. E. Weinert & W. Schneider (Eds.), *The Munich Longitudinal Study on the Genesis of Individual Competencies (LOGIC), Report No. 8: Assessment procedures and results of wave five* (pp. 82-105). Munich: Max Planck Institute for Psychological Research.

Kassin, S. M. (1981). From laychild to "layman": Developmental causal attribution. In S.S. Brehm, S. M. Kassin & F. X. Gibbons (Eds.), *Developmental Social Psychology: Theory and research* (pp. 169-190). New York: Oxford University Press.

Kelley, H.H. (1973). The process of causal attribution. *American Psychologist, 28*, 107-128.

Koslowski, B., Susman, A. & Serling, J. (1991). *Conceptual vs. technical understanding of evidence in scientific reasoning.* Paper presented in the Symposium "Evidence Evaluation, conceptual change and the development of scientific reasoning", Society fo Research in Child Development, Seattle.

Kuhn, D., Amsel, E. & O'Loughlin, M. (1988). *The development of scientific thinking skills.* Orlando, FL: Academic Press.

Leslie, A. (1982). The perception of causality in infants. *Perception, 11*, 173-186.

Perner, J. (1991). *Understanding the representational mind.* Cambridge, MA: MIT Press.

Piaget, J. (1952). *The origin of intelligence in children.* New York: International Universities Press.

Ruble, D. N. & Rholes, W. S. (1981). The development of children's perception and attributions about their social world. In J. Harvey, W. Ickes & R. Kidd (Eds.), *New directions in attribution research* (Vol. 3, pp. 3-36). Hillsdale, NJ: LEA.

Shaklee, H. & Elek, S. (1988). Cause and covariate: Development of two related concepts. *Cognitive Development, 3*, 1-13.

Shultz, T. R. (1982). Rules of causal attribution. *Monographs of the Society for Research in Child Development, 47: 1*, Serial No. 194.

Shultz, T. R. & Kestenbaum, N. R. (1985). Causal reasoning in children. *Annals of Child Development, 2*, 195-249.

Shultz, T. R. & Mendelson, R. (1975). The use of covariation as a principle of causal analysis. *Child Development, 46*, 394-399.

Siegler, R. & Liebert, R. (1974). Effects of contiguity, regularity and age on children's causal inferences. *Developmental Psychology, 10*, 574-579.

Sophian, C. & Huber, A. (1984). Early developments in children's causal judgments. *Child Development, 55*, 512-526.

Wellman, H. M. (1990). *The child's theory of mind.* Cambridge, MA: MIT Press.

Wellman, H. M. & Gelman, S. A. (1992). Cognitive development: Foundational theories of core domains. *Annual Reviews of Psychology, 43*, 337-375

Kapitel 4

Intergruppenattribution[1]

Miles Hewstone und Andreas Klink
Universität Mannheim und Ruhr-Universität Bochum

Der Begriff Intergruppenattribution bezeichnet die Art und Weise, wie Angehörige verschiedener Gruppen das Verhalten (wie auch die Verhaltensergebnisse und -konsequenzen) von Mitgliedern ihrer eigenen und fremder sozialer Gruppen erklären. Dabei wird das Verhalten einer anderen Person nicht nur auf individuelle Merkmale attribuiert, sondern auch auf Merkmale, die mit ihrer Gruppenzugehörigkeit assoziiert sind (vgl. Hewstone & Jaspars, 1982; 1984). Intergruppenattributionen sind oftmals ethnozentrisch, da die vorgenommenen Ursachenzuschreibungen in der Regel eher Angehörige der eigenen Gruppe als Mitglieder fremder Gruppen begünstigen. So werden positive Handlungsergebnisse in erster Linie dem jeweiligen Mitglied der Eigengruppe zugeschrieben, während bezweifelt wird, daß er oder sie auch negative Verhaltenskonsequenzen verursacht hat. Ein solches Attributionsmuster trägt dazu bei, die Eigengruppe als Ganzes in ein positives Licht zu setzen. Im Unterschied dazu vermitteln Attributionen über Mitglieder der Fremdgruppe in der Regel eine negative Sichtweise von dieser Gruppe, da hier negative Verhaltensweisen den Gruppenmitgliedern selbst und positive Verhaltensergebnisse externen Ursachen zugeschrieben werden.

In diesem Kapitel werden wir uns zunächst mit dem Übergang von interpersonalen zu intergruppalen Attributionen beschäftigen. Im Anschluß daran skizzieren wir ausgewählte Forschungsarbeiten zum Thema Intergruppenattributionen, weisen auf einige kritische Aspekte relevanter Studien hin und regen methodische und konzeptuelle Erweiterungen an. Dabei hoffen wir zeigen zu können, daß inzwischen ein recht umfangreiches Verständnis über intergruppale Attributionen existiert. Aufbauend auf den bislang vorhandenen Forschungsergebnissen stellen wir schließlich am Ende des Kapitels ein

[1] Für wichtige und hilfreiche Anmerkungen zu einer ersten Fassung dieses Kapitels möchten wir uns bei Ulrich Wagner bedanken.

attributionstheoretisch orientiertes Modell zur Reduktion von Intergruppenkonflikten dar.

Von interpersonaler zu intergruppaler Attribution

Viele Studien haben sich auf die Darstellung und Erklärung von Attribu-
tionsmechanismen zwischen einzelnen Individuen konzentriert. Dabei
bestanden in der Regel keinerlei persönliche Beziehungen zwischen den an
der jeweiligen Kausalattribution beteiligten Personen – d.h., es handelte
sich also im wahrsten Sinne des Wortes zumeist um "Akteure" und
"Beobachter". Nur selten sind Ursachenzuschreibungen im Kontext enger
Beziehungen untersucht worden (vgl. Hewstone, 1989a). Generell bezeichnen wir Studien, die sich mit Attributionsprozessen zwischen einzelnen
Individuen beschäftigen, als Untersuchungen zu *interpersonalen* Attributionen. Im Unterschied dazu betrachten wir Studien, in denen die Zu-
gehörigkeit der beteiligten Personen zu sozialen Gruppen eine wesentliche
Rolle spielt, als Untersuchungen zu *intergruppalen* Attributionen. Die
Erweiterung des Blickfeldes von der interpersonalen auf die intergruppale
Ebene vollzog sich zunächst im Rahmen von empirischen Befunden zu
vielfach untersuchten Attributionsverzerrungen. Zu nennen sind hier beispielsweise die unterschiedlichen Perspektiven von Akteur und Beobachter
oder selbstwertstützende Attributionen bei der Erklärung von positiven und
negativen Verhaltensergebnissen.

Die unterschiedlichen Perspektiven von Akteur und Beobachter. Jones &
Nisbett (1972) vermuteten, daß Beobachter sowohl mehr dispositionale als
auch weniger situationale Attributionen vornehmen als Akteure. Stephan
(1977) wies darauf hin, daß analog zu dieser – interpersonalen – Akteur-
Beobachter-Diskrepanz auch auf intergruppaler Ebene Unterschiede zwischen Eigen- und Fremdgruppenattributionen bestehen. Seiner Ansicht nach
besitzt ein Beobachter mehr Informationen über die vorausgehenden Bedingungen des Verhaltens, wenn es sich bei dem Akteur um ein Mitglied der
eigenen Gruppe handelt (denn wir wissen mehr über die Gruppe, der wir
uns zugehörig fühlen). Zudem könnte dieser Beobachter sich auch besser in
die Situation des Akteurs versetzen (denn wir identifizieren uns mit Mitgliedern der Eigengruppe), und er würde die Situation generell in ähnlicher
Art und Weise sehen, wie sie vom Akteur wahrgenommen wird (denn wir
teilen eine gemeinsame Weltsicht mit Angehörigen unserer eigenen Gruppe). Nach Stephan (1977) sind alle drei Bedingungen nicht gegeben, wenn
es sich bei dem Akteur um einen Angehörigen der Fremdgruppe handelt.

Das Hauptproblem von Stephans Analogie besteht darin, daß die Akteur-Beobachter-Hypothese menschliches Verhalten implizit als neutral ansieht. Weitgehend ignoriert wird, daß Beobachter sowohl den jeweiligen Akteur als auch seine oder ihre Handlung in der Regel positiv oder negativ bewerten. Daß solche Bewertungen besonders im Attributionsprozeß eine wichtige Rolle spielen, konnte beispielsweise Regan (1978) zeigen. Seine Untersuchung dokumentiert, daß Ursachenzuschreibungen für menschliches Verhalten wesentlich davon mitbestimmt werden, welchen Eindruck wir von dem jeweiligen Akteur haben, z. B. ob er oder sie uns eher sympathisch oder eher unsympathisch ist. So wird positives Verhalten von jemandem, den wir mögen, eher internalen Ursachen zugeschrieben als das gleiche Verhalten, gezeigt von jemandem, den wir nicht mögen. Unter der Annahme, daß sowohl Handlungen als auch unser vorhandenes Wissen über die jeweiligen Akteure bestimmten Bewertungen unterliegen, besitzt die Akteur-Beobachter-Hypothese lediglich begrenzten Wert für die Erklärung intergruppaler Attributionen.

Von selbstwertstützenden zu gruppenstützenden Attributionen. Auf der Ebene interpersonaler Attibutionen läßt sich eine Tendenz feststellen, nach der die Handelnden Erfolge in stärkerem Maße auf Ursachen in der eigenen Person zurückführen, als sie dies bei Mißerfolg tun (z. B. Miller & Ross, 1975; Zuckerman, 1979). Allgemein hat bereits Kelley (1973) darauf hingewiesen, daß Beobachter Ereignisse mit positiven Handlungseffekten auf sich selbst attribuieren, während negative Handlungsergebnisse einer anderen Person zugeschrieben werden.

Taylor & Jaggi (1974) vermuteten nun, daß sich analog zu dieser selbstwertstützenden Ursachenzuschreibung im interpersonalen Kontext auch auf der Ebene intergruppaler Attributionen eine ähnliche Attributionsverzerrung finden läßt, die sie als "ethnozentrische Attribution" bezeichneten. Danach wird positives Eigengruppenverhalten der Verantwortlichkeit der eigenen Gruppe zugeschrieben, während negatives Eigengruppenverhalten auf externe Faktoren zurückgeführt wird. Die Fremdgruppe wird dagegen für negatives Verhalten verantwortlich gemacht, und bei ihr werden positive Handlungsergebnisse externalen Ursachen zugeschrieben. In ihrer Untersuchung prognostizierten Taylor & Jaggi (1974) daher, daß Beobachter zur Erklärung von sozial wünschenswerten Handlungen eines Mitglieds der eigenen Gruppe mehr internale Attributionen verwenden sollten und nicht wünschenswerte Handlungsergebnisse eher externalen bzw. situativen Faktoren zuschreiben würden. Für den Fall eines Angehörigen der Fremdgruppe sagten die Autoren genau das gegenteilige Muster vorher.

Pettigrew (1979) führte die Überlegungen von Taylor & Jaggi fort,
indem er sie einerseits in Beziehung zu bekannten attributionstheoretischen
Konzepten setzte und andererseits noch einmal potentielle Attributions-
möglichkeiten illustrierte. Das von Taylor & Jaggi (1974) vorhergesagte

Tabelle 1
Ethnozentrische Attributionen (nach Taylor & Jaggi, 1974)

	GRUPPENZUGEHÖRIGKEIT DES AKTEURS	
	Eigengruppe	Fremdgruppe
VERHALTENSBEWERTUNG		
positiv	internal	external
negativ	external	internal

Muster intergruppaler Ursachenzuschreibungen bezeichnete er als "ultimate
attribution error" und sah darin ein "systematic patterning of intergroup
misattributions shaped in part by prejudice" (1979, S. 464). Wir ziehen es
allerdings vor, in diesem Kontext nicht von einem "Fehler", sondern von
einer "Verzerrung" zu sprechen. Durch eine solche Bezeichnung wird deutlicher, daß der Beobachter hier soziale Informationen in der Tat verzerrt,
d.h. bestimmte Informationen übermäßig und andere zu wenig gewichtet.
Um von einem "Fehler" sprechen zu können, müßten wir dagegen auf ein
normatives Modell zurückgreifen können, das uns angibt, welches Attributionsmuster in einer gegebenen Situation das "korrekte" ist. Ein solches
normatives Modell steht aber nicht zur Verfügung (vgl. Hewstone, 1989a).
   Beide Ansätze – der ultimative Attributionsfehler und die Annahme von
Verzerrungen im Prozeß der Ursachenzuschreibung – erweitern das Konzept des fundamentalen Attributionsfehlers (Ross, 1977). In seiner allgemeinen Form beschreibt der fundamentale Attributionsfehler die Tendenz, das
Verhalten eines Akteurs eher personalen als situationalen Ursachenfaktoren
zuzuschreiben. Pettigrew (1979) weist nun darauf hin, daß es durchaus
Ausnahmen von dieser Regel gibt. Zur Erklärung intergruppaler Attributionsverzerrungen besitzen hier zwei Prozesse eine besondere Bedeutung:

der "positivity bias" bei der Beurteilung von Personen, die uns nahestehen (deren positive Handlungen werden auf internale und deren negative Handlungen auf externale Faktoren attribuiert), und der "negativity bias" bei der Evaluation von Personen, die wir nicht mögen (deren negative Handlungen werden internen und deren positive Handlungen externen Ursachenfaktoren zugeschrieben – vgl. Regan, Strauss & Fazio, 1974; Taylor & Koivumaki, 1976). In diesem Sinne handelt es sich bei dem ultimativen Attributionsfehler um einen negativity bias bei der Zuschreibung von Verhaltensursachen für Angehörige der Fremdgruppe.

Bezüglich der Funktion dieser Attributionsverzerrung zieht Pettigrew (1979) dabei eine Analogie zu selbstwertstützenden Attributionen. So wie Menschen negative Selbstattributionen vermeiden, um sich ein positives Selbstwertgefühl zu bewahren (vgl. Heider, 1958), dient der ultimative Attributionsfehler letztlich der Aufrechterhaltung einer positiven Bewertung der Eigengruppe. Er ermöglicht es, auch dann ein negatives Stereotyp der fremden Gruppe beizubehalten, wenn sie eigentlich positiv beurteilt werden müßte. Attributionen, welche die eigene Gruppe in ein positives Licht setzten (d.h. eigengruppenstützende Ursachenzuschreibungen), können recht einfach vorgenommen werden, wenn ein Mitglied der Fremdgruppe bei der Ausführung einer sozial unerwünschten Handlung beobachtet wird. Ein solches Verhalten ist letztlich konsistent mit der gängigen negativen Sichtweise dieser Gruppe und wird daher auf dispositionale Faktoren attribuiert (Ausländer sind halt kriminell).

Eigengruppenstützende Attributionen können jedoch nicht ohne weiteres vorgenommen werden, wenn ein Angehöriger der fremden Gruppe bei der Ausführung einer positiven Handlung beobachtet wird, die nicht der gängigen negativen Sichtweise dieser Gruppe entspricht. Wenn das positiv bewertete Verhalten nicht generell verneint oder umdefiniert werden kann, muß es nun "wegerklärt" werden. Der Beobachter muß eine Erklärung finden, die den positiven Handlungseffekt nicht der Verantwortlichkeit der ungeliebten fremden Gruppe zuschreibt, damit die negative Sichtweise der Fremdgruppe beibehalten werden kann. Wie läßt sich dieses Ziel erreichen? Pettigrew (1979) zeigt hier vier Möglichkeiten auf, wobei er nach dem Grad der Kontrollierbarkeit der Handlung (hoch/niedrig) und nach der Kontrollüberzeugung bezogen auf den Akteur (internale/externale Zuschreibung) unterscheidet (vgl. Tabelle 2). Die einzelnen Erklärungsmodelle lassen sich am besten anhand eines Beispiels erläutern. Nehmen wir den Fall eines deutschen Schülers mit starken Vorurteilen gegenüber Ausländern, der das gute Abschneiden einer ausländischen Klassenkameradin in einer Prüfung erklären muß. Hinter den vier in Tabelle 2 dargestellten

Möglichkeiten könnten jeweils folgende Argumentationen stehen: (A) "sie ist anders als alle anderen Ausländer; eigentlich ist sie gar keine Ausländerin mehr – sondern Deutsche" (der Ausnahmefall); (B) "sie hatte in diesem Test Glück" oder "sie hat Nachhilfestunden beim Lehrer genommen" (Glück oder besonderer Vorteil); (C) "sie war wirklich gut in diesem Test, aber sie mußte auch viel dafür lernen" (hohe Motivation und großer Aufwand); (D) "sie hat in diesem Test nur so gut abgeschnitten, weil der Lehrer ihr erlaubt hat, ein Wörterbuch zu benutzen" (manipulierbare Situation).

Tabelle 2

Klassifikationsschema von Möglichkeiten zur Erklärung von positivem Verhalten eines Mitglieds einer abzuwertenden Fremdgruppe (nach Pettigrew, 1979)

		WAHRGENOMMENER LOCUS OF CONTROL DER HANDLUNG	
		internal	external
VOM BEOBACHTER WAHRGENOMMENE HANDLUNGS- KONTROLLE	hoch	A. der Ausnahmefall	B. Glück/besonderer Vorteil
	niedrig	C. hohe Motivation großer Aufwand	D. manipulierbare Situation

Augenscheinlich bestehen einige Ähnlichkeiten zwischen Pettigrews Klassifikationsschema und jenem, das von Weiner, Frieze, Kukla, Reed, Rest & Rosenbaum (1972) für Attributionen in Leistungssituationen vorgeschlagen wurde. Pettigrew (1979) weist auf diese partielle Übereinstimmung hin, hebt allerdings hervor, daß sich beide Schemata in ihren Zielvorstellungen und zugrundeliegenden Dimensionen unterscheiden. Pettigrew stellt zunächst einmal ein Klassifikationsmodell von Ursachenzuschreibungen für das positive Verhalten eines Fremdgruppenmitglieds in einer aktuell gegebenen Situation vor. Der Ansatz von Weiner und seinen Mitarbeitern (1972) bezieht sich hingegen auf eine Reihe von über einen längeren Zeitraum hinweg beobachteten Leistungssituationen. Ein augenfälliger Unterschied zwischen beiden Modellen besteht außerdem darin, daß Weiner et al. in ihrem ursprünglichen Klassifikationssystem den Aspekt der Kontrollierbarkeit nicht berücksichtigten und neben der Internalität lediglich die Stabilität der zugrundeliegenden Ursachen als zweite wichtige Dimension aufnahmen. Erst in späteren Veröffentlichungen hat Weiner (z. B. 1986) dann den Grad der Kontrollierbarkeit kausaler Faktoren in sein Modell integriert, bezieht diesen allerdings auf den Akteur, während Pettigrew ihn als eine Beobachtervariable konzipiert.

Generell legt der Erfolg, den Weiners Modell bei der Anwendung in interpersonalen Situationen hatte und immer noch hat, nahe, sein Konzept auch auf das Forschungsfeld intergruppaler Attributionen und hier speziell auf Ursachenzuschreibungen in Leistungssituationen anzuwenden (vgl. Hewstone, 1988). Auf der Basis der von Weiner (z. B. 1986) aufgeführten drei Dimensionen – Lokation (internal/external), Stabilität (stabil/instabil) und Kontrollierbarkeit (kontrollierbar/unkontrollierbar) – ergeben sich acht potentielle Ursachenfaktoren, wobei im Allgemeinen vier Hauptursachen für Erfolg und Mißerfolg genannt werden: Fähigkeit, Anstrengung, Glück und Aufgabenschwierigkeit. Obgleich die Klassifikation von Weiner in einigen Fällen zu uneindeutigen Zuordnungen führen kann (Glück kann nicht, wie von Weiner ursprünglich vorgesehen, allein als external, instabil und unkontrollierbar, sondern auch als internales und stabiles Kennzeichen einiger weniger Menschen betrachtet werden), so bietet diese Taxonomie doch interessante Möglichkeiten bei der Analyse von eigengruppenstützenden und fremdgruppenabwertenden Attributionen in Leistungssituationen. Dabei findet das Schema von Pettigrew (1979) eine Erweiterung, indem nunmehr nicht allein Attributionsmuster für positives Fremdgruppenverhalten (hier Erfolg) betrachtet werden, sondern auch Ursachenzuschreibungen für negatives Fremd- und positives wie negatives Eigengruppenverhalten Berücksichtigung finden.

Tabelle 3 zeigt die von Hewstone (1988) auf der Grundlage von Weiner (1986) zusammengefaßten Möglichkeiten, den Erfolg eines Angehörigen der Fremdgruppe und den Mißerfolg eines Mitglieds der eigenen Gruppe in einer solchen Art und Weise zu attribuieren, daß die Eigengruppe weiterhin positiver wahrgenommen wird als die fremde Gruppe.

In den dargestellten Erklärungsmustern findet sich letztlich auch das Ethnozentrismuskonzept von Taylor & Jaggi (1974) wieder, denn sowohl für positives Verhalten der Eigengruppe als auch für negatives Verhalten der Fremdgruppe werden internale Attributionen angenommen, während negatives Eigengruppenverhalten und positives Fremdgruppenverhalten als external verursacht angesehen werden. Eine Ausnahme stellt hier allerdings die Anstrengungsattribution dar. Sowohl der Erfolg eines Fremdgruppenmitglieds als auch der Mißerfolg eines Angehörigen der Eigengruppe kön-

Tabelle 3
Eigengruppenstützende und fremdgruppenabwertende Attributionen in Leistungssituationen (nach Hewstone, 1988)

	GRUPPENZUGEHÖRIGKEIT DES AKTEURS	
	Eigengruppe	Fremdgruppe
HANDLUNGS-ERGEBNIS		
Erfolg		**Anstrengung** (internal, instabil, kontrollierbar)
	Fähigkeit (internal, stabil, unkontrollierbar)	**Glück** (external, instabil, unkontrollierbar)
		Aufgabe (external, stabil, unkontrollierbar)
Mißerfolg	**Anstrengung** (internal instabil, kontrollierbar)	
	Glück (external, instabil unkontrollierbar)	**Fähigkeit** (internal, stabil, unkontrollierbar)
	Aufgabe (external, stabil unkontrollierbar)	

nen auf – im ersten Fall übermäßige und im zweiten Fall fehlende – Anstrengung attribuiert werden, wodurch implizit einerseits die fremde Gruppe
abgewertet und andererseits die eigene Gruppe aufgewertet wird. Die
Zuschreibung von Anstrengung besitzt aber keine vollkommen eindeutige
eigengruppenstützende Funktion, denn die meisten Menschen sehen Aus-
dauer zunächst einmal als etwas sehr Positives an. Erst unter der Annahme,
daß Anstrengung und Fähigkeit wechselseitig voneinander abhängige Ursachen für Erfolg darstellen können, und damit eine größere Anstrengung
letztlich eine geringere Fähigkeit impliziert, sind wir in der Lage, den
Erfolg einer Person, die wir nicht mögen, dadurch abzuwerten, daß wir auf
ihre oder seine ungeheuren Anstrengungen hinweisen (vgl. dazu auch
Pettigrew, 1979).

Die in Tabelle 3 dargestellte Klassifikation von Hewstone (1988) schließt
auch drei der vier von Pettigrew (1979) genannten Attributionsmuster für
positives Verhalten eines Fremdgruppenmitglieds ein: die Ursachenfaktoren
Glück und Anstrengung sowie die Aufgabenvariable, die von Pettigrew als

"manipulierbare Situation" bezeichnet wird. Lediglich der "Ausnahmefall" findet bei Hewstone (1988) keine Berücksichtigung.

In diesem Abschnitt haben wir versucht zu zeigen, daß der Weg von selbstwertstützenden zu eigengruppenstützenden Attributionen letztlich über das Klassifikationssystem von Weiner (vgl. Weiner et al., 1972; Weiner, 1986) führt. Dabei liegt der Wert dieses Modells weniger in der Allgemeingültigkeit der genannten Ursachenfaktoren als in der Bereitstellung der relevanten Dimensionen. Die in den folgenden Abschnitten dargestellten empirischen Befunde zu Intergruppenattributionen werden deutlich machen, daß der Erklärungswert der einzelnen Ursachen von Situation zu Situation variiert. Die drei zugrundeliegenden Dimensionen (Lokation, Stabilität, Kontrollierbarkeit) können jedoch in einer Vielzahl unterschiedlicher Situationen Anwendung finden. Weiner (z. B. 1986) hat dies für die interpersonale Ebene bereits dokumentiert. Aus Tabelle 3 können wir auch für intergruppale Attributionen den jeweiligen Ursachentyp vorhersagen (vgl. Hewstone, 1988).

Empirische Befunde zu Intergruppenattributionen

Der folgende Abschnitt bietet eine ausgewählte Darstellung der Literatur zu Intergruppenattributionen und ist in zwei Abschnitte unterteilt. Zunächst werden Studien zu Ursachenzuschreibungen für positive und negative Handlungsergebnisse vorgestellt, bevor dann speziell auf Untersuchungen zur Attribution von Erfolg und Mißerfolg eingegangen wird (vgl. jeweils Hewstone, 1989a, 1990, für einen umfassenden Überblick). Aus beiden Bereichen liegen mittlerweile eindeutige empirische Nachweise für eigengruppenstützende Ursachenzuschreibungen vor, wobei sich die entsprechenden Attributionsverzerrungen in der Regel nicht für alle, sondern lediglich für spezifische Dimensionen finden lassen.

Positive und negative Handlungsergebnisse. Die erste empirische Untersuchung zu Intergruppenattributionen wurde von Taylor & Jaggi (1974) im Kontext von Konflikten zwischen Hindus und Moslems in Indien durchgeführt. Die Versuchspersonen (erwachsene Hindus) beurteilten zunächst die Konzepte "Hindu" und "Moslem" anhand von Eigenschaften mit evaluativem Charakter. Danach sollten sie sich Situationen vorstellen, in denen sich ein anderer Hindu oder Moslem ihnen gegenüber in bestimmter Art und Weise verhielt. Einige dieser Situationen beschrieben sozial erwünschtes Verhalten des Interaktionspartners, während andere durch sozial unerwünschtes Verhalten gekennzeichnet waren. Analog zu ihrem im vorausgehenden Abschnitt dargestellten Konzept ethnozentrischer Attributionen formulierten Taylor & Jaggi (1974) die Hypothese, daß die Befragten auf internale Attributionen zurückgreifen würden, um sozial erwünschtes Verhalten anderer Hindus (Eigengruppe) zu erklären ("er ist ein freundlicher Mensch"), während sie bei der gleichen Person zur Erklärung unerwünschter Handlungen eher externale Ursachen anführen sollten ("er hat nicht geholfen, weil er nicht gesehen hat, wie der Mann vom Fahrrad gefallen ist"). Im Gegensatz dazu würden sozial erwünschte Handlungen der Moslems (Fremdgruppe) vermutlich eher auf externale Ursachen zurückgeführt und sozial unerwünschtes Verhalten eines Mitglieds dieser Gruppe sollte auf internale Faktoren attribuiert werden.

Als Ergebnis zeigte sich, daß die befragten Hindus für alle vier vorgegebenen Situationen unter Beteiligung eines anderen Hindus (Eigengruppenbedingung) sozial erwünschtes Verhalten eher auf internale Faktoren attribuierten als sozial unerwünschtes. Für die vier Geschichten, in denen ein Moslem als Interaktionspartner agierte (Fremdgruppenbedingung), ergab sich jedoch nur in zwei Fällen ein Muster, nach dem sozial unerwünschtes Verhalten eher auf internale Ursachen zurückgeführt wurde als sozial erwünschtes. Obgleich Taylor und Jaggi – bedingt durch die dem Skalenniveau ihrer Daten angepaßte Verwendung non-parametrischer Testverfahren – ihre Interaktionshypothese nicht explizit überprüften, legen die Ergebnisse ihrer Studie deren Gültigkeit nahe. Sozial erwünschtes Verhalten eines anderen Hindus wurde in größerem Ausmaß auf internale Faktoren attribuiert als die gleichwertige Handlung eines Moslems. Dagegen griffen die Befragten zur Erklärung sozial unerwünschten Verhaltens bei einem Hindu weniger auf internale Attributionen zurück als bei einem Moslem.

Angesichts der Bedeutsamkeit dieser ersten Studie führten Hewstone & Ward (1985) eine differenzierte konzeptuelle Replikation der Untersuchung durch, wobei die Autoren nicht allein Erklärungsmuster einer, sondern beider beteiligter Gruppen erhoben, um reziproke Intergruppenattributionen untersuchen zu können. Eine erste Studie fand in Malaysia statt und dokumentierte Attributionsstile von dort lebenden Malayen (Majorität) und Chinesen (Minorität). Die Gruppe der Malayen verhielt sich zunächst einmal gemäß den Erwartungen, d.h., sie attribuierten positives Eigengruppenverhalten deutlicher auf internale Faktoren als negatives Eigengruppenverhalten. Allerdings zeigte sich bei der Beurteilung der korrespondierenden Situation mit einem chinesischen Interaktionspartner nicht das erwartete umgekehrte Muster. Beim direkten Vergleich beider Akteure ergab sich, daß die befragten Malayen bei einem Mitglied der Eigengruppe positives Verhalten in größerem und negatives Verhalten in geringerem Ausmaß auf internale Faktoren zurückführten, als dies für einen Angehörigen der Fremdgruppe der Fall war. Für die Gruppe der Malayen ergaben sich somit recht eindeutige eigengruppenstützende Attributionsverzerrungen, wobei die entsprechende Aufwertung der Eigengruppe viel deutlicher zutage trat als die korrespondierende Abwertung der Fremdgruppe. Entgegen den Erwartungen favorisierte die Gruppe der Chinesen ebenfalls die malayischen Akteure – dies sogar auf Kosten der Beurteilung ihrer eigenen Gruppe. In allen erhobenen Variablen fand sich kein einziger Hinweis auf das Vorliegen eines eigengruppenstützenden Attributionsmusters auf seiten der befragten Chinesen.

Aufbauend auf den Ergebnissen dieser ersten Studie führten Hewstone & Ward (1985) eine weitere Untersuchung in Singapur durch, die der ersten in Stichprobe und Design mit einer wichtigen Ausnahme entsprach: im Unterschied zu den Verhältnissen in Malaysia sind Malayen in Singapur in der Position einer Minderheit, während nun Chinesen die Majorität repräsentieren. Als einziger bedeutsamer Effekt ergab sich, daß Malayen positives Verhalten eines Mitgliedes ihrer Eigengruppe stärker internalen Ursachen zuschrieben als negatives Verhalten des gleichen Akteurs. Chinesen favorisierten keine der beiden Gruppen, werteten aber beide auch nicht ab. Als Ganzes betrachtet deuten die Ergebnisse beider Studien darauf hin, daß es sich bei eigengruppenstützenden Ursachenzuschreibungen keinesfalls um eine universell gültige Attributionstendenz handelt. Speziell im Rahmen der ersten Studie wird sogar deutlich, daß sich Kausalattributionen auf dem Hintergrund spezifischer gesellschaftlicher Gegebenheiten in ein genau entgegengesetztes Muster verkehren können. Angesichts ihrer gesellschaftlichen Lage (unterdrückte und negativ beurteilte Minorität in einer stark nationalistisch orientierten Majorität) reagierten die in Malaysia lebenden Chinesen mit einem fremdgruppenstützenden Attributionsmuster (vgl. Hewstone und Ward, 1985, für eine umfassende Darstellung und Diskussion dieser Bedingungen).

Im Kontext von Intergruppenattributionen darf eine Studie von Duncan (1976) nicht unerwähnt bleiben. Duncan untersuchte inter-ethnische Ursachenzuschreibungen, indem er weißen amerikanischen College-Studenten einen Film vorführte, der eine zunehmend aggressive Auseinandersetzung zeigte, in deren Verlauf der eine Beteiligte dem anderen schließlich einen Stoß gab. Als wichtigste unabhängige Variablen wurden die Rassenzugehörigkeit des "Protagonisten" und des "Opfers" (jeweils Schwarzer vs. Weißer) manipuliert. Zur Erhebung der Attributionen sollten die Versuchspersonen angeben, in welchem Ausmaß das Verhalten des "Täters" auf entweder situationale Faktoren, internale Ursachen, das diskutierte Thema oder einer Kombination der einzelnen Aspekte zurückzuführen sei. Sowohl für situationale als auch für internale Zuschreibungen ergaben sich bedeutsame Unterschiede in Abhängigkeit von der Rassenzugehörigkeit des "Täters". Das gewalttätige Verhalten eines schwarzen Protagonisten wurde in größerem Ausmaß internalen Faktoren zugeschrieben, während die Versuchspersonen zur Erklärung des Verhaltens eines weißen Protagonisten in höherem Maße situative Ursachen heranzogen.

Auch im Rahmen internationaler Konflikte konnte das Vorkommen spezifischer intergruppaler Attributionen demonstriert werden. Während der damaligen Auseinandersetzungen im Mittleren Osten analysierten Rosenberg & Wolfsfeld (1977) Ursachenzuschreibungen für das Verhalten von Israelis und Arabern. Dazu wurden in den Nachrichten dargestellte bedeutsame Ereignisse entweder als Erfolge, moralische, unmoralische oder neutrale Handlungen kategorisiert und unterschiedlichen Gruppen von Studierenden vorgelegt. Deren Kausalattributionen erhoben die Autoren zunächst als offene Antworten, um sie dann später als situational oder dispositional zu klassifizieren. Die deutlichsten Attributionsunterschiede ergaben sich zwischen zwei Gruppen von Befragten, die zwar in den USA studierten, aber dennoch stark in den Konflikt involviert waren: amerikanische Studierende mit pro-israelischer Einstellung sowie israelische Studierende auf der einen und arabische Studierende auf der anderen Seite. Die erste Gruppe ("Israelis") formulierte für israelische Erfolge und moralische Handlungen mehr und für unmoralische Handlungen der Israelis weniger dispositionale Ursachen, als dies die arabischen Studierenden taten. Gleichzeitig schrieben sie arabische Erfolge in geringerem Ausmaß und unmoralische Handlungen der Araber in stärkerem Maße dispositionalen Faktoren zu als ihre arabischen Pendants.

Über die hier dargestellten Untersuchungen hinaus sind eigengruppenstützende Attributionsverzerrungen in einer Vielzahl von weiteren Studien mit unterschiedlichsten Versuchspersonen in verschiedenen Ländern sowohl für positive als auch für negative Handlungsergebnisse dokumentiert worden (vgl. auch Hewstone, 1989a, 1990). Dabei lassen sich zwei Arten von Effekten voneinander abgrenzen: Kategorisierungseffekte und Effekte der Handlungsergebnisse. Zur Identifikation von Kategorisierungseffekten werden die Attributionen zwischen Angehörigen der Eigen- und Fremdgruppe – jeweils separat für positives und negatives Verhalten – miteinander verglichen. Zur Dokumentation von Effekten der Handlungsergebnisse werden die Ursachenzuschreibungen für positives und negatives Verhalten – nunmehr getrennt für Eigen- und Fremdgruppe – einander gegenübergestellt. Generell lassen sich Kategorisierungseffekte sowohl bei positiven als auch bei negativen Handlungsergebnissen für ca. die Hälfte der untersuchten Gruppen aufzeigen. Konsistente Effekte für die Handlungsergebnisse sind jedoch nur für die Eigengruppe nachzuweisen. Hier wird positives Verhalten in stärkerem Ausmaß durch dispositionale Faktoren erklärt als negatives. Entgegen den Voraussagen kann das reziproke Attributionsmuster bei der Beurteilung eines Akteurs der Fremdgruppe nur selten beobachtet werden. Das negative Verhalten eines Fremdgruppenmitglieds wird – anders als theoretisch zu erwarten – *nicht* in größerem Ausmaß auf dispositionale Ursachen zurückgeführt als sein oder ihr positives Verhalten.

Erfolg und Mißerfolg. Der bereits dargestellte mehrdimensionale Ansatz zur Struktur wahrgenommener Kausalität von Weiner (z. B. 1986) ermöglicht eine umfassende Analyse von Intergruppenattributionen in Leistungssituationen. Studien auf diesem Forschungsgebiet haben sich dabei in erster Linie – aber nicht ausschließlich – auf Kategorisierungsvariablen wie Nationalität und Geschlecht konzentriert.

Greenberg und Rosenfield (1979) bezweifelten, daß Intergruppenattributionen einfach nur auf "ethnozentrischen Tendenzen" – die ihrer Ansicht nach auch immer eine Abneigung gegenüber den Angehörigen der Fremdgruppe beinhalten – beruhen. Sie nahmen vielmehr an, daß hier kulturelle Stereotype eine viel größere Rolle spielen. Um diese Hypothese für den Bereich inter-ethnischer Attributionen zu testen, verwendeten sie einen Aufgabentyp, für den augenscheinlich keinerlei Vorannahmen über Unterschiede zwischen Schwarzen und Weißen existierten (außersinnliche Wahrnehmung).

Weiße Versuchspersonen schauten sich vier verschiedene Filme an, in denen jeweils das Handlungsergebnis (Erfolg vs. Mißerfolg) und die Rassenzugehörigkeit des Protagonisten (Schwarz vs. Weiß) unterschiedlich dargestellt waren. Zusätzlich wurden die Befragten nach dem Ausmaß ihrer negativen Bewertung der Fremdgruppe als hoch oder niedrig ethnozentrisch eingestuft (oberes und unteres Drittel der Stichprobe)[2]. Für jede der vier dargestellten Situationen sollte dann das beobachtete Handlungsergebnis auf eine der vier von Weiner genannten Ursachen (Fähigkeit, Anstrengung, Glück und Aufgabenschwierigkeit) zurückgeführt werden. Als Ergebnis

---

[2] Im Deutschen hat die Bezeichnung "ethnozentrisch" nicht unbedingt die gleiche Bedeutung wie das im Englischen gebräuchliche "ethnocentric". Dennoch werden wir bei der folgenden Darstellung weiterhin von "hoch und niedrig ethnozentrischen Befragten" sprechen, wobei die zugrundeliegende Einstellung letztlich auf einer Abwertung der Fremdgruppe basiert.

zeigte sich, daß der Erfolg eines schwarzen Protagonisten von hoch ethnozentrischen Versuchspersonen stärker auf Glück und in geringerem
Ausmaß auf dessen Fähigkeit attribuiert wurde, als dies für den Erfolg eines
weißen Akteurs der Fall war. Umgekehrt führten niedrig ethnozentrische
Befragte den Erfolg des schwarzen Akteurs deutlicher auf Fähigkeit und
weniger stark auf Glück zurück, als sie dies für den weißen Protagonisten
taten. Hoch ethnozentrische Versuchspersonen machten für den Mißerfolg
eines schwarzen Akteurs stärker dessen mangelnde Fähigkeiten verantwortlich als für den korrespondierenden Mißerfolg eines weißen Protagonisten.
Für niedrig ethnozentrische Versuchspersonen ergab sich auch im Miß-
erfolgsfall das umgekehrte Attributionsmuster (weniger mangelnde Fähigkeiten für den schwarzen vs. weißen Akteur). Generell attribuierten hoch
ethnozentrische Versuchspersonen den Mißerfolg eines schwarzen Protagonisten in stärkerem Ausmaß auf mangelnde Fähigkeiten als niedrig ethnozentrische Befragte.

Greenberg & Rosenfield (1979) interpretieren dieses Ergebnismuster als
deutlichen Ausdruck einer "ethnozentrischen Verzerrung" im Prozeß intergruppaler Attributionen. Da die verwendete Leistungsaufgabe als unbeein-
flußt von kulturellen Stereotypen galt, stellt ihrer Ansicht nach doch Ethno-
zentrismus die alleinige Grundlage intergruppaler Attributionsverzerrungen
dar. Eine solche Argumentation erscheint uns jedoch ein wenig gewagt, da
zumindest nicht ausgeschlossen werden kann, daß die Befragten mit hohen
Ethnozentrismuswerten Schwarzen letztlich doch geringere Fähigkeiten zur
außersinnlichen Wahrnehmung unterstellten und darin – trotz fehlendem
gesellschaftlichen Konsens – ihre persönlichen Stereotype zum Ausdruck
brachten.

In einer weiteren Studie zu Ursachenzuschreibungen zwischen verschiedenen ethnischen Gruppen untersuchten Hewstone, Wagner & Machleit
(1989) Selbst-, Eigengruppen- und Fremdgruppenattributionen für hypothetischen Erfolg und Mißerfolg in Schulprüfungen. Den 15jährigen
(west)deutschen und türkischen Hauptschülern und -schülerinnen wurden
erneut die vier von Weiner genannten Ursachen als Antwortmöglichkeit
vorgegeben. Ihre Aufgabe war es anzugeben, in welchem Ausmaß der
Prüfungserfolg oder -mißerfolg einer vorgegebenen Person (deutscher oder
türkischer Nationalität) jeweils auf Fähigkeit, Anstrengung, Glück und
Aufgabenschwierigkeit beruhte. Anhand der für die jeweilige Fremdgruppe
ausgedrückten Sympathie wurde zusätzlich der Grad an Vorurteilshaftigkeit
erhoben und die Gesamtstichprobe am Median in hoch und niedrig vorur-
teilshafte Schüler und Schülerinnen unterteilt. Der einzige Intergruppenef-
fekt ergab sich bei instabilen externalen Attributionen auf Glück oder Pech:

die deutschen Schüler und Schülerinnen schrieben den Mißerfolg eines Mitglieds der Eigengruppe stärker dem Ursachenfaktor Pech zu als das Versagen eines türkischen Protagonisten – d.h., sie "schützten" die Eigengruppe vor negativen Bewertungen. Auf der anderen Seite attribuierten die türkischen Befragten den Erfolg eines Angehörigen der Eigengruppe in stärkerem Ausmaß auf Glück als den Erfolg eines Deutschen. Dieser letzte Befund könnte verdeutlichen, wie sehr türkische Gastarbeiterkinder bereits die gängigen negativen Stereotype über die eigene Gruppe verinnerlicht haben und wie schwach die Identifikation dieser sogenannten "zweiten Generation" mit der türkischen Eigengruppe ist.

Ähnliche Studien wie die soeben beschriebene konzentrierten sich auf Attributionsmuster zwischen Geschlechtsgruppen. Bei Deaux & Emswiller (1974) hörten weibliche und männliche Versuchspersonen zunächst einen Tonbandmitschnitt, in dem entweder ein Mann oder eine Frau eine Aufgabe zur Objektidentifikation erfolgreich bewältigte. Neben der Geschlechtsvariable manipulierten die Autoren zusätzlich die Geschlechtsspezifität des verwendeten Objektes, indem sie dieses entweder als Werkzeug oder als Haushaltsgegenstand einführten. Die Autoren konnten feststellen, daß die Befragten beiderlei Geschlechts den Erfolg der männlichen Zielperson bei einem "männlichen" Gegenstand in größerem Ausmaß auf Fähigkeit attribuierten als den korrespondierenden Erfolg einer weiblichen Zielperson. Bei einem "weiblichen" Gegenstand ergab sich dagegen kein Unterschied zwischen den Ursachenzuschreibungen für männliche und weibliche Protagonisten. Das dargebotene Attributionsmuster läßt sich auf seiten der Männer als Begünstigung der Eigengruppe, bei den Frauen jedoch als Abwertung der Eigengruppe interpretieren. Kritisch anzumerken bleibt allerdings, daß Deaux & Emswiller (1974) als zentrale abhängige Variable eine bipolare Skala mit den Endpunkten Fähigkeits- und Glücksattribution verwendeten, so daß hier beide Ursachentypen miteinander konfundiert sind.

In einem anderen Kontext untersuchten Hewstone, Jaspars & Lalljee (1982) Erfolgs- und Mißerfolgsattributionen für Prüfungsergebnisse bei Schülern von staatlichen und Privatschulen in Großbritannien. Dabei wurden sowohl die Schulzugehörigkeit der Zielperson als auch das Prüfungsergebnis manipuliert. Als Kriterium diente erneut das Ausmaß der Attribution auf die vier von Weiner (z. B. 1986) vorgeschlagenen Ursachen. Schüler von Privatschulen zeigten nur bei Mißerfolg ein deutliches eigengruppenstützendes Attributionsmuster. Sie führten die schlechte Prüfungsleistung eines Angehörigen der Eigengruppe weniger auf mangelnde Fähigkeiten und stärker auf fehlende Anstrengung zurück als den gleichen Mißerfolg eines Mitgliedes der Fremdgruppe. Bei den Schülern von staatlichen Schulen wurden lediglich geringfügige Attributionsverzerrungen beobachtet. Dabei tendierten sie dazu, den Mißerfolg der Eigengruppe in stärkerem Ausmaß auf Pech zu attribuieren als Mißerfolg der Fremdgruppe.

Alle dargestellten Befunde deuten darauf hin, daß sich die für Leistungssituationen dokumentierten selbstwertstützenden Attributionsmuster (vgl. z. B. Miller & Ross, 1975; Zuckerman, 1979) konsistent auch auf intergruppaler Ebene – hier als eigengruppenstützende Muster – finden lassen. Dabei ergeben sich stärkere Effekte für Mißerfolgs- im Vergleich zu Erfolgssituationen, und die deutlichste eigengruppenstützende Tendenz ist für Fähigkeitsattributionen von Mißerfolg zu beobachten. Hier wird der Mißerfolg der Eigengruppe in weitaus geringerem Maße auf fehlende Fähigkeiten zurückgeführt als jener der Fremdgruppe. Somit scheint das Bedürfnis, die eigene Gruppe vor der drohenden negativen Bewertung nach einem Mißerfolgserlebnis zu bewahren, größer zu sein als der Wunsch, sie durch eine entsprechende Attribution nach Erfolgserlebnissen aufzuwerten – was nicht meint, daß letzteres nicht ebenfalls stattfindet. Fremdgruppenstützende Attributionsmuster – d.h. Aufwertung der Fremdgruppe und Abwertung der Eigengruppe – fanden sich lediglich vereinzelt, aber dann in der Regel für dominierte und statusniedrige Gruppen (z. B. Gastarbeiterkinder und auch Frauen).

Sowohl die Studien zur Attribution von positiven und negativen Handlungsergebnissen als auch jene zur Ursachenzuschreibung nach Erfolg und Mißerfolg sprechen als Ganzes betrachtet eher für ein Konzept der Intergruppenattributionen, wie es von Pettigrew (1979) und auch von Hewstone (1988) skizziert wird, als für den Ansatz von Taylor & Jaggi (1974). Deren Vorhersagen – interne Zuschreibung für positives und externale Attribution für negatives Eigengruppenverhalten sowie das umgekehrte Muster für die Fremdgruppe – finden nur teilweise Bestätigung. Vor allem zwei Argumente stützen eine solche Einschätzung:

(1) Negatives Fremdgruppenverhalten wird in der Regel internalen Ursachen im Akteur zugeschrieben. Betrachtet man im Vergleich dazu die Kausalattributionen für die jeweiligen Vergleichssituationen (positives Fremdgruppenverhalten, negatives und positives Eigengruppenverhalten), so wird deutlich, daß der entscheidende Internalitätsunterschied eher einen Kategorisierungs- als einen Handlungseffekt darstellt. Es ist das korrespondierende negative *Eigen*gruppenverhalten, das im Vergleich zur Fremdgruppe als weniger internal verursacht angesehen wird, während sich zwischen den Ursachenzuschreibungen für positives und negatives Fremdgruppenverhalten selten bedeutsame Internalitätsunterschiede finden lassen.

Genau diesen – zumeist nicht festzustellenden – Effekt des Handlungsergebnisses hatten jedoch Taylor & Jaggi (1974) vorausgesagt. Die Dominanz von Kategorisierungseffekten, die sich zusätzlich noch darin dokumentiert, daß auch der Mißerfolg einer Fremdgruppe stärker auf internale Faktoren (hier mangelnde Fähigkeiten) zurückgeführt wird als jener der Eigengruppe, spricht also nicht unbedingt für das Konzept von Taylor & Jaggi (1974).

(2) Pettigrews (1979) Ansatz zur Ursachenzuschreibung von positivem Fremdgruppenverhalten ist zwar bislang noch nicht vollständig überprüft worden, da keine der durchgeführten Studien Attributionen für die Situation des "Ausnahmefalls" einschloß. Die Befunde für die drei übrigen Ursachentypen sprechen jedoch eher für als gegen das Modell. So konnte in einigen der dargestellten Untersuchungen gezeigt werden, daß positives Fremdgruppenverhalten in der Tat in geringerem Ausmaß auf internale Faktoren attribuiert wird als positives Eigengruppenverhalten. Zudem gibt es ebenfalls Hinweise darauf, daß der Erfolg der Fremdgruppe durch den Verweis auf großes Glück, immense Anstrengung oder eine leichte Aufgabe wegdiskutiert wird.

Kritik und Erweiterungen: neuere Untersuchungen

In seiner Literaturübersicht hat Hewstone (1990) auf einige methodische und theoretische Probleme von Studien im Kontext intergruppaler Attributionen hingewiesen, die sich letztlich unter den folgenden drei Aspekten zusammenfassen lassen: (1) die Messung der kausalen Intergruppenattributionen, (2) die affektiven Konsequenzen dieser Attributionen und (3) jene Faktoren, die eigengruppenstützende Verzerrungen verstärken oder abschwächen. In den folgenden Abschnitten wird auf alle drei Problembereiche näher eingegangen. Anhand von drei neuen Untersuchungen (vgl. Islam & Hewstone, 1993) sollen dabei jeweils auch Möglichkeiten aufgezeigt werden, die dargestellten Probleme zu berücksichtigen.

In allen drei Studien wurden Intergruppenattributionen von Hindus und Moslems in Bangladesch untersucht. Die Befragten sollten sowohl Ursachenzuschreibungen für positives und negatives Verhalten von Angehörigen der Fremd- und Eigengruppe vornehmen als auch die daraus resultierenden affektiven Reaktionen angeben. Für alle drei Untersuchungen ist zu berücksichtigen, daß – im Unterschied zu den Verhältnissen im benachbarten Indien – die Moslems in Bangladesch in einer Mehrheitsposition sind und gegenüber den Hindus, die mit einem Bevölkerungsanteil von 14 Prozent sowohl sozial als auch numerisch eine Minderheit darstellen, eindeutige politische, soziale und wirtschaftliche Vorteile besitzen (Islam &

Hewstone, 1993).

Die Messung von Intergruppenattributionen. Das offensichtlichste Problem vieler Studien zu Intergruppenattributionen von positiven und negativen Handlungsergebnissen besteht darin, daß in der Regel allein zwischen internalen und externalen Ursachenzuschreibungen differenziert wird. In der Literatur sind schon häufig Zweifel an der konzeptuellen Beschränkung auf internale und externale Attributionen geäußert worden. Miller, Smith & Uleman (1981) haben beispielsweise u.a. darauf hingewiesen, daß die Kategorien "internal" und "external" zu breit angelegt sind, da in ihnen eine Vielzahl von höchst unterschiedlichen Kausalattributionen zusammengefaßt werden. Islam & Hewstone (1993) haben daher versucht, über die internal-external Distinktion hinauszugehen, indem sie die bereits dargestellte multi-dimensionale Klassifikation von Weiner (z. B. 1986) zur Differenzierung verschiedener Ursachentypen verwendeten. Angeregt durch Untersuchungen zur reformulierten Theorie der gelernten Hilflosigkeit für die Erklärung von Depressionen (vgl. Abramson, Seligman & Teasdale, 1978) berücksichtigten die Autoren zusätzlich zu den Dimensionen Internalität, Stabilität und Kontrollierbarkeit eine weitere vierte Dimension: den Grad, mit dem eine Ursache als spezifisch für die gegenwärtige Situation oder als global für eine Vielzahl ähnlicher bzw. für alle Situationen angesehen wird.

Über die Verwendung eines feineren Klassifikationssystems hinaus versuchten Islam & Hewstone (1993) sich enger an den Kausalvorstellungen der Befragten zu orientieren, als das in den meisten vorausgehenden Untersuchungen der Fall war. Sie ließen ihre Versuchspersonen zunächst aufschreiben, welches ihrer Einschätzung nach die dominante Ursache für das gezeigte Verhalten war und baten sie im Anschluß daran, ihre eigenen Ursachenzuschreibungen entlang der vier Dimensionen einzuschätzen. Ein solches Vorgehen ermöglicht es, mehr darüber zu erfahren, wie Beobachter mit ihren eigenen Kausalattributionen umgehen, und zwingt nicht die Zuschreibungen der Befragten in jene Ursachendimensionen, die der Untersucher für relevant hält (Russell, 1982).

Mit ihrem neuen Ansatz überprüften Islam & Hewstone (1993) in einer ersten Studie zunächst eine Reihe von Hypothesen über eigengruppenstützende Attributionen. Sie vermuteten, daß positives Eigengruppenverhalten und negatives Fremdgruppenverhalten in erster Linie Ursachen zugeschrieben werden, die allgemein als internal, stabil, unkontrollierbar und/oder global bezeichnet werden. Im Gegensatz dazu sollten negatives Eigengruppenverhalten und positives Fremdgruppenverhalten auf Faktoren attribuiert werden, die allgemein als external, instabil, kontrollierbar und/ oder spezifisch gelten. Für die befragten Moslems (Mehrheit) bestätigen die Befunde die erwarteten Attributionsverzerrungen. Für diese Gruppe ließen sich auf allen vier Ursachendimensionen Attributionsmuster beobachten, welche die Eigengruppe begünstigen und die Fremdgruppe abwerten. Im Gegensatz dazu verwendeten die befragten Hindus (Minderheit) nur auf einzelnen Dimensionen eigengruppenstützende Ursachenzuschreibungen und hier auch nur in einer wenig ausgeprägten Variante.

Affektive Konsequenzen von Intergruppenattributionen. Da auf interpersonaler Ebene immer wieder affektive Konsequenzen von Ursachenzuschreibungen dokumentiert werden konnten, (z. B. Weiner, Russell & Lerman, 1978, 1979) erscheint es naheliegend, auch Zusammenhänge zwischen *intergruppalen* Attributionen und affektiven Reaktionen zu prognostizieren. Das genaue Muster dieses Zusammenhangs ist allerdings recht komplex, da es im Prozeß der Kausalattribution auf verschiedenen Ebenen zu unterschiedlichen Arten von affektiven Reaktionen kommen kann. So differenzieren Weiner, Russell & Lerman (1978, 1979) im Kontext leistungsbezogener Ursachenzuschreibungen zwischen affektiven Reaktionen, die vom eigentlichen Handlungsergebnis abhängig sind, und solchen, die durch die jeweilige Kausalattribution ausgelöst werden. Bei ersteren handelt es sich um recht allgemeine – aber dennoch intensiv erlebte – Emotionen wie beispielsweise Glück nach Erfolgs- und Enttäuschung nach Mißerfolgserfahrungen. Im Unterschied dazu sind Stolzgefühle oder Ärger abhängig von der jeweils vorgenommenen Ursachenzuschreibung. So sollte sich Stolz vor allem nach internaler Zuschreibung eines Erfolgserlebnisses einstellen, während Ärger in der Regel dann auftritt, wenn Mißerfolg auf extern kontrollierte Faktoren zurückgeführt werden muß. Neben der soeben skizzierten Unterscheidung wird in der Literatur auch häufig auf Zusammenhänge zwischen spezifischen kausalen *Dimensionen* und einzelnen affektiven Reaktionen hingewiesen (z. B. Russell & McAuley, 1986; Weiner et al., 1978, 1979).

Mit Ausnahme der Experimente von Islam & Hewstone (1993) existiert unseres Wissens bislang keine Untersuchung, in der entsprechende Vorhersagen für die intergruppale Ebene überprüft worden sind. Weiter oben wurde bereits darauf hingewiesen, daß die genannten Autoren ihre Versuchspersonen nicht allein nach deren Ursachenzuschreibungen für Eigen- und Fremdgruppenverhalten fragten, sondern auch die affektiven Reaktionen auf diese Kausalattributionen erhoben. Islam & Hewstone (1993) orientieren sich dabei an entsprechenden Konventionen in der Literatur zu interpersonalen Attributionen, wenn sie in diesem Zusammenhang von affektiven *Konsequenzen* sprechen. Es ist allerdings zu beachten, daß die

Befunde in einem solchen Design allein korrelativer Natur sind und weder kausale Interpretationen noch Aussagen über vermittelnde Mechanismen zulassen. Als Hypothese formulierten die Autoren zunächst einmal, daß positive Handlungsergebnisse der Eigengruppe besonders mit Gefühlen wie Stolz und Glück assoziiert sind. Unter Berücksichtigung der oben erwähnten Befunde, nach denen Stolz eher attributionsabhängig und Glück eher handlungsabhängig ist, sollten sich Stolzgefühle dabei in erster Linie durch die Art der vorgenommenen Ursachenzuschreibung vorhersagen lassen – und hier speziell bei internalen Attributionen verstärkt auftreten.

Islam & Hewstone (1993) nahmen weiterhin an, daß Emotionen wie Ärger und Enttäuschung dann resultieren, wenn negatives Eigengruppenverhalten konzediert werden muß. Erneut sollte dabei Ärger (attributionsabhängige Emotion) stärker mit den eigentlichen Ursachenzuschreibungen assoziiert sein als Enttäuschung (ergebnisabhängige Emotion). Schließlich überprüften die Autoren auch Zusammenhänge zwischen affektiven Reaktionen und Attributionen, die zur Abwertung der Fremdgruppe beitragen. Hier vermuteten sie, daß für die Fremdgruppe positive Handlungsergebnisse zu positiven Emotionen führen, da z. B. der Erfolg eines Fremdgruppenmitglieds durch die Attribution auf externale und instabile Ursachen in seiner Bedeutung abgewertet wird, und somit die negative Sicht dieser Gruppe aufrechterhalten werden kann. Im Gegensatz dazu sollten negative Handlungsergebnisse der Fremdgruppe eher von negativen Emotionen begleitet sein, da sich darin auch die negative Sicht dieser Gruppe widerspiegelt.

Zur Überprüfung ihrer Hypothesen führten Islam & Hewstone (1993) eine Reihe von multiplen Regressionsanalysen durch, wobei sie jeweils die vier Ursachendimensionen als Prädiktoren für die einzelnen Emotionen einsetzten. In der Tat erwiesen sich die vier Kausaldimensionen als gute Prädiktoren für negative und besonders für positive Emotionen. Dies galt allerdings lediglich dann, wenn es sich bei dem Akteur um einen Angehörigen der Eigengruppe handelte. Generell ließen sich für die Dimension der Internalität die deutlichsten Zusammenhänge mit affektiven Reaktionen beobachten. Dieser Befund entspricht den Ergebnissen aus vielen Studien auf intra- und interpersonaler Ebene (z. B. Russell & McAuley, 1986; Weiner et al., 1978, 1979). Islam & Hewstone (1993) konnten jedoch zusätzlich zeigen, daß auch die – in Weiners (z. B. 1986) Klassifikationssystem nicht berücksichtigte – Dimension der Globalität starke Beziehungen sowohl zu negativen als auch zu positiven Emotionen aufwies. Die Autoren fanden allerdings keinen Hinweis auf die Bedeutsamkeit einer globalen konzeptuellen Differenzierung zwischen ergebnis- und attributionsabhängigen Emotionen. Die von Weiner et al. (1978, 1979) als allein ergebnisabhängig betrachteten Emotionen Glück und Enttäuschung ließen sich gleichermaßen gut durch die vier Kausaldimensionen vorhersagen wie die als attributionsabhängig verstandenen affektiven Reaktionen Stolz und Ärger (vgl. auch McFarland & Ross, 1982).

Die Unterscheidung zwischen ergebnis- und attributionsabhängigen Emotionen mag allerdings auf einer anderen Ebene bedeutsam sein. Berücksichtigt man den Befund, daß die vier Ursachendimensionen deutlich mehr Varianz jener Emotionen erklärten, die auf Situationen unter Beteiligung eines Mitglieds der *Eigengruppe* folgten, so erscheint es angebracht, die von Weiner et al. (1978, 1979) vorgenommene Differenzierung in Beziehung zu der Gruppenzugehörigkeit des Akteurs zu setzen. Unter dieser Perspektive betrachtet wären Affekte im Kontext von Eigengruppenverhalten eher attributionsabhängig, während Ursachenzuschreibungen für Fremdgruppenverhalten eher von ergebnisabhängigen Emotionen begleitet sind. Der von Islam & Hewstone (1993) beobachtete deutlichere Zusammenhang zwischen Attributionen und Emotionen bei der Beurteilung von Eigengruppenverhalten impliziert in jedem Fall eine stärkere Reflexion von Eigen- im Vergleich zu Fremdgruppenverhalten. In Situationen, in denen das Handlungsergebnis eines Angehörigen der Fremdgruppe beurteilt wird, scheinen die resultierenden Affekte eher einfach und direkt zu sein, während die Emotionen bei Beteiligung der Eigengruppe stärker differenziert sind und auch deutlicher zu dem zugrundeliegenden Attributionsmuster in Beziehung stehen.

Eigengruppenstützende Attributionsverzerrungen: verstärkende und abschwächende Faktoren. Obgleich in den meisten Untersuchungen im Kontext intergruppaler Attributionen eigengruppenstützende Verzerrungen beobachtet werden konnten, dokumentieren einzelne Studien doch auch immer wieder, daß diese bei Minoritätsangehörigen oder Mitgliedern von Gruppen mit untergeordnetem bzw. niedrigem Status nicht auftreten und sich hier sogar fremdgruppenstützende Attributionsmuster zeigen (z. B. Deaux & Emswiller, 1974; Hewstone & Ward, 1985, Experiment 1). Das Vertrauen in die Existenz beider Phänomene könnte noch größer werden, wenn es in Untersuchungen gelänge, zunächst eigengruppenstützende Attributionsmuster auszulösen, um dann experimentell zu demonstrieren, daß sie sich durch geeignete Manipulationen in der Tat abschwächen bzw. verstärken lassen. In ihrem zweiten und dritten Experiment haben Islam & Hewstone (1993) dies versucht zu zeigen.

Allgemein haben Forschungsergebnisse zur Reduktion intergruppaler Konflikt das Augenmerk auf eine Reihe von Interventionen zur Abschwächung diskriminierenden Verhaltens gelenkt (z. B. Hewstone & Brown, 1986). Islam & Hewstone (1993) griffen in ihrer zweiten Studie zunächst auf die Methode der Kreuzklassifikation zurück, bei der zusätzlich zu der problematischen eine zweite – zur ersten orthogonalen – Gruppenzugehörigkeit salient gemacht wird (z. B. Vanbeselaere, 1991). Im vorliegenden Fall wurde beispielsweise neben der bereits im ersten Experiment verwendeten Religionszugehörigkeit (Moslem vs. Hindu) eine weitere Kategorisierung nach der Staatsangehörigkeit der Akteure eingeführt. Aus dieser Doppelkategorisierung resultieren vier Gruppen: eine doppelte Eigengruppe, eine doppelte Fremdgruppe und zwei Kreuzbedingungen. Aus der Sicht eines Moslems aus Bangladesch handelt es sich bei einem Akteur gleicher Religionszugehörigkeit und Nationalität um ein Mitglied der doppelten Eigengruppe, während Hindus aus Indien die doppelte Fremdgruppe repräsentieren. Entsprechend stellen Hindus aus Bangladesch und Moslems aus Indien die beiden Kreuzbedingungen dar. In den wenigen experimentellen Untersuchungen, in denen ein solches Design verwendet wurde, zeigte sich in der Regel, daß die doppelte Fremdgruppe am deutlichsten diskriminiert bzw. abgewertet wurde, während sich diese Tendenz in den beiden Kreuzbedingungen abschwächte (vgl. Brown & Turner, 1979; Deschamps & Doise, 1978; Vanbeselaere, 1991).

Islam & Hewstone (1993, Experiment 2) versuchten herauszufinden, inwieweit sich das in ihrem ersten Experiment beobachtete eigengruppenstützende Attributionsmuster der Moslems (Majorität) durch die eingeführte Kreuzkategorisierung (Religionszugehörigkeit und Nationalität) beeinflussen ließ. Dabei beschränkten sich die Autoren allein deshalb auf die Gruppe der Moslems, da die befragten Hindus in der ersten Studie lediglich sehr schwache eigengruppenstützende Attributionsverzerrungen gezeigt hatten, so daß für sie kaum Auswirkungen der Kategorisierungsmanipulation erwartet werden konnten. Die Ergebnisse der Untersuchung zeigen, daß das Ausmaß der Attributionsverzerrungen in der Tat mit den Kreuzkategorisierungen variiert. Die deutlichsten Attributionsverzerrungen ergaben sich dabei allerdings nicht – wie nach den oben zitierten Studien zu erwarten gewesen wäre – für die doppelte Fremdgruppe, sondern dann, wenn die zu beurteilende Person eine andere Religionszugehörigkeit besaß (vgl. Brewer et al., 1987 für ähnliche Dominanzeffekte einer der beiden verwendeten Kategorien). Für die Versuchspersonen war die Tatsache, daß es sich bei der Zielperson um einen Angehörigen der eigenen oder der fremden Religionsgruppe handelte, von weitaus größerer Bedeutung als die Information, inwieweit sie im Sinne der Staatsangehörigkeit Mitglied der Eigen- oder Fremdgruppe war.

Auch im Rahmen der dritten Studie von Islam & Hewstone (1993) untersuchten die Autoren Möglichkeiten zur Beeinflussung von eigengruppenstützenden Attributionsmustern. Hier war speziell die Frage interessant, ob Manipulationen der Salienz die beobachteten Verzerrungen verstärken können. Bei der Auswahl einer geeigneten Methode zur Steigerung der Salienz einer Kategorie griffen die Autoren auf eine methodische Kritik an dem Vorgehen von Taylor & Jaggi (1974) zurück. In dieser zu Beginn des Kapitels bereits dargestellten Untersuchung hatten die Befragten zunächst die Konzepte *Hindu* und *Moslem* beurteilt, bevor sie Kausalattributionen für Eigen- und Fremdgruppenverhalten vornahmen. Hewstone und Ward (1985) haben darauf hingewiesen, daß Taylor & Jaggi (1974) durch eine solche Manipulation u.U. die Salienz der verwendeten sozialen Kategorien gesteigert haben und dadurch ihre Versuchspersonen überhaupt erst ermunterten, die beobachteten Verzerrungen in ihren Attributionsmustern zu zeigen. Die Annahme, daß sich Urteilsverzerrungen in intergruppalen Situationen durch eine erhöhte Salienz der verwendeten Kategorien akzentuieren lassen und daß hier speziell die Reihenfolge der vorgegeben Aufgaben eine wichtige Rolle spielt, fand auch schon in anderen Untersuchungen Unterstützung (z. B. Doise, 1969).

Ähnlich wie Taylor & Jaggi (1974) ließen auch Islam & Hewstone (1993, Experiment 3) ihre Versuchspersonen zunächst die Eigen- und Fremdgruppe beurteilen, um so die Salienz der Gruppenmitgliedschaft zu erhöhen. Dabei befragten die Autoren in dieser dritten Untersuchung allein die Gruppe der Hindus (Minorität), da deren – im ersten Experiment wenig eigengruppenstützendes – Attributionsmuster weitaus eher beeinflußbar erschien als jenes der Moslems, die bereits ohne eine entsprechende Manipulation starke eigengruppenstützende Tendenzen gezeigt hatten. Für drei der vier untersuchten Kausaldimensionen konnten deutliche Auswirkungen der Salienzmanipulation festgestellt werden: die vorausgehende Beurteilung der Eigen- und Fremdgruppe führte zu einer Steigerung der zuvor lediglich schwach ausgeprägten Attributionsverzerrungen auf Seiten der Hindus.

Zusammenfassend kann festgehalten werden, daß die skizzierten Studien von Islam & Hewstone (1993) wertvolle Hinweise im Hinblick auf drei bislang problematische Aspekte im Kontext von Intergruppenattributionen geliefert haben. So konnten die Autoren dokumentieren, daß eigengruppenstützende Attributionstendenzen nicht nur dann auftreten, wenn Ursachen allein entlang der Internalitätsdimension klassifiziert werden, sondern sich auch bei Verwendung des elaborierteren Klassifikationsschemas von Weiner (z. B. 1986) beobachten lassen. Darüber hinaus zeigten die Untersuchungen auch für die intergruppale Ebene affektive Konsequenzen kausaler Zuschreibungen auf. Dabei sind die resultierenden Emotionen bei der Ursachenzuschreibung für Eigengruppenverhalten offensichtlich differenzierter als bei Kausalattributionen für Fremdgruppenverhalten, da sich letztere allein an dem erzielten Handlungsergebnis orientieren, während bei ersteren augenscheinlich die jeweils vorgenommene Attribution einen wichtigen Einfluß ausübt. Besonders die letzten beiden Experimente wiesen zudem auf einige wichtige Faktoren hin, die das Ausmaß der Verzerrungen bei Attributionen zwischen Minoritäts- und Majoritätsgruppen beeinflussen. Dazu gehören vor allem Kreuzkategorisierungen und die Steigerung der Salienz der Gruppenmitgliedschaft.

Implikationen für die Reduktion von Intergruppenkonflikten

Von zentraler Bedeutung für die Reduktion von Intergruppenkonflikten ist die Art und Weise, wie die betroffenen Mitglieder der Eigengruppe auf solche Informationen über die Fremdgruppe reagieren, die ihre negativen Erwartungen nicht bestätigen. So fußt beispielsweise die Kontakthypothese auf der Idee, daß positive Erfahrungen mit Angehörigen einer abgelehnten Fremdgruppe zur Entwicklung von Sympathie und Respekt für diese Gruppe führen (Cook, 1978). Zumindest implizit wird dabei auch angenommen, daß ein wichtiger Wirkmechanismus von Kontakten zwischen den beteiligten Gruppen darin besteht, daß negative Erwartungen über die Fremdgruppe keine Bestätigung finden. Gerade die in den vorausgehenden Abschnitten skizzierten Untersuchungen haben jedoch gezeigt, daß erwartungs-diskrepante Informationen über die Fremdgruppe durch geeignete eigengruppenstützende Ursachenzuschreibungen verzerrt werden und so zur Aufrechterhaltung der negativen Sichtweise dieser Gruppe beitragen können. Auch die im nächsten Abschnitt dargestellten Modelle zur Erklärung von Schemataveränderungen (in diesem Fall Schemata oder Stereotype über die Fremdgruppe) nach neuen inkongruenten Informationen weisen eher darauf hin, daß Erfahrungen mit Angehörigen der Fremdgruppe, die den negativen Erwartungen widersprechen, oft nicht einfach akzeptiert, sondern vielmehr zur Bestätigung der vorhandenen negativen Stereotype herangezogen werden.

Schemaveränderungen: eine attributionstheoretische Analyse. Weber und Crocker (1983) verglichen auf empirischem Wege drei Modelle, die differenzierte Aussagen darüber machen, wie negative Stereotype durch inkongruente Informationen verändert werden. Nach dem "Buchhalter-Modell" (Rothbart, 1981) verläuft die Veränderung von Stereotypen als gradueller

Prozeß, in dem jede neue diskrepante Information das vorhandene Stereotyp modifiziert. Dabei führt jedes einzelne inkongruente Informationselement jeweils nur zu geringfügigen Modifikationen und fundamentale Veränderungen resultieren erst mit der zunehmenden Akkumulation stereotyp-inkongruenter Erfahrungen. Im Gegensatz zu diesem ersten Ansatz erscheint das "Konversions-Modell" als wesentlich dramatischer, da es voraussagt, daß eine Änderung des vorhandenen Stereotyps durch eine einzige bedeutsame inkonsistente Erfahrung ausgelöst werden kann. In diesem Modell verlaufen Veränderungen eines Schemas also nach einem Alles-oder-Nichts-Prinzip. Der dritte Ansatz, "Subtypenbildung", nimmt an, daß innerhalb des Schemas Subtypen gebildet werden, wenn sich die schema-diskrepanten Informationen auf einige wenige Exemplare der Oberkategorie konzentrieren. Nach diesem Modell hängt das Ausmaß von Schemataveränderungen direkt von der Größe des Personenkreises ab, auf den sich die inkongruenten Erfahrungen beziehen (vgl. Gurwitz & Dodge, 1977).

Die von Weber und Crocker (1983) durchgeführten Untersuchungen lieferten Ergebnisse, die mit zwei der drei skizzierten Modelle in Einklang zu bringen sind. Das Buchhalter-Modell scheint in jenen Fällen den Prozeß der Reduktion von Stereotypen gut zu beschreiben, in denen die inkongruente Information eine Vielzahl der Fremdgruppenmitglieder umfaßt. Unter diesen Bedingungen kann die Oberkategorie nicht in Subtypen unterteilt werden und das vorhandene Stereotyp ändert sich mit jedem neuen inkonsistenten Element. Zu Modifikationen des Stereotyps im Sinne einer Subtypenbildung kommt es dagegen dann, wenn sich die diskrepante Information auf einige wenige Exemplare der Oberkategorie konzentriert. In diesem Fall kann die kleine Anzahl inkongruenter Elemente recht einfach zu eigenständigen Subgruppen zusammengefaßt werden. Für das Konversions-Modell fand sich keinerlei Bestätigung, allerdings könnte man annehmen, daß dieser Ansatz Veränderungen von Schemata dann gut beschreibt, wenn ein Stereotyp unsicher und daher besonders empfänglich für diskrepante Informationen ist (vgl. Hewstone, 1989b).

Unter einer attributionstheoretischen Perspektive betrachtet lassen sich Schemaveränderungen durch Subtypenbildung mit dem in den vorausgehenden Abschnitten beschriebenen Mechanismus der Umdeutung stereotyp-diskrepanter Informationen erklären. Wenn das positive Verhalten eines Mitglieds der Fremdgruppe (diskrepante Information) beispielsweise auf dessen spezifischen Charakter attribuiert wird, so besteht keinerlei Veranlassung, eine Generalisierung auf andere Angehörige der Fremdgruppe zu erwarten. Hewstone & Brown (1986) haben darauf hingewiesen, daß in dieser möglicherweise ausbleibenden Generalisierung eine zentrale

Schwachstelle der Kontakthypothese zu sehen ist. Um Veränderungen im Stereotyp über die Fremdgruppe herbeizuführen, sollten die entsprechenden Kontakte keinesfalls zwischen Gruppenmitgliedern stattfinden, die als Individuen auf der Basis ihrer personalen Identität und ihrer persönlichen Beziehungen miteinander interagieren. Es müssen vielmehr Kontakte zwischen den Gruppen initiiert werden, in denen die Interaktionspartner im Moment ihrer Begegnung als Repräsentanten ihrer jeweiligen Gruppen auf der Basis ihrer sozialen Identität handeln. Nur dann, wenn positive Interaktionen mit einem Mitglied der Fremdgruppe auf einer "echten" intergruppalen Ebene zustandekommen, besteht eine realistische Chance, daß positive Veränderungen in den Einstellungen nicht allein auf den jeweiligen Interaktionspartner beschränkt bleiben, sondern sich auch auf die Fremdgruppe als Ganzes auswirken. In einer ähnlichen Analyse haben Rothbart und John (1985) für die Initiierung von Kontakten mit "prototypischen" Fremdgruppenmitgliedern plädiert.

In vielen empirischen Untersuchungen findet sich Unterstützung für die dargelegte Argumentation. Beispielsweise konnten Weber & Crocker (1983) zeigen, daß sich Stereotype über Berufsgruppen dann am deutlichsten verändern, wenn den Versuchspersonen diskrepante Informationen über *repräsentative* Mitglieder dieser Gruppen dargeboten worden war. Die gleiche Information hatte lediglich geringfügige Auswirkungen auf die Einstellungsänderung gegenüber der Fremdgruppe als Ganzes, wenn sie in Zusammenhang mit einem atypischen Gruppenmitglied präsentiert wurde. Die Autoren weisen darauf hin, daß es für die Versuchspersonen augenscheinlich wesentlich schwieriger war, einzelne Gruppenmitglieder als "Ausnahmen" abzutun, wenn sich die inkonsistente Information auf eine Vielzahl von Angehörigen der Fremdgruppe bezog. Wilder (1984) gelang es, die Prototypikalität eines Mitglieds der Fremdgruppe in einer Kontaktsituation systematisch zu variieren. Wie von ihm vorhergesagt, konnte er eine bessere Beurteilung der Fremdgruppe nur für den Fall dokumentieren, daß die freundlichen Interaktionen mit einem typischen Mitglied dieser Gruppe stattfanden. Wilders Analyse bestätigte zudem die Idee, daß die Wirksamkeit der Prototypikalität darin liegt, den Beteiligten eine Generalisierung vom Verhalten des Individuums auf die Fremdgruppe als Ganzes zu erleichtern.

In Anlehnung an Weber & Crocker (1983) konnten Johnston & Hewstone (1992) erneut die Wirksamkeit von sogenannten streuenden gegenüber konzentrierten Informationsmustern demonstrieren. Die Autoren manipulierten die unterschiedlichen Informationsmuster, indem sie eine Fremdgruppe präsentierten, in der entweder 25% der Mitglieder konsistent stereotyp-diskrepantes Verhalten zeigten (konzentriertes Muster) oder 75% der Gruppenmitglieder sowohl diskrepantes als auch stereotyp-konforme Verhaltensweisen darboten (streuendes Muster). Wie vorhergesagt veränderten sich die Stereotype bei einem eher streuenden Informationsmuster deutlicher als bei einem konzentrierten. Überdies dokumentierten die Ergebnisse, daß der Unterschied zwischen den beiden verschiedenen Informationsmustern von der wahrgenommenen Typikalität der dargestellten Zielpersonen abhängt. Das Stereotyp veränderte sich dann am deutlichsten, wenn jene Zielpersonen, die das schema-inkongruente Verhalten zeigten, in gewisser Hinsicht immer noch als typische Gruppenmitglieder wahrgenommen wurden.

Die dargestellten Befunde sollten deutlich machen, daß es nur unter bestimmten Bedingungen zu einer Modifikation von negativen Stereotypen kommt. Allein die Darbietung schema-inkongruenter Informationen reicht nicht aus, sondern kann sogar durch den Verweis auf situative Anforderungen oder Ausnahmen von der Regel erneut zur weitgehenden Bestätigung der zugrundeliegenden negativen Stereotype herangezogen werden (vgl. Pettigrew, 1979). Im folgenden Abschnitt werden die bisher dargestellten Untersuchungsergebnisse im Kontext intergruppaler Attributionen in ein umfassendes Modell integriert, das spezifische Voraussagen über Bedingungen zur Reduktion und Aufrechterhaltung von Konflikten zwischen Gruppen erlaubt.

Ein attributionstheoretisches Modell zur Aufrechterhaltung und Reduktion von Konflikten. In Abbildung 1 werden die Implikationen der vorausgehenden Analyse noch einmal zusammenfassend dargestellt. Das Modell nimmt an, daß in Konfliktsituationen zwischen Gruppen zunächst einmal mit negativem Verhalten seitens der Fremdgruppe gerechnet wird. Diese negativen Erwartungen können auf zwei verschiedenen Wegen Bestätigung finden. Das Verhalten der Fremdgruppe kann einmal als erwartungskonform – d.h. negativ – *wahrgenommen* und im Anschluß daran auf internale und/oder stabile Ursachen zurückgeführt werden. Unter diesen Bedingungen kommt es zu einer Beibehaltung des Konflikts. Andererseits können negative Erwartungen bereits *vor* der Ausführung des entsprechenden Verhaltens zu antizipatorischen Veränderungen im Verhalten der Eigengruppe führen. Das veränderte Eigengruppenverhalten beeinflußt seinerseits erneut die Fremdgruppe, so daß diese in ihrem Handeln *tatsächlich* den negativen Erwartungen *entspricht* (selbsterfüllende Prophezeihung). Das resultierende Verhalten wird dann wiederum internalen und/oder stabilen Ursachen zugeschrieben, so daß der Konflikt weiter fortbesteht.

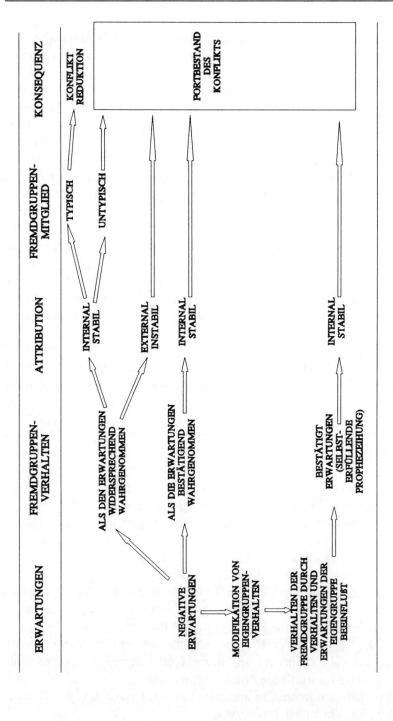

Abbildung 1

Attribution von Fremdgruppenverhalten und die Aufrechterhaltung oder
Reduktion von Intergruppenkonflikten (nach Hewstone, 1988)

Im Modell ist auch solches Verhalten der Fremdgruppe vorgesehen, das den Erwartungen *nicht entspricht* bzw. zumindest als solches wahrgenommen wird. Dieses stereotyp-diskonforme Verhalten kann auf unterschiedliche Weise erklärt werden. Einerseits mag es auf externale und/oder instabile Ursachen attribuiert werden, wodurch sich keine Notwendigkeit zur Veränderung des Stereotyps ergibt (d.h. der Konflikt wird beibehalten). Alternativ kann das unerwartete Verhalten auf internale und/oder stabile Merkmale eines einzelnen Mitglieds der Fremdgruppe zurückgeführt werden. In Abhängigkeit davon, in welcher Weise dieses einzelne Gruppenmitglied wahrgenommen wird, hat eine solche Lösung unterschiedliche Konsequenzen. Gilt er oder sie als atypisch, kann das Verhalten "weg-erklärt" werden und die betreffende Person wird als "Spezialfall" gehandelt. Aus einer solchen Attribution resultieren keinerlei oder bestenfalls geringfügige Konsequenzen für das Stereotyp über die gesamte Fremdgruppe. Erst wenn das einzelne Fremdgruppenmitglied als typischer Vertreter seiner Gruppe angesehen wird – und nur dann – besteht eine realistische Chance, daß sich die Einstellung gegenüber der Fremdgruppe als Ganzes positiv verändert und es zu einer Konfliktreduktion kommt.

Das dargestellte Modell verdeutlicht noch einmal auf anschauliche Weise, warum Konflikte zwischen Gruppen oftmals aufrechterhalten werden, obgleich Informationen existieren, die das negative Bild der Fremdgruppe nicht bestätigen bzw. sogar deutlich infrage stellen. In zwei von drei Fällen, in denen das gezeigte Verhalten dem negativen Stereotyp widerspricht, läßt sich auf einfachem Wege konflikterhaltend attribuieren.

Schlußfolgerung

Die in diesem Kapitel dargestellten theoretischen Überlegungen und empirischen Befunde haben dokumentiert, daß Menschen Verhalten nicht ausschließlich auf der Grundlage ihrer individuellen Beziehungen zu dem jeweiligen Interaktionspartner bestimmten Ursachen zuordnen. Vielmehr werden Attributionen auch auf der Basis jener sozialen Kategorien bzw. Gruppen vorgenommen, denen Akteur und Beobachter angehören. Die dargestellten Untersuchungen haben darüber hinaus deutlich gemacht, daß Menschen in diesen – intergruppalen – Situationen obendrein dazu tendieren, für das Verhalten der Eigengruppe vorteilhaftere Attributionen vorzunehmen als für jenes der Fremdgruppe. Eine solche Tendenz findet sich sowohl bei Erklärungen für positive und negative Handlungseffekte als auch für Ursachenzuschreibungen bei Erfolg und Mißerfolg. Diese eigengruppenstützenden Attributionsverzerrungen ermöglichen es, stereotypinkonsistentes Verhalten von Mitgliedern der Fremdgruppe – z. B. unter Verweis auf den Einzelfall – so zu attribuieren, daß das bestehende negative Stereotyp nicht verändert werden muß. Damit tragen sie u.a. zur Aufrechterhaltung eines bestehenden Gruppenkonflikts bei. Trotz dieser recht pessimistischen Prognose lassen sich jedoch gerade aus einem attributionstheoretisch orientierten Ansatz auch wertvolle Hinweise zur Reduktion von Intergruppenkonflikten ableiten. So ist beispielsweise nur dann mit Veränderungen von negativen Fremdgruppenstereotypen zu rechnen, wenn es sich bei jenen Akteuren, die stereotyp-diskrepantes Verhalten darbieten, um typische Gruppenmitglieder handelt.

Literatur

Abramson, L. Y., Seligman, M. E. P. & Teasdale, J. D. (1978). Learned helplessness in humans: Critique and reformulation. *Journal of Abnormal Psychology, 87*, 49-74.

Brewer, M. B., Ho, H.-K., Lee, J.-Y. & Miller, N. (1987). Social identity and social distance among Hong Kong schoolchildren. *Personality and Social Psychology Bulletin, 13*, 156-165.

Brown, R. J. & Turner, J. C. (1979). The criss-cross categorization effect in intergroup discrimination. *British Journal of Social and Clinical Psychology, 18*, 371-383.

Cook, S. W. (1978). Interpersonal and attitudinal outcomes in cooperating interracial groups. *Journal of Research and Development in Education, 12*, 97-113.

Deaux, K. & Emswiller, T. (1974). Explanations of successful performance on sex-linked tasks: What is skill for the male is luck for the female. *Journal of Personality and Social Psychology, 29*, 80-85.

Deschamps, J.-C. & Doise, W. (1978). Crossed category memberships in intergroup relations. In H. Tajfel (Ed.), *Differentiation between social groups* (S. 141-158). London: Academic Press.

Doise, W. (1969). Intergroup relations and the polarization of individual and collective judgements. *Journal of Personality and Social Psychology, 12*, 136-143.

Duncan, B. L. (1976). Differential social perception and attribution of intergroup violence: Testing the lower limits of stereotyping of blacks. *Journal of Personality and Social Psychology, 34*, 590-598.

Gurwitz, S. B. & Dodge, K. A. (1977). Effects of confirmations and disconfirmations on stereotype-based attributions. *Journal of Personality and Social Psychology, 35*, 495-500.

Greenberg, J. & Rosenfield, D. (1979). Whites' ethnocentrism and their attributions for the behaviour of blacks: A motivational bias. *Journal of Personality, 47*, 643-657.

Heider, F. (1958). *The Psychology of interpersonal relations*. New York: Wiley (deutsche Version: *Psychologie der interpersonalen Beziehungen*. Stuttgart: Klett).

Hewstone, M. (1988). Attributional bases of intergroup conflict. In W. Stroebe, A. W. Kruglanski, D. Bar-Tal & M. Hewstone (Eds.), *The social psychology of intergroup conflict: Theory, research and applications* (S. 47-72). New York: Springer.

Hewstone, M. (1989a). *Causal attribution: From cognitive processes to collective beliefs.* Oxford, U.K. & Cambridge, MA: Basil Blackwell.

Hewstone, M. (1989b). Changing stereotypes with disconfirming information. In D. Bar-Tal, C. F. Graumann, A. W. Kruglanski & W. Stroebe (Hrsg.), *Stereotyping and prejudice: changing conceptions* (S. 207-223). New York: Springer.

Hewstone, M. (1990). The "ultimate attribution error"? A review of the literature on intergroup causal attribution. *European Journal of Social Psychology, 20,* 311-335.

Hewstone, M. & Brown, R. J. (1986). Contact is not enough: An intergroup perspective on the "contact hypothesis". In M. Hewstone & R. J. Brown (Eds.), *Contact and Conflict in intergroup encounters* (S. 1-44). Oxford: Basil Blackwell.

Hewstone, M. & Jaspars, J. (1982). Explanations for racial discrimination: the effect of group discussion on intergroup attributions. *European Journal of Social Psychology, 12,* 1-16.

Hewstone, M. & Jaspars, J. (1984). Social dimensions of attributions. In H. Tajfel (Hrsg.), *The social dimension: European developments in social psychology, Vol. 2* (S. 379-404). Cambridge: University Press.

Hewstone, M., Jaspars, J. & Lalljee, M. (1982). Social representations, social attribution and social identity: The intergroup images of "public" and "comprehensive" schoolboys. *European Journal of Social Psychology, 12,* 241-269.

Hewstone, M., Wagner, U. & Machleit, U. (1989). Self-, ingroup- and outgroup-achievement attributions of German and Turkish pupils in West Germany. *Journal of Social Psychology, 129,* 459-470.

Hewstone, M. & Ward, C. (1985). Ethnocentrism and causal attribution in Southeast Asia. *Journal of Personality and Social Psychology, 48,* 614-623.

Islam, M. R. & Hewstone, M. (1993). Intergroup attributions and affective consequences in majority and minority groups. *Journal of Personality and Social Psychology, 64,* 936-950

Johnston, L. & Hewstone, M. (1992). Cognitive models of stereotype change: (3) Subtyping and the perceived typicality of disconfirming group members. *Journal of Experimental Social Psychology, 28,* 360-386.

Jones, E. E. & Nisbett, R. E. (1972). The actor and the observer: Divergent perceptions of the causes of behaviour. In E. E. Jones, D. E. Kanouse, H. H. Kelley, R. E. Nisbett, S. Valins & B. Weiner, (Eds.), *Attribution: Perceiving the causes of behaviour* (S. 79-94). Morristown, N. J. : General Learning Press.

Kelley, H. H. (1973). The processes of causal attribution. *American Psychologist, 28,* 107-128.

McFarl&, C. & Ross, M. (1982). The impact of causal attributions on affective reactions to success & failure. *Journal of Personality and Social Psychology, 43,* 937-946.

Miller, D. T. & Ross, M. (1975). Self-serving biases in the attribution of causality: Fact or fiction? *Psychological Bulletin, 82,* 213-225.

Miller, F. D., Smith, E. R. & Uleman, J. (1981). Measurement and interpretation of situational and dispositional attributions. *Journal of Experimental Social Psychology, 17,* 80-95.

Pettigrew, T. F. (1979). The ultimate attribution error: Extending Allport's cognitive analysis of prejudice. *Personality and Social Psychology Bulletin, 5,* 461-476.

Regan, D. T. (1978). Attributional aspects of interpersonal attraction. In J. H. Harvey, W. J. Ickes and R. F. Kidd (Eds.), *New directions in attribution research* (Vol. 2, S. 207-

233). Hillsdale, N. J.: Erlbaum.

Regan, D. T., Straus, E. & Fazio, R. H. (1974). Liking and the attribution process. *Journal of Experimental Social Psychology, 10,* 385-397.

Rosenberg, S. W. & Wolfsfeld, G. (1977). International conflict and the problem of attribution. *Journal of Conflict Resolution, 21,* 75-103.

Ross, L. (1977). The intuitive psychologist and his shortcomings: Distortions in the attribution process. In L. Berkowitz (Ed.), *Advances in experimental social psychology* (Vol. 10, S. 173-220). New York: Academic Press.

Rothbart, M. (1981). Memory processes and social beliefs. In D. L. Hamilton (Ed.), *Cognitive processes in stereotyping and intergroup behavior* (S. 145-181). Hillsdale, N. J.: Erlbaum.

Rothbart, M. & John, O. P. (1985). Social categorization and behavioral episodes: A cognitive analysis of the effects of intergroup contact. *Journal of Social Issues, 41,* 81-104.

Russell, D. W. (1982). The causal dimension scale: A measure of how individuals perceive causes. *Journal of Personality and Social Psychology, 42,* 1137-1145.

Russell, D. W. & McAuley, E. (1986). Causal attributions, causal dimensions, and affective reactions to success and failure. *Journal of Personality and Social Psychology, 50,* 1174-1185.

Stephan, W. G. (1977). Stereotyping: Role of ingroup-outgroup differences in causal attribution of behaviour. *Journal of Social Psychology, 101,* 255-266.

Taylor, D. M. & Jaggi, V. (1974). Ethnocentrism and causal attribution in a South Indian context. *Journal of Cross-Cultural Psychology, 5,* 162-171.

Taylor, S. E. & Koivumaki, J. H. (1976). The perception of self and others: Acquaintanceship, affect and actor-observer differences. *Journal of Personality and Social Psychology, 33,* 403-408.

Vanbeselaere, N. (1991). The different effects of simple and crossed categorizations: A result of the category differentiation process or of differential category salience? In W. Stroebe & M. Hewstone (Eds.), *European Review of Social Psychology* (Vol. 2, S. 247-278). Chichester: J. Wiley.

Weber, R. & Crocker, J. (1983). Cognitive processes in the revision of stereotypic beliefs. *Journal of Personality and Social Psychology, 45,* 961-977.

Weiner, B. (1986). *An attributional theory of motivation and emotion.* New York: Springer Verlag.

Weiner, B., Frieze, I. H., Kukla, A., Reed, I., Rest, S. & Rosenbaum, R. M. (1972). Perceiving the causes of success and failure. In E. E. Jones, D. E. Kanouse, H. H. Kelley, R. E. Nisbett, S. Valins and B. Weiner *Attribution: Perceiving the causes of behavior* (S. 95-120). Morristown, N. J.: General Learning Press.

Weiner, B., Russell, D. & Lerman, D. (1978). Affective consequences of causal ascriptions. In J. H. Harvey, W. J. Ickes and R. F. Kidd (Eds.), *New directions in attribution research* (Vol. 2, S. 59-90). Hillsdale, N. J. : Erlbaum.

Weiner, B., Russell, D. & Lerman, D. (1979). The cognition-emotion process in achievement-related contexts. *Journal of Personality and Social Psychology, 37,* 1211-1220.

Wilder, D. A. (1984). Intergroup contact: The typical member and the exception to the rule. *Journal of Experimental Social Psychology, 20,* 177-194.

Zuckerman, M. (1979). Attribution of success and failure revisited, or: The motivational bias is alive and well in attribution theory. *Journal of Personality, 47,* 245-287.

Kapitel 5

Überraschung und Attribution

Wulf-Uwe Meyer, Michael Niepel und Achim Schützwohl
Universität Bielefeld

Wir werden uns in diesem Beitrag mit der Frage beschäftigen, welche Rolle Überraschung in bezug auf den Prozeß der Attribution spielt. Wir werden Überraschung in diesem Zusammenhang gelegentlich als Emotion bezeichnen, wobei wir uns bewußt sind, daß diese Zurechnung von Überraschung zur Klasse der Emotionen keineswegs auf ungeteilte Zustimmung stößt, und zwar deswegen, weil es keine einheitliche Auffassung darüber gibt, wie Emotionen zu definieren sind. Folgt man zum Beispiel Lazarus (1991), dann ist Überraschung keine Emotion. Nach seiner Definition setzen Emotionen nämlich einen sog. primären Bewertungsschritt (primary appraisal) voraus, das heißt, inwieweit eine bestimmte Person-Umwelt-Beziehung für das eigene Wohlbefinden relevant und diesem zuträglich oder abträglich ist. Da Überraschung – wie wir noch darlegen werden – keine derartige Bewertung erfordert, rechnet Lazarus Überraschung nicht zu den Emotionen, sondern zu den sog. *pre-emotions*.

Für Izard (1989, 1991) auf der anderen Seite stellt Überraschung sehr wohl eine Emotion dar. Denn seiner Ansicht nach erfordern Emotionen nicht notwendigerweise komplexe Bewertungen. Izard (1991) zählt Überraschung zu den sog. "fundamentalen" Emotionen, die eine genetische Basis haben, und zwar unter anderem deswegen, weil für Überraschung ein ganz bestimmter Gesichtsausdruck charakteristisch ist, der in allen Kulturen in weitestgehend gleicher Weise auffindbar ist.

Überraschung als Reaktionssyndrom

Wenn auch keine Einigkeit darüber besteht, wie Emotionen zu definieren sind und ob Überraschung daher eine Emotion ist oder nicht, so gibt es doch folgenden Minimalkonsens in bezug auf Emotionen (s. zum Beispiel Lazarus, 1991; Öhman, 1987): Emotionen sind hypothetische Größen, die

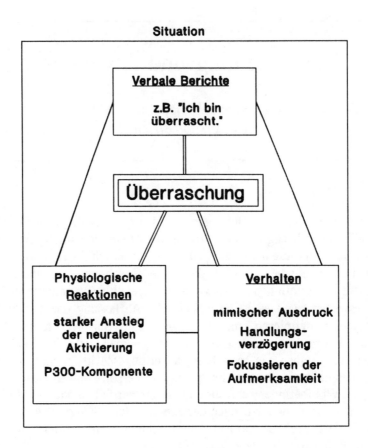

Abbildung 1
Beobachtbare Gegebenheiten (einfache Linien), auf deren Grundlage die
hypothetische Größe "Überraschung" erschlossen wird. Grundlage der
Abbildung ist Abbildung 1 der Arbeit von Öhman (1987, S. 83)

aufgrund von drei Klassen *beobachtbarer* Variablen erschlossen werden.
Diese drei Klassen sind erstens verbale Berichte als Index des Erlebens-
aspekts einer Emotion, zweitens physiologische Reaktionen und drittens
Verhalten. Hinsichtlich Überraschung ist dieser Sachverhalt in enger Anlehnung an Öhman (1987) in der Abbildung 1 veranschaulicht.

Der *verbale Bericht* über den momentanen eigenen Gefühlszustand
besteht zum Beispiel in der Äußerung "Ich bin überrascht". Was *physiologische Reaktionen anbelangt*, so vermuten verschiedene Autoren, daß für
Überraschung ein plötzlicher starker Anstieg der neuralen Aktivierung

charakteristisch ist (z.B. Izard, 1977; Tomkins, 1962). Die experimentellen Studien der Arbeitsgruppe um Donchin (s. Donchin, 1981, 1984) legen darüber hinaus nahe, daß sich Überraschung in der P300-Komponente evozierter Potentiale manifestiert. Die im *Verhalten* zu beobachtenden Reaktionen schließlich, die für Überraschung charakteristisch sind, finden sich erstens im Ausdruck, insbesondere im Gesichtsausdruck. Diese Ausdruckserscheinungen wurden bereits von Darwin (1872) eingehend beschrieben; sie bestehen unter anderem in einer Vergrößerung der Augen, Öffnen des Mundes zu einer ovalen Form, Hochziehen der Augenbrauen und, damit zusammenhängend, Querfalten auf der Stirn. Zweitens umfassen die im Verhalten zu beobachtenden Reaktionen ein Abbrechen oder eine Verzögerung in der Ausführung einer momentan ablaufenden Handlung sowie eine spontane Fokussierung der Aufmerksamkeit auf das Überraschung auslösende Ereignis.

Diese *beobachtbaren* Gegebenheiten, das heißt verbale Berichte, physiologische Reaktionen, Verhalten und der situationale Kontext sind in der Abbildung 1 mittels einer einfachen Linie veranschaulicht; ebenso Beziehungen zwischen diesen beobachtbaren Gegebenheiten. Überraschung auf der anderen Seite ist ein *hypothetisches* Konstrukt, das auf der Grundlage der beobachtbaren Gegebenheiten erschlossen wird; dies ist in der Abbildung mittels doppelter Linien veranschaulicht.

Schemadiskrepanz und Überraschung

Wodurch wird Überraschung hervorgerufen? Folgt man den einschlägigen Autoren, dann wird Überraschung durch Ereignisse ausgelöst, die "unerwartet", "fehlerwartet", "gewohnheitswidrig", "selten" oder "neu" sind (zsf. Meyer, 1988). Um Ereignisse jedoch zum Beispiel als "unerwartet" oder "gewohnheitswidrig" zu klassifizieren, ist ein Kriterium erforderlich, das zunächst festlegt, welche Ereignisse in einer Situation denn zu erwarten oder gewohnheitsgemäß sind. Ein derartiges, relativ umfassendes Kriterium bietet das Konzept des Schemas (s. Charlesworth, 1969), insbesondere das von Rumelhart (1984) beschriebene Schemakonzept. Danach ist ein Schema ein durch einen Stimulus aktualisierter Ausschnitt unserer Wissensstruktur. Dieses Wissen kann konkret oder abstrakt sein; es kann Wissen um Kausalbeziehungen oder um den bloßen Zusammenhang von Gegebenheiten sein; es kann sich auf Ereignisse, die Beschaffenheit von Objekten, auf Handlungen oder auf soziale Situationen beziehen. Das Wissen kann im Bewußtsein gegeben sein, was aber keineswegs den Regelfall darstellt.

Schemata bilden nach Rumelhart (1984, S. 166) "eine Art informeller, privater, unartikulierter Theorie über die Beschaffenheit von Ereignissen, Objekten oder Situationen. Die Gesamtheit an Schemata, die wir zur Interpretation unserer Welt zur Verfügung haben, macht in gewisser Weise unsere private Theorie über die Natur der Realität aus".

Schemata als Theorien dienen zum einen dem "Verstehen" von Situationen und Ereignissen. Sie werden zum anderen fortlaufend daraufhin überprüft, inwieweit sie dem Vorgefundenen in angemessener Weise Rechnung tragen. Diese Prüfung ist in aller Regel ein automatisch ablaufender Prozeß. Solange sich solche Theorien bewähren – das heißt, Situationen und auftretende Ereignisse mit einem Schema kompatibel sind –, besteht kein Anlaß, sie zu revidieren. Wenn sich jedoch eine Diskrepanz zwischen Schema und Ereignis ergibt und diese Diskrepanz einen bestimmten (nicht näher definierten) Schwellenwert überschreitet, entsteht Überraschung.

Überraschung hat die Funktion, Prozesse zu ermöglichen und einzuleiten, die die Diskrepanz zwischen Vorgefundenem und Schema beseitigen (Charlesworth, 1969; Meyer, 1988). Dem dient erstens die erwähnte Unterbrechung anderer momentan ablaufender Prozesse sowie zweitens die spontane Fokussierung der Aufmerksamkeit auf das Überraschung auslösende (schemadiskrepante) Ereignis. Zu den Prozessen, die zu einer Beseitigung der Diskrepanz zwischen Vorgefundenem und Schema beitragen, gehören - so nehmen wir an - insbesondere auch Attributionsprozesse, das heißt kausale Analysen des Zustandekommens der Diskrepanz. Wir werden darauf gleich zurückkommen. Lassen Sie uns zunächst einige Befunde betrachten, die zeigen, daß schemadiskrepante (überraschende) Ereignisse in der Tat zu Handlungsverzögerung und Aufmerksamkeitsfokussierung führen.

Handlungsverzögerung und Fokussierung der Aufmerksamkeit als Merkmale von Überraschung

Das experimentelle Paradigma, mit dem wir diese Merkmale von Überraschung untersucht haben, hat folgende Grobstruktur (s. Meyer, Niepel, Rudolph & Schützwohl, 1991): Die Versuchsperson führt eine Wahlreaktions-Aufgabe aus. Auf einem Computer-Bildschirm werden in jedem Durchgang gleichzeitig zwei übereinander stehende Wörter dargeboten. Jedes Wortpaar erscheint für 3 Sekunden. Während der Darbietung der Wörter erscheint für 0.1 Sekunden ein Punkt, und zwar entweder über dem oberen Wort oder unter dem unteren Wort. Die Aufgabe der Versuchsperson besteht darin, die Position des Punktes möglichst schnell durch Drücken der rechten oder linken Reaktionstaste bekanntzugeben.

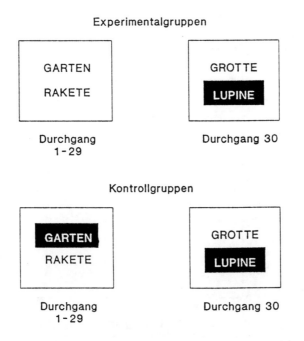

Experimentalgruppen

Durchgang
1-29

Durchgang 30

Kontrollgruppen

Durchgang
1-29

Durchgang 30

Abbildung 2
Veranschaulichung des experimentellen Paradigmas bei
Meyer, Niepel, Rudolph und Schützwohl (1991)

Das Experiment besteht für die *Experimentalgruppen* aus zwei Phasen
(vgl. Abbildung 2). Die erste Phase umfaßt eine bestimmte Anzahl von
Durchgängen (z.B. 29 Durchgänge), durch deren Gleichförmigkeit ein
Schema in bezug auf die Darbietung der Wörter aufgebaut werden soll. In
allen diesen Durchgängen werden die Wörter in schwarzer Schrift vor
einem hellen Hintergrund dargeboten. Die zweite Phase besteht aus einem
einzigen Durchgang. Hier wird diese Gleichförmigkeit durchbrochen, indem
nämlich eines der beiden Wörter invertiert dargeboten wird, das heißt in
heller Schrift vor einem dunklen Hintergrund. Dieses Ereignis – so nehmen
wir an – weicht von dem Schema ab, das in Phase 1 aufgebaut wurde, und
löst Überraschung aus. In den *Kontrollgruppen* ist die zweite Phase (das
heißt der letzte Durchgang) identisch mit der in den Experimentalgruppen;
denn auch hier wird eines der beiden Wörter invertiert dargeboten (vgl.
Abbildung 2). Diese Invertierung ist in den Kontrollgruppen jedoch nicht

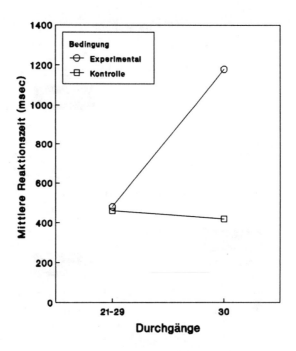

Abbildung 3
Mittlere Reaktionszeiten für die Experimental- und Kontrollgruppe in den
Durchgängen 21-29 und 30 (nach Meyer, Niepel, Rudolph und
Schützwohl, 1991, S. 303)

schemadiskrepant, da auch in der ersten Phase, das heißt in allen vorauslaufenden Durchgängen, jeweils ein Wort invertiert dargeboten wurde.

Unmittelbar im Anschluß an den letzten Durchgang wird ein unangekün-
digter Behaltenstest durchgeführt. Die Versuchspersonen sollen unter anderem angeben, wie die beiden Wörter des letzten Durchgangs heißen.

Lassen Sie uns die Ergebnisse eines Experiments betrachten, das mit
diesem Paradigma durchgeführt wurde. Die erste Versuchsphase bestand
aus 29 Durchgängen, in denen in der Experimentalgruppe keines der beiden
Wörter invertiert dargeboten wurde. Erst im 30. Durchgang war ein Wort
invertiert. Index für Handlungsverzögerung war die Reaktionszeit im 30.
Durchgang, das heißt die Zeit zwischen Erscheinen des Punktes und Betäti-
gen der Taste. Index der Aufmerksamkeitsfokussierung auf das schemadiskrepante Ereignis war das Erinnern des im 30. Durchgang dargebotenen
invertierten Wortes.

In der Abbildung 3 finden sich die mittleren Reaktionszeiten für die Durchgänge 21 bis 29 und die mittlere Reaktionszeit für den kritischen Durchgang 30. Die Abbildung zeigt, daß in der Experimentalgruppe im 30. Durchgang ein starker Anstieg der Reaktionszeit stattfindet, und zwar im Vergleich zu den vorauslaufenden Durchgängen und im Vergleich zur Kontrollgruppe. Offensichtlich bewirkt das für die Experimentalgruppe schemadiskrepante Ereignis eine ausgeprägte Verzögerung im Ausführen der geforderten Handlung.

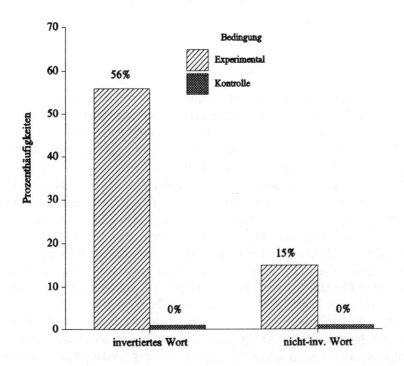

Abbildung 4
Behaltensleistungen für das invertierte und das nicht-invertierte Wort in der Experimental- und Kontrollgruppe in den Experimenten 1 und 2 bei Meyer, Niepel, Rudolph und Schützwohl (1991)

Die Ergebnisse des unangekündigten Gedächtnistests, der unmittelbar im Anschluß an den 30. Durchgang durchgeführt wurde, sind in der Abbildung 4 dargestellt. Mehr als die Hälfte der Versuchspersonen der Experimentalgruppe erinnert das invertierte Wort, dagegen keine Versuchsperson aus der Kontrollgruppe. In bezug auf das nicht-invertierte Wort sind die Unterschiede zwischen den beiden Gruppen statistisch nicht bedeutsam. Wir schließen aus diesen Ergebnissen, daß zum Reaktionssyndrom der Überraschung – neben Handlungsverzögerung – eine spontane Fokussierung der Aufmerksamkeit auf das schemadiskrepante Ereignis gehört, was sich in der Erinnerungsleistung bezüglich dieses Ereignisses niederschlägt.

Diese Ergebnisse sind im übrigen nicht auf das beschriebene visuelle Paradigma beschränkt. Ganz ähnliche Befunde ergaben sich in einem Experiment, das im akustischen Bereich angesiedelt ist (Rudolph, Schützwohl, Meyer & Niepel, 1991).

Schemadiskrepanz

Wir haben behauptet, daß Überraschung eine Reaktion auf schemadiskrepante Ereignisse ist, und die gerade berichteten Ergebnisse scheinen diese Annahme zu unterstützen. Wenn diese Behauptung zutreffend ist, dann müßte auch der Nachweis gelingen, daß das Ausmaß der Handlungsverzögerung in Abhängigkeit davon variiert, wie fest oder ausgebildet ein Schema ist (vorausgesetzt, daß Schemabildung kein Alles-oder-Nichts-Prozeß ist). Wir haben diesen Nachweis in einem Experiment zu erbringen versucht, das auf dem eben beschriebenen visuellen Paradigma beruhte. In dieser Studie waren vier experimentelle Gruppen und vier Kontrollgruppen einbezogen (Schützwohl, 1993). Die vier experimentellen Gruppen unterschieden sich dadurch, daß die Phase 1 des Experiments, die der Schemabildung dienen sollte, unterschiedlich lang war. Sie bestand entweder aus 2, 12, 22 oder 32 Durchgängen, in denen beide Wörter nicht-invertiert dargeboten wurden. Im jeweils nachfolgenden Durchgang (3, 13, 23 oder 33) erfolgte dann die Invertierung eines Wortes. In den entsprechenden Kontrollgruppen wurde in jedem Durchgang eins der beiden Wörter invertiert dargeboten. Auch in diesem Experiment betrug das Intervall zwischen dem Beginn der Wortdarbietung und der Punktdarbietung 0.5 Sekunden.

In der Abbildung 5 sind die Differenzen zwischen der Reaktionszeit im kritischen Durchgang und den mittleren Reaktionszeiten der vorauslaufenden zwei Durchgänge dargestellt. Je größer die Differenz ist, desto ausgeprägter ist die Reaktionszeit-Verlängerung im kritischen Durchgang. Die Abbildung zeigt, daß das Ausmaß an Handlungsverzögerung in den Experimentalgruppen davon abhängt, wieviele Durchgänge mit nicht-invertierten Wörtern dem kritischen Durchgang vorausliefen. Mit einer zunehmenden Anzahl solcher Durchgänge nimmt Handlungsverzögerung als Komponente

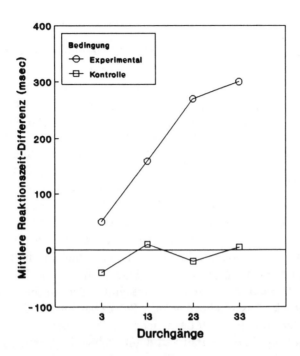

Abbildung 5

Mittlere Reaktionszeit-Differenzen in den Experimental- und Kontrollgruppen in Abhängigkeit von der Anzahl der Durchgänge, die dem kritischen Durchgang vorauslaufen (aus Schützwohl, 1993)

der Überraschungsreaktion im kritischen Durchgang zu. Wir interpretieren diesen Sachverhalt folgendermaßen: Mit einer steigenden Anzahl gleichförmiger, nicht-invertierter Durchgänge baut sich ein zunehmend festeres Schema auf, das implizite Annahmen darüber beinhaltet, welche Ereignisse in der gegebenen experimentellen Situation auf dem Bildschirm weiterhin auftreten werden. Bei einer sehr geringen Anzahl von Durchgängen sind diese Annahmen noch vage oder unspezifisch, und das Auftreten eines invertierten Wortes stellt daher einen relativ kleinen Verstoß gegen ein Schema dar. Wenn sich jedoch mit zunehmend mehr Durchgängen immer reliablere Annahmen bezüglich des Fortlaufs des Experiments ausbilden, stellt die Darbietung eines invertierten Wortes einen zunehmend stärkeren Verstoß gegen das Schema dar, was zu entsprechend ausgeprägteren Verlängerungen der Reaktionszeit führt.

Ist Überraschung eine attributionsabhängige Emotion?

Einen gänzlich anderen Standpunkt hinsichtlich der Bedingungen, die Überraschung auslösen, vertritt Weiner (zsf. Weiner, 1986). Danach wird Überraschung nicht durch schemadiskrepante Ereignisse ausgelöst. Überraschung setzt vielmehr eine ganz bestimmte Attribution voraus, daß man nämlich Ereignisse auf den Ursachenfaktor "Zufall" zurückführt. Weiner bezeichnet Überraschung daher auch als attributionsabhängige Emotion.

Weiner leitet dies aus Untersuchungsergebnissen ab, in denen eine enge Verknüpfung von Zufallsattributionen und Überraschung gefunden wurde (Weiner, Russell & Lerman, 1978, 1979). In diesen Studien erhielten die Versuchspersonen kleine Szenarios zur Beurteilung vorgelegt. Es wurde zum Beispiel mitgeteilt, ein Student habe bei einer Prüfung einen extrem hohen Punktwert erzielt. In einer Bedingung wurde weiterhin die Information gegeben, der Student führe das Ergebnis auf Zufall zurück; in anderen Bedingungen wurde gesagt, der Student führe das Ergebnis entweder auf seine Begabung, auf seine Anstrengung oder auf die Leichtigkeit der Aufgabe zurück. Anschließend war die Stärke bestimmter Emotionen zu beurteilen, die der Student in der beschriebenen Situation erleben würde. Es zeigte sich folgendes: In der Zufallsbedingung gaben die Versuchspersonen an, der Student sei in hoher Weise über sein Ergebnis überrascht; in den anderen Bedingungen fielen die Werte für Überraschung vergleichsweise niedrig aus. Weiner et al. (1978, S. 75) bezeichnen diesen engen Zusammenhang zwischen Attributionen von Erfolg auf Zufall auf der einen Seite und den Gefühlszuständen überrascht (surprised), erstaunt (astonished) und verwundert (wonderment) auf der anderen Seite als das vielleicht klarste Ergebnis ihrer Untersuchungen.

Der enge Zusammenhang zwischen Zufallsattributionen und Überraschung wird von den Autoren als Kausalbeziehung gedeutet, daß nämlich Zufallsattributionen die Emotion Überraschung bewirken (s. auch Weiner, 1986). Die korrelative Natur der Studien, in denen dieser enge Zusammenhang gefunden wurde, läßt aber auch andere Deutungen zu. Der Zusammenhang kann durch eine dritte, nicht kontrollierte Variable vermittelt sein, nämlich die Erwartungs- bzw. Schemawidrigkeit des geschilderten Ereignisses. So kann die im Szenario erfolgte Mitteilung, der Student führe seinen extrem hohen Punktwert auf Zufall zurück, bei den Versuchspersonen zunächst zu dem Schluß geführt haben, der Punktwert sei ein für ihn unerwartetes (schemawidriges) Ereignis gewesen. Für diese Vermutung gibt es in der Literatur eine Reihe von Hinweisen, wonach unerwartete Handlungsergebnisse als zufallsabhängig angesehen werden (z.B. Feather, 1969;

Meyer, 1973; Meyer & Plöger, 1980; s. bereits Heider, 1958, S. 91). Die Versuchsteilnehmer in den Studien von Weiner und Mitarbeitern könnten dann aufgrund der erschlossenen Erwartungswidrigkeit des Ereignisses weiterhin zu der Ansicht gelangt sein, der geschilderte Student sei überrascht gewesen. Das heißt, es ist nicht die Zufallsattribution, die hohe Überraschung bewirkte. Der Zusammenhang zwischen Zufallsattribution und Überraschung geht vielmehr auf eine dritte Variable zurück, nämlich auf die (durch die vorgegebene Attribution erschlossene) Erwartungswidrigkeit des Ereignisses.

Für diese Interpretation sprechen die Ergebnisse mehrerer Untersuchungen (Meyer & Plöger, 1980; Meyer, Niepel & Engler, 1987; Niepel, Schützwohl & Meyer, 1987; Stiensmeier-Pelster, Theine & Martini, 1992). Dort wurden nicht nur – wie bei Weiner et al. (1978, 1979) – Zufallsattributionen und Überraschung erhoben bzw. manipuliert, sondern gleichzeitig auch Angaben darüber, inwieweit Handlungsergebnisse erwartungswidrig sind. In allen Arbeiten zeigte sich, daß der Zusammenhang zwischen Zufallsattributionen und Überraschung drastisch reduziert wird (Meyer et al., 1987) oder gänzlich verloren geht (Niepel et al., 1987; Stiensmeier-Pelster, Theine & Martini, 1992), wenn die Erwartungswidrigkeit des Handlungsergebnisses auspartialisiert bzw. konstant gehalten wird.

Aber nicht nur diese Befunde stellen die Annahme in Frage, daß Überraschung eine attributionsabhängige Emotion ist. Sie wird auch unplausibel, wenn man entwicklungspsychologische Beobachtungen in Rechnung stellt. Deutliche Anzeichen von Überraschung finden sich nämlich bei Kindern bereits im ersten Lebenshalbjahr (Charlesworth, 1969; Darwin, 1872; Piaget, 1952; Preyer, 1895), zu einem Alterszeitpunkt also, wo Kinder wohl noch nicht in der Lage sind, Ereignisse als zufallsabhängig anzusehen oder Ereignisse überhaupt spezifischen Ursachenfaktoren zuzuordnen (aber bereits über einfache Schemata verfügen). Zusammenfassend ist Überraschung daher sicherlich keine attributionsabhängige Emotion.

Die Rolle von Überraschung für den Attributionsprozeß

Adäquater scheint es uns zu sein, die von Weiner behauptete Kausalsequenz umzukehren, das heißt, nicht (Zufalls-) Attributionen als auslösende Bedingung für Überraschung zu betrachten (Attribution $\longrightarrow$ Überraschung), sondern Überraschung als eine derjenigen Bedingungen zu betrachten, die zu Warum-Fragen führen und Prozesse der kausalen Analyse ermöglichen (Überraschung $\longrightarrow$ Attribution) (s. bereits Meyer & Plöger 1980; Meyer, 1988).

Wir stellen nicht unablässig Warum-Fragen und analysieren auch nicht fortlaufend die kausale Struktur von Ereignissen. Dies zu tun wäre sicherlich höchst unzweckmäßig, und zwar deswegen, weil man dann vor lauter Nachdenken nur noch selten zum Handeln kommen würde. In der Regel haben wir bereits implizite, das heißt momentan nicht im Bewußtsein repräsentierte Annahmen über die kausale Struktur unserer Umgebung und Person-Umwelt-Beziehungen. Solche Annahmen sind Bestandteile unserer Schemata. Und solange sich diese Schemata als implizite Theorien bewähren – das heißt Ereignisse mit einem Schema kompatibel sind –, besteht gar kein Anlaß, Warum-Fragen zu stellen, in Prozesse der kausalen Analyse einzutreten und schließlich eine Ursachenzuschreibung vorzunehmen.

Erst wenn sich ein Ereignis als schemawidrig erweist, das heißt, wenn es mit unserer impliziten Theorie nicht übereinstimmt, entsteht die Frage, "warum" dieses Ereignis eingetreten ist (s. bereits Isaacs, 1930). Denn irgend etwas stimmt nicht mit unserer Theorie, da sie nicht in der Lage war, das Ereignis vorherzusagen. Möglicherweise ist die Theorie revisionsbedürftig. Sie wird daher – zumindest teilweise – von der nicht-bewußten Ebene, auf der sie sozusagen automatisch unser Handeln steuerte, auf die bewußte Ebene gehoben, und zwar deswegen, weil sie nur dort mit Hilfe höherer mentaler Prozesse einer Analyse und – falls notwendig – einer Revision unterzogen werden kann. Dazu dient unter anderem eine kausale Analyse dieses Ereignisses. Das Reaktionssyndrom der Überraschung hat, so nehmen wir an, die Funktion, Analyseprozesse zu ermöglichen und einzuleiten, die der Beseitigung der Diskrepanz zwischen Schema und Ereignis dienen. Dies ist in der Tabelle 1 veranschaulicht.

Die Tabelle beschreibt zunächst den Sachverhalt, daß die *auslösende Bedingung* der Überraschungsreaktion in einer Diskrepanz zwischen Schema und Ereignis besteht. Unter der Rubrik *Komponenten der Überraschungsreaktion* sind erstens drei Bestandteile des Verhaltensaspekts dieser Reaktion aufgeführt, nämlich das Unterbrechen anderer momentan ablaufender Prozesse, das Fokussieren der Aufmerksamkeit auf dasjenige Ereignis, das diese Reaktion ausgelöst hat, sowie der für Überraschung charakteristische mimische Ausdruck. Zweitens findet sich dort der Erlebensaspekt dieser Reaktion, also das Gefühl von Überraschung, das mittels subjektiver Berichte erfaßt wird. Auf den physiologischen Aspekt der Reaktion, über den bislang wenig bekannt ist, wird nicht eingegangen.

In der nachfolgenden Rubrik sind unsere Vermutungen darüber zusammengefaßt, welche *Funktion* die beschriebenen Komponenten der Überraschungsreaktion haben, und zwar in bezug auf den nachfolgend aufgeführ-

Tabelle 1

Komponenten der Überraschungsreaktion und deren Funktion

Auslösende Bedingung	Komponenten der Überraschungsreaktion	Funktion der Komponenten	Effekte
Diskrepanz zwischen Schema und Ereignis ↑	Unterbrechen anderer momentan ablaufender Prozesse	disponierend: ermöglicht störungsfreien Ablauf von Analyse-Prozessen	
	Fokussieren der Aufmerksamkeit	disponierend: rückt Ereignis in das Zentrum des Wahrnehmungsfeldes	
	Mimischer Ausdruck ↑	disponierend: "Vergrößerung des Gesichtsfeldes" ermöglicht "schnelle Wahrnehmung" des Ereignisses (Darwin) sozial: teilt anderen Personen den eigenen Zustand mit und ruft möglicherweise bei diesen Verhalten hervor	
	Erleben von Überraschung	motivierend: signalisiert Diskrepanz und motiviert, die Diskrepanz zu beseitigen	Überprüfen und (kausale) Analyse der Diskrepanz ↑ Beseitigung der Diskrepanz
	(Physiologische Veränderungen)		

ten Prozeß der Überprüfung und (kausalen) Analyse des schemadiskrepan-
ten Ereignisses. Damit ein derartiger Prozeß ablaufen kann, müssen zunächst zwei Voraussetzungen gegeben sein: Das Individuum muß *disponiert*
und *motiviert* sein, diese Überprüfung und Analyse vorzunehmen. Darüber
hinaus kann es in der *sozialen* Umgebung des Individuums andere Personen
geben, die diesen Prozeß unterstützen. Die einzelnen Komponenten der
Überraschungsreaktion – so nehmen wir an – schaffen diese zwei Voraussetzungen (Motivation, Disposition) und führen unter bestimmten Bedingungen zu sozialer Unterstützung. Wir sprechen daher von einer disponieren-
den, motivierenden und sozialen Funktion der Komponenten (vgl. im
einzelnen Tabelle 1).

Wir nehmen an, daß die aufgeführten drei Bestandteile des Verhaltensaspekts disponierende Funktion haben, das heißt das Individuum in die Lage
versetzen, eine möglichst störungsfreie und effektive Überprüfung und
Analyse der Diskrepanz zwischen Schema und Ereignis vorzunehmen. Das
Unterbrechen anderer momentan ablaufender Prozesse schafft die Voraussetzung dafür, daß die Überprüfung und Analyse störungsfrei ablaufen
kann. Tomkins (1962, S. 498) hat Überraschung in diesem Sinne als einen
"allgemeinen Unterbrecher ablaufender Aktivität" bezeichnet und ihn mit
einem Mechanismus in einem Radio- oder Fernsehnetz verglichen, der –
wenn es besondere Durchsagen erforderlich machen – jedes ablaufende
Programm unterbricht.

Das Fokussieren der Aufmerksamkeit hat ebenfalls disponierende Funktion. Es rückt das schemadiskrepante Ereignis in das Zentrum des Wahr-
nehmungsfeldes und versetzt das Individuum daher in die Lage, eine op-
timale Überprüfung und Analyse des Ereignisses vorzunehmen. Der dritte
Bestandteil des Verhaltensaspekts, der für Überraschung charakteristische
mimische Ausdruck, hat möglicherweise auch eine disponierende Funktion.
Zumindest hat Darwin (1872) diese Vermutung geäußert. Er geht davon
aus, daß das weite Öffnen der Augen (und die damit zusammenhängende
Hebung der Augenbrauen und Querfaltung der Stirn) "das Gesichtsfeld
vergrößert" (S. 288), was uns in die Lage versetze, das in Frage stehende
Ereignis möglichst schnell wahrzunehmen.

Der mimische Ausdruck hat darüber hinaus sozial-kommunikative
Funktion. Auch darauf hat bereits Darwin (1872) hingewiesen und nach ihm
viele andere Autoren (z.B. Izard, 1971, 1989). Der mimische Ausdruck
teilt anderen Individuen den momentanen Zustand, in dem sich das über-
raschte Individuum befindet, mit und ruft möglicherweise Verhalten der
anderen hervor, das dazu beiträgt, die Diskrepanz zwischen Schema und
Ereignis zu analysieren und zu beseitigen. Dies könnte zum Beispiel da-

durch geschehen, daß die Mutter ihrem durch ein Ereignis überraschten Kind das Zustandekommen dieses Ereignisses erklärt.

Die Erlebenskomponente der Überraschungsreaktion hat – so nehmen wir an – motivierende Funktion (s. dazu Izard, 1989; Kagan, 1984). In dem Gefühl der Überraschung wird dem Individuum bewußt, daß eine Diskrepanz besteht zwischen dem, was es erwartet hat (Schema) und dem, was eingetreten ist. Das heißt, das Gefühl der Überraschung signalisiert die Diskrepanz zwischen Schema und Ereignis und motiviert das Individuum, diese Diskrepanz zu überprüfen und einer näheren Analyse zu unterziehen – unter anderem dadurch, daß es nach den Ursachen der Diskrepanz sucht.

Das Ergebnis des Prozesses der Überprüfung und Analyse kann darin bestehen, daß die Diskrepanz zwischen Schema und Ereignis beseitigt wird. Dieses wiederum kann – falls es sich als notwendig erweisen sollte – dadurch geschehen, daß das in Frage stehende Schema revidiert wird, indem es eine Berichtigung, Erweiterung oder Neustrukturierung erfährt. Derartige Schema-, das heißt Theorierevisionen, sind für situationsgerechtes Handeln höchst bedeutungsvoll. Sie ermöglichen es nämlich, das Wiederauftreten des vorauslaufend diskrepanten Ereignisses vorwegzunehmen und es (a) zu beeinflussen, (b) zu vermeiden, wenn es sich als negativ und nicht kontrollierbar erweist, oder (c) zu ignorieren, wenn es irrelevant in bezug auf eigenes Handeln ist.

Zusammenfassend steht Überraschung im Dienst einer effektiven Handlungssteuerung. Einzelne Komponenten der Überraschungsreaktion ermöglichen und bewirken Prozesse der Überprüfung und kausalen Analyse der Diskrepanz zwischen Schema und Ereignis und sind daher Voraussetzung dafür, daß unser implizites Wissen unser Handeln möglichst situationsgerecht steuert.

Literatur

Charlesworth, W.R. (1969). The role of surprise in cognitive development. In D. Elkind & J.H. Flavell (Eds.), *Studies in cognitive development* (pp. 257-314). New York: Oxford University Press.

Darwin, Ch. (1872). *Der Ausdruck der Gemüthsbewegungen bei dem Menschen und den Thieren.* Stuttgart: Schweizerbart'sche Verlagsbuchhandlung (Original erschienen 1872: The expression of the emotions in man and animals).

Donchin, E. (1981). Surprise! ... Surprise? *Psychophysiology, 18,* 493-513.

Donchin, E. (1984). *Cognitive psychophysiology: Event-related potentials and the study of cognition.* Hillsdale, N.J.: Erlbaum.

Feather, N.T. (1969). Attribution of responsibility and valence of success and failure in relation to initial confidence and task performance. *Journal of Personality and Social Psychology, 13,* 129-144.

Heider, F. (1958). *The psychology of interpersonal relations.* New York: Wiley.

Isaacs, N. (1930). Children's "why"-questions. In S. Isaacs (Ed.), *Intellectual growth in young children* (pp. 291-349). London: Routledge & Kegan Paul.

Izard, C.E. (1971). *The face of emotion.* New York: Appleton-Century-Crofts.

Izard, C.E. (1977). *Human emotions.* New York: Plenum Press.

Izard, C.E. (1989). The structure and functions of emotions: Implications for cognition, motivation, and personality. In I.S. Cohen (Ed.), *The G. Stanley Hall lecture series* (Vol. 9, pp. 39-73). Washington, D.C.: American Psychological Association.

Izard, C.E. (1991). *The psychology of emotions.* New York: Plenum Press.

Kagan, J. (1984). The idea of emotion in human development. In C.E. Izard, J. Kagan & R.B. Zajonc (Eds.), *Emotions, cognition and behavior* (pp. 38-72). New York: Cambridge University Press.

Lazarus, R.S. (1991). *Emotion and adaptation.* New York: Oxford University Press.

Meyer, W.-U. (1973). *Leistungsmotiv und Ursachenerklärung von Erfolg und Mißerfolg.* Stuttgart: Klett.

Meyer, W.-U. (1988). Die Rolle von Überraschung im Attributionsprozeß. *Psychologische Rundschau, 39,* 136-147.

Meyer, W.-U., Niepel, M. & Engler, U. (1987). Erwartung, Affekt und Attribution: Untersuchungen zur Beziehung zwischen Erwartung und Anreiz und zur Attributionsabhängigkeit von Affekten. *Psychologische Beiträge, 29,* 227-258.

Meyer, W.-U., Niepel, M., Rudolph, U. & Schützwohl, A. (1991). An experimental analysis of surprise. *Cognition and Emotion, 5,* 295-311.

Meyer, W.-U. & Plöger, F.-O. (1980). An attributional analysis of the relation between expectancy and incentive (affect). In D. Görlitz (Ed.), *Perspectives on attribution research and theory. The Bielefeld symposium* (pp. 95-107). Cambridge, Mass.: Ballinger.

Niepel, M. Schützwohl, A. & Meyer, W.-U. (1987). *Erwartung, Affekt und Attribution.* Unveröffentlichtes Manuskript. Universität Bielefeld, Abteilung für Psychologie.

Öhman, A. (1987). The psychophysiology of emotion: An evolutionary-cognitive perspective. In P.K. Ackles, J.R. Jennings & M.G.H. Coles (Eds.), *Advances in psychophysiology* (Vol. 2, pp. 79-127). Greenwich, CT: JAI Press.

Piaget, J. (1952). *The origins of intelligence in children.* New York: International Universities Press.

Preyer, W. (1895). *Die Seele des Kindes* (4. Aufl.). Leipzig: Th. Grieben's Verlag.

Rudolph, U., Schützwohl, A., Meyer, W.-U. & Niepel, M. (1991). *An experimental analysis of surprise: Generalization to an auditory setting* (Arbeiten aus der Arbeitseinheit Allgemeine Psychologie II No. 1/1991). Universität Bielefeld, Abteilung für Psychologie.

Rumelhart, D.E. (1984). Schemata and the cognitive system. In R.S. Wyer, jr. & T.K. Srull (Eds.), *Handbook of social cognition* (Vol. 1, pp. 161-188). Hillsdale, N.J.: Erlbaum.

Schützwohl, A. (1993). *Schema und Überraschung: Untersuchungen zum Zusammenwirken von Kognition und Emotion.* Unveröffentlichte Dissertation, Universität Bielefeld, Abteilung für Psychologie.

Stiensmeier-Pelster, J., Theine, B. & Martini, A. (1992). *Surprise, luck ascriptions and causal thinking: An analysis of their relation.* (Arbeiten aus der Arbeitseinheit Allgemeine Psychologie II No. 5/1992). Universität Bielefeld, Abteilung für Psychologie.

Tomkins, S.S. (1962). *Affect, imagery, consciousness*. Vol. 1. *The positive affects*. New York: Springer Publishing Co.

Weiner, B. (1986). *An attributional theory of motivation and emotion*. New York: Springer Verlag.

Weiner, B., Russell, D. & Lerman, D. (1978). Affective consequences of causal ascriptions. In J.H. Harvey, W.J. Ickes & R.F. Kidd (Eds.), *New directions in attribution research* (Vol. 2, pp. 59-88). Hillsdale, N.J.: Erlbaum.

Weiner, B., Russell, D., & Lerman, D. (1979). The cognition-emotion process in achievement-related contexts. *Journal of Personality and Social Psychology, 31*, 415-421.

Kapitel 6

Kausalattribution und Emotion[1]

Rainer Reisenzein
Universität Bielefeld

Kausalattributionen, d.h. Überzeugungen über die Ursachen von Ereignissen oder Sachverhalten, spielen eine wichtige Rolle in verschiedenen Emotionstheorien, wie z. B. in der attributionstheoretischen Reformulierung der Emotionstheorie Schachters (1964; vgl. z. B. Kelley, 1967; Ross, Rodin & Zimbardo, 1969) oder den Emotionstheorien von Valins (1966) und Weiner (1982; 1986). In diesem Kapitel wird - nach einer kurzen Übersicht darüber, welche Arten von Beziehungen zwischen Kausalattributionen und Emotionen in der Literatur überhaupt postuliert worden sind - genauer untersucht, welche Funktionen Kausalüberzeugungen in einer Reihe von Emotionstheorien haben, die man als "kognitiv-nichtkognitive Hybridtheorien der Emotion" bezeichnen kann (vgl. dazu unten). Das primäre Ziel des Beitrags ist, zu einer Präzisierung und Systematisierung dieser Emotionstheorien beizutragen. Die Frage nach ihrer empirischen Adäquatheit wird dagegen nur am Rande berührt.

Beziehungen zwischen Emotionen und Attributionen: Eine Übersicht

Im wesentlichen sind in der Literatur drei Arten von Beziehungen zwischen Emotionen und Kausalattributionen postuliert worden, die in den folgenden Hypothesen zum Ausdruck kommen.

Hypothese 1: Emotionen (inklusive Stimmungen) können die Ergebnisse von Attributionsprozessen beeinflussen.
Zum Beispiel wurde postuliert, daß positive und negative Gefühlszustände und Stimmungen die Kausalattributionen von Erfolg und Mißerfolg syste-

[1] Für Kommentare zu einer früheren Fassung dieses Manuskripts bedanke ich mich bei Friedrich Försterling, Joachim Stiensmeier-Pelster und insbesondere Wulf-Uwe Meyer.

matisch beeinflussen können. Diese Hypothese konnte in einigen Untersuchungen experimentell bestätigt werden (z. B. Baumgardner & Arkin, 1988; Brown, 1984; Natale, 1978), doch sind die Randbedingungen, unter denen dieser Effekt auftritt, noch weitgehend ungeklärt. Nicht völlig geklärt ist bislang auch, *wie* diese Effekte zustande kommen. Die gängigste Erklärung lautet, daß sie auf das Bestreben der Person zurückzuführen sind, den induzierten positiven Gefühlszustand aufrechtzuerhalten bzw. den induzierten negativen Gefühlszustand zu reduzieren; oder allgemeiner formuliert, auf das Bestreben, positive Emotionen zu maximieren und negative zu minimieren (z. B. Baumgardner & Arkin, 1988; vgl. auch Isen, 1984).

Eine analoge, aber spezifischere Affektregulationshypothese bildet auch die Grundlage der sogenannten *motivationalen Erklärung* der vielfach dokumentierten Tendenz, eigene Erfolge bevorzugt internal, Mißerfolge dagegen bevorzugt external zu attribuieren (vgl. z. B. Weiner, 1984). Der motivationalen Erklärung dieser Effekte zufolge sind diese das Resultat des Bestrebens, positive *Selbstwertgefühle* zu maximieren bzw. negative zu minimieren ("self-serving bias"; z. B. Hastorf, Schneider & Polefka, 1970). Diese Erklärung ist trotz zahlreicher Untersuchungen bis heute umstritten (zsf. Pyszczynski & Greenberg, 1987; Zuckerman, 1979). Es gibt aber einige Befunde, die m.E. nur schwer durch nichtmotivationale Alternativhypothesen erklärt werden können (z. B. Brown & Rogers, 1991; Gollwitzer, Earle & Stephan, 1982).

Hypothese 2: Kausalüberzeugungen über die Ursachen von Emotionen (inklusive Stimmungen) moderieren oder modifizieren deren Effekte auf andere Variablen.

Damit ist gemeint: Ob Emotionen einen Effekt auf andere Variablen haben, hängt u.a. davon ab, auf welche Ursachen die Emotionen zurückgeführt werden. Diese Hypothese wurde insbesondere von Schwarz (z. B. Schwarz & Clore, 1983; Schwarz, 1987; 1990) zur Erklärung der Effekte von Stimmungen auf bewertende Urteile vorgeschlagen und durch eine Reihe von Untersuchungen gestützt. So wurde in mehreren Untersuchungen gefunden, daß schlechte Stimmung die Beurteilung der Lebenszufriedenheit nur dann beeinflußt, wenn die Stimmung nicht auf für diese Urteile irrelevante Faktoren (wie z. B. das Wetter oder die momentane räumliche Umgebung) zurückgeführt wurde (z. B. Schwarz & Clore, 1983; Siemer & Reisenzein, 1992).

Hypothese 3: Kausalattributionen sind von zentraler Bedeutung für das Zustandekommen von *Emotionen*; oder zumindest für das Zustandekommen von *Emotionszuschreibungen*, d.h. von Überzeugungen über das Bestehen von Emotionen (bei einem selbst oder bei anderen Personen).

Diese dritte Hypothese über den Zusammenhang von Emotionen und Kausalattributionen subsumiert zwei unterschiedliche Teilhypothesen (3a und 3b), die klar voneinander unterschieden werden müssen:

Hypothese 3a: Kausalüberzeugungen sind wichtige Komponenten der Einschätzung oder Interpretation von Sachverhalten (cognitive appraisal; Lazarus, 1991), welche nach Auffassung kognitiver Emotionstheoretiker die (unmittelbaren) Ursachen von *Emotionen*, oder zumindest von weiteren *Emotionskomponenten* (z. B. Handlungstendenzen oder physiologischen Erregungsempfindungen) darstellen.

Die von den kognitiven Emotionstheoretikern postulierten Einschätzungen von Sachverhalten umfassen eine Vielzahl unterschiedlicher Überzeugungen über den beurteilten Sachverhalt (für Übersichten vgl. Reisenzein & Spielhofer, 1992; Scherer, 1988). Einige dieser Überzeugungen sind intrinsisch wertend (wie z. B. die Überzeugung, daß ein Ereignis gut oder schlecht relativ zu verschiedenen Zielen und Werten der Person ist), während andere intrinsisch nichtwertend oder "deskriptiv" sind (z. B. Überzeugungen über die Wahrscheinlichkeit eines Ereignisses oder dessen Kontrollierbarkeit). Hypothese 3a besagt nun, daß zu diesen emotionsrelevanten Einschätzungen auch Überzeugungen über die *Ursachen* von Ereignissen, also Kausalattributionen, gehören. Die Bedeutung von Kausalattributionen als Komponenten der emotionsrelevanten Einschätzung von Sachverhalten wurde besonders von Weiner (z. B. Weiner, 1986; in diesem Band) betont. Beispielsweise besteht nach Weiner die für die Emotion *Stolz* charakteristische Einschätzung eines Ereignisses in einer positiven Bewertung dieses Ereignisses, zusammen mit seiner Attribution auf internale Faktoren wie Fähigkeit oder Anstrengung (vgl. dazu auch Reisenzein, 1985). Aber auch viele andere kognitive Emotionstheoretiker betrachten Kausalattributionen als wichtige Komponenten der Einschätzung, zumindest für einige Emotionen (z. B. Roseman, 1979; Scherer, 1984; Smith & Ellsworth, 1985; Frijda, 1986; Ortony, Clore & Collins, 1988; Mees, 1991; Reisenzein & Hofmann, 1990). Empirische Ergebnisse stützen diese Annahme. So fanden zum Beispiel Reisenzein und Hofmann (1990) sowie Reisenzein und Spielhofer (1992), daß die wahrgenommenen Ursachen von Ereignissen zu den am häufigsten genannten Merkmalen gehören, die Personen beim Vergleich der Auslösesituationen unterschiedlicher Emotionen spontan nennen (für weitere Evidenz vgl. Frijda, Kuipers & ter Schure, 1989; Reisenzein, 1986; Smith & Ellsworth, 1985; Weiner, 1986, in diesem Band).

Hypothese 3b: In vielen Emotionstheorien (z. B. Schachter, 1964) spielen daneben, oder sogar primär, eine zweite Art von Kausalüberzeugungen eine wichtige Rolle, die sich von den soeben beschriebenen nach Inhalt und Funktion deutlich unterscheiden. Dabei handelt es sich um Überzeugungen über die kausalen Beziehungen zwischen den bei Emotionen auftretenden mentalen und/oder behavioralen Zuständen. Für die späteren Ausführungen sind vor allem Überzeugungen über die kausalen Beziehungen zwischen *kognitiven Einschätzungen* und den durch sie verursachten *nichtkognitiven Zuständen* von Bedeutung. Ein Beispiel für eine solche Kausalattribution, die uns in den folgenden Abschnitten dieses Kapitels noch ausführlich beschäftigen wird, ist die Überzeugung einer Person, ihre physiologischen Erregungsempfindungen seien durch eine emotionsrelevante Einschätzung der Situation verursacht worden (vgl. Ross et al., 1969; Schachter, 1964). Wie später genauer erklärt wird, gehören diese Kausalüberzeugungen – je nach Formulierung der entsprechenden Emotionstheorien – entweder zu den notwendigen Bedingungen von *Emotionen*; oder sie sind zumindest von Bedeutung für *Emotionszuschreibungen*, d.h., sie bestimmen mit, welche Emotion man selbst zu erleben glaubt (Selbstzuschreibung) oder bei einer anderen Person als vorhanden annimmt (Fremdzuschreibung).

Zusammenfassend wurde also postuliert, daß Emotionen (inklusive Stimmungen) Kausalattributionen von Ereignissen, wie z. B. Erfolg oder Mißerfolg bei Leistungsaufgaben, beeinflussen (Hypothese 1); daß Überzeugungen über die Ursachen von Emotionen (inklusive Stimmungen) deren Effekte auf andere Variablen moderieren (Hypothese 2); und daß Kausalattributionen von Bedeutung für das Zustandekommen von Emotionen oder Emotionszuschreibungen sind (Hypothese 3), und zwar entweder als Komponenten der emotionsrelevanten Einschätzung von Sachverhalten (Hypothese 3a) oder in Form von Überzeugungen über die kausalen Beziehungen zwischen Emotionskomponenten, insbesondere die Kausalbeziehungen zwischen kognitiven und nichtkognitiven Komponenten (Hypothese 3b).

Obwohl jede der beschriebenen Hypothesen es verdienen würde, ausführlicher diskutiert zu werden, muß ich mich im folgenden aufgrund des begrenzten zur Verfügung stehenden Raumes auf eine Erörterung der Hypothese 3b beschränken. Diese Hypothese wurde aus zwei Gründen für eine genauere Diskussion ausgewählt. Erstens ist sie – zusammen mit der im Beitrag von Weiner (in diesem Band) ausführlich besprochenen Hypothese 3a – für die Emotionstheorie am bedeutsamsten. Denn im Unterschied zu den Hypothesen 1 und 2, die Emotionen als gegeben voraussetzen und sich nur mit deren Auswirkungen beschäftigen (wobei Kausalattributionen entweder als von Emotionen beeinflußte, oder als deren Effekte moderierende Variablen fungieren), behauptet die Hypothese 3, daß Kausalattributionen von zentraler Bedeutung für das Zustandekommen von Emotionen (oder zumindest von Emotionszuschreibungen) sind. Zweitens scheint mir Hypothese 3b von allen genannten Hypothesen am meisten klärungsbedürftig.

Die in Hypothese 3b postulierten Kausalattributionen spielen vor allem in solchen Emotionstheorien eine Rolle, in denen Emotionen unter Bezugnahme auf sowohl kognitive Zustände (insbesondere Einschätzungen der Situation) als auch nichtkognitive Zustände (wie z. B. physiologische Erregungsempfindungen oder Handlungstendenzen) definiert werden. Diese – wie man sie passenderweise bezeichnen kann – *kognitiv-nichtkognitiven Hybridtheorien der Emotion* nehmen also an, daß kognitive Einschätzungen notwendige Bedingungen für Emotionen sind; sie bestreiten jedoch, daß sie auch hinreichende Bedingungen sind. Damit man von einer Emotion sprechen kann, muß zusätzlich ein nichtkognitiver Zustand vorhanden sein. Das Hauptmotiv für dieses letztere Postulat ist, daß die Alternativannahme, Einschätzungen seien auch hinreichend für Emotionen, zu der für die Hybridtheoretiker unakzeptablen Konsequenz zu führen scheint, Emotionen seien nichts anderes als Kognitionen (Überzeugungen) einer bestimmten Art. Während einige andere Emotionstheoretiker (z. B. Solomon, 1976; 1988) diese Konsequenz akzeptieren, sind die Hybridtheoretiker davon überzeugt, daß sich Emotionen phänomenologisch auf charakteristische Weise von "kalten Kognitionen" unterscheiden, und postulieren, daß dieser Unterschied nur mittels der Annahme erklärbar sei, daß Emotionen auch nichtkognitive Komponenten beinhalten, wie z. B. physiologische Erregungsempfindungen (Mandler, 1975, S. 68), zentral erzeugte Gefühle (Oatley & Johnson-Laird, 1987) oder gefühlte Handlungstendenzen (Arnold, 1960; Frijda, 1986) (vgl. dazu auch Reisenzein, 1993; Reisenzein & Schönpflug, 1992).

In den folgenden zwei Abschnitten werden die zentralen Merkmale dieser Theorien sowie einige der mit ihnen verbundenen Unklarheiten und Probleme exemplarisch anhand der Schachterschen (Schachter, 1964) Zwei-Faktoren-Theorie der Emotion erörtert; genauer gesagt, anhand der *attributionstheoretischen Reformulierung* dieser Theorie (z. B. Kelley, 1967; Ross, Rodin & Zimbardo, 1969; vgl. auch Reisenzein, 1983). (Wenn ich im folgenden von der Schachterschen Theorie spreche, meine ich also stets diese attributionstheoretische Reformulierung). Schachters Theorie habe ich zum Zweck einer exemplarischen Diskussion kognitiv-nichtkognitiver Hybridtheorien der Emotion sowohl wegen ihrer allgemeinen Bekanntheit ausgewählt, als auch deshalb, weil sie die erste bedeutsame neuere Emotionstheorie ist, in der Kausalattributionen eine zentrale Rolle spielen. Aufbauend auf der Diskussion der Schachterschen Theorie wird anschließend ein Überblick über weitere kognitiv-nichtkognitive Hybridtheorien der Emotion gegeben.

Die attributionstheoretische Reformulierung der Schachterschen Emotionstheorie

Die attributionstheoretische Reformulierung der Schachterschen Theorie besteht aus zwei Gruppen von Postulaten (die in vielen Darstellungen der Theorie allerdings nicht klar getrennt werden). Die Postulate der ersten Gruppe spezifizieren die Bedingungen, die vorliegen müssen, damit eine Emotion vorhanden ist. Die Konjunktion dieser Postulate kann man als die *Kernannahme* der Schachterschen Theorie bezeichnen, da sie – wie später noch genauer begründet wird – eine zumindest partielle Antwort auf die James'sche Frage "Was ist eine Emotion?" (James, 1884) gibt. Die Postulate der zweiten Gruppe beschreiben zwei unterschiedliche Arten, wie diese Bedingungen eintreten können; sie spezifizieren also zwei unterschiedliche Wege der *Aktualgenese* von Emotionen.

Die Kernannahme der Schachterschen Theorie

Die *Kernannahme* der Schachterschen Emotionstheorie lautet: Eine Person P hat eine Emotion der Qualität E zum Zeitpunkt t genau dann (d.h. dann und nur dann), wenn folgende drei Bedingungen erfüllt sind:
B1: P hat zu t physiologische Erregungsempfindungen;
B2: P schätzt zu t einen Sachverhalt S auf eine bestimmte, für die Emotion E charakteristische Weise ein (E-typische Einschätzung);
B3: P glaubt zu t, daß ihre Erregungsempfindungen (unmittelbar) durch ihre E-typische Einschätzung von S verursacht sind (Kausalattribution).

Die Kernannahme der Schachterschen Theorie wurde hier zur Vereinfachung qualitativ formuliert, d.h., B1 bis B3 geben nur an, unter welchen Bedingungen eine Emotion einer bestimmten Art oder *Qualität* (z. B. Ärger, Angst, Freude etc.) vorliegt, besagen aber nichts über die Determinanten der *Intensität* der Emotion. Zu Ergänzung muß daher hinzugefügt werden, daß die Emotionsintensität nach Schachter (1964) durch die Intensität der Erregungsempfindungen determiniert wird (vgl. B1), d.h., die Emotionsintensität soll eine monoton steigende Funktion der Intensität der Erregungsempfindungen sein. Beispielsweise sollte also eine Person *Angst* genau dann erleben, wenn sie einen Sachverhalt S als bedrohlich einschätzt (B2), sich physiologisch erregt fühlt (B1) und außerdem glaubt, ihr Erregungsgefühl sei durch die Einschätzung von S als bedrohlich verursacht worden (B3). Und die Intensität der Angst sollte umso höher sein, je intensivere Erregung empfunden wird.

Die *nichtkognitive* Komponente von Emotionen ist laut der Schachterschen Hybridtheorie die Empfindung von Erregung (vgl. B1), während die *kognitive* Komponente in der Situationseinschätzung (vgl. B2) – sowie, genaugenommen, auch der Kausalattribution (Gordon, 1978; vgl. B3) – besteht. Diese Bedingungen sollen im folgenden kurz erläutert werden.

Was B1 betrifft, so sollten vor allem die folgenden zwei Punkte beachtet werden:

1. Die nichtkognitive Komponente der Schachterschen Theorie besteht, präziser gesagt, in einem Komplex von *Sinnesempfindungen*, nämlich den Empfindungen, die (normalerweise) von – durch interozeptive Rückmeldungen vermittelter – peripher-physiologischer Erregung verursacht werden. Diese Komponente übernimmt Schachter von James (1884; 1890/1950), allerdings mit der wichtigen Modifikation, daß er Erregungsempfindungen im Unterschied zu James als emotionsunspezifisch (d.h. als im wesentlichen gleichartig für alle Emotionen) ansieht. Diese Modifikation hat zur Folge, daß Erregungsempfindungen zur qualitativen Unterscheidung von Emotionen nichts beitragen können. Die Qualität von Emotionen wird ausschließlich durch die Art der Einschätzung (vgl. B2) bestimmt, auf die die Erregung attribuiert wird. Die Funktion der nichtkognitiven Komponente der Theorie beschränkt sich neben der Erklärung der Emotionsintensität darauf – wie in allen Hybridtheorien – den spezifisch "affektiven" Charakter des emotionalen Erlebens bzw. den Unterschied zwischen emotionalen und nichtemotionalen Zuständen zu erklären. In bezug auf diese letztere Funktion der Erregung besteht jedoch ebenfalls Übereinstimmung zwischen Schachter und James: James (1890/1950) hatte behauptet, daß bei Beseitigung der bei Emotionen auftretenden Erregungsempfindungen nur noch "a cold and neutral state of intellectual perception" (S. 451) übrig bleiben würde (wobei diese Kognition nach James allerdings *keine* notwendige Bedingung von Emotionen ist). Schachter (1964) postuliert ähnlich, daß Personen, die eine emotionsrelevante Situationseinschätzung tätigen, aus irgendwelchen Gründen aber keine Erregung empfinden, "do not feel emotional...it is as if they were labeling a situation, not describing a feeling" (S. 76). Zumindest im Fall der Schachterschen Hybridtheorie muß man sich allerdings fragen, wie die nichtkognitive Emotionskomponente die ihr zugedachte Funktion erfüllen soll (vgl. auch Reisenzein, 1993), denn nach Schachter (1964) sind Erregungsempfindungen per se affektiv neutral. Jedenfalls sollte man sich darüber im klaren sein, daß Emotionen nach Schachter ausschließlich aus nichtemotionalen Komponenten "aufgebaut"

sind: Die Situationseinschätzungen sind – ungeachtet der Tatsache, daß sie die Qualität von Emotionen bestimmen sollen – "kalte Kognitionen", und die Erregungsempfindungen sind affektiv neutral. Treten aber beide Komponenten zusammen auf, und wird die Erregung außerdem als durch die Einschätzungen verursacht betrachtet, dann resultiert eine Emotion!

2. Die nichtkognitive Komponente der Schachterschen Theorie wird in der Literatur außer als "Erregungsempfindung" oder "Erregungsgefühl" ("feeling of arousal"; diese beiden Ausdrücke verwende ich im folgenden synonym) häufig auch als "Erregungswahrnehmung" ("perception of arousal") bezeichnet. Damit wird jedoch ein wichtiger Unterschied zwischen *Erregungsempfindungen* und *Erregungswahrnehmungen* verdeckt. Nach dem Alltagssprachgebrauch beinhalten nämlich Erregungswahrnehmungen – wie alle Sinneswahrnehmungen – neben einer sensorischen oder Empfindungskomponente – zusätzlich auch eine Glaubenskomponente, nämlich die Überzeugung der Person, daß ein die Empfindungen verursachendes Objekt oder Ereignis vorhanden ist (vgl. Crane, 1992; Smith, 1989); im vorliegenden Fall also die Überzeugung der Person, daß sie *objektiv* physiologisch erregt ist. Wenn man die nichtkognitive Komponente der Schachterschen Theorie als Erregungswahrnehmung *in diesem Sinn* versteht, dann verlangt B1 aber nicht nur, daß die Person Empfindungen einer bestimmten Art bzw. Qualität erlebt, sondern auch, daß sie diese Gefühle als durch peripher-physiologische Erregung verursacht interpretiert, und somit glaubt, sie sei objektiv physiologisch erregt. Nun dürften zwar zumindest beim Erwachsenen Fälle von Erregungsempfindungen gewöhnlich tatsächlich auch Fälle von Erregungswahrnehmungen sein (und wahrscheinlich ist dies auch der Grund dafür, daß in der Literatur zur Schachterschen Theorie keine klare Unterscheidung zwischen diesen mentalen Zuständen gemacht wird). Es wäre m.E. jedoch unnötig restriktiv, zu verlangen, daß eine Person zum Erleben einer Emotion Erregungs*wahrnehmungen* haben muß. Für eine Emotion sollte es ausreichen, daß die Person Empfindungen einer charakteristischen Qualität erlebt und glaubt, daß diese Empfindungen durch ihre bewertenden Einschätzungen eines Sachverhalts verursacht sind. Dagegen braucht man nicht unbedingt zu verlangen, daß die Person darüber hinaus erkennen oder glauben muß, daß der Effekt der Einschätzung auf das Erregungsgefühl durch peripher-physiologische Vorgänge vermittelt ist, zumal Schachter (1971, S. 47) meint, daß seine Theorie auch auf andere Arten von Erregungsgefühlen (z. B. zentralnervös erzeugte) anwendbar sei.

Die Bedingung B2 wurde bereits im ersten Teil dieses Kapitels erläutert; an dieser Stelle soll nur folgendes angemerkt werden: Schachter selbst sowie die Attributionstheoretiker haben weder die Natur des Prozesses, der in emotionsspezifischen Einschätzungen resultiert, noch die für unterschiedliche Emotionen charakteristischen Einschätzungen näher spezifiziert. Ihre diesbezüglichen Ausführungen beschränken sich vielmehr auf einige illustrierende Beispiele, wie z. B. "the perception-cognition 'figure with a gun'", "a student...unexpectedly learns that he has made phi beta kappa" (Schachter, 1964, S. 51), "an individual [is]...aware that he is in great danger" (Schachter, 1964, S. 53) oder "threat of shock" (Ross et al., 1969, S. 286). Häufig wird auch nur von "situational factors" (Schachter, 1964, S. 52) oder einer "emotionally relevant source" (Ross et al., 1969, S. 281) gesprochen.

Was schließlich B3 betrifft, so sei darauf hingewiesen, daß Schachter und die Attributionstheoretiker nicht nur von einer wahrgenommenen kausalen Beziehung zwischen *Einschätzungen* und Erregungsgefühlen sprechen (wie z. B. "the individual's perception ... of a causal connection between physiology and cognition"; Ross et al., 1969, S. 279), sondern häufig auch von einer Attribution der Erregungsgefühle auf die (eingeschätzten) *Sachverhalte* oder auf "emotionale" oder "emotional relevante" Ereignisse (Ross et al., 1969, S. 280).[2] Diese zwei Beschreibungen der Kausalattribution sind jedoch nicht notwendigerweise inkompatibel. Denn wenn man genauer untersucht, was eine Attribution der Erregung auf ein "emotionales" Ereignis ist, und worin sie sich von einer Attribution der Erregung auf ein "nichtemotionales" Ereignis (wie z. B. die Verabreichung einer Droge) unterscheidet, dann wird klar: Ein "emotionales" Ereignis S (als Ursache von Erregung) ist ein Ereignis, das Erregung gerade deshalb auslöst, weil es von der Person auf bestimmte Weise eingeschätzt wird, d.h., der Effekt von S auf das Erregungsgefühl wird durch die Einschätzung von S kausal vermittelt. Ein "nichtemotionales" Ereignis ist dagegen ein solches, das Erregung auf nichtkognitivem Wege erzeugt (wie z. B. eine Droge). B3 beschreibt daher die Meinung der Person über die *direkte* Ursache ihrer Erregung (die Einschätzung von S), während die Formulierung "P glaubt, daß ihre Erregung durch den emotionalen Sachverhalt S verursacht wurde", ihre Meinung über die *indirekte* Erregungsursache (den Sachverhalt S) beschreibt. Es sollte jedoch beachtet werden, daß die letztere Formulierung der Kausalattribution nicht *generell* verwendet werden kann, denn in manchen Fällen - insbesondere dann, wenn der eingeschätzte Sachverhalt S nach Meinung der Person in der Zukunft liegt und somit

---

[2] Manche Autoren sprechen auch von der Attribution der Erregung auf die *Emotion* (z. B. Olson, 1990, S. 18; Shott, 1979, S. 1322); das ist aber ganz irreführend.

gegenwärtig (noch) nicht existiert, wie es zum Beispiel bei Angst gewöhnlich der Fall ist – kann die Person S nicht als die Ursache ihrer gegenwärtig erlebten Erregung betrachten. Die *Einschätzung* von S kann dagegen auch in diesen Fällen als wahrgenommene Ursache der Erregung fungieren (B3).

Die Aktualgenese von Emotionen

Nach Schachter (1964) und den Attributionstheoretikern (z. B. Ross et al., 1969) können die Bedingungen B1-B3 auf zwei unterschiedliche Arten realisiert werden. Im Normalfall der Emotionsentstehung verursacht die – teils durch Sinnesinformationen, teils durch das allgemeine Weltwissen sowie die Wünsche und Präferenzen der Person determinierte (vgl. Lazarus, 1991) – Einschätzung eines Sachverhalts ein Erregungsgefühl, welches von der Person auch korrekt attribuiert wird (vgl. auch Nisbett & Schachter, 1966; Ross et al., 1969). Zumindest in Ausnahmefällen kann der Prozeß der Emotionsentstehung jedoch auch mit dem Erleben eines Erregungsgefühls beginnen, für das die Person zunächst keine Erklärung hat (vgl. dazu auch Mandler, 1984). Das Erleben eines unerklärten Erregungsgefühls soll Prozesse der Ursachensuche und möglicherweise auch der Neueinschätzung der Situation (vgl. Lazarus, 1991) in Gang setzen; zu einer Emotion kommt es in diesem Fall dann, wenn – als Resultat dieser Prozesse – das Erregungsgefühl auf eine emotionsrelevante Einschätzung der Situation zurückgeführt wird (vgl. Reisenzein, 1983). Auf diese Weise können Emotionen theoretisch auch in solchen Situationen zustandekommen, die ohne das Auftreten eines unerklärten Erregungsgefühls keine Emotionen ausgelöst hätten. Es sollte jedoch beachtet werden, daß Schachters Theorie auch für den Normalfall der Emotionsentstehung die Möglichkeit erlaubt, die auftretenden Emotionen durch Fehlattribution des Erregungsgefühls zumindest zu intensivieren oder abzuschwächen. Zur *Intensivierung* einer Emotion E sollte es dann kommen, wenn ein aus einer "irrelevanten" Quelle stammendes (d.h. nicht durch die für E charakteristische Situationseinschätzung verursachtes) Erregungsgefühl wenigstens teilweise auf diese Einschätzung fehlattribuiert wird. Zu einer *Abschwächung* der Emotion E sollte es dagegen dann kommen, wenn das durch E-spezifische Einschätzungen verursachte Erregungsgefühl wenigstens teilweise auf andere Ursachen fehlattribuiert wird. Wird das Erregungsgefühl *vollständig* auf solche irrelevanten Ursachen attribuiert, dann sollte die Emotion E sogar völlig zum Verschwinden kommen, denn in diesem Fall ist ja die Bedingung B3 nicht mehr erfüllt.

Drei Varianten der Schachterschen Theorie

Im folgenden möchte ich drei weitere "kognitiv-physiologische" Emotionstheorien vorstellen, die als mehr oder weniger weitreichende Modifikationen (der Kernannahme) der Schachterschen Theorie angesehen werden können. Durch den Vergleich mit diesen Varianten werden die Besonderheiten der Schachterschen Theorie besonders deutlich hervortreten.

Die drei zu schildernden Theorievarianten ergeben sich aus der Schachterschen Theorie durch Abänderung der Bedingungen B3 (Gordon, 1978) bzw. B1 und B3 (Lyons, 1980; Valins, 1966).

1. Gordon (1978) erwähnt eine mögliche Interpretation der Schachterschen Theorie (die er selbst allerdings nicht als korrekte Interpretation betrachtet), der zufolge Emotionen als durch Einschätzungen verursachte Erregungsgefühle definiert sind (vgl. dazu auch Gean, 1979). Im gegenwärtigen Diskussionszusammenhang ist an dieser Theorievariante vor allem bedeutsam, daß in ihr die Kausal*attribution* durch eine *objektiv bestehende* Kausalbeziehung zwischen Einschätzungen und Erregungsgefühl ersetzt wird (vgl. auch Gordon, 1974; Lyons, 1980). Das heißt, Bedingung B3 wird ersetzt durch:

$B3_G$: P's Erregungsempfindungen sind durch P's Einschätzung von S verursacht.

Diese Theorie kann daher als eine teilweise (nämlich in Bezug auf die Bedingung B3) "objektivierte" Variante der Schachterschen Theorie angesehen werden: Nach Gordons Interpretation ist für eine Emotion entscheidend, daß die empfundene Erregung tatsächlich durch Einschätzungen verursacht ist, während nach Schachter bzw. den Attributionstheoretikern gilt: "it is the individual's perception or imputation of such a [causal] link, rather than the actual existence of a causal connection between physiology and cognition, which is crucial" (Ross et al., 1969, S. 279). Kausalattributionen der in B3 genannten Art spielen zwar auch in dieser Theorie eine Rolle, aber nicht für das Zustandekommen von Emotionen – denn diese gelten ja laut $B3_G$ bereits als vorhanden, wenn die Erregungsempfindung objektiv durch Einschätzungen verursacht wurde, gleichgültig was die Person darüber denkt –, sondern nur für das Zustandekommen von *Überzeugungen über Emotionen*; d.h. für die Selbst- und Fremdzuschreibung von Emotionen (genaueres dazu im Abschnitt zur Selbstzuschreibung von Emotionen).

2. Ein weiterer Schritt in Richtung auf die "Objektivierung" der Schachterschen Emotionstheorie wird von Lyons (1980; ähnlich auch Gean, 1979) getan, der nicht nur die Bedingung B3, sondern auch B1 objektiviert, d.h.

die Erregung*empfindung* durch *objektive Erregung* ersetzt: "[Person] X is to be deemed in an emotional state if and only if it is a physiologically abnormal state caused by the subject of that state's evaluation of his or her situation" (Lyons, 1980, S. 57-58).[3] Lyons ersetzt also die Bedingung B1 durch:

$B1_L$: P ist physiologisch erregt;

und die Bedingung B3 durch:

$B3_L$: P's physiologische Erregung ist durch P's Einschätzung von S verursacht.

Auch in dieser Modifikation der Schachterschen Theorie sind Kausalattributionen nur für das Zustandekommen von Emotions*zuschreibungen* von Bedeutung. Darüber hinaus sind Emotionen in dieser Theorievariante, im Unterschied zu den zuvor besprochenen, keine rein mentalen Zustände, denn objektive Erregung ist ein peripher-physiologischer körperlicher Zustand. Bestenfalls könnte man Emotionen als mental-behaviorale oder "psychosomatische" Zustände auffassen (Lyons, 1980, S. 58; vgl. dazu auch den Abschnitt "Was ist nach Schachters Theorie eine Emotion?").

3. Während Gordon (1978) und Lyons (1980) Schachters Theorie "objektivieren", hat Valins (1966; 1970) sie noch stärker "subjektiviert", oder genauer gesagt, "kognitiviert" (vgl. dazu auch Liebhart, 1980; Truax, 1984). Laut Valins ist nämlich – zusätzlich zur kognitiven Einschätzung der Situation – weder *objektive* Erregung (wie bei Lyons) noch ein Erregungs*gefühl* (wie bei Schachter) für eine Emotion notwendig, sondern nur die *Überzeugung* der Person, die Einschätzung eines Objekts oder Sachverhalts verursache objektive physiologische Erregung. D.h., Valins ersetzt Bedingung B1 durch:

$B1_V$: P glaubt, daß sie (objektiv) physiologisch erregt ist.

Valins stimmt jedoch mit Schachter darin überein, daß für eine Emotion nicht die objektive Verursachung der Erregung durch die Einschätzung entscheidend ist, sondern die Kausalattribution der Erregung. Aufgrund der Modifikation von B1 muß jedoch auch B3 abgeändert werden, nämlich zu:

$B3_V$: P glaubt, daß ihre (objektive) physiologische Erregung durch ihre Einschätzung von S verursacht ist.

Valins' Theorie könnte wie folgt zustandegekommen sein: Valins (a)

---

[3] Lyons betrachtet für einige Emotionen außerdem auch Handlungstendenzen als definitorisch notwendig. Nach Gean (1979) kann die nichtkognitive Komponente von Emotionen nicht nur in physiologischer Erregung bestehen, sondern auch in anderen Arten "passiver Körperveränderungen" wie z. B. expressivem Verhalten.

interpretierte die nichtkognitive Komponente der Schachterschen Theorie (Erregungsgefühl) als *Erregungswahrnehmung* im früher erklärten Sinn, d.h. als einen Komplex von Erregungsempfindungen plus der Überzeugung (objektiv) erregt zu sein, und (b) postulierte dann, daß für eine Emotion nur der Überzeugungsaspekt der Erregungswahrnehmung von Bedeutung sei, während ihre sensorische Komponente nicht notwendigerweise vorhanden sein müsse. Erregungsempfindungen haben nach Valins nur insofern eine ausgezeichnete Bedeutung für Emotionen, als sie die typische Grundlage von Überzeugungen über den Grad der eigenen objektiven Erregung darstellen; oder mit anderen Worten, sie sind ausschließlich wegen ihres Informationsgehalts – als Indikatoren objektiver Erregung – von Bedeutung. Somit werden Emotionen von Valins (1966; 1970) also *auf Überzeugungen reduziert* (vgl. auch Leventhal, 1979). Anders als die zuvor besprochenen Varianten der Schachterschen Theorie ist Valins Theorie daher strenggenommen keine kognitiv-nichtkognitive Hybridtheorie, sondern eine rein kognitive Theorie der Emotion.[4] Aus diesem Grund kann Valins (1966) sich allerdings zur Begründung der Notwendigkeit der Erregungskognition nicht länger auf das Hauptmotiv der Hybridtheoretiker für die Postulierung einer nichtkognitiven Emotionskomponente berufen, nämlich, daß diese den spezifisch "affektiven" Charakter von Emotionen (gegenüber "kalten Kognitionen") erklären soll. Aber auch zur Erklärung der Intensität von Emotionen scheint der Glaube, zu einem bestimmten Grad erregt zu sein, wenig geeignet. Eine anderes theoretisches Motiv für die Postulierung der Erregungskognition ist jedoch ebenfalls nicht in Sicht, so daß sich die Frage stellt, wozu sie überhaupt benötigt wird. Wie später erklärt wird, könnte man Valins' (1966) Theorie jedoch als Theorie der *Selbstzuschreibung von Emotionen*, letztere definiert nach Lyons (1980), reinterpretieren.

Die von Lyons (1980) bzw. Valins (1966) vorgenommenen Modifikationen der Bedingung B1 der Schachterschen Theorie hätten übrigens zumin-

---

[4] Die hier vorgeschlagene Interpretation des Verhältnisses zwischen der Theorie von Valins und der von Schachter scheint mir plausibler als die folgenden zwei, in der Literatur häufiger anzutreffenden Alternativinterpretationen: (1) Nach Schachter ist *objektive* peripher-physiologische Erregung – zumindest zusätzlich zu deren Wahrnehmung – notwendig für Emotionen, während nach Valins die *Wahrnehmung* von Erregung ausreicht (z. B. Hammerl, Grabitz, & Gniech, 1993); (2) Schachter und Valins stimmen überein; Valins hat nur eine von Schachter nicht betonte oder beachtete Implikation seiner Theorie herausgearbeitet. Diese Interpretationen beruhen m.E. auf der mangelnden Unterscheidung von Erregungsempfindungen, der Überzeugung (objektiv) erregt zu sein und Erregungswahrnehmungen (welche beide dieser Komponenten enthält).

dest geringe *praktische* Bedeutung, wenn die Intensität von Erregungsempfindungen und die Überzeugungen der Person über den Grad ihrer
Erregtheit ausschließlich durch das Ausmaß der objektiv vorhandenen,
peripher-physiologischen Erregung determiniert wären. Dies ist jedoch
offenbar keineswegs der Fall (vgl. Mandler, 1984; Cacioppo, Tassinary,
Stonebraker & Petty, 1987; Pennebaker, Gonder-Frederick, Cox & Hoover,
1985; Reisenzein & Gattinger, 1982; Valins, 1970).

Zusammenfassend kann man also sagen: Nach Schachter hat eine Person
P eine Emotion genau dann, wenn sie sich physiologisch erregt fühlt, einen
Sachverhalt S in emotionsrelevanter Weise einschätzt und glaubt, daß ihr
Erregungsgefühl durch ihre Einschätzung von S verursacht ist. Nach Gordon hat sie eine Emotion, wenn sie ein Erregungsgefühl erlebt, das tatsächlich durch Einschätzungen verursacht ist; nach Lyons, wenn sie sich in
einem objektiven Erregungszustand befindet, der durch Einschätzungen
verursacht ist; und nach Valins, wenn sie einen Sachverhalt emotionsrele-
vant einschätzt und glaubt, daß diese Einschätzung objektive Erregung
verursacht.

Drei unklare Aspekte der Schachterschen Theorie

Die attributionstheoretische Reformulierung der Schachterschen Theorie ist
zwar präziser als deren ursprüngliche Fassung (Schachter, 1964; vgl. dazu
Leventhal, 1979; 1980; Reisenzein, 1983), aber auch in ihr bleibt verschie-
denes unklar oder problematisch. In diesem Abschnitt sollen drei solche
Aspekte der Theorie diskutiert werden. Zuerst wird diskutiert, (a) welchen
erkenntnistheoretischen Status die Kernannahme der Schachterschen Theorie
hat sowie – damit zusammenhängend –, (b) was nach dieser Theorie eine
Emotion ist, und schließlich (c) wird untersucht, welche Beziehung im
Rahmen der Schachterschen Theorie zwischen Emotionen und der Selbstzuschreibung von Emotionen besteht.

Der erkenntnistheoretische Status der Kernannahme der
Schachterschen Theorie

Laut der Kernannahme der Schachterschen Theorie sind die Bedingungen
B1-B3 *einzeln notwendig* und *zusammen hinreichend* für eine Emotion. In
diesem Abschnitt soll diskutiert werden, wie das zu verstehen ist. Ich werde
argumentieren, daß (1) B1-B3 nicht bloß als *kausal*, sondern als *definitorisch* notwendige und – bei einer bestimmten Interpretation – auch hinreichende Bedingungen von Emotionen aufzufassen sind; und (2) daß die

durch B1-B3 bestimmte (partielle) Emotionsdefinition nicht als Nominal-, sondern als Realdefinition von Emotionen zu verstehen ist.

Die Interpretation von B1-B3 als *kausal* notwendige und hinreichende Bedingungen würde besagen, daß Emotionen im normal funktionierenden Organismus immer und nur dann *erzeugt werden*, wenn diese Bedingungen gegeben sind. B1-B3 werden nach dieser Interpretation also als *Ursachen* von Emotionen betrachtet, während die eigentlichen Emotionen beim Vorliegen von B1-B3 erst durch einen weiteren Prozeß erzeugt werden. Eine solche Annahme findet sich jedoch – zumindest in expliziter Form – weder bei Schachter noch bei den Attributionstheoretikern. Insbesondere nehmen diese Theoretiker mit Sicherheit nicht an, daß bei Vorliegen dieser Bedingungen z. B. subkortikale "Emotionszentren" (vgl. Cannon, 1927) aktiviert werden, die das eigentliche Gefühl erst erzeugen (vgl. dazu auch Leventhal, 1979; 1980).

Mandler (1975; 1984), ein weiterer in der Schachterschen Tradition stehender Emotionstheoretiker, postuliert allerdings, daß zur Entstehung einer Emotion die kognitive Einschätzung der Situation mit der Erregungswahrnehmung zu einem Gesamterleben *integriert* werden müsse: "arousal and cognition are combined to produce a phenomenologically unified experience of emotion" (Mandler, 1984, S. 129). Es wäre daher denkbar, daß Schachter bzw. die Attributionstheoretiker dies zumindest implizit ebenfalls angenommen haben (vgl. z. B. die Interpretation Schachters durch Leventhal, 1979; 1980). Auf jeden Fall ist von Interesse, zu untersuchen, welche Implikationen eine solche Annahme für den epistemischen Status der Bedingungen B1-B3 hätte.

Das Resultat dieser Untersuchung hängt teilweise davon ab, worin der postulierte "Integrationsprozeß" von Einschätzung und Erregung im einzelnen besteht. Ich werde auf Mandlers (1984) – leider recht vage – Ausführungen zu diesem Punkt später noch genauer eingehen; im gegenwärtigen Diskussionszusammenhang ist nur von Belang, daß der postulierte Integrationsprozeß – gegenüber z. B. der Annahme der Aktivierung subkortikaler Emotionszentren oder damit vergleichbarer vermittelnder Prozesse – zwei wichtige Besonderheiten aufweist: *Erstens* scheint dieser Integrationsprozeß zumindest als Teilprozeß die Attribution der Erregung auf eine "emotionale" Ursache zu beinhalten (man vergleiche dazu Mandlers Interpretation des Experiments von Schachter und Singer [1962] in Mandler, 1975, S. 91ff); daher wird durch die Annahme dieses Prozesses B3 logisch impliziert. Man könnte sogar postulieren, daß der Prozeß, durch den Einschätzungen und Erregung integriert werden, "*is simply* the formation of a causal inference regarding cognitive and physiological components" (Ross et al., 1969,

S. 287; Hervorhebung vom Verfasser). *Zweitens* setzt die Annahme eines Integrationsprozesses nach dem üblichen Verständnis von "Integration" logisch notwendig voraus, daß die zu integrierenden Elemente vorhanden sind, d.h. hier, daß die Bedingungen B1 und B2 erfüllt sind; und auch Mandler (1984) nimmt das für den von ihm postulierten speziellen Integrationsprozeß an (vgl. dazu den Abschnitt zur Selbstzuschreibung von Emotionen).

Abgesehen von diesem denkbaren Integrationsprozeß ist jedenfalls nach Schachter und den Attributionstheoretikern – ebenso wie nach Mandler – mit Sicherheit kein weiterer spezieller Prozeß notwendig, damit es zu einer Emotion kommt. Daher ist es im Rahmen der Schachterschen Theorie selbst dann, wenn man Mandlers Integrationspostulat hinzufügt, ausgeschlossen, daß eine Emotion vorliegt, ohne daß B1-B3 vorliegen. Und falls die Integration von Erregung und Situationseinschätzung außer der Kausalattribution der Erregung (vgl. B3) keine weiteren Prozesse beinhaltet (vgl. Ross et al., 1969), scheint es auch nicht möglich zu sein, daß B1-B3 vorliegen, ohne daß eine Emotion vorliegt. Somit handelt es sich bei B1-B3 also zumindest um *definitorisch notwendige* Bedingungen für Emotionen (d.h., diese Bedingungen beschreiben zumindest einige der Definitionsmerkmale für Emotionen); und, außer bei Annahme eines über die Kausalattribution hinausgehenden Integrationsprozesses, auch um *definitorisch hinreichende* (von dieser Annahme werde ich, wenn nicht explizit anders angegeben, im folgenden jedenfalls ausgehen).

Die durch B1-B3 bestimmte (partielle) Emotionsdefinition darf m.E. jedoch nicht als *Nominaldefinition* von Emotionen verstanden werden, d.h. als eine von Schachter vorgenommene Festsetzung seiner Begriffsverwendung von "Emotion" (oder auch als Vorschlag für eine allgemein zu akzeptierende Begriffsfestsetzung). Diese Interpretation scheint mir nicht nur mit den expliziten Äußerungen Schachters (1964) bzw. der Attributionstheoretiker (z. B. Ross et al., 1969) unvereinbar; vor allem bliebe bei dieser Deutung das Ziel der von Schachter und anderen durchgeführten Untersuchungen zur Überprüfung seiner Theorie – die sich zum größten Teil mit der Prüfung der Kernannahmen beschäftigten (vgl. Reisenzein, 1983) – unverständlich. Denn nach allgemeiner Auffassung sind Nominaldefinitionen einer empirischen Prüfung "weder bedürftig noch fähig" (Holzkamp, 1986; vgl. auch Weingartner, 1976). Vielmehr wollte Schachter – wie vor ihm James (1884), Cannon (1927) und zahlreiche weitere Theoretiker – aufklären, worin die spezifische Natur derjenigen psychologischen Zustände besteht, die wir im Alltag als Emotionen bezeichnen (wie z. B. Ärger, Furcht, Stolz, Mitleid usw.). Mit anderen Worten, Schachter bzw. seine attributionstheoretischen Interpreten wollten mit B1 bis B3 eine Antwort auf die von James (1884) aufgeworfene Frage "Was ist eine Emotion?" geben, und zwar eine, die den ihrer Meinung nach richtigen Kern der Jamesschen Theorie bewahrte, gleichzeitig aber deren Schwächen vermied (vgl. Schachter, 1964, S. 69ff; 1970; Leventhal, 1979; 1980). Die Kernannahme der Schachterschen Emotionstheorie ist also, zumindest der Intention nach, eine *Realdefinition* von Emotionen, d.h. eine Theorie über die Natur oder die essentiellen Merkmale derjenigen Personzustände, die präsystematisch als Emotionen aufgefaßt werden (vgl. auch Reisenzein, 1992a; Reisenzein & Schönpflug, 1992). Als solche ist die Emotionsdefinition empirischer Natur, d.h. empirisch bestätigbar und widerlegbar (vgl. Putnam, 1975).

Da die intuitive Abgrenzung der Emotionen von anderen Zuständen nicht scharf ist, sollte man die Schachtersche Theorie jedoch nicht bereits dann als widerlegt betrachten, wenn einige der präsystematisch den Emotionen zugerechneten psychischen Zustände die Bedingungen B1 bis B3 nicht erfüllen, oder einige der präsystematisch als Nichtemotionen klassifizierte sie erfüllen. Jedoch sollte die Theorie eine genügend große Anzahl von Emotionen erklären, wobei der Begriff "genügend groß" allerdings mit einer nicht behebbaren Vagheit behaftet ist. Man kann aber sicher sagen, daß die Theorie dann als widerlegt gelten darf, wenn sie paradigmatische Emotionen, wie z. B. Angst, Ärger, Freude und Trauer nicht erklären kann. In der Tat beschäftigten sich die meisten Untersuchungen zur Schachterschen Theorie mit solchen Emotionen.

Was ist nach Schachters Theorie eine Emotion?

Die Definition von Emotionen mittels der Bedingungen B1 bis B3 legt allerdings noch nicht eindeutig fest, was in Schachters Theorie die Emotion ist; d.h., die Natur der Emotionen bleibt durch diese Charakterisierung *ontologisch unterdeterminiert* (vgl. Calhoun, 1984; dies gilt in analoger Weise auch für die Theorievarianten von Gordon, Lyons, und Valins). Die Bedingungen B1 bis B3 lassen nämlich mindestens noch die folgenden drei unterschiedlichen Antworten auf die Frage "Was ist die Emotion?" zu:

E1. Die Emotion ist nichts anderes als der komplexe, aus den drei Komponenten Erregungsgefühl, Einschätzung und Kausalattribution bestehende mentale Zustand. Im Normalfall der Emotionsentstehung verursacht dabei, wie gesagt, die Einschätzung der Situation auch tatsächlich das Erregungsgefühl; außerdem sind im Normalfall beide Faktoren Teilursachen der Kausalattribution.

In den "objektivistischen" Varianten der Theorie wären Emotionen nach

dieser Interpretation (a) komplexe mentale Zustände, bestehend aus Einschätzungen und Erregungsgefühlen (Gordon, 1978) bzw. (b) komplexe
mental-behaviorale Zustände, bestehend aus Einschätzungen und objektiver
Erregung (Lyons, 1980), wobei diese zwei Emotionskomponenten in beiden
Theorien *objektiv* kausal miteinander verbunden sind. Nach Valins (1966)
schließlich wären Emotionen Komplexe von Kognitionen ($B1_v$, $B2_v$, $B3_v$).

E2. Die Emotion ist ein qualitativ neuartiger mentaler Zustand, der
durch die Integration von Erregungsempfindung und Situationseinschätzungen zustande kommt (Mandler, 1984; vgl. auch Leventhal, 1979). Diese
bereits im vorangegangenen Abschnitt erwähnte Interpretation mag einem
insofern als attraktiv erscheinen, als sie einerseits die Idee beibehält, daß
Emotionen eine komplexe kognitiv-physiologische Basisstruktur haben,
andererseits aber auch der traditionellen Vorstellung gerecht zu werden
scheint, daß Emotionen introspektiv unverwechselbare Gefühlsqualitäten
sind, die von Personen primär anhand dieser Qualitäten identifiziert werden.

Die Interpretation E2 ist nur für die attributionstheoretische Reformulierung der Schachterschen Theorie möglich, nicht jedoch für die "objektivierten" Varianten dieser Theorie von Gordon (1978) und Lyons (1980), da die
"integrierende" Kausalattribution in diesen Theorievarianten ja nicht vorkommt bzw. durch eine objektive kausale Beziehung ersetzt ist. Lyons'
(1980) Theorie ist der Interpretation E2 darüber hinaus aber schon deshalb
nicht zugänglich, weil die nichtkognitive Emotionskomponente in dieser
Theorie ein peripher-physiologisches Ereignis ist und als solches nicht
unmittelbar (d.h., ohne perzipiert zu werden) zu einem Gesamt*erleben*
integriert werden kann. Auch im Rahmen dieser Theorievarianten könnte
man aber die Annahme machen, daß die *Selbstzuschreibung* von Emotionen
im Normalfall auf einer durch die Integration von Erregungsgefühl und
Situationseinschätzung hervorgegangenen Erlebnisqualität beruht. (Es muß
jedoch betont werden, daß sowohl Gordon [1978] als auch Lyons [1980]
selbst ihre jeweiligen Theorien im Sinn von E3 interpretieren). Für die
Theorievariante von Valins (1966) ist E2 ebenfalls wenig plausibel, denn
was soll man sich unter einer Integration von zwei Überzeugungen (der
Einschätzung der Situation und der Überzeugung, erregt zu sein) zu einem
Gesamt*erleben* eigentlich vorstellen?

E3. Die Emotion ist ein – nach Meinung der Person – durch eine emotionsrelevante Einschätzung eines Sachverhalts (die sie auch tätigt) verursachtes Erregungsgefühl. Das ist eine teilweise *relationale* Definition von
Emotionen, d.h., Emotionen sind nach dieser Definition eine *Subklasse* von

Erregungsgefühlen, nämlich die Klasse all derjenigen Erregungsgefühle, die nach Meinung der Person durch ihre emotionsrelevanten Situationseinschätzungen verursacht sind. Erregungsgefühle, die nach Meinung der Person auf andere Ursachen, wie z. B. auf Drogen oder körperliche Anstrengung, zurückzuführen sind, zählen nach dieser Interpretation nicht als Emotionen, sondern als nichtemotionale Erregungsgefühle.

Das Pendant zu E3 in den "objektivistischen" Varianten der Schachterschen Theorie, in denen die Kausalkognition durch eine objektive kausale Beziehung ersetzt wird (Gordon, 1978; Lyons, 1980), ist eine – von diesen Autoren auch selbst so propagierte – teilweise *funktionale* Definition von Emotionen. Funktionale Definitionen sind ein Spezialfall relationaler Definitionen, nämlich solche, bei denen ein Ereignis durch Bezugnahme auf seine *Ursachen und/oder Wirkungen* definiert wird (vgl. Block, 1980). So ist z. B. "Sonnenbrand" teilweise funktional definiert als "eine durch intensive Sonnenbestrahlung verursachte Entzündung der Haut" (Gordon, 1978). Analog werden Emotionen von Gordon (1978) teilweise funktional definiert als *durch Einschätzungen (objektiv) verursachte Erregungsempfindungen;* und von Lyons (1980) als *durch Einschätzungen verursachte objektive Erregungszustände:* "emotion is...a bodily state caused by an...evaluative attitude" (Lyons, 1980, S. 57-58). Durch andere Faktoren verursachte subjektive bzw. objektive Erregungszustände sind dagegen in beiden Theorien keine Emotionen. Das folgende Zitat aus Gean (1979) soll die Grundidee dieser funktionalen Emotionsdefinitionen zusätzlich verdeutlichen:

> "...bodily change is emotion only if it results from, and is explainable by reference to, what the person believes and values. Emotion thus conceived is indeed a *kind* of passive bodily change but is identifiable as of that kind only by reference to some set of cognitive and valuational causes...the basis of [the distinction between emotions and nonemotional bodily changes]...does not lie in locating some 'intrinsic' uniquely distinguishing pattern of passive bodily changes peculiar to emotion...It lies instead in the implied presence of certain kinds of causal factors which are held to explain that state. Thus, to characterize a person's state as one of emotion is to imply that it results from both cognitive and valuation factors." (S. 43)

Eine graphische Veranschaulichung der beschriebenen relationalen und funktionalen Emotionsdefinitionen findet sich in Abbildung 1 (wobei die Lyons'sche Variante vernachlässigt wurde).

Welche der Positionen E1 bis E3 von Schachter bzw. den Attributionstheoretikern vertreten wird, ist nicht eindeutig zu sagen, da sich die Autoren nicht ausreichend klar zu diesem Punkt äußern. Ross et al.'s (1969) Feststellung "according to our interpretation...emotional states have three *components*: physiological arousal, emotionally relevant cognitive or situational factors, and a perceived causal link between these factors" (S. 280; Hervorhebung vom Verfasser) spricht bei wörtlicher Interpretation für E1. Leventhal (1979; 1980) interpretiert Schachter dagegen im Sinn von E2, und Kleinke (1978), Lyons (1980) und andere im Sinn von E3. Tatsächlich

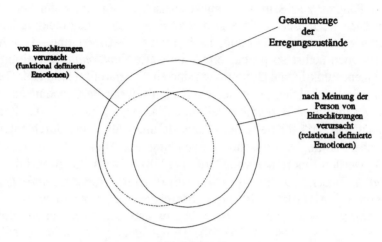

Abbildung 1
Graphische Veranschaulichung der relationalen
und funktionalen Emotionsdefinitionen

spricht Schachters Formulierung "an individual…will 'label' this state [of arousal] and describe his feelings in terms of the cognitions available to him" (S. 53) am ehesten für E3, denn sie legt nahe, daß die Attribution der Erregung auf eine bestimmte emotionale Ursache dazu dient, den konkreten Erregungszustand als zu einer bestimmten Subklasse von Erregungszuständen gehörig zu identifizieren. Auch Schachters Postulat, allein die Erregung sei für die Intensität von Emotionen verantwortlich, ist am besten mit E3 in Einklang zu bringen, denn laut E3 sind Emotionen ja einfach eine Subklasse von Erregungsgefühlen, und Erregungsgefühle variieren in der Intensität. Im Unterschied dazu ist weder unmittelbar einsichtig, wie ein Komplex von Einschätzungen und Erregungsgefühlen eine einheitliche Intensität aufweisen kann, noch wie diese Intensität aus der Intensität der Erregung abgeleitet werden soll (E1). In bezug auf E2 könnte man zwar annehmen, daß das "holistisch integrierte" Gesamterleben eine einheitliche Intensität aufweist; wie es aber zu allererst möglich sein soll, daß ein Komplex von so unterschiedlichen Elementen wie Situationseinschätzungen und Erregungsempfindungen zu einem Gesamterleben *einheitlicher Intensität* integriert wird, bleibt unklar.

Zur Beziehung zwischen Emotionen und der Selbstzuschreibung von Emotionen

In diesem Abschnitt präsentiere ich einige Überlegungen zur Beziehung zwischen Emotionen und der Selbstzuschreibung von Emotionen, d.h. Überzeugungen des Inhalts, man selbst habe eine (bestimmte) Emotion.[5] Ein Beispiel für eine solche Selbstzuschreibung ist: "Person P glaubt zum Zeitpunkt t, daß sie Angst hat". Emotions-Selbstzuschreibungen sind also selbstreflexive – und zum Zeitpunkt der Zuschreibung auch bewußte – Überzeugungen, deren Inhalt es ist, daß ein (bestimmtes) Emotionsprädikat auf die zuschreibende Person zutrifft. Um eine solche Zuschreibung tätigen zu können, muß die Person offenbar über die in der Zuschreibung vorkommenden Emotionsbegriffe verfügen (vgl. Crane, 1992). Zur Vereinfachung der folgenden Diskussion beschränke ich mich auf Fälle, bei denen sich Personen *alltagssprachliche* Emotionsbegriffe (wie "Angst" oder "Ärger") zuschreiben, setze also voraus, daß die Personen über diese Begriffe verfügen. Diese Beschränkung ist jedoch nicht schwerwiegend, da solche Fälle als Standardbeispiele von Emotions-Selbstzuschreibungen gelten können und daher von jeder Theorie der Emotions-Selbstzuschreibung berücksichtigt werden müssen. Die Möglichkeit, daß Emotionszuschreibungen auch in der Zuschreibung von ausschließlich in einer "mentalen Sprache" (vgl. Fodor, 1975) repräsentierten Emotionsbegriffen bestehen können, wird damit nicht ausgeschlossen. Außerdem beschränke ich mich auf solche Selbstzuschreibungen, die die Emotionen der Person zum *Zeitpunkt der Selbstzuschreibung* betreffen, lasse also z. B. retrospektive Emotionszuschreibungen (wie "gestern war ich sehr verärgert") außer Betracht.

Ich diskutiere zuerst die Frage, ob Emotionen und Selbstzuschreibungen von Emotionen in Schachters Theorie (sowie deren Varianten) auseinanderfallen können, d.h., ob man sich über die Existenz und Beschaffenheit seiner eigenen, aktuellen emotionalen Zustände irren kann. Dabei lege ich

---

[5] In der psychologischen Literatur wird häufig auch von der Selbst- und Fremd*wahrnehmung* (self- and other-perception) von Emotionen gesprochen (z. B. Bem, 1972; Kleinke, 1978; Laird & Bresler, 1992; Wicklund & Eckert, 1992), ohne daß damit jedoch im allgemeinen etwas anderes oder mehr gemeint ist als die genannten selbstbezogenen Kognitionen (oder auch der Prozeß der Bildung solcher Kognitionen).

die "Standardinterpretation" der Schachterschen Theorie zugrunde, derzu-
folge die Kernbedingungen dieser Theorie, erstens die Definitionsmerkmale
von *Emotionen* sind, und zweitens die Emotions-Selbstzuschreibung *nicht*
beinhalten. Anschließend erörtere ich drei Alternativinterpretationen der
Schachterschen Theorie, die Emotions-Selbstzuschreibungen eine wesentlich
wichtigere Rolle beimessen.

Irrtumsmöglichkeiten bei der Selbstzuschreibung von Emotionen. Angenommen, die Schachtersche Theorie ist zutreffend: Kann man sich dann in
bezug auf seine eigenen aktuellen Emotionen zum Zeitpunkt, in denen man
sie hat, irren? (Vorausgesetzt wird dabei, daß sich die Person zu diesem
Zeitpunkt überhaupt eine Meinung über ihre Emotionen bildet.) Um diese
Frage zu beantworten, müssen gewisse Annahmen darüber gemacht werden,
auf welche *Kriterien* Personen sich bei der Selbstzuschreibung von Emotionsbegriffen normalerweise stützen. Ganz allgemein betrachtet scheint es
– falls die Schachtersche Theorie korrekt ist – diesbezüglich jedoch nur die
folgenden drei Möglichkeiten zu geben:
   1. Die Kriterien, auf die sich Personen bei ihren Emotions-Selbstzuschreibungen stützen, bestehen in den Kernbedingungen der Schachterschen
Theorie (B1-B3). Diese Alternative ist besonders dann plausibel, wenn man
auf die Annahme besonderer (z. B. durch die Integration von Erregung und
Einschätzung zustandegekommener) Gefühlsqualitäten verzichtet. In diesem
Fall wäre es ferner nur folgerichtig, diese Kriterien auch als die *Definitionsmerkmale* alltagssprachlicher Emotionsbegriffe anzusehen – d.h., anzunehmen, daß kompetente Sprachverwender zumindest implizit über die Kernannahmen der Schachterschen Theorie verfügen –, denn noch fundamen-
talere Merkmale von Emotionen als diese Bedingungen gibt es ja nicht.
Diese Interpretation wird durch verschiedene Äußerungen Schachters (1964)
zumindest stark nahelegt, wie z. B. "an individual...will 'label' this state
[of arousal] and describe his feelings in terms of the cognitions available to
him" (S. 53). Offenbar nimmt Schachter also nicht nur an, daß die Kausalattribution von Erregungsempfindungen die *Emotion* determiniert, sondern
auch, daß sich die Person bei ihrer *Emotions-Selbstzuschreibung* ("label",
"describe") unmittelbar auf das Vorliegen der Kernbedingungen stützt.
Analoge Belegstellen ließen sich auch für die Attributionstheoretiker zitie-
ren. Ganz explizit wird diese Annahme von Gordon (1978), Gean (1979)
und Lyons (1980) für ihre eigenen Theorievarianten gemacht (vgl. auch
Johnson-Laird & Oatley, 1989, für eine analoge Annahme im Kontext einer
anderen Hybridtheorie).
   2. Personen stützen sich bei ihren Emotions-Selbstzuschreibungen auf

Kriterien, die zwar nicht mit den Bedingungen B1-B3 der Schachterschen Theorie identisch sind, aber mit diesen eng korrelieren. Im Kontext der Schachterschen Theorie bietet sich hier vor allem die Möglichkeit an, daß Selbstzuschreibungen von Emotionen – ähnlich wie im Fall der Selbstzuschreibung von Sinnesempfindungen – primär oder ausschließlich auf dem (Wieder-)erkennen emotionsspezifischer Bewußtseinsqualitäten beruhen, die zum Beispiel durch die Integration von Einschätzungen und Erregungsgefühlen zustandekommen, vielleicht aber auch einfach im Bewußtwerden der Komponenten bestehen. Alltagssprachliche Emotionsbegriffe könnten in diesem Fall analog zu Empfindungsbegriffen definiert sein, z. B. "Ärger" als dasjenige Gefühl, das man (zumindest typischerweise) in Situationen der Art S hat (insbesondere: in Situationen, die auf für Ärger charakteristische Art eingeschätzt werden), und das typischerweise zu anderen mentalen Zuständen $M_1...M_m$ und Verhaltensweisen $V_1...V_n$ führt.

3. Personen stützen sich bei ihren Emotions-Selbstzuschreibungen auf Kriterien, die nur gering oder gar nicht mit den Schachterschen Kernbedingungen für Emotionen korrelieren.

Die zuletzt genannte Alternative kann im folgenden jedoch außer acht gelassen werden. Denn auch dann, wenn man Irrtümer bei der Selbstzuschreibung von Emotionen nicht generell ausschließen will, ist die Implikation dieser Alternative, daß die *meisten* Fälle von Emotions-Selbstzuschreibungen inkorrekt sind, zu unplausibel, um ernsthaft erwogen zu werden (vgl. Greenwood, 1992). Ferner sind aufrichtig geäußerte Selbstzuschreibungen von Emotionen zentrale Indikatoren dafür, wann man präsystematisch vom Vorliegen von Emotionen spricht, und sie werden auch in der Forschung als solche verwendet (vgl. Reisenzein, 1983). Solange man an dieser Annahme festhält, kann man nicht gleichzeitig die Mehrheit von Emotions-Selbstzuschreibungen als inkorrekt betrachten; vielmehr wird man im Fall, daß sie nicht oder nur gering mit postulierten wissenschaftlichen Definitionsmerkmalen von Emotionen korrelieren, den Schluß ziehen, daß die geprüfte, wissenschaftliche Emotionsdefinition inkorrekt ist. Dies entspricht im übrigen genau der üblichen Forschungspraxis.

Nun zur erstgenannten Alternative. Nach Schachter (1964) liegt eine Emotion E genau dann vor, wenn die Bedingungen B1-B3 vorliegen. Falls diese Theorie richtig ist, und falls Personen ihre Emotions-Selbstzuschreibungen daran festmachen, ob diese Bedingungen vorliegen, gilt daher: Falls P weiß, daß E vorliegt, dann glaubt P, daß B1-B3 erfüllt sind, und diese Bedingungen sind auch tatsächlich erfüllt (vgl. Kutschera, 1981). Wenn P dagegen glaubt, daß (a) B1-B3 erfüllt sind, aber mindestens eine dieser Bedingungen nicht erfüllt ist, oder wenn P glaubt, daß (b) zumindest eine der Bedingungen B1-B3 nicht vorliegt, obwohl sie tatsächlich alle vorliegen, dann liegt ein Irrtum oder eine Täuschung in der Selbstzuschreibung vor (im ersten Fall ein "falscher Alarm", im zweiten ein "Übersehen"). Analoges gilt, mit entsprechend abgeänderten Kernbedingungen, für die besprochenen Varianten der Schachterschen Theorie.

Die Bedingungen B1-B3 der Schachterschen Theorie haben nun die Eigenart, daß sie – jedenfalls nach üblicher Auffassung – ausschließlich "subjektive", d.h. aktuelle und bewußte, zumindest aber bewußtseinsfähige (d.h. der Introspektion zugängliche) mentale Zustände beschreiben. Für die Erregungsempfindung dürfte dies offensichtlich sein; Empfindungen werden meist ja geradezu als per definitionem bewußt aufgefaßt. Aber auch die Einschätzungen von Situationen werden (im Unterschied zu den *Prozessen,* die in diesen Einschätzungen resultieren) gewöhnlich als bewußt oder zumindest bewußtseinsfähig betrachtet (vgl. z. B. Lazarus & Smith, 1988). Nach der hier vorausgesetzten Alternative 1 scheint diese Annahme sogar unvermeidbar, denn die Selbstzuschreibung soll sich ja u.a. auf das Vorliegen der Einschätzung stützen; es ist schwer zu sehen, wie dies möglich sein soll, wenn die Einschätzung nicht bewußt oder bewußtseinsfähig wäre. Die Kausalattribution dürfte dagegen in den meisten Fällen wohl nur als Hintergrundüberzeugung vorhanden sein. Es wird aber allgemein angenommen, daß auch sie der Introspektion zugänglich ist (explizit in diesem Sinn z. B. Kenrick, Cialdini & Linder, 1979); andernfalls wäre jedenfalls nicht verständlich, weshalb sie routinemäßig (zum Zweck der "Manipulationsüberprüfung") durch direkte Befragung erhoben wurde (vgl. Reisenzein, 1983).

In der traditionellen Philosophie des Geistes wurde vielfach die Auffassung vertreten, daß eine Irrtumsmöglichkeit in bezug auf bewußte oder bewußtseinsfähige Zustände (zum Zeitpunkt, in dem man sie hat) logisch oder zumindest nomologisch ausgeschlossen sei (vgl. Alston, 1971). Diese Ansicht wird heute von den meisten Philosophen jedoch nicht mehr vertreten (vgl. z. B. Heil, 1988), und es gibt keinen Grund anzunehmen, daß sie ausgerechnet im Fall der Schachterschen Theorie dennoch zutreffen sollte. Nichtsdestoweniger erscheint mir jedoch die schwächere Annahme plausibel, daß Irrtümer in bezug auf subjektive Zustände aufgrund der Konstitution unseres "mentalen Apparats" zumindest faktisch selten vorkommen. Auf jeden Fall sind die Irrtumsmöglichkeiten bei der Emotions-Selbstzuschreibung in Schachters (und Valins') Theorie deutlich stärker eingeschränkt als in den "objektivierten" Theorievarianten von Gordon (1978) und Lyons (1980). Denn auch dann, wenn ein Irrtum in bezug auf die eigenen Erregungsempfindungen (B1) oder Situationseinschätzungen

(B2) ausgeschlossen wäre oder zumindest faktisch nicht vorkommt, kann sich eine Person nach diesen Theorien über die zwischen Einschätzung und Erregung objektiv bestehende Kausalbeziehung täuschen. Daß dies nicht nur eine bloß theoretische Möglichkeit ist, wird durch die zahlreichen Fehlattributionsexperimente belegt, in denen Personen über die wahren Ursachen ihrer Erregung getäuscht wurden (vgl. Reisenzein, 1983). Nach Gordon und Lyons muß man in diesen Fällen sagen: Die Person *glaubt bloß*, eine Emotion einer bestimmten Qualität zu haben bzw. keine Emotion zu haben (oder auch: *Es scheint der Person bloß so*, als hätte sie eine Emotion einer bestimmten Qualität bzw. als hätte sie keine Emotion), während sie in Wirklichkeit keine Emotion bzw. eine Emotion einer anderen Qualität hat. Nach Schachter dagegen kann man das nicht sagen, denn nach ihm ist für eine Emotion nur entscheidend, daß die Person *glaubt*, ihr Erregungsgefühl sei durch eine emotionsrelevante Einschätzung verursacht (B3; vgl. auch Ross et al., 1969, S. 279). In Lyons' (1980) Theorievariante kann sich die Person darüber hinaus auch über das Vorhandensein von (objektiver) Erregung täuschen; z. B. kann sie objektiv erregt sein, diese Erregung aber nicht bemerken (z. B. Cacioppo et al., 1987). Aber auch das umgekehrte ist möglich (vgl. Valins, 1966). Nach Lyons muß man in beiden Fällen sagen, daß sich die Person in bezug auf ihre Emotion irrt.

Schließlich zur Möglichkeit, daß Emotionen charakteristische, z. B. durch die Integration von Erregung und Situationseinschätzung zustandegekommene Bewußtseinsqualitäten sind, und daß die Selbstzuschreibung von Emotionen auf dem (Wieder-)erkennen dieser Qualitäten beruht. Die Frage der Irrtumsmöglichkeit bei der Selbstzuschreibung von Emotionen reduziert sich dann auf die Frage, ob man sich in bezug auf diese Gefühlsqualitäten irren kann; und hier gilt dasselbe, was oben für die Kernbedingungen der Schachterschen Theorie gesagt wurde. Auch bei dieser Interpretation ist jedoch unplausibel, daß die Bedingungen B1-B3 nicht zumindest bewußtseinsfähig sein sollten. Zum Beispiel impliziert B3 ja, daß die Person glaubt, sie sei erregt und schätze die Situation auf emotionsrelevante Weise ein, d.h., B3 impliziert bereits die Selbstzuschreibung von B1 und B2.

Zusammenfassend ergibt sich also, daß die Irrtumsmöglichkeiten bei der Selbstzuschreibung von Emotionen in der Theorie von Schachter (und Valins) zwar nicht prinzipiell auszuschließen sind, faktisch aber doch eng begrenzt sein dürften, jedenfalls wesentlich begrenzter als in den Theorievarianten von Gordon und Lyons. Ob das für oder gegen die "subjektivistischen" Theorien spricht, hängt davon ab, für wie häufig man Irrtümer bei der Emotions-Selbstzuschreibung hält. Hält man sie für äußert selten, dann spricht das für die subjektivistischen Theorien; hält man sie für häufig, dann eher für die objektivistischen, vorausgesetzt man nimmt an, daß z. B. Fehlattributionen von Erregung auch im täglichen Leben häufig auftreten (so z. B. Nisbett & Ross, 1980, S. 227). Wie bereits gesagt, ist jedoch die Annahme, wir würden uns bei unseren Emotions-Selbstzuschreibungen *meistens* irren, intuitiv wenig plausibel.

Emotionen und Selbstzuschreibungen von Emotionen. In der bisherigen Diskussion der Schachterschen Theorie bin ich davon ausgegangen, daß Schachters Theorie eine Theorie der Emotionen und nicht der Emotions-Selbstzuschreibung ist, und daß Emotionen (nach der Standardinterpretation der Theorie) die Selbstzuschreibung von Emotionen auch nicht voraussetzen. Im folgenden diskutiere ich drei alternative Interpretationen der Schachterschen Theorie, die Emotionen in eine wesentlich engere Beziehung zu Emotions-Selbstzuschreibungen bringen.

1. Nach der extremsten Auffassung werden Emotionen von Schachter mit Emotions-Selbstzuschreibungen *identifiziert*. So wird Schachter z. B. explizit von Greenwood (1992) interpretiert; aber auch die Interpretationen Schachters durch andere Autoren, wie z. B. Bem (1972), Olson (1990), sowie Wicklund und Eckert (1992) könnten so verstanden werden. Zumindest treffen diese Autoren – wie übrigens auch zahlreichen weitere (z. B. Nisbett & Ross, 1980; Laird & Bresler, 1992) – keine klare Unterscheidung zwischen Emotionen und Emotions-Selbstzuschreibungen. Mit Ausnahme von Greenwood (1992) scheinen darüberhinaus alle zitierten Autoren dieser Interpretation (sofern sie sie wirklich beabsichtigen) zustimmend gegenüber zu stehen.

Diese Auffassung ist jedoch unhaltbar, und zwar schon deshalb, weil sie die *Objekte* von Überzeugungen mit dem *Haben* dieser Überzeugungen identifiziert – analog zur Identifizierung von "Hans ist 70 kg schwer" mit "Hans glaubt, daß er 70 kg schwer ist". Dies wäre selbst dann unzulässig, wenn ein Irrtum bei der Selbstzuschreibung von Emotionen aus logischen Gründen unmöglich wäre. Nach der vorangegangenen Analyse können Emotionen (definiert durch B1-B3) und Selbstzuschreibungen von Emotionen aber im Prinzip durchaus auseinanderfallen; daher können sie erst recht nicht identisch sein. Darüber hinaus ist unplausibel, daß man sich *immer*, wenn man eine Emotion hat, diese Emotion auch selbst zuschreibt – zumindest dann, wenn man, wie das hier getan wurde, unter Selbstzuschreibungen von Emotionen zum Zeitpunkt der Zuschreibungen bewußte Urteile versteht. Im übrigen beruht diese Interpretation Schachters durch Greenwood (1992) m.E. auf einer fehlerhaften Deutung eines aus dem Zusammenhang gerissenen Zitats (Greenwood, 1992, S. 2).

2. Nach einer weniger extremen Auffassung sind Emotionen und Emotions-Selbstzuschreibungen in Schachters Theorie zwar voneinander zu unterscheiden; Schachters Theorie ist aber (entweder nach dessen eigener Intention, oder aufgrund systematischer Überlegungen) nicht als eine Theorie der Emotionen, sondern als Theorie der Selbstzuschreibung von Emotionen zu verstehen. Dies wäre eine alternative, m.E. plausiblere Interpretation der Auffassung von Autoren wie Bem (1972), Nisbett und Ross (1980), Olson (1990), oder Wicklund und Eckert (1992). Zum Beispiel bezeichnen Nisbett und Ross (1980) die Schachtersche Theorie explizit als einen "account of emotional labeling" (S. 200). Offenbar sah Ross in dieser Deutung jedoch keinen Konflikt zu seiner zehn Jahre früher vertretenen Interpretation der Schachterschen Theorie als "model of emotion" (Ross et. al. 1969, S. 279).

Bei dieser Auffassung bleibt zunächst unklar, worin – wenn B1-B3 die Bedingungen für Emotions*zuschreibungen* angeben – denn die *Emotion* eigentlich bestehen soll. Es wäre jedoch möglich, (1) Emotionen sensu Gordon (1978) oder Lyons (1980) zu redefinieren, d.h., (a) als durch Einschätzungen verursachte Erregungsgefühle (Gordon), oder (b) als durch Einschätzungen verursachte objektive Erregung (Lyons); und (2) Schachters bzw. Valins' Theorievarianten so zu modifizieren, daß deren Kernbedingungen die Zuschreibung dieser Zustände beschreiben, d.h. (a') die Überzeugung, durch Einschätzungen verursachte Erregungsgefühle zu erleben bzw. (b') die Überzeugung, sich in einem objektiven, durch Einschätzungen verursachten Erregungszustand zu befinden. Dazu genügt es, die Bedingungen B1 bzw. B1$_V$ und B2 bzw. B2$_V$ zu eliminieren. B3 entspricht ja der Selbstzuschreibung von B3$_G$ und impliziert die Selbstzuschreibung von B1$_G$ und B2$_G$; B3$_V$ entspricht der Selbstzuschreibung von B3$_L$ und impliziert die Selbstzuschreibung von B1$_L$ und B2$_L$. Diese Reinterpretation wäre m.E. eine plausible Deutung der Ansichten von z. B. Nisbett und Ross (1980). Nach Ansicht dieser Autoren sind Fälle von fehlattribuierter Erregung nämlich Fälle von *fehlerhaften* Emotionszuschreibungen ("errors in the self-ascription of emotions", S. 200). Das ist aber nur dann möglich, wenn – im Widerspruch zu Ross et al. (1969) – die *objektiv* bestehende Kausalbeziehung zwischen Einschätzungen und (entweder objektiver oder empfundener) Erregung für Emotionen ausschlaggebend ist, wie Lyons (1980) bzw. Gordon (1978) annehmen.

3. Nach einer dritten Auffassung schließlich sind Emotionen und Selbstzuschreibungen von Emotionen im Rahmen der Schachterschen Theorie ebenfalls verschiedene Dinge, und Schachters Theorie ist auch als Theorie der *Emotion* zu verstehen, jedoch sind Emotions-Selbstzuschreibungen

neben B1-B3 eine weitere notwendige Bedingung für Emotionen. Diese Interpretation wäre eine mögliche Deutung der Ansichten Mandlers (1984).

Nach Mandler erfolgt die Kombination von Erregungsempfindung und Situationseinschätzung nämlich durch die Integration dieser Komponenten in übergreifende "kognitive Schemata", wobei diese Integration, wie gesagt, als Teilprozeß die Kausalattribution der Erregung auf die Einschätzung beinhaltet. Eine mögliche Interpretation dieser Ansicht wäre, daß für Emotionen zusätzlich zu den Bedingungen B1 (Erregungsgefühl) und B2 (Einschätzung) folgendes notwendig ist: Die Person muß zumindest implizit auch erkennen oder glauben, daß (a) B1 und B2 im konkreten Fall vorliegen, daß (b) die Erregung durch die Einschätzung verursacht ist, sowie daß (c) die konkret vorliegende Ereigniskonstellation (d.h. ein durch Einschätzungen verursachtes Erregungsgefühl) einen – durch ein "kognitives Schema" repräsentierten – allgemeinen, für die Emotion E charakteristischen Bedingungstyp realisiert. Es läge dann nahe, Mandlers kognitive Schemata als *Emotionsbegriffe* zu deuten und die "Integration in ein kognitives Schema" als die *Selbstzuschreibung eines Emotionsbegriffs.* Tatsächlich spricht Mandler (1984) von "fear schemas, anger schemas, und joy schemas that await instantiation both from evaluative and arousal structures" (S. 129).

Auch diese Interpretation der Schachterschen Theorie ist aber ohne Modifikationen nicht haltbar. Erstens impliziert sie, daß man, um Emotionen zu haben, über Emotionsbegriffe verfügen muß; dies ist zumindest dann unplausibel, wenn damit *alltagssprachliche* Begriffe gemeint sind. Wie bereits erwähnt, könnte man allerdings annehmen, daß Emotions-Selbstzuschreibungen auch in der Zuschreibung von Emotionsbegriffen bestehen können, die ausschließlich in einer "mentalen Sprache" (Fodor, 1975) repräsentiert sind. Tatsächlich will Mandler (1984) die von ihm postulierten "Emotionsschemata" offenbar nicht mit alltagssprachlichen Emotionsbegriffen gleichsetzen. Z. B. schreibt er, daß nur sehr wenige Emotionsschemata existieren (Mandler, 1984, S. 129), während es eine große Anzahl verschiedener alltagssprachlicher Emotionsbegriffe gibt (vgl. z. B. Shaver, Schwartz, Kirson & O'Connor, 1987).

Selbst nach dieser Modifikation spricht gegen diese Interpretation der Schachterschen Theorie aber, daß man sich nicht immer, wenn man eine Emotion hat, diese auch selbstreflexiv zuschreibt. Um diesem Einwand zu entgehen, könnte man annehmen, daß es sich bei den für Emotionen erforderlichen "Selbstzuschreibungen" um *unbewußte* Kognitionen handelt, wie dies z. B. in der Bewußtseinstheorie Rosenthals (1990) getan wird. Nach Rosenthal unterscheiden sich unbewußte von bewußten mentalen Zuständen nämlich gerade dadurch, daß letztere Gegenstand eines (normalerweise durch sie verursachten) unbewußten Gedankens "höherer Ordnung" sind. Selbstzuschreibungen der hier diskutierten Art sind nach Rosenthal bewußte Gedanken über Emotionen, welche ihrerseits Gegenstand eines unbewußten Gedankens noch höherer Ordnung sind. Mandler (1984) dürfte gegen diese Interpretation seiner Theorie vermutlich nichts einzuwenden haben, denn er betrachtet den von ihm postulierten Integrationsprozeß von Erregung und Situationseinschätzung nur als Spezialfall eines allgemeineren Prozesses, der die "Konstruktion des bewußten Erlebens" erklären soll (vgl. Mandler, 1984, Kap. 4). Tatsächlich scheint Mandlers Integrationsannahme sogar besser dazu geeignet, den Unterschied zwischen unbewußten und bewußten Emotionen zu erklären als die Entstehung spezieller Gefühlsqualitäten.

Es sollte ferner beachtet werden, daß die Selbstzuschreibung von Emotionsbegriffen in der Mandlerschen Theorie nicht die Selbstzuschreibung von B3 beinhaltet, sondern – da B3 ja ein *Bestandteil* der Emotionszuschreibung sein soll – die Zuschreibung einer *objektiven* Kausalbeziehung zwischen Einschätzung und Erregung. D.h., was sich die Person (unbewußt) zuschreibt, sind nicht die Kernbedingungen der Schachterschen, sondern die der Gordonschen Theorievariante. Nach der vorgeschlagenen Interpretation der Mandlerschen Theorie sind diese Bedingungen notwendig und hinreichend für eine *unbewußte* Emotion, Mandlers Bedingungen dagegen für die korrespondierende *bewußte* Emotion.

Zusammenfassend kann man also festhalten, daß keine der hier diskutierten Alternativinterpretationen der Schachterschen Theorie ohne Modifikationen oder Zusatzannahmen plausibel ist. Die Interpretation 1 ist völlig unhaltbar; Interpretation 2 ist nur haltbar, wenn man die Natur von Emotionen sensu Gordon (bzw. bezogen auf Valins, sensu Lyons) reinterpretiert; und um die Interpretation 3 akzeptieren zu können, müßte man (als Mindestannahme) unter "Selbstzuschreibungen" von Emotionen unbewußte Zuschreibungen verstehen, die nicht unbedingt alltagssprachliche Emotionsbegriffe involvieren. Für sich genommen sind die Interpretationen (2) und (3) jedoch durchaus interessant und möglicherweise sogar plausibler als die ursprünglichen Theorien von Schachter bzw. Valins.

Weitere kognitiv-nichtkognitive Hybridtheorien der Emotion

Schachters Theorie und ihre Varianten sind nur einige Beispiele für kognitiv-nichtkognitive Hybridtheorien der Emotion. Die Klasse dieser Theorien umfaßt daneben noch zahlreiche weitere Mitglieder. Tabelle 1 gibt eine Übersicht über die wichtigsten zeitgenössischen sowie auch einige weniger

Tabelle 1
Übersicht über kognitiv-nichtkognitive Hybridtheorien der Emotion (Einteilungs-
gesichtspunkt: Art der postulierten nichtkognitiven Emotionskomponente)

A. *Physiologische Erregung; Erregungsempfindungen*

    A1. Empfindung physiologischer Erregung
        Schachter (1964); Ross et al. (1969): Eine Emotion ist ein Komplex von Ein-
        schätzungen und Erregungsempfindungen, wobei letztere nach Meinung der
        Person durch die Einschätzungen verursacht wurden.
        Mandler (1984): Eine Emotion ist eine durch die Integration von Erregungs-
        empfindungen und Einschätzungen entstehende Gefühlsqualität.
        Gordon (1978): eine Emotion ist ein durch Einschätzungen verursachtes
        Erregungsgefühl.
    A2. Objektive physiologische Erregung
        Lyons (1980): Eine Emotion ist ein durch eine Einschätzung verursachter peri-
        pher-physiologischer Erregungszustand.
    (A3. Der Glaube, erregt zu sein)
        Valins (1966): Eine Emotion besteht aus einer Einschätzung plus der Überzeu-
        gung, diese habe physiologische Erregung verursacht.
    A4. *Winton (1990)*: Emotionen sind positive oder negative Erregungsgefühle, die nach
        Meinung der Person durch ihre Einschätzungen verursacht sind.

B. *Muskuläres Feedback* (primär der Gesichtsmuskulatur)

        Laird(1974): Eine Emotion ist eine durch Einschätzungen verursachte Empfin-
        dung des Feedbacks von "emotionalen" Gesichtsausdrücken (vgl. auch Levent-
        hal, 1984).

C. *Multiple körperliche Reaktionen; Empfindungen dieser Reaktionen*

    C1. Empfindungen von peripherem Feedback
        Laird & Bresler (1992): Emotionen sind nach Meinung der Person durch Ein-
        schätzungen verursachte Empfindungen peripher-physiologischer, ausdrucks-
        motorischer, oder instrumentell-motorischer Körperveränderungen.
    C2. Objektive körperliche Reaktionen
        Gean (1979): Emotionen sind durch Einschätzungen verursachte, peripher-
        physiologische oder ausdrucksmotorische Körperveränderungen.

D. *"Mentale" Gefühle*

    D1. Multiple diskrete mentale Grundgefühle
        Oatley & Johnson-Laird (1987): Einfache Emotionen sind die mentalen Grund-
        gefühle Freude, Trauer, Angst, Ärger und Ekel; komplexe Emotionen sind durch
        emotionsspezifische Einschätzungen verursachte Grundgefühle.
    D2. Lust-Unlust
        Höffding (1908): Lust und Unlust sind die mentalen Grundgefühle; die übrigen
        Emotionen sind aus der "Verschmelzung" von Lust und Unlust und spezifischen,
        sie verursachenden Einschätzungen hervorgegangene Gefühlsqualitäten.
    D3. Lust-Unlust und Aktivation/Deaktivation
        Mentale Grundgefühle sind lustbetonte Aktivierung, unlustbetonte Aktivierung,
        lustbetonte Deaktivierung sowie unlustbetonte Deaktivierung; alle übrigen
        Emotionen sind durch emotionsspezifische Einschätzungen verursachte Subtypen
        dieser Grundgefühle (vgl. Reisenzein, 1992b).

E. *Wertende Stellungnahmen*

> *Stumpf (1899):* Emotionen sind durch Einschätzungen verursachte, annehmende oder ablehnende Stellungnahmen zu einem Sachverhalt.

F. *Wünsche (desires)*

> *Marks (1982):* Eine Emotion ist ein Komplex von Einschätzungen (beliefs) und Wünschen (desires).
> *Searle (1983):* Eine Emotion ist ein durch Einschätzungen verursachter Wunsch (desire).

G. *Handlungstendenzen*

> *Arnold (1960):* Grundemotionen sind eine durch eine positive Einschätzung verursachte Annäherungstendenz und eine durch eine negative Einschätzung verursachte Abwendungstendenz; spezifischere Emotionen beruhen auf spezifischeren Einschätzungen.
> *Frijda (1986):* Emotionen sind durch Einschätzungen verursachte Handlungstendenzen unterschiedlicher Art.

H. *Probabilistische Definitionen*

> *Frijda et al. (1989):* Emotionen sind ein probabilistischer Komplex von kausal verbundenen Einschätzungen, Handlungstendenzen und wahrgenommenen Mustern physiologischer Erregung.
> *Lazarus, Averill & Opton (1970); Scherer (1984):* Emotionen sind probabilistische Syndrome oder Prozesse von kausal verbundenen mentalen und behavioralen Zuständen.

bekannte historische Varianten dieser Theorien. Als primäres Klassifikationsmerkmal wurde die Art der postulierten *nichtkognitiven* Komponente bzw. Komponenten verwendet.

Die meisten der in Tabelle 1 aufgeführten Emotionstheorien können als unterschiedliche Spezialisierungen eines *Theorieschemas* aufgefaßt werden, das man durch eine Verallgemeinerung der Kernannahme der Schachterschen Theorie bzw. ihrer Varianten erhält. Dieses Theorieschema (TS) hat folgende Gestalt: Es wird angenommen, daß für das Auftreten von zumindest einer Teilmenge von Emotionen zum Zeitpunkt t die folgenden Bedingungen TS1-TS3 vorliegen müssen:

TS1: P befindet sich zu t in einem oder auch mehreren bestimmten nichtkognitiven Zuständen (z. B. P hat Erregungsempfindungen oder zentral erzeugte Gefühle, Wünsche oder Handlungstendenzen);

TS2: P schätzt zu t einen Sachverhalt S in für E typischer Weise ein;

TS3: die nichtkognitiven Zustände sind (a) nach Meinung der Person oder (b) objektiv durch die Einschätzung von S verursacht.

Die in Tabelle 1 aufgeführten Emotionstheorien *unterscheiden* sich

voneinander in den folgenden, mehrheitlich bereits besprochenen Aspekten:
(1) Ob die Bedingungen TS1-TS3 für alle Emotionen (z. B. Schachter,
1964) oder nur für eine spezifizierte Teilmenge davon (z. B. Oatley &
Johnson-Laird, 1987) Gültigkeit besitzen; (2) welche spezifischen nichtkognitiven Komponenten postuliert werden; (3) ob eine objektive oder bloß
eine wahrgenommene Kausalbeziehung zwischen der Situationseinschätzung
und der nichtkognitiven Komponente postuliert wird; (4) ob das objektive
Vorhandensein (z. B. Lyons, 1980), das phänomenale Gewahrsein (z. B.
Schachter, 1964) oder sogar bloß der Glaube des Vorhandenseins der
nichtkognitiven Komponente (z. B. Valins, 1966) als entscheidend betrachtet wird; und (5) ob die Emotionen selbst als Komplex kausal verbundener
kognitiver und nichtkognitiver Komponenten als relational bzw. funktional
spezifizierte nichtkognitive Zustände (z. B. Gordon, 1978; Lyons, 1980),
oder als aus der Integration dieser Komponenten hervorgegangene Erlebnis-
ganzheiten (z. B. Mandler, 1984) aufgefaßt werden (im letzteren Fall muß
u. U. noch eine weitere Bedingung zur vollständigen Beschreibung des
Integrationsprozesses zu TS1-TS3 hinzugefügt werden). Einige weitere
Hybridtheoretiker betrachten darüber hinaus (6) die Bedingungen TS1-TS3
nicht als einzeln notwendig und zusammen hinreichend für Emotionen,
sondern bloß als charakteristische Bedingungen, d.h., sie definieren Emotionen nicht deterministisch, sondern probabilistisch (vgl. Smith & Medin,
1981). Nicht alle Kombinationen der genannten Aspekte sind möglich, aber
es sind auch keineswegs alle der aus den bestehenden Kombinationsmög-
lichkeiten erzeugbaren Emotionstheorien in der Literatur tatsächlich realisiert. Einige der vorgeschlagenen Theorien wären darüber hinaus – wie im
vorigen Abschnitt diskutiert – vielleicht besser als Theorien der Emotions-
Selbstzuschreibung zu verstehen.

Die Theorien von Gordon (1978) und Lyons (1980) behalten – mit den
erwähnten Modifikationen – die Schachtersche Grundidee bei, daß die
nichtkognitive Komponente von Emotionen in physiologischer Erregung
besteht. Valins' (1966) Theorie wurde in Tabelle 1 in Klammern gesetzt, da
sie strenggenommen eine rein kognitive Theorie der Emotion ist.

Laird (1974) hat Schachters Grundidee auf Feedback von emotionalem
Ausdrucksverhalten (speziell vom Gesichtsausdruck) angewendet. Seine
Ausführungen lassen zwar m.E. eine eindeutige Interpretation nicht zu; *eine*
mögliche, mit dem angegebenen Theorieschema übereinstimmende Interpretation wäre jedoch die, daß eine Emotion eine nach Meinung der Person
durch ihre Einschätzungen verursachte Empfindung des Feedbacks von
"emotionalen" Gesichtsausdrücken ist oder auch ein Komplex von Einschätzungen und solchen Rückmeldungen. Laird und Bresler (1992) haben

eine allgemeinere "Selbstwahrnehmungstheorie" der Emotion vorgeschlagen (vgl. jedoch bereits Bem, 1972), der zufolge eine Emotion das Resultat einer Integration und Interpretation einer Vielfalt von "Informationen" sein soll, welche sowohl Rückmeldungen von Gesichtsausdrücken, der Körperhaltung, physiologischen Reaktionen und instrumentellen Handlungen umfassen, als auch Informationen über die Situation, in der sich die Person befindet. Wieder ist *eine* mögliche, mit dem oben angegebenen Theorieschema in Übereinstimmung stehende Interpretation dieser Theorie, daß eine Emotion eine nach Meinung der Person durch ihre Einschätzungen verursachte Empfindung verschiedener körperlicher Rückmeldungen ist, wobei je nach Emotion unterschiedliche Arten von Rückmeldungen besonders bedeutsam sind, und einige davon einander auch substituieren können. Geans (1979) Theorie kann als eine "objektivierte" Version dieser letzteren Auffassung angesehen werden, in demselben Sinn, in dem Lyons' (1980) Theorie eine objektivierte Version der Schachterschen Theorie ist.

Oatley und Johnson-Laird (1987) postulieren – ähnlich wie bereits Descartes (1649/1984) – die Existenz von fünf grundlegenden Emotionen (Freude, Trauer, Ärger, Angst und Ekel). Diese Basisemotionen werden als von zentralnervösen Strukturen erzeugte, ansonsten aber empfindungsähnliche, "mentale Gefühle" konzipiert (vgl. auch Buck, 1985). Für diese Grundemotionen sind kognitive Einschätzungen nicht notwendig, wohl aber für die restlichen Emotionen, welche als Komplexe von kausal verbundenen Einschätzungen und diesen Grundgefühlen aufgefaßt werden (vgl. Johnson-Laird & Oatley, 1989).

Höffding (1908) vertrat die einfachere Auffassung, Emotionen seien zu einem Gesamterleben integrierte Komplexe aus Lust- oder Unlustgefühlen und den sie nach Meinung der Person verursachenden Einschätzungen. Wie bei Oatley und Johnson-Laird (1987) haben die Lust- bzw. Unlustgefühle selbst keine Objekte, sondern erhalten diese erst durch die "Verschmelzung" des Gefühls mit Kognitionen, wodurch auch die spezifischeren Gefühlsqualitäten zustande kommen sollen (Höffding, 1908, S. 316ff). Reisenzein (1992b) weist im Rahmen einer Diskussion der Pleasure-Arousal-Theorie der Emotionen (z. B. Russell, 1980; 1989) auf die Möglichkeit hin, Emotionen im Rahmen dieser Theorie als durch Einschätzungen verursachte Muster von zentralnervös erzeugten Gefühlen von Lust/Unlust und Aktivation/Deaktivation aufzufassen. Dieser Interpretation zufolge gibt es mindestens vier Grundgefühle (lustbetonte Aktivierung, lustbetonte Deaktivierung, unlustbetonte Aktivierung und unlustbetonte Deaktivierung), während alle übrigen Emotionen als Subtypen dieser vier Basisemotionen aufgefaßt werden, die sich voneinander durch die Einschätzungen unterscheiden, durch die sie jeweils verursacht werden. Winton (1990) hat eine dieser Auffassung verwandte, modifizierte Version der Schachterschen Theorie vorgeschlagen, die man so interpretieren könnte, daß Emotionen nach Meinung der Person durch Einschätzungen verursachte positive oder negative Erregungsgefühle sind (nach Winton beruhen diese Gefühle allerdings auf peripher-physiologischen Prozessen).

Stumpf (1899) vertrat die Auffassung, Emotionen seien durch Einschätzungen verursachte, *wertende Stellungnahmen* zu Sachverhalten. Diese wertenden Stellungnahmen wurden von Stumpf sowohl von Lust-Unlustgefühlen abgegrenzt, als auch von Wertüberzeugungen; er betrachtete sie als mentale Zustände ganz eigener Art, die Wünschen und Begierden verwandt sind. Bei einer genügend weiten Interpretation von "Einschätzung" kann man diese wertenden Stellungnahmen auch als eine Komponente von Einschätzungen auffassen (vgl. Reisenzein, 1992a; Reisenzein & Schönpflug, 1992). Schränkt man den Begriff der Einschätzung jedoch – wie es in diesem Kapitel getan wurde – auf *Überzeugungen* über den bewerteten Sachverhalt ein, dann handelt es sich bei Stumpfs wertenden Stellungnahmen eindeutig um nichtkognitive Zustände, was die Aufnahme dieser Theorie in Tabelle 1 rechtfertigt.

Nach Meinung von Marks (1982) sind Emotionen Komplexe von Einschätzungen (beliefs) und Wünschen (desires). Nach Searle (1983) dagegen sind Emotionen funktional, nämlich durch Bezugnahme auf die sie verursachenden Einschätzungen spezifizierte Wünsche. Arnold (1960) postuliert, daß Emotionen durch Einschätzungen (objektiv) verursachte, gefühlte Handlungstendenzen, speziell Annäherungs- oder Vermeidungstendenzen sind: "we can...define emotion as the felt tendency towards anything intuitively appraised as good (beneficial), or away from anything intuitively appraised as bad (harmful)" (S. 182). Bei Frijda (1986) findet sich eine verwandte Auffassung, jedoch werden eine größere Anzahl unterschiedlicher Handlungstendenzen unterschieden. Außerdem ist nicht ganz klar, ob Frijda Emotionen mit Handlungstendenzen identifiziert, oder zusätzlich auch Einschätzungen als definitorisch notwendig erachtet.

Schließlich vertreten einige Theoretiker (z. B. Frijda, Kuipers & ter Schure, 1989; Lazarus, Averill, und Opton, 1970; vgl. auch Scherer, 1984) die Auffassung, Emotionen seien probabilistische Syndrome oder Prozesse, die neben Einschätzungen noch mehrere nichtkognitive Zustände als Teilkomponenten umfassen. Nach Frijda et al. (1989) sind die postulierten nichtkognitiven Zustände ausschließlich mentaler Natur: "emotional experiences consist of both appraisal and action readiness awareness (perhaps with further components) and derive their identities from them. Emotion names refer to structures of these constituents, in which the relevance and criteriality of the two kinds of constituents differ from name to name...A given emotion name applies if a particular set of constituents adds up to a given level, whatever the set's precise composition" (S. 225). Bei Lazarus et al. (1970) und Scherer (1984) dagegen umfassen Emotionen auch behaviorale nichtkognitive Zustände. Auch in diesen Theorien sind Emotionen daher – analog zu Lyons (1980) – keine rein mentalen, sondern mental-behaviorale oder "psychosomatische" Zustände von Personen.

Kausalüberzeugungen über die Beziehungen zwischen kognitiven und nichtkognitiven Emotionskomponenten sind in all diesen Theorien zumindest für die Emotionszuschreibung von potentieller Bedeutung; in einigen darüber hinaus – analog zu Schachter (1964) – auch für die Emotionsentstehung selbst (z. B. Höffding, 1908; Laird, 1974). Für eine Erörterung der empirischen Adäquatheit einiger der in Tabelle 1 aufgeführten Emotionstheorien sei der Leser auf Reisenzein (1983; 1992a,b; 1993) sowie Reisenzein und Schönpflug (1992) verwiesen.

Literatur

Alston, W. (1971). Varieties of privileged access. *American Philosophical Quarterly*, *8*, 223-241.

Arnold, M. B. (1960). *Emotion and personality* (Vol. *1 & 2*). New York: Columbia University Press.

Baumgardner, A.H., & Arkin, R. M. (1988). Affective state mediates causal attributions for success and failure. *Motivation and Emotion*, *12*, 99-111.

Bem, D. J. (1972). Self-perception theory. In L. Berkowitz (Ed.), *Advances in experimental social psychology* (Vol. 6, pp. 1-62). New York: Academic Press.

Block, N. (1980). Introduction: What is functionalism? In N. Block (Ed.), *Readings in philosophy of psychology* (Vol. 1, pp. 171-184). Cambridge, MA: Harvard University Press.

Brown, J. (1984). Effects of induced mood on causal attributions for success and failure. *Motivation and Emotion*, *8*, 343-353.

Brown, J. D. & Rogers, R. J. (1991). Self-serving attributions: The role of physiological arousal. *Personality and Social Psychology Bulletin*, *17*, 501-506.

Buck, R. (1985). Prime theory: An integrated view of motivation and emotion. *Psychological Review*, *92*, 389-413.

Cacioppo, J. T., Tassinary, L. G., Stonebraker, T. B. & Petty, R. E. (1987). Self-report and cardiovascular measures of arousal: Fractionation during residual arousal. *Biological Psychology*, *25*, 135-151.

Calhoun, C. (1984). Cognitive Emotions? In Calhoun, C. & Solomon, R. C. (Eds.), *What is an emotion?* (pp. 327-342). Oxford: Oxford University Press.

Cannon, W. B. (1927). The James-Lange theory of emotions: A critical examination and an alternative theory. *American Journal of Psychology*, *39*, 106-124.

Crane, T. (1992). The nonconceptual content of experience. In T. Crane (Ed.), *The contents of experience: Essays on perception* (pp. 136-157). Cambridge: Cambridge University Press.

Descartes, R. (1649/1984). *Les passions de l'ame.* Hamburg: Meiner.

Fiehler, R. (1990). *Emotion und Kommunikation.* Berlin: de Gruyter.

Fodor, J. A. (1975). *The language of thought.* New York: Crowell.

Frijda, N. H. (1986). *The emotions.* Cambridge, England: Cambridge University Press.

Frijda, N. H., Kuipers, P. & ter Schure, E. (1989). Relations among emotion, appraisal, and emotional action readiness. *Journal of Personality and Social Psychology, 57,* 212-228.

Gean, W. D. (1979). Emotion, emotional feeling, and passive bodily change. *Journal for the Theory of Social Behavior, 9,* 39-51.

Gollwitzer, P. M., Earle, W. B. & Stephan, W. G. (1982). Affect as a determinant of egotism: Residual excitation and performance attributions. *Journal of Personality and Social Psychology, 43,* 702-709.

Gordon, R. M. (1974). The aboutness of emotions. *American Philosophical Quarterly, 11,* 27-36.

Gordon, R. M. (1978). Emotion labelling and cognition. *Journal for the Theory of Social Behaviour, 8,* 125-135.

Greenwood, J. D. (1992). The social constitution of emotion. *New Ideas in Psychology, 10,* 1-18.

Hammerl, M., Grabitz, H.J. & Gniech, G. (1993). Die kognitiv-physiologische Theorie der Emotion von Schachter. In D. Frey & M. Irle (Eds.), *Theorien der Sozialpsychologie Band I: Kognitive Theorien* (pp. 123-153). Bern: Huber.

Hastorf, A., Schneider, D. & Polefka, J. (1970). *Person perception.* Reading, MA: Addison-Wesley.

Heil, J. (1988). Privileged access. *Mind, 27,* 238-251.

Höffding, H. (1908). *Psychologie in Umrissen auf Grundlage der Erfahrung* (4. Auflage). Leipzig: Reisland.

Holzkamp, K. (1986). Die Verkennung von Handlungsbegründungen als empirische Zusammenhangsannahmen in sozialpsychologischen Theorien: Methodologische Fehlorientierung infolge von Begriffsverwirrung. *Zeitschrift für Sozialpsychologie, 17,* 216-238.

Isen, A. M. (1984). Toward understanding the role of affect in cognition. In R. S. Wyer, Jr. & T. K. Srull (Eds.), *Handbook of social cognition* (Vol. 3, pp. 179-236). Hillsdale,NJ: Erlbaum.

James, W. (1884). What is an emotion? *Mind, 9,* 188-205.

James, W. (1890/1950). *Principles of Psychology (2nd ed.).* New York: Holt.

Johnson-Laird, P. N. & Oatley, K. (1989). The language of emotions: An analysis of a semantic field. *Cognition and Emotion, 3,* 81-123.

Kelley, H. H. (1967). Attribution theory in social psychology. In D. Levine (Ed.), *Nebraska symposium on motivation* (Vol. 15, pp. 192-238). Lincoln: University of Nebraska Press.

Kenrick, D. T., Cialdini, R. B. & Linder, D. E. (1979). Misattribution under fear-producing circumstances: Four failures to replicate. *Personality and Social Psychology Bulletin, 5,* 329-334.

Kleinke, C. L. (1978). Self-perception: *The psychology of personal awareness.* San Francisco: Freeman and Company.

Kutschera, F. (1981). *Grundfragen der Erkenntnistheorie*. Berlin: de Gruyter.

Laird, J. D. (1974). Self-attribution of emotion. *Journal of Personality and Social Psychology, 29*, 475-486.

Laird, J. D. & Bresler, C. (1992). The process of emotional experience: A self-perception theory. In Clark, M. S. (Ed.), *Review of Personality and Social Psychology* (Vol. 13, pp. 213-234).

Lazarus, R. S. (1991). *Emotion and adaptation*. NY: Oxford University Press.

Lazarus, R. S., Averill, J. R. & Opton, E. M. Jr. (1970). Toward a cognitive theory of emotions. In M. B. Arnold (Ed.), *Feelings and emotions* (pp. 207-232). New York: Academic Press.

Lazarus, R. S. & Smith, C. A. (1988). Knowledge and appraisal in the cognition-emotion relationship. *Cognition and Emotion, 2*, 281-300.

Leventhal, H. (1979). A perceptual-motor processing model of emotion. In P. Pliner, K. R. Blankstein & I. M. Spigel (Eds.), *Perception of emotion in self and others* (pp. 1-46). New York: Plenum.

Leventhal, H. (1980). Toward a comprehensive theory of emotion. In L. Berkowitz (Ed.), *Advances in experimental social psychology* (Vol. 13, pp. 139-207). New York: Academic Press.

Liebhart, E. H. (1980). Perceived autonomic changes as determinants of emotional behavior. In Görlitz, D. (Ed.), *Perspectives on attribution research and theory: The Bielefeld Symposium*. Cambridge, MA: Ballinger.

Lyons, W. (1980). *Emotion*. Cambridge: Cambridge University Press.

Mandler, G. (1975). *Mind and emotion*. New York: Wiley.

Mandler, G. (1984). *Mind and body*. New York: Norton.

Marks, J. (1982). A theory of emotion. *Philosophical Studies, 42*, 227-242.

Mees, U. (1991). *Die Struktur der Emotionen*. Göttingen: Hofgrefe.

Natale, M. (1978). Effect of induced elation and depression on internal-external locus of control. *Journal of Psychology, 100*, 315-321.

Nisbett, R. E. & Schachter, S. (1966). Cognitive manipulation of pain. *Journal of Experimental Social Psychology, 2*, 227-236.

Nisbett, R. & Ross, L. (1980). *Human inference: Strategies and shortcomings in social judgement*. Englewood Cliffs, NJ: Prentice-Hall.

Oatley, K. & Johnson-Laird, P. N. (1987). Towards a cognitive theory of emotions. *Cognition and Emotion, 1*, 29-50.

Olson, J. (1990). Self-inference processes in emotion. In J. M. Olson & M. P. Zanna (Eds.), *Self-inference processes: The Ontario Symposium* (Vol. 6, pp. 17-41). Hillsdale, NJ: Erlbaum.

Ortony, A., Clore, G. L. & Collins, A. (1988). *The cognitive structure of emotions*. New York: Cambridge University Press.

Pennebaker, J. W., Gonder-Frederick, L., Cox, D. J. & Hoover, C. W. (1985). The perception of general versus specific visceral activity and the regulation of health-related behavior. In E. S. Katkin & S. B. Manuck (Eds.), *Advances in behavioral medicine* (Vol. 1, pp. 165-198). Greenwich, CO: JAI Press.

Putnam, H. (1975). The meaning of 'meaning'. In H. Putnam (Ed.), *Mind, language, and reality* (pp. 215-271). Cambridge: Cambridge University Press.

Pyszczynski, T. A. & Greenberg, J. (1987). Toward an integration of cognitive and motiva-

tional perspectives on social inference: A biased hypothesis-testing model. In L. Berkowitz (Ed.), *Advances in Experimental Social Psychology* (Vol. 20). San Diego, CA:
Academic Press.

Reisenzein, R. (1983). The Schachter theory of emotion: Two decades later. *Psychological
Bulletin, 94,* 239-264.

Reisenzein, R. (1985). Attributionstheoretische Beiträge zur Emotionsforschung und ihre
Beziehung zu kognitiv-lerntheoretischen Ansätzen. In L. H. Eckensberger & E.D.
Lantermann (Eds.), *Emotion und Reflexivität* (pp. 75-97). München: Urban & Schwar-
zenberg.

Reisenzein, R. (1986). A structural equation analysis of Weiner's attribution-affect model of
helping behavior. *Journal of Personality and Social Psychology, 50,* 1123-1133.

Reisenzein, R. (1992 a). Stumpfs kognitiv-evaluative Theorie der Emotionen. In L. Sprung
& W. Schönpflug (Eds.), *Geschichte der Psychologie in Berlin* (pp. 97-137). Frankfurt
am Main: Lang.

Reisenzein, R. (1992 b). Pleasure-arousal theory and the intensity of emotions. *Manuscript
submitted for publication.*

Reisenzein, R. (1993). The functional significance of somatic changes for emotions. In D.
O. Nutzinger, L. Hartl & H. G. Zapotoczky (Eds.), *Somatoform disorders.* New York:
Wiley (im Druck).

Reisenzein, R. & Gattinger, E. (1982). Salience of arousal as a mediator of misattribution
of transferred excitation. *Motivation and Emotion, 6,* 315-328.

Reisenzein, R. & Hofmann, T. (1990). An investigation of dimensions of cognitive appraisal
in emotion using the repertory grid technique. *Motivation and Emotion, 14,* 1-26.

Reisenzein, R. & Schönpflug, W. (1992). Stumpf's cognitive-evaluative theory of emotion.
American Psychologist, 47, 34-45.

Reisenzein, R. & Spielhofer, C. (1992). Subjectively salient dimensions of emotional
appraisal. *Manuscript submitted for publication.*

Roseman, I. J. (1979, September). Cognitive aspects of emotions and emotional behavior.
Paper presented at the 87th Annual Convention of the APA, New York City.

Rosenthal, D. M. (1990). *A theory of consciousness.* Report No. 40 of the Research Group
on Mind and Brain, Perspectives in Theoretical Psychology and the Philosophy of Mind
ZIF, University of Bielefeld.

Ross, L., Rodin, J. & Zimbardo, P. G. (1969). Toward an attribution therapy: The reduction of fear through induced cognitive-emotional misattribution. *Journal of Personality
and Social Psychology, 12,* 279-288.

Russell, J. A. (1980). A circumplex model of affect. *Journal of Personality and Social
Psychology, 39,* 1161-1178.

Russell, J. A. (1989). Measures of emotion. In R. Plutchik & H. Kellerman (Eds.), *Emotion: Theory, research and experience* (Vol. 4, pp. 83-111). NY: Academic.

Schachter, S. (1964). The interaction of cognitive and physiological determinants of emotional state. In L. Berkowitz (Ed.), *Advances in Experimental Social Psychology* (Vol. 1,
pp. 49-80). New York: Academic.

Schachter, S. (1971). *Emotion, obesity, and crime.* New York: Academic.

Schachter, S. & Singer, J.E. (1962). Cognitive, social and physiological determinants of
emotional states. *Psychological Review, 69,* 379-399.

Scherer, K. R. (1984). On the nature and function of emotion: A component process approach. In Scherer, K. R. & Ekman, P. (Eds.), *Approaches to emotion* (pp. 293-317).

Hillsdale, NJ: Erlbaum.

Scherer, K. R. (1988). Criteria for emotion-antecedent appraisal: A review. In V. Hamilton, G. H. Bower & N. H. Frijda (Eds.), *Cognitive perspectives on emotion and motivation* (pp. 89-126). Dordrecht: Kluwer.

Schwarz, N. (1987). *Stimmung als Information*. Berlin: Springer.

Schwarz, N. (1990). Feelings as information: Informational and motivational functions of affectice states. In E. T. Higgins & R. M. Sorrentino (Eds.), *Handbook of motivation and cognition* (Vol. 2, pp. 527-561). NY: Guilford.

Schwarz, N. & Clore, G. L. (1983). Mood, misattribution, and judgments of wellbeing: Informative and directive functions of affective states. *Journal of Personality and Social Psychology, 45,* 513-523.

Searle, J. (1983). *Intentionality*. Cambridge: Cambridge University Press.

Shaver, P. Schwartz, J., Kirson, D. & O'Connor, C. (1987). Emotion Knowledge: Further exploration of a prototype approach. *Journal of Personality and Social Psychology, 52,* 1061-1086.

Shott, S (1979). Emotion and social life: A symbolic interactional analysis. *American Journal of Sociology, 84,* 1317-1334.

Siemer, M. & Reisenzein, R. (1992). Effects of mood on evaluative judgments: Influence of reduced processing capacity and mood salience. *Manuscript submitted for publication.*

Smith, D. W. (1989). *The circle of acquaintance*. Dorstrecht: Kluwer.

Smith, C. A. & Ellsworth, P. C. (1985). Patterns of cognitive appraisal in emotion. *Journal of Personality and Social Psychology, 48,* 813-838.

Smith, E. E. & Medin, D. L. (1981). *Categories and concepts*. Cambridge, MA: Harvard University Press.

Solomon, R. C. (1976). *The passions*. Garden City, NY: Anchor Press/Doubleday.

Solomon, R. C. (1988). On emotions as judgments. *American Philosophical Quarterly, 25,* 183-191.

Stumpf, C. (1899). Über den Begriff der Gemüthsbewegung. *Zeitschrift für Psychologie und Physiologie der Sinnesorgane, 21,* 47-99.

Truax, S. R. (1984). Determinants of emotion attributions: A unifying view. *Motivation and Emotion, 8,* 33-54.

Valins, S. (1966). Cognitive effects of false heart-rate feedback. *Journal of Personality and Social Psychology, 4,* 400-408.

Valins, S. (1970). The perception and labeling of bodily changes as determinants of emotional behavior. In P. Black (Ed.), *Physiological correlates of emotion* (pp. 229-243). New York: Academic Press.

Weiner, B. (1982). The emotional consequences of causal attributions. In M. S. Clark & S. T. Fiske (Eds.), *Affect and cognition* (pp. 185-209). Hillsdale, NJ: Erlbaum.

Weiner, B. (1984). *Motivationspsychologie*. Weinheim: Beltz.

Weiner, B. (1986). *An attributional theory of motivation and emotion*. New York: Springer.

Weingartner, P. (1976). *Wissenschaftstheorie. Band II,1*. Stuttgart: Frommann-Holzboog.

Wicklund, R. A. & Eckert, M. (1992). *The self-knower: A hero under control*. New York: Plenum Press.

Winton, W. M. (1990). Jamesian aspects of misattribution research. *Personality and Social Psychology Bulletin, 16,* 652-664.

Zuckerman, M. (1979). Attribution of success and failure revisited, or: The motivational bias is alive and well in attribution theory. *Journal of Personality, 47,* 245-287.

Kapitel 7

Attribution und Emotion in der sportpsychologischen Forschung

Sabine Rethorst
Universität Bielefeld

Die Berichterstattung und die Bilder in den Medien lassen nahezu täglich erahnen, welch' intensiven Einfluß das Sporttreiben auf die Gedanken und die Gefühle von AthletInnen und SpielerInnen haben. So folgte z.B. auf den unerwarteten Sieg der dänischen Fußballmannschaft über das deutsche Team im Endspiel der Fußballeuropameisterschaft 1992 ein unbeschreiblicher Jubel der dänischen Spieler und Fans, während die deutschen Fußballer und ihre Anhänger fassungslos, niedergeschlagen und ärgerlich reagierten und sich immer wieder die Frage stellten, warum es nicht gelungen sei, den Außenseiter zu schlagen. Das Endspiel in einer Europa-Meisterschaft ist sicher keine alltägliche Begebenheit, es kann aber sehr wohl als Beispiel für typische Leistungssituationen im Sport stehen, die nicht nur im Leistungssport, sondern auch im Breitensport Grundsituationen für eine/n jede/n SportlerIn sind.

Um zu verstehen und zu erklären, wie sporttreibende Personen kognitiv und emotional Leistungsergebnisse verarbeiten, haben Sportpsychologen Theorien aus der Mutterwissenschaft Psychologie übernommen, angewendet und modifiziert, so auch attributionstheoretische Konzepte. Attributionstheoretische Konzepte scheinen aber nicht nur besonders geeignet, psychische Prozesse in sportlichen Leistungssituationen zu erklären. Leistungssituationen im Sport stellen darüber hinaus ideale Überprüfungsmöglichkeiten für eben diese Konzepte dar. Der Attributionsforschung im Sport kann damit eine ähnliche Funktion zugeschrieben werden, wie sie der Soziologe René König (1966) für die Kleingruppenforschung im Sport formuliert hat: "...das (späte) Eindringen der Kleingruppenforschung in den Sport < würde > ein doppeltes Ergebnis zeitigen, nämlich (1) die Anwendung bereits in anderen Wirklichkeitsbereichen bewährter Forschungstechniken auf eine neue Wirklichkeit und (2) eine Anwendung unter neuen methodologischen und auch theoretischen Voraussetzungen, die vielleicht später auf die Kleingruppenforschung in anderen Lebensbereichen zurückwirken werden" (1966, S. 8).

Bevor einige Ergebnisse zum Zusammenhang von Attributionen und Emotionen im Sport auf der Basis von Weiners attributionaler Theorie von Motivation und Emotion (1985, 1986) vorgestellt werden, sollen Auswirkungen der Forderung nach stärkerer Beachtung der Subjektivität bei der Erfassung von Kognitionen im Rahmen der Attributionstheorie im Sport angesprochen werden.

Die attributionstheoretische Analyse von Leistungen im Sport

Eine zentrale Frage innerhalb der Attributionsforschung im Sport ist die nach spezifischen, sportrelevanten Ursachen und den Eigenschaften dieser Ursachen. Dabei wird in den neueren Untersuchungen begonnen, der generellen Forderung nachzukommen, Kognitionen konsequent aus der Sicht der Akteure zu erfassen (vgl. z.B. Russell, 1982; Weiner, 1986; Vallerand, 1987). Für den Verarbeitungsprozeß eines Leistungsresultats im Sport erscheint diese Forderung sowohl hinsichtlich der subjektiven Wahrnehmung des Resultats als auch hinsichtlich der Attribuierung bzw. der Dimensionierung der herangezogenen Ursachen wichtig.

Objektive Ergebnisse und deren subjektive Wahrnehmungen im Sport. In vielen Studien der frühen Attributionsforschung in akademischen Leistungssituationen ist alternativ vom Bestehen oder aber Durchfallen durch eine Prüfung ausgegangen worden (z.B. Meyer, 1980; Passer, 1977; Russell & McAuley, 1986). Für den Sport können diesen Resultaten die Ergebnisse in solchen Sportspielen gleichgesetzt werden, die immer Sieger und Verlierer produzieren. Dies sind z.B. Tennis, Tischtennis, Badminton oder Volleyball. Für eine Reihe anderer Sportarten sind aber nicht nur alternative Ergebnisse möglich. Beim Fußball, Basketball oder Handball beispielsweise gibt es neben Siegen und Niederlagen auch ein "Unentschieden". Beim Turnen, in der Gymnastik, beim Schwimmen oder in der Leichtathletik werden Rangplätze vergeben. Allen diesen unterschiedlichen Ergebnissen ist gemeinsam, daß sie auf einem sozialen Vergleich basieren, was bedeutet, daß die Leistung einer Sportlerin/ eines Sportlers verglichen wird mit der der KonkurrentInnen. Besonders außerhalb des Wettkampfsports werden aber auch der individuumsbezogene Maßstab, bei dem die Leistung einer Sportlerin/eines Sportlers mit ihrer/seiner Leistung zu einem früheren

Zeitpunkt verglichen wird, und der objektbezogene Maßstab, bei dem es lediglich darum geht, eine Aufgabe zu bewältigen, für die Beurteilung eines Handlungsergebnisses verwendet, so z.B. bei FreizeitsportlerInnen, die Leistungen für das Sportabzeichen erbringen, oder beim Jogger, der eine Strecke von 3000m ohne Gehpause bewältigt (McAuley, 1985; Willimczik & Rethorst, 1988). Im Sport ist also schon auf der Ebene der objektiven Ergebnisse von einer relativ hohen Differenzierung auszugehen.

Zusätzlich zu der geschilderten Differenzierung ergibt sich, daß die objektiven Ergebnisse und die subjektiven Bewertungen dieser Ergebnisse durch die SpielerInnen oder AthletInnen durchaus weit auseinanderliegen können. Ein "Unentschieden" in einem Fußballspiel kann vom einzelnen sowohl als ein gutes oder auch als ein schlechtes Ergebnis gewertet werden, obwohl das Ergebnis einen neutralen Spielausgang dokumentiert. In einem Tennismatch gegen einen schweren Gegner kann ein gewonnener Satz bereits ein persönlicher Erfolg sein, auch wenn das Match verloren geht (vgl. z.B. McAuley, 1985). Der dritte Rang in einem Turnwettbewerb kann als großer Erfolg ebenso wie als großer Mißerfolg gewertet werden, je nachdem, welcher Platz angestrebt wurde. Empirische Befunde zur Beziehung zwischen objektivem Ergebnis und subjektiver Bewertung im Sport zeigten Korrelationen zwischen $r = .53$ bis $r = .74$ (McAuley, 1985; Rethorst, 1991a).

In Untersuchungen von Attribuierungsprozessen und deren Konsequenzen ist es wichtig, die subjektiven Bewertungen der Ergebnisse den Analysen zugrunde zu legen. Welche hohe Bedeutung der Unterscheidung zwischen objektiven Ergebnissen und subjektiven Bewertungen zukommt, haben Spink & Roberts (1980) in einer Feldstudie zur Frage nach den Attributionsmustern nach sportlichem Erfolg und Mißerfolg an Raquetballspielern gezeigt. Sie fanden, daß Ergebnisse, für die die objektiven Resultate und die subjektiven Wahrnehmungen übereinstimmten, internal attribuiert wurden, während Ergebnisse, in denen das objektive Resultat und die subjektive Bewertung differierten, external attribuiert wurden. Als Begründung führten Spink & Roberts (1980) ein Argument von Maehr & Nicholls (1980) an, nach dem Erfolgs- und Mißerfolgsempfinden durch die Wahrnehmung bestimmt wird, wie sehr ein Ergebnis das Vorhandensein bzw. das Nichtvorhandensein einer wünschenswerten Eigenschaft reflektiert. Daher sollen Ergebnisse, die eindeutig als Erfolge oder Mißerfolge wahrgenommen werden, eher auf internale Faktoren attribuiert werden. Ambivalente Ergebnisse sollen dagegen eher auf externale Ursachen zurückgeführt werden. In einer anderen Untersuchung zu den emotionalen Konsequenzen aus dem Attributionsprozeß fand Vallerand (1987), daß wahrgenommener

Erfolg bzw. Mißerfolg stärkere Effekte auf die auftretenden Emotionen zeigte als die objektiven Resultate. Dieses Resultat ist gut verständlich, da bei der Verwendung der objektiven Ergebnisse aufgrund der Abweichungen von der subjektiven Bewertung eine größere Fehlervarianz auftritt.

Subjektive Wahrnehmungen auf der Ebene der Attributionen und ihre Messung. Im Mittelpunkt der Forderung nach der Verwendung subjektiver Wahrnehmungen in der Attributionstheorie stehen die Ursachen für die Handlungsergebnisse. Die Forderung betrifft dabei sowohl die konkreten Ursachen als auch die Eigenschaften, die die Ursachen charakterisieren. Als zentrale Eigenschaften, durch die alle Ursachen charakterisiert werden können, werden innerhalb der Attributionstheorie die Kausaldimensionen der Lokation; (ist die Ursache innerhalb oder außerhalb der handelnden Person anzusiedeln), der Stabilität; (ist die Ursache zeitlich stabil oder variabel) und die Kontrollierbarkeit; (ist die Ursache kontrollierbar oder nicht) angenommen (Weiner, 1985; 1986).

Auf der Ebene der konkreten Ursachen benutzten die meisten der frühen Untersuchungen zum Attributionsverhalten von SportlerInnen das Vierfelderschema mit den Ursachen Fähigkeit, Anstrengung, Schwierigkeit und Zufall von Weiner, Frieze, Kukla, Reed, Rest & Rosenbaum (1971). Roberts & Pascuzzi (1979) zeigten aber, daß diese klassischen vier Ursachen nur 45% der Erklärungen abdecken, die für ein Ergebnis in sportlichen Wettkämpfen abgegeben werden. Dieses Ergebnis warnt davor, daß man bei Verwendung dieser vier Ursachen Gefahr laufen kann, nicht die subjektiv relevanten Ursachen für sportliche Leistungsresultate abzufragen.

Im Hinblick auf die Dimensionen der sportrelevanten Ursachen ist z.B. von Gabler (1986) oder Bierhoff-Alfermann (1986) kritisiert worden, daß ihre Einordnung in die Kausaldimensionen nicht a priori eindeutig ist. So kann z.B. der durch Übung und Training erreichte Könnensstand relativ stabil sein, wenn ein Lernplateau erreicht ist, er kann aber auch von nur sehr kurzer Dauer sein, wie man es z.B. bei Ski- oder RuderanfängerInnen im Anfängerunterricht feststellt. Außerdem gilt auch für die Dimensionen der Ursachen, daß sie von der Wahrnehmung der handelnden Personen abhängig sind. Wie bereits für die Resultate sportlicher Leistungshandlungen gefordert, ist auch für die Untersuchung von Attributionen im Sport daher eine Erfassung der subjektiven Attribuierungen und deren Dimensionierungen angebracht. Dabei kann auf die Causal Dimension Scale (CDS) von Russell (1982), bzw. auf eine deutsche Version dieser Skala (vgl. Rethorst, 1991b) zurückgegriffen werden. Eine Modifikation der CDS (die CDSII) ist gerade vorgestellt worden (McAuley, Russell & Duncan, 1992).

Empirische Ergebnisse zum Vergleich von a priori-Dimensionierungen einiger sporttypischer Ursachen und den subjektiven Dimensionierungen zeigten allerdings, daß beide nicht sehr unterschiedlich ausfielen (Rethorst, 1992). Insbesondere in der Lokation und der Kontrollierbarkeit stimmten beide Dimensionierungen gut überein. Unterschiede traten in der Stabilitätsdimension auf: Sporttypische Ursachen wurden bevorzugt variabel dimensioniert. Insbesondere fanden sich keine stabilen und kontrollierbaren Dimensionierungen. Dieses Ergebnis stellt aber nicht die Notwendigkeit der Anwendung der CDS in Frage, denn über die Erfassung subjektiver Dimensionierungen hinaus ermöglicht ihre Anwendung, die Dimensionierungen skaliert zu erfassen, also die persönliche Wahrnehmung einer Ursache als mehr oder weniger internal, stabil und kontrollierbar. Diese Informationen erbringen durchaus weitere, differenziertere Ergebnisse wie das Beispiel der "alten" Frage nach den Attribuierungsmustern nach Erfolg und Mißerfolg in sportlichen Leistungssituationen zeigt. Die Ergebnisse von Untersuchungen mit der klassischen Technik – der Vorgabe der Ursachen mit Ratingskalen und einer Dimensionierung der Ursachen durch den Testleiter – werden von Sportpsychologen im allgemeinen so zusammengefaßt, daß Erfolg stärker auf internale Faktoren, Mißerfolg stärker auf externale Faktoren zurückgeführt wird. Dieses Muster wird meist als motivational, also im Sinne einer Erhöhung bzw. Verteidigung des Selbstwerts interpretiert (vgl. z.B. Bierhoff-Alfermann, 1986). Untersucht man die subjektiven Dimensionierungen von Ursachen für Erfolg und Mißerfolg von SportlerInnen unter Verwendung der CDS, so findet man, daß die Ursachen unabhängig vom Ausgang als überwiegend internal, variabel und kontrollierbar angesehen werden. Gewinner nehmen die Ursachen aber als internaler, stabiler und kontrollierbarer wahr als Verlierer. Dieses Ergebnis ist relativ eindeutig in den einschlägigen Arbeiten gefunden worden (Biddle & Jamieson, 1988; Leith & Prapavessis, 1989; Mark, Mutrie, Brooks & Harres, 1984; McAuley, 1985; McAuley & Gross, 1983; Rethorst, 1991a; 1992; Tennenbaum & Furst, 1985).

Insgesamt erscheint die CDS recht gut geeignet, der Forderung nach der Verwendung subjektiver Wahrnehmungen in der Attributionsforschung im Sport nachzukommen. Ein Problem allerdings, das bei der Verwendung der CDS-Skala auftaucht, ist, daß sich die Probanden auf **eine** Hauptursache für ihr Handlungsresultat festlegen müssen. Fraglich ist aber, ob alle sportlichen Resultate monokausal erklärbar sind. Zumindest für den Erfolg im Hochleistungsbereich scheinen einzelne Ursachen als Erklärungen nicht ausreichend zu sein. Der Erfolg eines Außenseiterteams in einer Meisterschaft zum Beispiel läßt sich nicht nur durch die spielerische Qualität der

Mannschaft, die geschickte Taktik, den Mannschaftsgeist oder Glück erklären. Alle diese Faktoren müssen zusammenkommen, um einen Erfolg zu
erreichen. Erfolg auf der höchsten Leistungsebene muß offensichtlich im
Sinne der kausalen Schemata der multiplen notwendigen Ursachen (vgl.
Kelley, 1972; Kun & Weiner, 1973) begründet werden mit dem Vorliegen
vieler sich positiv auswirkender Ursachen. Erfolg auf unteren Leistungs-
ebenen dagegen, also z.B. im Schulsport, kann häufig durch eine Ursache
erklärt werden. Für die meisten Schüler reicht es z.B. aus, hinlänglich
begabt zu sein, um bei Schulwettbewerben wie den Bundesjugendspielen
zumindest eine Siegerurkunde zu erreichen. Hier scheint also das Schema
der multiplen hinreichenden Ursachen zu greifen. Diese Unterscheidung
könnte erklären, warum die Ursache Zufall in einschlägigen Untersuchungen (zsfd. Bierhoff-Alfermann, 1986; Gill, Ruder & Gross, 1982; Rethorst,
1991a; Roberts & Pascuzzi, 1979; Rücker et al., 1985) an Stichproben aus
niedrigen bzw. mittleren Leistungsbereichen so gut wie nicht gefunden
wird, im Hochleistungsbereich von SpielerInnen bzw. AthletInnen aber
immer wieder genannt wird. Auf diesem hohen Niveau müssen alle anderen
Bedingungen gegeben sein, den Ausschlag gibt letztlich das Glück bzw. das
Pech.

Attributionale Analysen von Emotionen im Sport

Leistungshandeln im Sport ist häufig nicht nur mit Kognitionen wie der
Ursachensuche verbunden, sondern auch mit Emotionen wie das Eingangs-
beispiel deutlich vor Augen führt. Im Zuge eines wachsenden Interesses an
den Emotionen im Sport stößt Weiners attributionale Theorie von Motivation und Emotion (1985, 1986) auch bei Sportpsychologen auf zunehmende
Beachtung.
    In Weiners Theorie wird eine Abfolge von Kognitionen und Emotionen
als bestimmend für nachfolgendes Verhalten angesehen. Die von Weiner
(1985, 1986) vorgeschlagene Kognitions-Emotions-Verhaltenssequenz
beginnt damit, daß ein Ereignis, so z.B. das Ergebnis einer Handlung,
danach bewertet wird, ob es positiv (Erfolg) oder negativ (Mißerfolg) ist.
Diese Ergebnisbewertung führt zu ergebnisabhängigen Emotionen, so
beispielsweise zu Freude nach Erfolg oder zu Traurigkeit nach Mißerfolg.
Ist das Ergebnis wichtig, unerwartet und/oder negativ, so soll man nach den
Ursachen für dessen Zustandekommen fragen. Je nach herangezogener
Ursache (z.B. Fähigkeit, Zufall) sollen dann attributionsabhängige Emotio-
nen entstehen. Als Folge von Zufallsattributionen beispielsweise soll es zu
Überraschung kommen. In einem dritten Schritt schließlich sollen die

Ursachen in einen dimensionalen Raum eingeordnet werden. Insbesondere sollen die Ursachen danach klassifiziert werden, ob sie innerhalb oder außerhalb der handelnden Person lokalisiert sind (Lokationsdimension oder Personenabhängigkeit), ob sie über die Zeit stabil oder variabel sind (Stabilitätsdimension) und ob sie durch den Handelnden kontrollierbar oder unkontrollierbar sind (Dimension der Kontrollierbarkeit). Als Ergebnis dieser Dimensionierung sollen dann sogenannte dimensionsabhängige Emotionen entstehen. So wird angenommen, daß die Lokationsdimension mit Emotionen des Selbstwerts verbunden ist. Beispielsweise soll Erfolg, zurückgeführt auf internale Ursachen, zu Stolz führen. Die Stabilitätsdimension beeinflußt erstens die Erfolgserwartung für zukünftige Ausgänge und zweitens Emotionen wie Hoffnung oder Hoffnungslosigkeit bzw. Resignation. Hoffnung sollte entstehen, wenn Erfolg auf stabile Ursachen zurückgeführt wird, wogegen Hoffnungslosigkeit und Resignation empfunden werden sollten, wenn Mißerfolg auf stabile Faktoren zurückgeführt wird. Die Kontrollierbarkeitsdimension soll Emotionen erzeugen, die einen moralischen Aspekt enthalten wie z.B. Ärger oder Schuld. Falls beispielsweise die Ursache für einen Mißerfolg vom Handelnden als durch eine andere Person kontrollierbar wahrgenommen wird, wird Ärger über diese Person entstehen.

In den beiden im folgenden auszugsweise vorgestellten Studien wurde der Frage nachgegangen, welchen Einfluß die Ursachen bzw. deren Dimensionierungen auf sporttypische Emotionen haben. Dabei unterscheiden sich die Studien hinsichtlich ihrer internen bzw. externen Validität. Die erste Studie ist mit dem Einsatz einer Szenariotechnik eher an einer hohen internen Validität orientiert. Eine hohe externe Validität war in der zweiten Studie, einer Feldstudie, in der Attributions-Emotionsbeziehungen in einer real gegebenen Wettkampfsituation untersucht wurden, gegeben.

Die Szenariostudie. Diese erste Studie war als eine direkte Überprüfung der Attributions-Emotionsbeziehungen nach Weiner (1986) in sportlichen Leistungssituationen angelegt. An der Studie nahmen 122 SchülerInnen aus neunten und zehnten Jahrgangsstufen eines Gymnasiums teil. Die SchülerInnen bearbeiteten Fragebögen, in denen Wettkampfsituationen im Sport mit Erfolgs- und Mißerfolgsresultaten geschildert waren. Zudem waren in den Geschichten die Ursachen für den Wettkampferfolg bzw. -mißerfolg angegeben. Die Ursachen waren so gewählt, daß die Dimensionen (Lokation, Stabilität und Kontrollierbarkeit) der Ursachen systematisch variiert waren.
Die SchülerInnen wurden gebeten, sich die Geschichten sorgfältig durch-

zulesen und sich in die Situationen hineinzuversetzen. Danach wurde die subjektive Ergebnisbewertung und das Ausmaß an Freude und Stolz nach Erfolg bzw. von Enttäuschung und Ärger nach Mißerfolg auf fünfstufigen Likertskalen erfragt. Die Dimensionierungen der Erfolgs- bzw. Mißerfolgsursachen wurden mit Hilfe einer deutschen Kurzversion der Causal Dimension Scale (Russell, 1982; Rethorst, 1991b; s.o.) erhoben.

Weiners (1986) Annahmen folgend wurde angenommen, daß Freude und Enttäuschung ergebnisabhängig und damit unabhängig von den Kausalattributionen sind. Stolz dagegen sollte durch die Wahrnehmung der Ursache für Erfolg als internal vermittelt werden. Für den auf die eigene Person gerichteten Ärger wurde angenommen, daß er entsteht, wenn die Ursache für Mißerfolg als persönlich kontrollierbar wahrgenommen wird.

Für die Überprüfung der Hypothesen für Stolz und Freude wurden zwei Situationen mit gewonnenen Tennismatches geschildert. In der Situation mit der internalen Ursache wurde der Erfolg auf die eigene Anstrengung, in der Situation mit der externalen Ursache auf die ganz besondere Anstrengung des Doppelpartners zurückgeführt. Beide Ursachen wurden in den beiden anderen Dimensionen gleich eingeordnet, nämlich als variabel und kontrollierbar. Die Situationsbeschreibung für die internale Ursache lautete beispielsweise: "Sabine spielt Tennis im Verein. Sie steht an 12. Stelle der Club-Rangliste. Bei Turnieren hat Sabine immer einen sehr starken Siegeswillen und strengt sich immer sehr stark an. Beim Club-Turnier gewinnt sie sogar gegen die Ranglisten-Vierte."

In der Mißerfolgsbedingung zur Überprüfung der Annahmen für Ärger und Enttäuschung wurde die kontrollierbare Ursache des langen Feierns in der Nacht vor dem Wettkampf der unkontrollierbaren Ursache einer schlechten Tagesform aufgrund einer Erkältung für den Mißerfolg in einem Rennen im Schwimmen gegenübergestellt. Auf den Dimensionen Lokation und Stabilität wurden beide Mißerfolgsursachen als internal und variabel dimensioniert. Die Situationsschilderung für die kontrollierbare Ursache lautete beispielsweise: "Volker ist ein sehr guter 400m-Läufer. Er ist bei den heutigen Bezirksmeisterschaften absoluter Favorit in seiner Disziplin – hat allerdings gestern abend bis in die späte Nacht hinein gefeiert. Volker erreicht den sechsten Platz."

Die Daten wurden in einem ersten Schritt varianzanalytisch ausgewertet, um den Einfluß der Dimension auf die entsprechenden Emotionen abschätzen zu können. Für Weiners Theorie der Emotionen bietet sich aufgrund seiner sequentiellen Anordnung darüber hinaus eine Überprüfung mit Hilfe von Strukturmodellen an (vgl. Reisenzein, 1986). Entsprechend wurden die Daten im zweiten Schritt pfadanalytisch ausgewertet. Als Eingangsvariablen dienten jeweils die Stimulusgeschichten "Erfolg aufgrund der eigenen Anstrengung" versus "Erfolg aufgrund der besonderen Anstrengung des Doppelpartners" bzw. "Mißerfolg aufgrund des Feierns vor dem Wettkampf" versus "Mißerfolg aufgrund der schlechten Tagesform". Das hier überprüfte Modell orientierte sich zunächst streng an Weiners Konzeption (1986). Entsprechend wurde angenommen, daß der erste Schritt in der Verarbeitungssequenz die Ergebnisbewertung ist, die die ergebnisabhängigen Emotionen Freude und Enttäuschung bewirkt. Demgegenüber wurde für die als dimensionsabhängig angenommenen Emotionen Stolz und Ärger eine Vermittlung über die Kausaldimensionen Lokation (Stolz) bzw. Kontrollierbarkeit (Ärger) angenommen. Für die ergebnisabhängigen Emotionen dagegen sollte diese Vermittlung unbedeutend sein.

Dieses Grundmodell wurde einmal modifiziert. Im Zusammenhang mit der Untersuchung von Emotionen in Sport hat Vallerand (1987) eine Konzeption vorgeschlagen, nach der Emotionen das Resultat einer intuitiven und einer reflexiven kognitiven Verarbeitung eines Ergebnisses sind. Die intuitive Verarbeitung bei Vallerand umfaßt die unmittelbare Ergebniswahrnehmung, also das, was hier als Ergebnisbewertung bezeichnet wird. Die reflexive Verarbeitung kann aus unterschiedlichen Kognitionen bestehen, eine Möglichkeit sind die Kausalattributionen und deren -Dimensionierungen. Vallerand geht nun davon aus, daß die Ergebnisbewertung bei der Entstehung jeder Art von Emotion einen direkten Einfluß ausübt, der stärker ist als der der reflexiven Verarbeitung (und damit auch als der der Attributionen). Um in dem Pfadmodell den direkten Einfluß der Ergebnisbewertung ebenfalls auf die als dimensionsabhängig angenommenen Emotionen Stolz und Ärger abschätzen zu können, wurde jeweils in einer zweiten Pfadanalyse ein Pfad von der Ergebnisbewertung direkt zur dimensionsabhängigen Emotion eingefügt.

Ergebnisse. Der Vergleich der Mittelwerte für Stolz und Freude in Abhängigkeit von der Lokation der Erfolgsursache zeigt, daß Stolz und Freude dimensionsabhängig sind. Nach Erfolg aufgrund der internalen Ursache der eigenen Anstrengung werden Stolz und Freude signifikant intensiver angegeben (Stolz: M = 3.3; Freude: M = 3.7) als nach der externalen Ursache der besonderen Anstrengung des Doppelpartners (Stolz: M = 2.0; t(121) = 10.4, p < .001; Freude: M = 2.9; t(121) = 8.3, p < .001). Entsprechend den Annahmen Weiners ist allerdings die Abhängigkeit des Stolzes von der Lokation stärker ausgeprägt als die der Freude, was durch die signifikante Interaktion des Emotionsfaktors mit dem Dimensionsfaktor belegt wird (F(1,120) = 14.4, p < .001).

In der Pfadanalyse zeigt sich für das Grundmodell bei einer Modellanpassung von GFI = .77 ein hypothesenkonformes Muster. Der Pfad von der subjektiven Bewertung über die Lokation zum Stolz zeigt einen relativ hohen Pfadkoeffizienten β_{32} = .48 zwischen der Dimension und der Emotion. Der Pfad von der subjektiven Bewertung über die Lokation zur Freude ist sehr viel geringer ausgeprägt mit einem nicht signifikanten Pfadkoeffizienten zwischen der Lokation und der Freude (β_{42} = .06). Der direkte Effekt von der subjektiven Bewertung zur Freude nimmt dagegen einen recht hohen Pfadkoeffizienten (β_{41} = .68) an. Bei der Modellmodifikation, die im Vergleich zum Grundmodell eine bessere Anpassung an die Daten zeigt (GFI = .88), zeigt sich, daß sich auch für den Stolz ein starker Effekt von der Ergebnisbewertung direkt ergibt (β_{31} = .47). Der Einfluß der Dimensionierung wird zwar schwächer, bleibt aber durchaus signifikant und inhaltlich relevant (vgl. Abbildung 1).

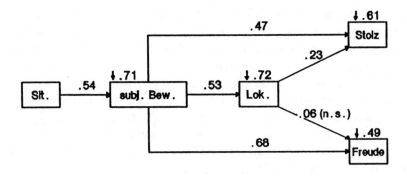

Abbildung 1

Pfadmodell zur Vermittlung von Stolz und Freude (Situationen: Erfolg aufgrund eigener Anstrengung (1) oder aufgrund der besonderen Anstrengung des Doppelpartners (0))

Für die Emotionen Enttäuschung und Ärger nach Wettkampfmißerfolg ergaben sich vergleichbare Befundmuster wie für Freude und Stolz nach Erfolg. Ärger und Enttäuschung sind nach der kontrollierbaren Ursache des zu langen Feierns signifikant stärker ausgeprägt (Ärger: M = 3.3; Enttäuschung: M = 2.8) als nach der unkontrollierbaren Ursache (Ärger: M = 2.6; t(121) = 2.8, p = .001; Enttäuschung: M = 2.5; t(121) = 2.8, p = .001). Entsprechend den Annahmen Weiners ist aber Abhängigkeit des

Ärgers von der Kontrollierbarkeitsdimension signifikant stärker ausgeprägt als für die (ergebnisabhängige) Enttäuschung wie die signifikante Interaktion des Dimensions- mit dem Emotionsfaktor zeigt (F(1,121) = 6.2, p = .02).

Die pfadanalytische Auswertung des Grundmodells für die Kombination der Auslösesituation "zu langes Feiern in der Nacht vor dem Wettkampf" und "Tagesform" ergibt einen Pfad mit signifikanten Koeffizienten von der Situation über die Bewertung und die Kontrollierbarkeit zum Ärger mit einem Koeffizienten β_{32} = .27 zwischen Kontrollierbarkeit und Ärger, während der Koeffizient zwischen Kontrollierbarkeit und Enttäuschung schwächer ist (β_{42} = -.14). Die Enttäuschung wird direkt über die Bewertung vermittelt (β_{41} = .72). Das Modell erreicht einen Anpassungwert von GFI = 0.78. Ebenso wie bei Freude und Stolz zeigt auch bei Enttäuschung und Ärger die Modellmodifikation eine bessere Anpassung an die Daten (GFI = .88). Auf dem Pfad von der Situation über die Bewertung zum Ärger findet sich ein relativ hoher Koeffizient β_{31} = .55 zwischen der Ergebnisbewertung und dem Ärger. Der Pfad über die Vermittlung durch die Kontrollierbarkeit ist dagegen deutlich abgeschwächt (β_{32} = .08; vgl. Abbildung 2). Dieses Ergebnis deutet darauf hin, daß der Ärger im Sport deutlich durch die subjektive Ergebnisbewertung beeinflußt wird.

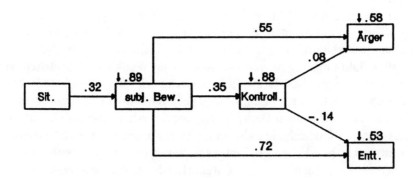

Abbildung 2

Pfadmodell zur Vermittlung von Ärger und Enttäuschung (Situationen: Mißerfolg aufgrund des zu langen Feierns in der Nacht vor dem Wettkampf (1) oder aufgrund einer erkältungsbedingten schlechten Tagesform (0))

Attributions-Emotionsbeziehungen in einer realen Leistungssituation. Unter-
suchungsmethodisch war die Szenariostudie orientiert an einer möglichst
hohen internen Validität mit einer systematischen Varianz in den Dimensionen der Ursachen. Bei der Überprüfung von Theorien im Sinne der Praxis-
relevanz für den Sport wird es als notwendig angesehen, Studien mit hoher
interner Validität und Studien mit hoher externer Validität durchzuführen
(Heuer, 1988; Roth, 1990). Dies bedeutet im besonderen, daß Attributions-
Emotionsbeziehungen auch in real und momentan erlebten Leistungssituationen überprüft werden sollten. Hier können Probleme der zu schwachen
Manipulation (in der Erfolgs- und Mißerfolgsinduzierung), der geringen
Ich-Beteiligung und der persönlichen Wichtigkeit eines guten Abschneidens
oder auch Verzerrungen durch Gedächtniseffekte bei reproduktiven Techni-
ken – die als Probleme von Laboruntersuchungen beschrieben werden
(Meyer, 1983; Weiner, Russell, Lerman, 1978) – vermieden werden. Die
gemeinsamen Ergebnisse aus Studien mit hoher interner und hoher externer
Validität werden als besonders wertvoll im Hinblick auf die Anwendbarkeit
einer Theorie in der Sportpraxis angesehen (Heuer, 1988; Roth, 1990).
Heuer bezeichnet diese Strategie als (den horizontalen Teil der) Strategie
multipler Aufgaben. In der zweiten Studie sind daher Attributions-Emotionsbeziehungen in real erlebten Leistungssituationen im Sport untersucht
worden.

Als Untersuchungsfeld wurden die Leichtathletikbundesjugendspiele
ausgewählt. Diese werden in Deutschland bundesweit an den meisten
Schulen durchgeführt. Im allgemeinen ist die Teilnahme für die SchülerInnen aller Jahrgangsstufen verpflichtend. Die Wettkämpfe bestehen aus
einem leichtathletischen Drei- (Sprintstrecke, Sprung, Wurf/Stoß) bzw.
Vierkampf (falls noch eine Langstrecke gelaufen wird). Die Leistungen der
SchülerInnen werden unter Berücksichtigung des Alters und des Geschlechts
mittels einer Punktetabelle bewertet. Ab Erreichen einer festgesetzten
Mindestpunktzahl erhalten die TeilnehmerInnen eine Siegerurkunde oder –
als höchste Anerkennung – eine Ehrenurkunde. Untersuchungen zur Einstellung der SchülerInnen zu den Wettkämpfen haben gezeigt, daß die
Bundesjugendspiele durchaus einen hohen Anreiz für die TeilnehmerInnen
haben (Rethorst, 1991a; Willimczik, 1991).

598 Schüler und 555 Schülerinnen im Alter zwischen 10 und 19 Jahren
wurden in die Untersuchung einbezogen. Erfragt wurden u.a. das objektive
Ergebnis (erreichte Punkte und Erlangen einer Sieger- oder Ehrenurkunde),
die subjektive Bewertung dieser Leistung, Angaben zur Ursache für das
Abschneiden und deren Dimensionierung und die Intensität der Emotionen
Freude, Stolz, Enttäuschung und Ärger. Die Befragung wurde direkt auf

dem Sportplatz, unmittelbar nachdem die Schüler und Schülerinnen ihre Ergebnisse erfahren hatten, durchgeführt. Wie in der Szenariostudie wurden die Attributions-Emotionsbeziehungen im ersten Schritt varianzanalytisch und im zweiten Schritt pfadanalytisch ausgewertet. Im Unterschied zu der Szenariostudie deuteten sich bei einer ersten Überprüfung geschlechtsspezifische Unterschiede an, die zur Konsequenz hatten, daß die Analysen für Jungen und Mädchen getrennt vorgenommen wurden.

Ergebnisse. Zur Analyse der positiven Emotionen wurden die SchülerInnen herangezogen, die ihr Abschneiden als Erfolg bewerteten, zur Analyse der negativen Emotionen diejenigen, die ihr Resultat als Mißerfolg empfanden. Dementsprechend finden sich in Tabelle 1 die Ratings für Freude und Stolz für die SchülerInnen, die ihr Abschneiden als einen Erfolg werteten. Für die Mädchen zeigt sich, daß Stolz und Freude signifikant intensiver sind, wenn eine internale Ursache vorliegt (Stolz: $t(400) = 4.8$, $p < .001$; Freude: $t(399) = 3.4$, $p < .001$). Entsprechend den Annahmen Weiners ist die Abhängigkeit des Stolzes von der Lokationsdimension wieder signifikant stärker ausgeprägt als die der Freude, wie die Interaktion zwischen dem Emotions- und dem Dimensionsfaktor zeigt ($F(1,394) = 5.1$, $p < .025$). Für die Jungen stellt sich der Einfluß der Dimension Lokation in der Varianzanalyse als geringer dar als für die Mädchen: Nur tendenziell intensiviert internale Kausaldimensionierung die Emotionen Freude und Stolz ($t(465) = 1.9$, $p = .06$ bzw. $t(471) = 2.0$, $p = .05$). Auch zeigt Stolz keine stärkere Abhängigkeit von der Lokationsdimension als Freude ($F(1,463) < 1$, n.s.).

Tabelle 1

Mittelwerte für die Intensitäten der Freude und des Stolzes nach Erfolg auf einer fünfstufigen Likertskala bei Mädchen und Jungen

		int. Ursachen	ext. Ursachen
Freude	Mädchen	3.02	2.66
	Jungen	2.81	2.60
Stolz	Mädchen	2.35	1.74
	Jungen	2.27	2.01

In den pfadanalytischen Ergebnissen für das Grundmodell zeigt sich insbesondere für die Mädchen eine deutliche Vermittlung des Stolzes über die
Lokation (β_{21} = .25), aber auch für die Freude zeigt sich ein signifikanter
Pfadkoeffizient β_{31} = .15 über die Lokation (Modellanpassung GFI = .87).
Bei der Modellmodifikation (vgl. Abbildung 3) bleibt das Muster weitgehend erhalten. Der Koeffizient zwischen Lokation und Stolz schwächt sich
zwar ab (β_{21} = .19), die Vermittlung wird aber nicht aufgehoben (GFI =
.89). Beide Emotionen Stolz und Freude werden durch die Ergebnisbewertung direkt (γ_{21} = .28 bzw. γ_{31} = .34) und zusätzlich durch die Wahrnehmung der Ursache als internal beeinflußt. Im Grundmodell ist für die
Jungen der Einfluß der Lokation schwächer: Es ergibt sich β_{21} = .11 zum
Stolz und β_{31} = .04 zur Enttäuschung bei einer Modellanpassung von GFI
= .87. In der Modellmodifikation (Abbildung 3) zeigt sich, daß Stolz und
Freude beide direkt von der Ergebnisbewertung (γ_{21} = .31 bzw. γ_{31} =
.32), nicht aber von der Lokation abhängen (GFI = . 89).

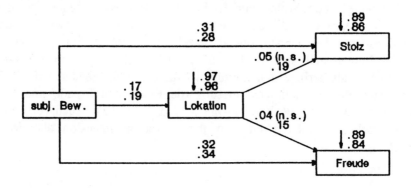

Abbildung 3
Pfadmodell zur Vermittlung von Stolz und Freude nach einem Leichtathletik-
Wettkampf; Mädchen (jeweils untere Werte) und Jungen (jeweils obere Werte)

Für die Emotionen Enttäuschung und Ärger zeigen sich für die Schüler-
Innen, die ihr Abschneiden als einen persönlichen Mißerfolg werten, die in
Tabelle 2 dargestellten mittleren Intensitäten.

Varianzanalytisch zeigt sich sowohl für die Jungen als auch für die Mädchen, daß der Ärger nach einer Dimensionierung der Ursache als internal
kontrollierbar signifikant intensiver angegeben wird als nach einer Dimensionierung der Ursache als internal nicht kontrollierbar (Mädchen: t(102) =

2.6, p < .02, Jungen: t(84) = 2.5, p < .02). Für die Enttäuschung zeigt sich weder für die Mädchen noch für die Jungen eine signifikante Abhängigkeit von der internalen Kontrollierbarkeit (Mädchen: t(100) < 1, n.s.; Jungen: t(86) = 1.6, n.s.).

Tabelle 2

Mittelwerte für die Intensitäten der Enttäuschung und des Ärgers
nach Mißerfolg auf einer fünfstufigen Likertskala bei Mädchen und Jungen

		kont. Ursachen	unkont. Ursachen
Enttäuschung	Mädchen	2.51	2.29
	Jungen	2.75	2.31
Ärger	Mädchen	2.77	2.17
	Jungen	2.75	2.03

Die pfadanalytische Auswertung für das Grundmodell zeigt für die Schülerinnen und Schüler sehr ähnliche Ergebnisse. Es ergaben sich relativ starke direkte Effekte von der Kontrollierbarkeit zum Ärger (β_{21} = .34 für die Mädchen, β_{21} = .35 für die Jungen). Aber auch der Pfadkoeffizient von der Kontrollierbarkeit zur Enttäuschung ist relativ hoch (β_{31} = .19 für die Mädchen, β_{31} = .24 für die Jungen). Demgegenüber ist der Koeffizient von

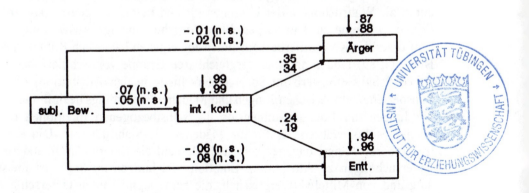

Abbildung 4

Pfadmodell zur Vermittlung von Ärger und Enttäuschung nach einem Leichtathletik-Wettkampf; Mädchen (jeweils untere Werte) und Jungen (jeweils obere Werte)

der Ergebnisbewertung zur Enttäuschung irrelevant (γ_{31} = -.08 für die Mädchen, γ_{31} = -.06 für die Jungen). Das bedeutet, daß für die TeilnehmerInnen alleine die Tatsache, ihr Abschneiden als persönlichen Mißerfolg zu bewerten, zur Auslösung negativer Emotionen führt. Eine Bewertung des Ergebnisses als mehr oder weniger großer Mißerfolg hat auf die Intensität der Enttäuschung keinen Einfluß mehr. Die Anpassung des Grundmodells liegt bei GFI = .88 für die Mädchen bzw. GFI = .94 für die Jungen. Die Modellmodifikation, die für den Ärger auch einen direkten Pfad von der Ergebnisbewertung zuläßt, ändert die Kennziffern kaum (vgl. Abbildung 4). Diese Ergebnisse sprechen für die Annahme der Vermittlung des Ärgers über die Kontrollierbarkeit. Unerwartet ist dagegen der Einfluß dieser Dimension auch auf die Enttäuschung.

Zusammenfassung und Diskussion. Vom methodischen Standpunkt aus gesehen liegen die beiden vorgestellten Studien – die Szenario-Studie und die Feldstudie – zwischen den Polen einer hohen internen und einer hohen externen Validität relativ weit auseinander. Die Ergebnisse beider Studien zusammenfassend kann aber festgestellt werden, daß die Resultate zum Einfluß der Kognitionen auf die Emotionen in sportlichen Wettkampfsituationen zumindest in die gleiche Richtung weisen.

Für den Stolz nach einem positiven Wettkampfausgang zeigt sich wie angenommen, daß er intensiver wahrgenommen wird, wenn die Ursachen für den Erfolg als internal dimensioniert werden. In der real erlebten Wettkampfsituation zeigt sich dieses Muster allerdings nur für die Mädchen. Für die Jungen ergab sich dagegen, daß die Intensität des Stolzes erhöht wird durch die Wahrnehmung der Ursachen für den Erfolg als internal *kontrollierbar*, wie eine zu dem dargestellten Vorgehen analoge Auswertung des Einflusses der Kontrollierbarkeitsdimension ergeben hat. Auch Robinson & Howe (1989) fanden an einer vergleichbaren Gruppe von SchülerInnen in einem Schulwettbewerb im Sport Unterschiede in den Attributions-Emotionsbeziehungen zwischen Jungen und Mädchen. Allerdings beeinflußte für die Jungen die Lokationsdimension die selbstbezogenen Emotionen (inklusive Stolz), während es für die Mädchen die Stabilität war. Die Kontrollierbarkeit zeigte dagegen keinen Einfluß auf die Emotionen. In anderen Untersuchungen zu Attributions-Emotionsbeziehungen im Sport ist meist aufgrund von Mittelwertvergleichen, die keine signifikanten Unterschiede zwischen männlichen und weiblichen Probanden ergaben, geschlossen worden, daß keine Unterschiede in den Beziehungen zwischen den Attributionen und Emotionen bestehen (Biddle & Hill, 1992a; 1992b; McAuley & Duncan, 1990), was aber durchaus der Fall sein kann. Die Frage, ob es geschlechtsspezifische Unterschiede in den Kognitions-Emotionsbeziehungen im Sport gibt, muß daher als offen bezeichnet werden.

Für den Ärger nach subjektivem Mißerfolg im Wettkampf zeigen die beiden vorgestellten Studien überwiegend die postulierte Abhängigkeit von der Kontrollierbarkeit. In Abweichung von der ursprünglichen Konzeption Weiners (1985, 1986) bezieht sich der hier untersuchte Ärger aber nicht auf andere Personen. Die von uns untersuchten SportlerInnen ärgern sich vor allem über sich selbst und nur wenig über andere Personen wie Kampfrichter oder Betreuer. Dieser Ärger über die eigene Person wird intensiviert, wenn man der Ansicht ist, die Ursache für das schlechte Ergebnis sei durch die eigene Person kontrollierbar gewesen, wie z.B. das ungenügende Training oder die Konzentration im Wettkampf.

Die beiden dimensionsabhängigen Emotionen Stolz und Ärger werden aber z.T. auch stark von der Ergebnisbewertung direkt beeinflußt, wie insbesondere die Pfadanalysen der modifizierten Modelle gezeigt haben. Dieses Ergebnis wurde in anderen Untersuchungen zu den Attributions-Emotionsbeziehungen im Sport ebenfalls gefunden (McAuley & Duncan, 1989, 1990; Robinson & Howe, 1989; Vallerand, 1987). Die Autoren bewerten diese Ergebnisse als einen zum Weinerschen Modell konträren Befund, der sich in Übereinstimmung mit dem von Vallerand (1987) vorgeschlagenen Emotionsmodell befindet, nach dem *jede* Emotion zunächst durch eine sogenannte primäre Bewertung des Ergebnisses und dann durch eine weitere kognitive Verarbeitung dieses Ergebnisses beeinflußt wird.

Ebenfalls in Übereinstimmung mit den Ergebnissen aus den Untersuchungen von McAuley & Duncan (1989, 1990), Robinson & Howe (1989) und Vallerand (1987) und den Modellannahmen von Vallerand findet sich in den vorgestellten Studien auch für die als ergebnisabhängig angenommenen Emotionen Freude und Enttäuschung ein gewisser Einfluß der kausalen Dimensionen. Die Pfadanalysen zeigen allerdings, daß dieser Einfluß (mit Ausnahme der Enttäuschung in der realen Wettkampfsituation) deutlich geringer ist als der der Ergebnisbewertung. Insofern erscheint die Bezeichnung von Freude und Enttäuschung im Sport als ergebnisabhängig durchaus gerechtfertigt.

Beide Studien, die Szenario-Studie und die Feldstudie, erbringen also recht ähnliche Ergebnisse für die Zusammenhänge von Kognitionen und Emotionen in sportlichen Wettbewerben. Der Vergleich der Ergebnisse aus den beiden Studien zeigt allerdings, daß die Beziehungen in der Feldstudie weniger deutlich als in der Szenario-Studie ausfallen. Die gleiche Tendenz fanden auch Russell und McAuley (1986), als sie Attributions-Emotionsbeziehungen im akademischen Leistungsbereich untersuchten. Sie fanden gute Bestätigungen der Hypothesen, wenn die Probanden hypothetische Leistungssituationen bearbeiteten, während die Beziehungen weniger deutlich zutage traten, als sie in einer realen Prüfungssituation überprüft wurden. Biddle (1988) bietet zwei Möglichkeiten der Erklärung dieses Phänomens an: Erstens könnten die Beziehungen zwischen Attributionen und Emotionen unterschiedlich sein, je nachdem, ob sie in hypothetischen oder realen Situationen untersucht werden. Als zweite Möglichkeit erwägt Biddle, daß die Verwendung einer hypothetischen Untersuchungsmethode die Beziehungen überhöhen könne, insbesondere, wenn die Probanden aufgefordert werden, sich auf hypothetische Ereignisse zu konzentrieren. Als Grund führt er die Tendenz im Sinne der sozialen Erwünschtheit und von Erwartungseffekten zu antworten an. Eine vielleicht noch wichtigere Ursache für die Überhöhung von Beziehungen in den hypothetischen Untersuchungsbedingungen ist der Umfang der zur Verfügung stehenden Information über das Ereignis. Die Szenarios in der ersten Studie enthielten natürlich wesentlich weniger Information als den SchülerInnen nach ihrem Leichtathletik-Wettkampf zur Verfügung stand. Die Geschichten beschränkten sich im wesentlichen auf die Angabe des Ergebnisses und der Ursache dafür. Die TeilnehmerInnen an den Leichtathletikwettkämpfen brachten eine Reihe von weiteren Informationen in den Verarbeitungsprozeß ihres Ergebnisses ein, so z.B. ihre Leichtathletik-Erfolgsgeschichte und damit zusammenhängend ihre Erwartungen, unterschiedliche Wichtigkeiten für ein gutes Abschneiden oder auch unterschiedliche Dispositionen z.B. bezüglich der Fähigkeitskonzepte für die Leichtathletik oder der individuellen Zielorientierungen im Wettkampf. Auch diese Merkmale beeinflussen natürlich den Kognitions-Emotionsprozeß (Duda, 1992; Meyer, 1984; Roseman, Spindel & Jose, 1990) und tragen zu einer Vergrößerung der nicht aufgeklärten Varianz zwischen Attributionen und Emotionen bei.

Ausblick

Für weitere Studien zur Klärung des Zusammenhangs von Kognitionen und Emotionen im Sport sind Fragestellungen und Probleme auf verschiedenen Ebenen zu beachten. Auf der methodischen Ebene sollten Serien von Untersuchungen im Sinne der horizontalen Strategie der multiplen Aufgaben den Bereich zwischen Laboruntersuchungen und Feldstudien besser abdecken, z.B. durch Feldexperimente, in denen unter wirklichkeitsnahen Bedingungen in der Turnhalle oder auf dem Sportplatz Einflußgrößen wie die Vorerfahrungen der Probanden, ihre Erfolgs- bzw. Mißerfolgsgeschichte u.ä. besser kontrolliert werden können als in einer reinen Feldstudie, wie es die

Untersuchung des Leichtathletikwettkampfs der SchülerInnen war. Meß-theoretisch sollte beachtet werden, daß alle Konstrukte konsequent aus der Sicht der AthletInnen bzw. SpielerInnen gemessen werden, denn es kann nicht a priori davon ausgegangen werden, daß objektive Gegebenheiten (wie ein Sieg oder eine Niederlage) oder die Sicht der Forschenden (bei der Dimensionierung der Ursachen) deckungsgleich mit den Wahrnehmungen der Aktiven sind.

Auf der inhaltlichen Ebene bietet es sich an, die Theorie Weiners nicht nur im Hinblick auf den eingeschränkten Aspekt der Beziehungen zwischen Attributionen und Emotionen im Sport anzuwenden, sondern auch zu erforschen, wie der Kognitions-Emotionsprozeß Verhalten im Sport beein-flußt. Besonders aufschlußreich könnte eine Untersuchung der Drop-out-Problematik aus attributionstheoretischer Sicht sein. Ebenfalls zur inhaltli-chen Ebene zu zählen ist die Frage nach dem Einfluß weiterer Kognitionen neben der Ergebnisbewertung und den Attributionen auf die Emotionen im Sport. So ist davon auszugehen, daß die Wichtigkeit des Ergebnisses nicht nur die Wahrscheinlichkeit für die Ursachensuche erhöht, sondern auch einen direkten Einfluß auf die Emotionen hat. Und schließlich erscheint auch der Einfluß von Persönlichkeitsmerkmalen wie z.B. der individuellen Zielvorstellungen für den Verarbeitungsprozeß eines sportlichen Leistungs-resultats als erforschenswert (vgl. Duda, 1992).

Literatur

Biddle, S. J. H. (1988). Methological issues in researching of cognition-emotion links in sport. *International Journal of Sport Psychology, 19,* 264-280.

Biddle, S. J. H. & Hill, A. B. (1992a). Attributions for objective outcome and subjective ap-praisal of performance: Their relationship with emotional reactions in sport. British *Journal of Social Psychology, 31,* 215-226.

Biddle, S. J. H. & Hill, A. B. (1992b). Relationships between attributions and emotions in a laboratory-based sporting contest. *Journal of Sport Sciences, 10,* 65-75.

Biddle, S. J. H. & Jamieson K. I. (1988). Attribution dimensions: Conceptual clarification and moderator variables. *International Journal of Sport Psychology, 19,* 47-59.

Bierhoff-Alfermann, D. (1986). *Sportpsychologie.* Stuttgart: Kohlhammer.

Duda, J. L. (1992). Motivation in sport settings: A goal perspective approach. In: G. Roberts (Ed.). *Motivation in Sport and Exercise.* (57-91). Champaign, IL: Human Kinetics.

Gabler, H. (1986). Motivationale Aspekte sportlicher Handlungen. In: H. Gabler, J.R. Nitsch & R. Singer (Hrsg.). *Einführung in die Sportpsychologie.* (64-106). Schorndorf: Hofmann.

Gill, D. L., Ruder, K. M. & Gross, J. B. (1982). Open-ended attributions in team competi-tion. *Journal of Sport Psychology, 4,* 159-169.

Heuer, H. (1988). Motorikforschung zwischen Elfenbeinturm und Sportplatz. In: R. Daugs (Hrsg.). *Neue Aspekte der Motorikforschung*. (52-69). Clausthal-Zellerfeld: dvs.

Kelley, H. H. (1972). *Causal schemata and the attribution process*. New York: General Learning Press.

König, R. (1966). Die Gruppe im Sport und die Kleingruppenforschung. *Kölner Zeitschrift für Soziologie und Sozialpsychologie, 10*, 5-14.

Kun, A. & Weiner, B. (1973). Necessary versus sufficient causal schemata for success and failure. *Journal of Research in Personality, 7*, 197-207.

Leith, L. M. & Prapavessis, H. (1989). Attributions of causality and dimensionality associated with sport outcomes in objectively evaluated and subjectively evaluated sports. *International Journal of Sport Psychology, 20*, 224-234.

Maehr, M. L. & Nicholls, J. G. (1980). Culture and achievement motivation: A second look. In: N. Warren. (Ed). *Studies in cross-cultural psychology*. New York: Academic.

Mark, M. M., Mutrie, N., Brooks, D. R. & Harris, D. V. (1984). Causal attribution of winners and losers in individual competitive sports: Towards a reformulation of the self-serving bias. *Journal of Sport Psychology, 6*, 184-196.

McAuley, E. (1985). Success and causality in sport: The influence of perception. *Journal of Sport Psychology, 7*, 13-22.

McAuley, E. & Duncan, T. E. (1990). Cognitive appraisal and affective reactions following physical achievement outcomes. *Journal of Sport & Exercise Psychology, 12*, 415-426.

McAuley, E. & Duncan, T. E. (1989). Causal attributions and affective reactions to disconfirming outcomes in motor performance. *Journal of Sport & Exercise Psychology, 11*, 187-200.

McAuley, E. & Gross, J. B. (1983). Perceptions of causality in sport: An application of the Causal Dimension Scale. *Journal of Sport Psychology, 5*, 72-76.

McAuley, E., Duncan, T. E. & Russell, D. (1992). Measuring causal attributions: The revised Causal Dimension Scale (CDSII). *Personality and Social Psychology Bulletin 18*, 566-573.

Meyer, J.P. (1980). Causal attributions for success and failure: A multivariate investigation of dimensionality, formation, and consequences. *Journal of Personality and Social Psychology, 38*, 704-718.

Meyer, W. U. (1983). Attributionstheoretische Ansätze. In: H. Mandl & G.L. Huber (Hrsg.). *Emotion und Kognition*. (80-84). München: Urban & Schwarzenberg.

Meyer, W. U. (1984). *Das Konzept von der eigenen Begabung*. Bern: Huber.

Passer, M. W. (1977). *Perceiving the causes of success and failure revisted: A multidimensional scaling approach*. Unveröffentlichte Dissertation an der University of California, Los Angeles.

Reisenzein, R. (1986). A structural equation analysis of Weiners attribution-affect model of helping behavior. *Journal of Personality and Social Psychology, 50*, 1123-1133.

Rethorst, S. (1992). *Kognitionen und Emotionen in sportlichen Leistungssituationen - Eine Überprüfung einer attributionalen Theorie von Emotionen*. Köln: bps.

Rethorst, S. (1991a). Zwischen Lust und Frust - Die Erlebniswelt von Schülern und Schülerinnen bei den Leichtathletik-Bundesjugendspielen. *Band 13 der Bielefelder Beiträge zur Sportwissenschaft*. Bielefeld.

Rethorst, S. (1991b). Die Kausaldimensionsskala - Eine deutsche Version der Skala von Russell zur Erfasssung der subjektiven Dimensionierung von Kausalattributionen. In: R. Singer (Hrsg). *Sportpsychologische Forschungsmethodik - Grundlagen, Probleme,*

Ansätze. (191-197). Köln: bps.

Roberts, G. C. & Pascuzzi, D. L. (1979). Causal attributions in sport: Some theoretical implications. *Journal of Sport Psychology, 1*, 203-211.

Robinson, D. W. & Howe, B. L. (1989). Appraisal variable/affect relationships in youth sport: A test of Weiner's attributional model. *Journal of Sport & Exercise Psychology, 11*, 431-443.

Roseman, I. J., Spindel, M. S. & Jose, P. E. (1990). Appraisals of emotion-eliciting events: Testing a theory of discrete emotions. *Journal of Personality and Social Psychology, 99*, 899-915.

Roth, K. (1990). Externe Validität und Problemkomplexität - Horizontale und vertikale Wege zu einer anwendungsorientierten Motorikforschung. *Sportwissenschaft, 3*, 281-299.

Russell, D. (1982). The Causal Dimension Scale: A measure of how individuals perceive causes. *Journal of Personality and Social Psychology, 42*, 1137-1145.

Russell, D. & McAuley, E. (1986). Causal attribution, causal dimensions, and affective reactions to success and failure. *Journal of Personality and Social Psychology, 50*, 1174-1184.

Rücker, F., Bierhoff-Alfermann, D. & Anders, G. (1985). Ursachenzuschreibungen für Sieg und Niederlage im Volleyball: Es kommt darauf an, wann man fragt. In: E. Hahn & K. K. Schock (Hrsg). *Beiträge zu Kognition und Motorik.* (96-102). Köln: bps.

Spink, K. S. & Roberts, G. C. (1980). Ambiguity of outcome and causal attributions. *Journal of Sport Psychology, 2*, 237-244.

Tennenbaum, G. & Furst, D. (1985). The relationship between sport achievement responsibility, attribution, and related situational variables. *International Journal of Sport Psychology, 16*, 254-269.

Vallerand, R. J. (1987). Antecedents of self-related affects in sport: Preliminary evidence on the intuitive-reflective appraisal model. *Journal of Sport Psychology, 9*, 161-182.

Weiner, B., Frieze, I. H., Kukla, A., Reed, L., Rest, S. & Rosenbaum, R. M. (1971). *Perceiving the causes of success and failure.* New York: General Learning Press.

Weiner, B. (1985). An attributional theory of achievement motivation and emotion. *Psychological Review, 92*, 548-573.

Weiner, B. (1986). *An attributional theory of motivation and emotion.* New York: Springer.

Weiner, B., Russell, D. & Lerman, D. (1978). Affektive Auswirkungen von Attributionen. In: D. Görlitz, W. U. Meyer & B. Weiner (Hrsg.). *Bielefelder Symposium über Attributionen.* (139-173). Stuttgart: Klett-Cotta.

Willimczik, K. & Rethorst, S. (1988). Kognitionen als vorauslaufende Bedingungen von Emotionen im Sport. In: Wissenschaftlicher Rat beim Staatssekretariat für Körperkultur und Sport der Deutschen Demokratischen Republik: *Proceedings VIth Congress of European Federation of Sportpsychology, 2*, 750-762. Leipzig: DHfK.

Willimczik, K. (1991). Anreiz und/oder Abschreckung? - Die Bundesjugendspiele in der Sicht von Schülerinnen und Schülern der alten und neuen Bundesländer. *Band 12 der Bielefelder Beiträge zur Sportwissenschaft.* Bielefeld.

Kapitel 8

Attribution und erlernte Hilflosigkeit

Joachim Stiensmeier-Pelster
Universität Bielefeld

Wie kaum eine andere Theorie hat die Theorie der erlernten Hilflosigkeit (Seligman, 1975; Maier & Seligman, 1976; Abramson, Seligman & Teasdale, 1978) in vielen Teildisziplinen der Psychologie Aufmerksamkeit gefunden, die Theorienbildung beeinflußt und die Forschung angeregt. Beispielsweise wurde die Theorie herangezogen, um unter pädagogisch-psychologischer Perspektive zu erklären, warum Mißerfolg bei einer Aufgabe unter bestimmten Bedingungen Leistungsdefizite bei nachfolgenden Aufgaben hervorruft. Unter klinisch-psychologischer Perspektive wurde die Theorie der erlernten Hilflosigkeit als Erklärungsmodell für das Entstehen und Aufrechterhalten von reaktiver Depression herangezogen. Dabei erwiesen sich die ursprünglich von der Theorie vorgeschlagenen Erklärungsmodelle als völlig unzureichend. So konnte die Theorie beispielsweise nicht erklären, warum Mißerfolg bestimmte Personen dazu veranlaßt, in ihrem Bemühen um Erfolg nachzulassen, während andere durch den Mißerfolg offenbar angespornt werden, d.h. ihre Anstrengung erhöhen. Auch konnte die Theorie, um ein weiteres Beispiel zu nennen, nicht erklären, warum als Folge negativer Lebensereignisse auftretende depressive Symptome bei einigen Personen über lange Zeit andauerten, während sie sich bei anderen Personen als sehr kurzlebig erwiesen.

Dies alles änderte sich jedoch grundlegend, nachdem attributionstheoretische Überlegungen, wie sie Weiner und Meyer bereits Anfang der siebziger Jahre (Weiner, Frieze, Kukla, Reed, Rest & Rosenbaum, 1971; Meyer, 1971, 1973) vorgelegt hatten, von Abramson, Seligman und Teasdale (1978) in die Theorieformulierung einbezogen wurden. Danach bestimmt insbesondere die Ursachenerklärung, die wir für einen Mißerfolg oder für ein negatives Lebensereignis vornehmen, ob bzw. über welchen Zeitraum wir als Folge von Mißerfolg in unseren Anstrengungen nachlassen, und ob wir als Folge eines negativen Lebensereignisses eine nur kurzzeitige oder aber chronische Depression entwickeln.

In neuerer Zeit wurde insbesondere von deutschsprachigen Autor(inn)en, so beispielsweise von Kuhl, kritisiert, daß die Theorie der erlernten Hilflosigkeit den Attributionen eine viel zu große Bedeutung beimißt. Wie wir jedoch sehen werden, erweist sich diese Kritik als nur wenig schlagkräftig.

In diesem Kapitel werden wir zunächst die leistungsbeeinträchtigenden Wirkungen von Mißerfolg und dann die Genese und das Aufrechterhalten von depressiven Störungen aus der Perspektive der attributionstheoretisch formulierten Theorie der erlernten Hilflosigkeit erörtern. Dabei geht es uns nicht darum, einen vollständigen Überblick über die theoretischen Überlegungen und die Befundlage zu geben, sondern darum, den Stellenwert zu erörtern, den Kausalattributionen in diesem Zusammenhang haben.

Leistungsdefizite nach Mißerfolg

Laborexperimentelle Untersuchungen und Beobachtungen im Feld zeigen, daß steter Mißerfolg bei *einer* Aufgabe Leistungseinbrüche bei *nachfolgenden* Aufgaben bewirken kann, und zwar selbst dann, wenn beide Aufgaben gänzlich unterschiedliche Fähigkeiten erfordern, und die Fähigkeiten zur erfolgreichen Bearbeitung der auf den Mißerfolg folgenden Aufgaben in ausreichendem Ausmaß vorhanden sind. In einer Untersuchung von Hiroto & Seligman (1975) beispielsweise hatten Studierende in einer ersten experimentellen Phase (der sogenannten Trainingsphase) Levinesche Diskriminationsaufgaben (Levine, 1971) zu bearbeiten. Aufgrund einer Manipulation des Versuchsleiters hatten sie dabei entweder beständig Mißerfolg (Experimentalgruppe) oder Erfolg (erste Kontrollgruppe). Die Versuchspersonen einer zweiten Kontrollgruppe hatten die Aufgaben nicht zu bearbeiten, sondern sich diese nur anzusehen. In einer zweiten experimentellen Phase (der sogenannten Testphase) hatte die Hälfte der Versuchspersonen Anagrammaufgaben zu bearbeiten, die ebenso wie die zuvor bearbeiteten Diskriminationsaufgaben kognitive Fähigkeiten erfordern. Die übrigen Versuchspersonen hatten eine manuelle Tätigkeit auszuführen, d.h. eine Aufgabe zu bearbeiten, die vollkommen andere Fähigkeiten erforderte als die Diskriminationsaufgaben. Hiroto und Seligman beobachteten, daß die Versuchspersonen, die zuvor stetig Mißerfolg hatten, gegenüber den Versuchspersonen der beiden übrigen Gruppen gravierende Leistungsmängel aufwiesen. Das Ausmaß der beobachteten Leistungsmängel war zudem unabhängig von der Art der Aufgaben (Anagrammaufgaben bzw. manuelle Tätigkeit). Mißerfolg bei einer ersten Aufgabe bewirkte somit Leistungsdefizite bei nachfolgenden Aufgaben, und zwar selbst dann, wenn diese Aufgaben vollkommen unterschiedliche Fähigkeiten erforderten.

In ihrer ursprünglichen Formulierung durch Seligman (1975) erklärt die Theorie der erlernten Hilflosigkeit derartige Leistungsdefizite, indem sie annimmt, daß steter Mißerfolg bei einer Aufgabe die Erwartung entstehen läßt, Erfolg bei dieser Aufgabe durch eigenes Handeln nicht herbeiführen zu können (Erwartung zukünftiger Unkontrollierbarkeit). Diese Erwartung wird auf nachfolgende Aufgaben übertragen. Dabei ist es gänzlich unerheblich, ob bzw. in welchem Ausmaß die beiden Aufgaben ähnliche Fähigkeiten beanspruchen. Die Erwartung von Unkontrollierbarkeit bewirkt dann, daß man sich nicht mehr bemüht, die Aufgaben zu lösen (motivationales Defizit), was wiederum Leistungsdefizite zur Folge hat.

Beziehen wir diese Überlegungen auf die Untersuchung von Hiroto und Seligman, so können wir folgendes festhalten: Folgt man der Theorie der erlernten Hilflosigkeit, so sind die von den Autoren in der Testphase beobachteten Leistungsdefizite auf mangelnde Anstrengung (motivationales Defizit) zurückzuführen. Diese wiederum wurde durch die aufgrund vorhergehender Mißerfolgserfahrungen hervorgerufene Erwartung bewirkt, Erfolg, egal bei welcher Art von Aufgaben, durch eigene Anstrengung nicht erzielen zu können (Unkontrollierbarkeitserwartung). Als die alles entscheidende Variable für die Erklärung von Leistungsdefiziten nach Mißerfolg erweist sich somit die über Zeit und Aufgaben bzw. Situationsgegebenheiten hinweg generalisierende Erwartung, durch eigene Anstrengung Erfolge nicht herbeiführen zu können.

Die Theorie der erlernten Hilflosigkeit wurde in der Folgezeit verschiedentlich kritisiert, reformuliert und erweitert. Ein ganz wesentlicher Kritikpunkt bestand darin, daß die Theorie nicht erklären könne, unter welchen Bedingungen Unkontrollierbarkeitserwartungen über Zeit und Aufgaben- bzw. Situationsbereiche generalisieren. Unter welchen Bedingungen bleiben also Unkontrollierbarkeitserwartungen für lange Zeit bestehen, und unter welchen Bedingungen erweisen sie sich als ein nur vorübergehendes Phänomen? Was sind die Bedingungen, die dazu führen, daß Unkontrollierbarkeitserwartungen auf viele, ganz unterschiedliche Fähigkeiten erfordernde Aufgaben generalisieren, und was diejenigen Bedingungen, die dazu beitragen, daß Unkontrollierbarkeitserwartungen ein spezifisches Phänomen bleiben? Dementsprechend beschäftigten sich die Reformulierungen der Theorie damit, die Aussagen zur Generalisation von Unkontrollierbarkeitserwartungen zu präzisieren.

Desweiteren wurde verschiedentlich auch kritisiert, daß dem über die Unkontrollierbarkeitserwartungen vermittelten Motivationsdefizit eine zu große Bedeutung beigemessen wird. Insbesondere seien neben mangelnder Motivation auch andere psychologische Prozesse denkbar, die Leistungsdefizite nach Mißerfolg bewirken könnten.

Auf zwei dieser Ansätze wollen wir im weiteren näher eingehen: auf die Reformulierung der Theorie unter attributionstheoretischen Gesichtspunkten durch Abramson, Seligman & Teasdale (1978) und auf die Erweiterung der Theorie um den Faktor Handlungskontrolle durch Kuhl (1983).

Die attributionstheoretische Reformulierung der Theorie. Um zu erklären, unter welchen Bedingungen Unkontrollierbarkeitserwartungen und die daraus resultierenden Motivations- und Leistungsmängel über lange Zeit und/oder auf ganz unterschiedliche Aufgaben und Situationsbereiche generalisieren und unter welchen Bedingungen nicht, reformulierten Abramson, Seligman & Teasdale (1978) die ursprüngliche Theorie, indem sie attributionstheoretische Überlegungen zur Leistungsmotivation, wie sie von verschiedenen Autoren bereits Anfang der siebziger Jahre vorgelegt wurden, aufgriffen (Meyer, 1971, 1973; Weiner, Heckhausen, Meyer & Cook, 1972; Weiner u.a., 1971). Diese Autoren konnten nämlich zeigen, daß Erfolg und Mißerfolg in Abhängigkeit der Ursachen, die zu deren Erklärung herangezogen werden, ganz unterschiedliche Auswirkungen auf Erfolgserwartungen, Motivation und Leistung haben. Beispielsweise zeigen die Untersuchungen von Meyer (1973), daß Mißerfolg insbesondere dann ein Absinken der Erfolgserwartungen bewirkt, wenn er auf stabile Ursachen wie mangelnde Begabung oder hohe Aufgabenschwierigkeit zurückgeführt wird. Die Attribution wirkt sich jedoch nicht nur auf die Veränderung von Erfolgserwartungen aus, sondern auch auf die Leistung bei nachfolgenden Aufgaben. Meyer weist nämlich desweiteren nach, daß Mißerfolg eine deutlich stärkere Verringerung der Leistungsintensität zur Folge hatte, wenn er durch stabile, anstatt durch variable Ursachen erklärt wurde.

Abramson, Seligman & Teasdale (1978) nahmen nunmehr an, daß man in der Folge von Mißerfolg zunächst nach dessen Ursachen fragt, und daß man die zur Erklärung herangezogenen Ursachen auf folgenden drei zueinander orthogonalen Dimensionen einordnet:

der *Lokations- oder Internalitätsdimension*, die beschreibt, inwieweit die Ursache in der eigenen Person (internal) bzw. in anderen Personen oder den Situationsumständen (external) lokalisiert ist,

der *Stabilitätsdimension*, die beschreibt, ob es sich um eine über die Zeit stabile, d.h. nur schwer veränderbare, oder um eine über die Zeit instabile, d.h. leicht veränderbare Ursache handelt,

der *Globalitätsdimension*, die beschreibt, inwiefern die Ursache viele verschiedene Aufgaben bzw. Situationsbereiche (global) oder nur die gerade aktuelle Aufgabe bzw. Situation (spezifisch) beeinflußt.

Die eingeschätzte Stabilität und Globalität der wahrgenommenen Mißer-
folgsursache bestimmen sodann, in welchem Ausmaß Unkontrollierbarkeitserwartungen und die daraus resultierenden Motivations- und Leistungsmängel über Zeit und Aufgaben- bzw. Situationsbereiche hinweg generalisieren.
Die Attribution des Mißerfolgs auf stabile (im Gegensatz zu instabilen)
Ursachen bewirkt, daß die Erwartung von Unkontrollierbarkeit über lange
Zeit bestehen bleibt, was zu chronischen Motivations- und Leistungsdefiziten führt. Globale (im Gegensatz zu spezifischen) Attributionen bewirken, daß die Unkontrollierbarkeitserwartungen und in deren Folge Motiva-
tions- und Leistungsdefizite auch auf vollkommen unterschiedliche Aufgaben generalisieren.

Keinen Einfluß auf die Generalisation von Unkontrollierbarkeitserwartungen hat dagegen die Lokation der Ursache. Ob die Ursache für Mißerfolg eher in der eigenen Person (internal) oder eher in äußeren Umständen
(external) gesehen wird, hat selbstwertbezogene Konsequenzen. Internale im
Gegensatz zu externalen Attributionen sollen Selbstwertdefizite zur Folge
haben.

Die Annahmen von Abramson und Mitarbeitern über den Einfluß von
Mißerfolgsattributionen auf die Generalisierung von Unkontrollierbarkeitserwartungen und den daraus resultierenden Motivations- und Leistungsdefiziten konnten verschiedentlich bestätigt werden (Mikulincer, 1986; Pasahow, 1980; Tennen & Eller, 1977; Hanusa & Schulz, 1977). Beispielsweise
hatten in der Untersuchung von Mikulincer (1986, Experiment 3) studenti-
sche Versuchspersonen in der Trainingsphase Levinesche Diskriminationsaufgaben zu bearbeiten und dabei entweder kontinuierlich Mißerfolg (Experimentalgruppe) oder Erfolg (erste Kontrollgruppe). Versuchspersonen einer
weiteren Kontrollgruppe bearbeiteten die Aufgaben ohne Rückmeldung.
Über weitere experimentelle Manipulationen wurden den Versuchspersonen
der Mißerfolgsgruppe internale oder externale und globale oder spezifische
Ursachenerklärungen nahegelegt. In der anschließenden Testphase hatten
alle Versuchspersonen Raven-Intelligenztestaufgaben (Raven, 1974) zu
bearbeiten.

Die Befunde dieser Untersuchung entsprachen ziemlich genau den
Vorhersagen der attributionstheoretisch reformulierten Theorie der erlernten
Hilflosigkeit. Wie aus Abbildung 1 zu ersehen, bildeten sich erwartungsgemäß bei den Versuchspersonen der Mißerfolgsbedingung unabhängig von
der nahegelegten Attribution Unkontrollierbarkeitserwartungen bezüglich
der Diskriminationsaufgaben aus. Dies war bei den Versuchspersonen der
Kontrollgruppen nicht der Fall. Die erzeugten Unkontrollierbarkeitserwartungen generalisierten jedoch nicht in allen Mißerfolgsgruppen auf die

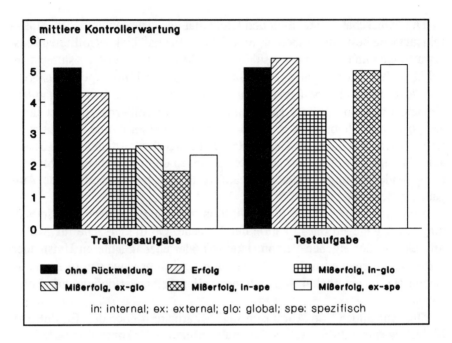

Abbildung 1

Mittlere Kontrollerwartungen bezüglich der Trainings- und Testaufgaben
in Abhängigkeit von Erfolg und Mißerfolg und der Mißerfolgsattribution
(nach Mikulincer, 1986, Experiment 3)

nachfolgend zu bearbeitenden Raven-Intelligenztestaufgaben. Wie gemäß
der attributionstheoretischen Analyse erlernter Hilflosigkeit zu erwarten
war, konnte nur dann eine Erwartungsgeneralisierung beobachtet werden,
wenn eine Attribution des Mißerfolgs auf globale Ursachen nahegelegt
wurde. Die experimentelle Manipulation internaler versus externaler Ursachen beeinflußte die Generalisierung der Unkontrollierbarkeitserwartungen erwartungsgemäß nicht (vgl. Abbildung 1). Weiterhin zeigte sich in
Übereinstimmung mit der attributionstheoretischen Analyse erlernter Hilflosigkeit, daß die auf die Testaufgaben bezogenen Erwartungen die bei
diesen Aufgaben erbrachte Leistung beeinflußten. Je weniger Erfolg die
Versuchspersonen bei den Raven-Intelligenztestaufgaben erwarteten, um so
weniger Aufgaben lösten sie richtig.

Zusammenfassend zur attributionstheoretischen Reformulierung können
wir folgendes festhalten: Leistungsdefizite nach Mißerfolg gehen auf ein

Motivationsdefizit zurück, welches hervorgerufen wird durch die Erwartung, Erfolg durch eigene Anstrengung nicht erzielen zu können. Die wahrgenommene Stabilität und Globalität der zur Erklärung des Mißerfolgs herangezogenen Ursache spezifiziert, in welchem Ausmaß die Erwartungen und die daraus resultierenden Motivations- und Leistungsdefizite über Zeit sowie Aufgaben- bzw. Situationsgegebenheiten hinweg generalisieren.

Die Erweiterung der Theorie um den Faktor Handlungskontrolle durch Kuhl. Diese von Seligman (1975) sowie von Abramson und Mitarbeitern (1978) vorgeschlagene Erklärung, die allein Motivationsdefizite für Leistungsdefizite nach Mißerfolg verantwortlich macht, wurde in den letzten Jahren verschiedentlich kritisiert, so beispielsweise durch Kuhl (1981, 1984). Leider berücksichtigt er bei seiner Kritik nicht die (oben erörterten) im Rahmen der attributionstheoretischen Reformulierung vorgenommenen Präzisierungen hinsichtlich der Bedingungen, unter denen Erwartungen über Zeit sowie Aufgaben- bzw. Situationsbereiche hinweg generalisieren. Einige seiner Kritikpunkte zielen daher eher auf die ursprüngliche Formulierung der Theorie durch Seligman (1975) und können durch die attributionstheoretische Reformulierung als erledigt betrachtet werden, andere dagegen sind immer noch aktuell.

Im einzelnen führt Kuhl (1981, 1984) aus, daß Erwartungen nur in wenigen Fällen von einer Aufgabe auf eine andere generalisieren, nämlich nur dann, wenn das erfolgreiche Bearbeiten beider Aufgaben aus der Sicht der Person die gleichen Fähigkeiten erfordert (vgl. Kuhl, 1981, S. 160). Dies sei aber nur selten der Fall. Wie nämlich die Ausführungen von Mischel (1973) nahelegten, unterschieden Menschen sehr genau zwischen den Anforderungen verschiedener Situationen bzw. Aufgaben. Da die Erwartung, Erfolg durch eigenes Verhalten nicht erzielen zu können, nach Seligman und Mitarbeitern die Voraussetzung sei für das Auftreten von Motivationsdefiziten, könnten folglich Leistungsdefizite in all den Fällen, in denen die Unkontrollierbarkeitserwartungen nicht auf die dem Mißerfolg folgenden Aufgaben generalisieren, nicht auf mangelnde Anstrengungen zurückgeführt werden. Gegen die Annahme, daß Mißerfolg die Bereitschaft beeinträchtigt, sich bei nachfolgenden Aufgaben anzustrengen, sprächen – so Kuhl – zudem Ergebnisse aus der Leistungsmotivationsforschung. Hier sei nämlich gezeigt worden, daß Mißerfolg bei nachfolgenden Aufgaben eine Intensivierung der Anstrengung bewirke, wenn diese der Verwirklichung desselben Motivs dienten, wie die Mißerfolg induzierenden Aufgaben (vgl. Atkinson & Birch, 1974).

Diese Behauptungen Kuhls scheinen in einigen neueren Untersuchungen

Bestätigung zu finden. So gaben in einer Untersuchung von Follette & Jacobson (1987) Studierende, die bei einer Prüfung durchgefallen waren, an, ihre Anstrengungen für die nächste Prüfung erhöhen zu wollen, anstatt sie zu senken. Follette & Jacobson erfaßten auch den Attributionsstil (zum Attributionsstil und dessen Erfassung, s.u.) der Studierenden mit dem Attributional Style Questionnaire von Peterson, Semmel, von Baeyer, Abramson, Metalsky & Seligman (1982). Entgegen den Annahmen der attributionstheoretisch reformulierten Theorie der erlernten Hilflosigkeit hatte jedoch der Attributionsstil der Studierenden keinen Einfluß auf die Veränderung der Anstrengung. Zu beachten ist jedoch, daß es sich bei Follette & Jacobson um intendierte und nicht um tatsächliche Anstrengung handelt. Ob die Studierenden ihre Anstrengung auch wirklich erhöht haben, bleibt daher unklar. In Übereinstimmung mit seinen theoretischen Annahmen konnte Kuhl in verschiedenen Untersuchungen zudem zeigen, daß Mißerfolg Leistungsdefizite bei nachfolgenden Aufgaben zur Folge hat, ohne daß er gleichzeitig defizitäre Erfolgserwartungen oder motivationale Defizite bewirkt (Kuhl, 1981; Kuhl & Weiß, im Druck).

Aufgrund der oben ausgeführten Überlegungen und um die der Hilflosigkeitstheorie widersprechenden Befunde zu erklären, wurden von Kuhl (1981, 1983, 1984), aber auch von verschiedenen anderen Autoren (Lavelle, Metalsky & Coyne, 1979; Coyne, Metalsky & Lavelle, 1980; Carver, 1979; Carver, Blaney & Scheier, 1979; Diener & Dweck, 1978; Mikulincer & Nizan, 1988) Erweiterungen und Ergänzungen zur Theorie der erlernten Hilflosigkeit vorgeschlagen. All diesen Ansätzen ist eines gemeinsam: Sie gehen davon aus, daß nicht ein durch Unkontrollierbarkeitserwartungen vermitteltes Motivationsdefizit für nachfolgend auftretende Leistungsdefizite verantwortlich ist, sondern durch den Mißerfolg ausgelöste aufgaben- und handlungsirrelevante Gedanken, oder wie Kuhl es nennt, eine funktionale Hilflosigkeit bzw. eine sogenannte Lageorientierung. Da von diesen Ansätzen das von Kuhl (1981, 1984) vorgestellte Konzept der funktionalen Hilflosigkeit oder Lageorientierung theoretisch am detailliertesten ausgeführt wurde und zudem die größte Aufmerksamkeit erfuhr, wollen wir dieses Modell näher betrachten.

Folgt man Kuhl, so hat steter Mißerfolg (neben der Erwartung von Unkontrollierbarkeit) eine sogenannte funktionale Hilflosigkeit oder Lageorientierung zur Folge. Eine durch Mißerfolg hervorgerufene Lageorientierung äußert sich insbesondere in gedanklichen Aktivitäten, die übermäßig stark auf die Analyse des Mißerfolgs, d.h. seinen Ursachen und Folgen, ausgerichtet sind. Es wird dabei vernachlässigt, Pläne zu erstellen oder Handlungsalternativen abzuwägen, die zur Überwindung des Mißerfolgs bzw. zur Vermeidung weiterer Mißerfolge dienlich sind. Auch wird die Verarbeitung handlungs- bzw. aufgabenrelevanter Informationen beeinträchtigt. Darüber hinaus verfällt man in eine negative, leistungsbeeinträchtigende Stimmung. Lageorientierung hat daher negative Auswirkungen auf die Leistung. Diese können derart gravierend ausfallen, daß man auch bei hoher Motivation nicht imstande ist, eine den eigenen Fähigkeiten entsprechende Leistung zu zeigen.

In welchem Ausmaß Mißerfolg Lageorientierung hervorruft, soll zum einen von dessen persönlicher Wichtigkeit abhängen, und zum anderen davon, wie sehr er die Erwartung, Erfolg durch eigenes Handeln noch erzielen zu können (Kontrollerwartungen), beeinträchtigt, was auch verschiedentlich bestätigt werden konnte (zsf. Stiensmeier-Pelster & Schürmann, im Druck).

Was die Aufrechterhaltung und die Generalisation von Lageorientierung angeht, so wurde von Kuhl vermutet, daß diese im Gegensatz zu den Erwartungen von Unkontrollierbarkeit über lange Zeit bestehen bleibt und über viele verschiedene Aufgabenarten bzw. Situationsbereiche hinweg generalisiert. Obwohl gerade dieses Postulat von zentraler Bedeutung hinsichtlich der Breite des Erklärungsbereichs der Kuhlschen Überlegungen im Vergleich zu den Annahmen von Seligman bzw. von Abramson u.a. ist, stehen systematische Untersuchungen der Generalisationsbreite von Lageorientierung und Unkontrollierbarkeitserwartungen noch aus (vgl. Stiensmeier-Pelster, 1990).

Zusammenfassend geht Kuhl somit davon aus, daß Mißerfolg neben der Erwartung von Unkontrollierbarkeit unter bestimmten Bedingungen handlungsirrelevante, lageorientierte Gedanken hervorruft. Nur diese lageorientierten Gedanken, nicht aber die Unkontrollierbarkeitserwartungen generalisieren auf nachfolgende Aufgaben und bewirken dort Leistungsdefizite.

In verschiedenen Experimenten führte Kuhl den Nachweis, daß Leistungsdefizite nach Mißerfolg durch handlungsirrelevante, lageorientierte Gedanken und nicht durch ein durch Unkontrollierbarkeitserwartungen vermitteltes Motivationsdefizit verursacht werden (Kuhl, 1981; Kuhl & Weiß, im Druck). In dem Experiment von Kuhl (1981, Experiment 1) beispielsweise hatte die Hälfte der Versuchspersonen in der Trainingsphase unlösbare Diskriminationsaufgaben zu bearbeiten, während die übrigen Versuchspersonen sich die Aufgaben nur anzuschauen hatten. Gekreuzt mit dieser Manipulation wurde bei je einem Drittel der Versuchspersonen das Auftreten von Lageorientierung gefördert bzw. erschwert, indem sie im Anschluß an die Aufgabenbearbeitung gebeten wurden, Fragen u.a. bezüglich ihrer momentanen Gefühle, der möglichen Ursachen ihres Mißerfolgs, etc. zu beantworten (Lageorientierung fördernd), bzw. einen Aufsatz über ein Kind mit Eßproblemen lesen sollten (Lageorientierung erschwerend). Bei den Versuchspersonen der dritten Bedingung wurde unmittelbar zur Testphase übergegangen. Als Testaufgabe war der Konzentrations-Belastungsstest d2 von Brickenkamp (1962) zu bearbeiten. Neben der Leistung im d2 wurden auch die Erfolgserwartungen und die Anstrengung (jeweils mittels Fragebogen bezogen auf den d2) erfaßt.

Die Befunde dieser Untersuchung entsprachen den Behauptungen Kuhls und standen im Widerspruch zur ursprünglichen Theorie der erlernten Hilflosigkeit. Zwischen den Bedingungen ergaben sich nämlich keine Unterschiede in der Höhe der Erfolgserwartungen bezogen auf den d2. Die Einschätzungen der Versuchspersonen bezüglich ihrer Anstrengung im d2 ergaben zudem keinerlei Hinweise darauf, daß Mißerfolg in der Trainingsphase ein Motivationsdefizit beim d2 bewirkte. Gleichwohl zeigten diejenigen Versuchspersonen Leistungsdefizite, die in der Trainingsphase Mißerfolg hatten und bei denen das Auftreten handlungsirrelevanter, lageorientierter Gedanken gefördert worden war.

Lageorientierung nach Mißerfolg und Attributionen. Wir haben bereits weiter oben darauf hingewiesen, daß Kuhl Attributionsprozessen keine besondere verhaltenssteuernde Bedeutung beimißt. Was das Auftreten von Leistungsdefiziten nach Mißerfolg angeht, so ist es für Kuhl gänzlich unerheblich, auf welche Ursachen man Mißerfolg zurückführt. Vielmehr sieht er Ursachenzuschreibungen als eine Form der handlungsirrelevanten, lageorientierten gedanklichen Aktivität an. "Examples of state-oriented activities may be ... examining the cause for not having reached a goal, ..." (Kuhl, 1981, S. 159). Folgt man Kuhl, so sollten Personen, die als Folge von Mißerfolg Leistungsdefizite zeigen, im Vergleich zu denen, die keine Leistungsdefizite zeigen, keine anderen Ursachenzuschreibungen vornehmen. Sie sollten sich aber in deutlich größerem Ausmaß mit der Analyse der Ursachen vorhergehender Mißerfolge beschäftigen.

Die Annahmen Kuhls zum Stellenwert von Attributionen bei der Entstehung von Leistungsdefiziten nach Mißerfolg sind meines Erachtens in vielen Punkten nicht haltbar. Zum einen haben, wie oben bereits ausführlich dargelegt, die attributionstheoretischen Analysen der Leistungsmotivation sowie die attributionstheoretische Reformulierung der Theorie der erlernten Hilflosigkeit gezeigt, daß Ursachenzuschreibungen einen wesentlichen Einfluß darauf haben, in welchem Ausmaß nach Mißerfolg Erfolgserwartungen geändert werden, und in welchem Ausmaß Erfolgserwartungen über Zeit und Aufgaben hinweg generalisieren. Vermittelt über ihren Einfluß auf die Erfolgserwartungen beeinflussen Attributionen zudem das Ausmaß an Anstrengung und die Leistung.

Zum anderen ist davon auszugehen, daß Attributionen beeinflussen, in welchem Ausmaß Mißerfolg handlungsirrelevante, lageorientierte Gedanken hervorruft. Lassen Sie uns hierauf nachfolgend näher eingehen.

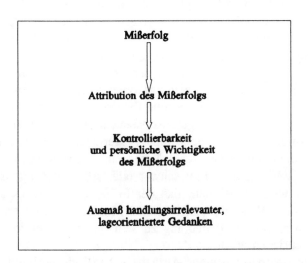

Abbildung 2
Der Einfluß der Attributionen auf das Ausmaß an
handlungsirrelevanten, lageorientierten Gedanken

Weiter oben haben wir bereits darauf hingewiesen, daß Mißerfolg nach Kuhl dann in besonderem Maße lageorientierte, handlungsirrelevante Gedanken bewirkt, wenn er als unkontrollierbar und als persönlich wichtig angesehen wird. Wie Abbildung 2 zeigt, gehen wir nun davon aus, daß die Wahrnehmung eines Mißerfolgs als unkontrollierbar und als persönlich bedeutsam u.a. von dessen ursächlicher Erklärung abhängt.

Was die Wahrnehmung von Mißerfolg als unkontrollierbar bzw. unvermeidbar angeht, so folgen unsere Überlegungen den attributionstheoretischen Analysen wie sie von Meyer (1973) sowie Weiner (1979; 1986; Weiner u.a., 1971; 1972) vorgelegt wurden. Danach wird Mißerfolg nur dann als unkontrollierbar/unvermeidbar angesehen, wenn er auf unkontrollierbare Ursachen wie Mangel an Fähigkeiten, Pech oder Aufgabenschwierigkeit zurückgeführt wird, nicht aber dann, wenn er durch kontrollierbare Ursachen wie beispielsweise mangelnde Anstrengung erklärt wird.

Was die persönliche Bedeutung von Mißerfolg angeht, so wird im Modell davon ausgegangen, daß diese um so höher ist, je stärker man Mißerfolg auf internale, stabile und globale Ursachen zurückführt. Für die Plausibilität dieser Annahme sprechen insbesondere zwei Überlegungen:

(1) Folgt man dem attributionstheoretischen Depressionsmodell der Theorie der erlernten Hilflosigkeit (Abramson u.a., 1978; Abramson, Metalsky & Alloy, 1989) sowie Weiners attributionalen Analysen der Emotionsgenese (Weiner, Russell & Lerman, 1979; zsf. Weiner, 1986), so hat Mißerfolg, der auf internale Ursachen attribuiert wird, negative selbstbewertende Emotionen (z. B. Gefühle der eigenen Unzulänglichkeit, Wertlosigkeit, etc.) zur Folge. Im Leistungskontext zieht Mißerfolg, der durch mangelnde Fähigkeit oder Anstrengung (beides internale Ursachen) erklärt wird, zudem häufig weit wichtigere Konsequenzen nach sich als Mißerfolg, der auf die Aufgabenschwierigkeit (einen externalen Faktor) zurückgeführt wird. Glaubt man beispielsweise, daß man eine Aufgabe nur deshalb nicht lösen konnte, weil diese viel zu schwer oder sogar unlösbar ist, so wird man möglicherweise annehmen, daß der Prüfer das Ergebnis dieser Aufgabe nicht in seine Benotung einfließen läßt. Mißerfolg scheint also von um so größerer persönlicher Bedeutung zu sein, je stärker er internalen Ursachen zugeschrieben wird.

(2) Ist die Bearbeitung einer Aufgabe extrinsisch motiviert, so ist die persönliche Wichtigkeit, die Aufgabe erfolgreich zu bearbeiten, abhängig von der Wichtigkeit des mit der Aufgabenbearbeitung verfolgten Ziels und von der Wahrscheinlichkeit, mit der die erfolgreiche Bearbeitung der Aufgabe das Ziel herbeiführt (Instrumentalität der Aufgabe zur Zielerreichung; Kuhl, 1983; Heckhausen & Kuhl, 1985). Erleidet man nun bei der Aufgabenbearbeitung Mißerfolg, so ist dessen persönliche Bedeutung folglich um so höher, je wichtiger das verfolgte Ziel war und je geringer die Wahrscheinlichkeit nunmehr ist, das angestrebte Ziel oder ein vergleichbar attraktives Ersatzziel noch zu erreichen. Wie Untersuchungen zur attributionalen Analyse der Leistungsmotivation zeigen, wird die Wahrscheinlichkeit das angestrebte oder ein vergleichbares (Ersatz-) Ziel zukünftig zu erreichen, um so geringer eingeschätzt werden, je stärker man zu der Überzeugung kommt, die Ursache des Mißerfolgs sei stabiler und globaler Natur (zsf. Weiner, 1986). Je mehr man somit Mißerfolg auf stabile und globale Ursachen zurückführt, um so persönlich bedeutsamer wird folglich der Mißerfolg.

Natürlich ist die Mißerfolgsattribution in Verbindung mit der Wichtigkeit des angestrebten Ziels nicht die einzige Größe, die die persönliche Wichtigkeit des Mißerfolgs beeinflußt. Beispielsweise beeinflussen auch die vergeblich eingesetzten Ressourcen (Anstrengungsaufwand, etc.) die persönliche Bedeutung des Mißerfolgs. So wird man Mißerfolg als um so "schlimmer", d.h. persönlich bedeutsamer erleben, je mehr man in die Lösung der Aufgabe investiert hat, denn die eingesetzten Ressourcen sind in jedem Fall verloren.

Kommen wir zurück zum Einfluß der Ursachenzuschreibungen auf das durch Mißerfolg hervorgerufene Ausmaß an handlungsirrelevanten, lageorientierten Gedanken. Diesbezüglich kann man also zusammenfassend davon ausgehen, daß Mißerfolg um so mehr handlungsirrelevante, lageorientierte Gedanken hervorruft, je stärker er unkontrollierbaren sowie internalen, stabilen und globalen Ursachen zugeschrieben wird; und zwar deshalb, weil ein so erklärter Mißerfolg als unkontrollierbar und unveränderbar wahrgenommen und als persönlich hoch bedeutsam angesehen wird (vgl. Abbildung 2).

Die Prüfung dieser Annahmen war Gegenstand einer Untersuchung von Stiensmeier-Pelster und Schürmann (1990). In einem Hilflosigkeitsexperiment hatten Studierende in der Trainingsphase Raven-Intelligenztestaufgaben zu bearbeiten und dabei, bedingt durch Manipulationen des Versuchsleiters, entweder Erfolg oder Mißerfolg. Anschließend hatten sie anzugeben, auf welche Ursachen sie ihren Erfolg bzw. Mißerfolg zurückführen. Daneben wurde die dem Erfolg bzw. Mißerfolg beigemessene Wichtigkeit erhoben. In der Testphase hatten die Versuchspersonen dann den Konzentrations-Belastungs-Test d2 (Brickenkamp, 1962) zu bearbeiten. Während dessen Bearbeitung wurde das Ausmaß an handlungsirrelevanten, lageorientierten Gedanken erhoben. Das Experiment war so angelegt, daß Trainings- und Testphase den Versuchspersonen als vollständig voneinander unabhängige Experimente erschienen.

Abbildung 3 gibt das Ausmaß an handlungsirrelevanten, lageorientierten Gedanken in Abhängigkeit von Erfolg und Mißerfolg sowie den Attributionen wieder. Wie aus der Abbildung zu ersehen, hatte Mißerfolg ein größeres Ausmaß an lageorientierten, handlungsirrelevanten Gedanken zur Folge als Erfolg. Erwartungsgemäß war das Ausmaß an handlungsirrelevanten, lageorientierten Gedanken nach Mißerfolg um so ausgeprägter, je mehr der Mißerfolg internalen, stabilen und globalen Ursachen zugeschrieben wurde. Weitere korrelative Analysen zeigten zudem, daß Mißerfolg in vollständiger Übereinstimmung mit unseren oben dargelegten theoretischen Überlegungen um so bedeutsamer eingeschätzt wurde, je mehr er internalen, stabilen und globalen Ursachen zugeschrieben wurde. Eine hohe persönliche Bedeutsamkeit des Mißerfolgs ging zudem mit ausgeprägten

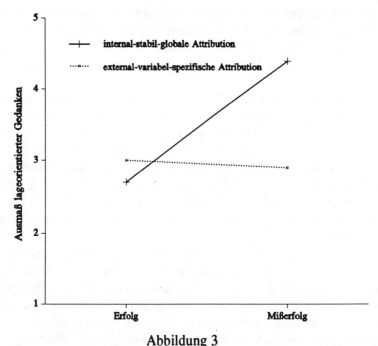

Abbildung 3
Ausmaß an lageorientierten Gedanken in Abhängigkeit von
Erfolg bzw. Mißerfolg und den dafür vorgenommenen Attributionen

handlungsirrelevanten, lageorientierten Gedanken einher. Auch war der
Zusammenhang zwischen Attribution und dem Ausmaß an lageorientierten,
handlungsirrelevanten Gedanken deutlich schwächer ausgeprägt, wenn man
die persönliche Wichtigkeit des Mißerfolgs auspartialisierte.

Der Einfluß von Ursachenzuschreibungen auf das Auftreten lageorientierter, handlungsirrelevanter Gedanken nach Mißerfolg konnte in neuerer
Zeit auch von anderen Autoren aufgezeigt werden. Beispielsweise meldeten
Mikulincer und Nizan (1988, Experiment 2) studentischen Versuchspersonen in der Trainingsphase beim Bearbeiten von Diskriminationsaufgaben
stetig Mißerfolg zurück (Experimentalgruppe). Versuchspersonen einer
Kontrollgruppe gaben sie keine Leistungsrückmeldung. Bei den Versuchspersonen der Experimentalgruppe manipulierten sie über zusätzliche Mit-
teilungen zudem die Globalität der Mißerfolgsattributionen. In der Testphase war von allen Versuchspersonen eine visuelle Suchaufgabe zu bearbeiten. Mittels des Cognitive Interference Questionnaire (CIQ; Sarason,
Sarason, Keefe, Hayes & Shearin, 1986) wurde zudem das Ausmaß der

während der Aufgabenbearbeitung aufgetretenen handlungsirrelevanten Gedanken erhoben.

Entsprechend den oben diskutierten Modellannahmen hatte Mißerfolg ein signifikant größeres Ausmaß an handlungsirrelevanten Gedanken und eine signifikant schlechtere Leistung zur Folge, wenn eine globale anstelle einer spezifischen Attribution nahegelegt wurde.

Leistungsdefizite nach Mißerfolg, Fazit. Zusammenfassend zeigen die oben ausgeführten theoretischen Überlegungen und die erörterten empirischen Befunde, daß man nach Mißerfolg insbesondere dann Gefahr läuft, von handlungsirrelevanten, lageorientierten Gedanken überschwemmt zu werden und in dem Bemühen, nachfolgende Aufgaben erfolgreich zu meistern, nachzulassen, wenn man internale, stabile und globale Ursachen für den Mißerfolg verantwortlich macht. Diese Folgen von Mißerfolg beeinträchtigen sodann die Leistung bei nachfolgenden Aufgaben. Hat man Mißerfolg und attribuiert man diesen auf internale, stabile und globale Ursachen, so kann dies also dazu führen, daß man bei nachfolgenden Aufgaben nur noch Leistungen vollbringt, die deutlich hinter den aufgrund der vorhandenen Fähigkeiten zu erwartenden Leistungen zurückbleiben.

Nachdem wir nun gezeigt haben, daß der Einfluß von Mißerfolg auf die Leistung bei nachfolgenden Aufgaben ganz wesentlich von dessen ursächlicher Erklärung abhängt, wollen wir im folgenden Abschnitt darlegen, daß auch die Entstehung und Aufrechterhaltung depressiver Störungen ganz wesentlich von der Attribution bedeutsamer negativer Lebensereignisse abhängt.

Die Entstehung und Aufrechterhaltung depressiver Störungen

Einen Großteil ihrer Popularität verdankt die Theorie der erlernten Hilflosigkeit ihrer Anwendung als Erklärungsmodell für die Entstehung depressiver Störungen. Diese Anwendung erschien deswegen naheliegend, weil Personen, die experimentell hilflos gemacht wurden, weitgehend ähnliche Symptome aufwiesen wie Depressive. Darüber hinaus konnte in einer Reihe empirischer Studien gezeigt werden, daß nichtdepressive Student(inn)en, die im Experiment unkontrollierbaren Situationen ausgesetzt wurden, sich ähnlich verhielten wie depressive Student(inn)en, die keinen unkontrollierbaren Situationen ausgesetzt waren (z. B. Klein, Fencil-Morse & Seligman, 1976; Miller & Seligman, 1975). Trotz dieser ersten vielversprechenden Befunde konnte die Theorie der erlernten Hilflosigkeit der Depressionsforschung zunächst keine neuen Impulse verleihen. Insgesamt erwies sich die

Theorie nämlich als nicht tragfähig zur Erklärung depressiver Störungen. Insbesondere konnte sie nicht erklären, wann Depression langandauernd und wann kurzlebig ist, und wann sie sich über viele bzw. wann nur über wenige Situationsbereiche hinweg erstreckt. Darüber hinaus konnte der für Depression typische Selbstwertverlust sowie die Tendenz, für negative Ereignisse die Verantwortung zu übernehmen (Beck, 1967), nicht erklärt werden. Dies änderte sich jedoch grundlegend, nachdem die Theorie durch Abramson und Mitarbeiter (1978) attributionstheoretisch reformuliert wurde (zur attributionstheoretischen Reformulierung der Theorie s.o.).

Das attributionstheoretisch reformulierte Depressionsmodell der Theorie der erlernten Hilflosigkeit hat sich in den achtziger Jahren zu einer der herausragenden kognitiven Depressionstheorien entwickelt. Dabei beansprucht diese Theorie nicht, sämtliche Erscheinungsformen depressiver Störungen zu erklären. Vielmehr versteht sie sich als ein Erklärungsmodell einer bestimmten Variante depressiver Störungen, die von den Vertretern der Theorie der erlernten Hilflosigkeit in neuerer Zeit als Hoffnungslosigkeitsdepression bezeichnet wird (Abramson, Metalsky & Alloy, 1989). Das Spezifische an Hoffnungslosigkeitsdepression im Vergleich zu einer typischen depressiven Störung (major depression) besteht dabei nicht in ihrer Symptomatik, sondern in ihren speziellen Entstehungsbedingungen. Wie eine typische Depression zeichnet sich Hoffnungslosigkeitsdepression durch motivationale (z. B. Lustlosigkeit), emotionale (z. B. niedergeschlagene Stimmung), kognitive (z. B. Konzentrationsstörungen) und körperliche (z. B. Schlafstörungen) Symptome aus. Unter bestimmten Bedingungen (s.u.) umfaßt sie zudem Selbstwertdefizite.

Abbildung 4 zeigt die vorauslaufenden Bedingungen der Hoffnungslosigkeitsdepression und deren kausale Beziehungen, wie sie kürzlich von Abramson u.a. (1989) spezifiziert wurden, in vereinfachter Form. Danach wird als hinreichende, aber nicht notwendige Bedingung der Hoffnungslosigkeitsdepression eine Hoffnungslosigkeitserwartung angesehen. *Hoffnungslosigkeit meint, daß man (a) das zukünftige Auftreten unerwünschter Ereignisse als wahrscheinlich und das zukünftige Auftreten erwünschter Ereignisse als unwahrscheinlich ansieht und (b) erwartet, über keine Handlungsmöglichkeiten zu verfügen, diese Auftretenswahrscheinlichkeiten zu ändern.*

Als die entscheidende vorauslaufende Bedingung der Hoffnungslosigkeitserwartung wird die kognitive Verarbeitung bedeutsamer negativer Lebensereignisse, insbesondere deren Kausalattribution, angesehen. Wie bei der Erörterung der attributionstheoretischen Reformulierung der Theorie der erlernten Hilflosigkeit bereits ausführlich dargelegt, wird in Anlehnung an

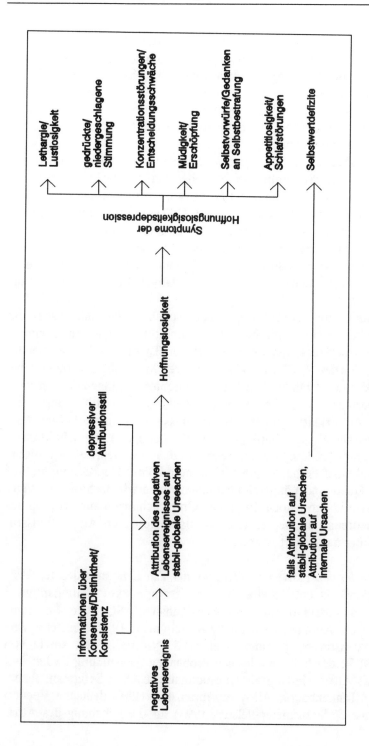

Abbildung 4

Das attributionstheoretische Depressionsmodell der Theorie der erlernten Hilflosigkeit (nach Abramson u.a., 1989)

Weiners (1986) attributionale Analyse von Motivation und Emotion angenommen, daß negative Lebensereignisse eine um so stabilere und globa-
lere Erwartung von Hoffnungslosigkeit nach sich ziehen, je stärker sie auf
stabile und globale Ursachen attribuiert werden. Wird darüber hinaus das
negative Lebensereignis auch auf internale, also in der eigenen Person
liegende Ursachen attribuiert, so geht Hoffnungslosigkeitsdepression zudem
mit Selbstwertdefiziten einher.

Welche Ursachen man für Ereignisse verantwortlich macht, soll sowohl
von Merkmalen der Situation wie auch der Person abhängen. Auf der
Situationsseite sollen insbesondere Informationen hinsichtlich Konsensus,
Distinktheit und Konsistenz, wie sie Kelley (1973) in seinem Kovariationsprinzip beschreibt, die Attribution beeinflussen und auf Personseite ein als
Risikofaktor für Depression zu verstehender depressiver Attributionsstil.
Letzterer zeichnet sich dadurch aus, daß stabil-globale (d.h. generelle)
sowie internale Ursachen zur Erklärung negativer Ereignisse bevorzugt
werden.

Das attributionstheoretische Depressionsmodell, insbesondere aber das
Postulat eines depressionstypischen Attributionsstils, hat eine Fülle empirischer Arbeiten angeregt, die trotz einiger der Theorie widersprechender
Befunde (zsf. Barnett & Gotlib, 1988) in ihrer Mehrzahl das Modell bestätigen. So konnte in zahlreichen Querschnittuntersuchungen gezeigt werden, daß erwartungsgemäß die Bevorzugung internaler, stabiler und globaler Ursachen zur Erklärung negativer Ereignisse mit einem erhöhten Ausmaß an depressiver Symptomatik einhergeht. In einigen Längsschnittuntersuchungen konnte zudem gezeigt werden, daß der depressionstypische
Attributionsstil nicht Folge, sondern Ursache erhöhter Depression ist. Auf
einige dieser Quer- und Längsschnittstudien wollen wir nachfolgend näher
eingehen. Zuvor sollen jedoch die in den Untersuchungen zur Prüfung des
attributionstheoretischen Depressionsmodells eingesetzten Attributionsstil-
Fragebögen kurz dargestellt werden.

Die Erfassung des depressiven Attributionsstils. Zur Erfassung des depressiven Attributionsstils entwickelte die Arbeitsgruppe um Seligman zwei
Fragebögen: den Attributional Style Questionnaire (ASQ; Peterson, Semmel, von Baeyer, Abramson, Metalsky & Seligman, 1982; deutsche Ver-
sionen von Stiensmeier, Kammer, Pelster & Niketta, 1985, sowie von
Brunstein, 1986), der bei erwachsenen Probanden Anwendung findet, und
den Children's Attributional Style Questionnaire (CASQ; Seligman, Peterson, Kaslow, Tannenbaum, Alloy & Abramson, 1984; deutsche Version
von Schürmann & Stiensmeier-Pelster, 1993) für die Erhebung des Attri-

butionsstils bei Kindern. Zur Erhebung des Attributionsstils bei Kindern wurde zudem der deutschsprachige Attributionsstilfragebogen für Kinder und Jugendliche erstellt (ASF-KJ; Stiensmeier-Pelster, Schürmann, Eckert & Pelster, 1993). Insgesamt erwiesen sich jedoch nur der ASQ (sowie dessen deutsche Version) und der von Stiensmeier-Pelster u.a. (1993) erstellte ASF-KJ als hinreichend reliable und valide Meßinstrumente (zsf. Stiensmeier-Pelster u.a., 1993). Wir wollen daher nur auf diese beiden Fragebögen näher eingehen.

Da sich der ASQ und der ASF-KJ nur hinsichtlich der in den Items thematisierten Inhalte, nicht aber in bezug auf ihre formale Gestaltung grundlegend unterscheiden, sollen diese beiden Fragebögen hier parallel dargestellt werden. In beiden Fragebögen werden hypothetische anschluß- bzw. leistungsthematische Ereignisse (ASF-KJ: 16; ASQ: 12 bzw. 16 in dessen deutschsprachiger Version) geschildert, die je zur Hälfte einen positiven bzw. einen negativen Ausgang nehmen. Die Probanden werden aufgefordert, sich so lebhaft wie möglich in die jeweilige Situation hinein-zuversetzen und in freier Form anzugeben, auf welche Hauptursache sie das Ereignis zurückführen würden, wenn sie genau dieses erlebten. Die Haupt-ursache ist anschließend hinsichtlich ihrer Internalität, Stabilität und Globa-lität einzuschätzen (vgl. Abbildung 5). Diese Einschätzungen werden ge-trennt für positive und negative Ereignisse zu Kennwerten für die Inter-nalität, Stabilität und Globalität der Attribution verrechnet. Darüber hinaus werden getrennt für positive und negative Ereignisse auch Kennwerte für die Generalität der Attribution bzw. für den Attributionsstilgesamtwert berechnet.

Attribution und Depression, Querschnittbefunde. In einer frühen Unter-suchung baten Seligman, Abramson, Semmel & von Baeyer (1979) Psycho-logiestudent(inn)en sowohl den ASQ als auch das Becksche Depressions-inventar (BDI; Beck, Ward, Mendelsohn, Mock & Erbaugh, 1961), ein Instrument zur Erfassung der Schwere der Depression, zu bearbeiten. Entsprechend den Annahmen des attributionstheoretischen Depressions-modells wiesen die Student(inn)en um so höhere Depressionskennwerte auf, je stärker sie internale ($r = .41$), stabile ($r = .34$) und globale ($r = .35$) Ursachenerklärungen für Mißerfolg heranzogen. Ähnliche Befunde bei nichtklinischen Stichproben konnten im deutschsprachigen Raum auch Brunstein (1986) sowie Stiensmeier u.a. (1985) aufzeigen.

Neben diesen Untersuchungen an nichtklinischen Proband(inn)en liegen mittlerweile eine Reihe von Untersuchungen vor, die Unterschiede im Attributionsstil zwischen Patient(inn)en mit unterschiedlichem Krankheits-

1) Stell Dir vor, Du schreibst ein besonders gutes Diktat.

1. Warum schreibst Du ein besonders gutes Diktat? Was ist Deiner Meinung nach der wichtigste Grund dafür?

....

....

2. Liegt der Grund dafür, daß Du ein besonders gutes Diktat schreibst, eher an Dir oder an etwas anderem (z. B. an anderen Leuten oder an den Umständen)?

1	2	3	4
liegt nur an anderen Personen oder Umständen	liegt überwiegend an anderen Personen oder Umständen und nur ein wenig an mir selbst	liegt überwiegend an mir und nur ein wenig an anderen Personen	liegt nur an mir selbst

3. Wird der von Dir angegebene Hauptgrund auch in Zukunft wieder wichtig sein, wenn Du ein besonders gutes Diktat schreibst?

1	2	3	4
wird nie wieder sehr wichtig sein	wird manchmal wieder sehr wichtig sein	wird oft wieder sehr wichtig sein	wird immer wieder sehr wichtig sein

4. Erklärt dieser Grund nur, warum Du ein besonders gutes Diktat schreibst, oder ist er auch bei anderen Ereignissen wichtig, wenn Du eine gute Arbeit schreibst?

1	2	3	4
ist nur bei diesem Ereignis wichtig	ist auch bei ein paar anderen Ereignissen wichtig	ist auch bei vielen anderen Ereignissen wichtig	ist bei allen Ereignissen wichtig

Abbildung 5
Beispielitem aus dem ASF-KJ

bild untersuchen. So erhoben beipielsweise Raps, Peterson, Reinhard, Abramson & Seligman (1982) den Attributionsstil bei depressiven und schizophrenen Psychiatriepatient(inn)en (Diagnosen nach DSM-III-R, American Psychiatric Association, 1987) und bei pathopsychologisch unauffälligen Chirurgiepatient(inn)en. In Übereinstimmung mit dem attributionstheoretischen Depressionsmodell bevorzugten die depressiven Patient(inn)en im Vergleich zu sowohl schizophrenen wie auch pathopsychologisch unauffälligen Patient(inn)en zur Erklärung negativer Ereignisse stärker internale, stabile und globale Ursachen. Keine Unterschiede im

Attributionsstil wurden zwischen schizophrenen und pathopsychologisch unauffälligen Patient(inn)en gefunden.

In einer eigenen Untersuchung (Stiensmeier-Pelster, Kammer & Adolphs, 1988) konnten wir die Befunde von Raps u.a. bestätigen. Depressive Psychiatriepatient(inn)en attribuierten negative Ereignisse internal-stabil-globaler als nichtdepressive schizophrene Psychiatriepatient(inn)en und als pathopsychologisch unauffällige Patient(inn)en einer chirurgischen Abteilung.

In neuerer Zeit überprüfte eine Reihe von Studien, ob sich das attributionstheoretische Depressionsmodell der Theorie der erlernten Hilflosigkeit auch als Erklärungsmodell für die Entstehung depressiver Störungen im Kindes- und Jugendalter eignet. So erfaßten beispielsweise Seligman u.a. (1984) bei Kindern im Alter zwischen 8 und 13 Jahren neben dem Attributionsstil auch die Schwere der Depression. Auch hier zeigte sich, daß erhöhte Depressionskennwerte mit der Bevorzugung internaler ($r = .45$), stabiler ($r = .31$) und globaler ($r = .21$) Attributionen für negative Ereignisse einhergingen. Obwohl diese Befunde in einer Reihe von Studien bestätigt werden konnten, gelang es in einigen Untersuchungen mit Kindern und Jugendlichen als Proband(inn)en nicht, den vorhergesagten Zusammenhang zwischen Attributionsstil und Depression aufzuzeigen. Dies war insbesondere dann der Fall, wenn die Schwere der depressiven Symptomatik nicht über einen Selbstbeschreibungsfragebogen wie z. B. dem Children's Depression Inventory (CDI) erhoben wurde, sondern auf anderem Wege, wie z. B. über ein klinisches Interview (zsf. Stiensmeier-Pelster, 1993). Dem attributionstheoretischen Depressionsmodell widersprechende Befunde ergaben sich zudem in Untersuchungen, die Unterschiede im Attributionsstil in Abhängigkeit der nosologischen Klassifikation von Psychiatriepatient(inn)en im Kindes- und Jugendalter betrachteten. Beispielsweise erfaßten Benfield, Palmer, Pfefferbaum & Stowe (1988) den Attributionsstil bei depressiven und nichtdepressiven Psychiatriepatient(inn)en im Alter zwischen 9 und 17 Jahren mittels des CASQ. Dabei konnten sie auf keiner der drei Attributionsdimensionen signifikante Unterschiede zwischen den beiden Patient(inn)engruppen auffinden (zsf. Stiensmeier-Pelster, 1993).

Attributionsstil und Depression, Längsschnittbefunde. Die oben erörterten, umfangreichen Querschnittbefunde sagen nichts über die Kausalität des Attributionsstils für die Entstehung und Aufrechterhaltung depressiver Störungen aus. Um zu klären, ob ein depressiver Attributionsstil Ursache und nicht nur Begleiterscheinung bzw. Symptom erhöhter Depression ist, sind vielmehr Längsschnittstudien erforderlich. Der zu einem ersten Meßzeitpunkt erhobene Attributionsstil müßte dabei das zu einem späteren Meßzeitpunkt auftretende Ausmaß an depressiver Störung vorhersagen. Bislang liegen nur sehr wenige derartige Längsschnittuntersuchungen vor. Zudem weisen sie teilweise sich widersprechende Befunde auf (u.a. Nolen-Hoeksema, Girgus & Seligman, 1986; Metalsky, Halberstadt & Abramson, 1987; Stiensmeier-Pelster, 1989; Stiensmeier-Pelster & Schürmann, 1991; Metalsky & Joiner, 1992; zsf. Barnett & Gotlib, 1988).

Die im Sinne des attributionstheoretischen Depressionsmodells eindeutigsten Befunde wurden von Metalsky, Halberstadt & Abramson (1987) vorgelegt. Sie erhoben bei Psychologiestudent(inn)en drei Tage vor (t1) der Bekanntgabe der Ergebnisse in einer Zwischenprüfung den Attributionsstil und das Ausmaß an depressiver Verstimmtheit der Student(inn)en. Das Ausmaß an depressiver Verstimmtheit wurde zudem unmittelbar nach (t2) sowie zwei Tage nach (t3) der Bekanntgabe der Zwischenprüfungsergebnisse erfaßt. Darüber hinaus wurden auch die für die Zwischenprüfungsergebnisse vorgenommenen Attributionen erhoben. Erfolg und Mißerfolg in der Zwischenprüfung wurde operationalisiert über die Differenz zwischen erzieltem und angestrebtem Resultat. Blieben die Student(inn)en hinter dem angestrebten Resultat zurück, so wurde dies als Mißerfolg angesehen, übertrafen sie das angestrebte Resultat, so wurde von einem Erfolg ausgegangen. Es ergaben sich folgende Befunde: Unabhängig vom Attributionsstil hatte Mißerfolg eine deutliche Stimmungsverschlechterung zur unmittelbaren Folge. Während sich jedoch bei den Student(inn)en, die instabil-spezifische Attributionen für negative Ereignisse bevorzugten, die Stimmung zwei Tage nach der Bekanntgabe der Ergebnisse bereits wieder merklich aufgehellt hatte, verblieben die für negative Ereignisse stabile und globale Ursachenerklärungen bevorzugenden Student(inn)en in ihrer depressiven Stimmung.

Weiterhin konnten Metalsky und Mitarbeiter in Übereinstimmung mit dem attributionstheoretischen Depressionsmodell zeigen, daß der Einfluß des Attributionsstils auf die Aufrechterhaltung einer depressiven Verstimmtheit durch die für den erlebten Mißerfolg vorgenommene Attribution vermittelt ist. Zum einen wurde nämlich die durch den Mißerfolg ausgelöste depressive Verstimmtheit um so stärker aufrechterhalten, je stabiler und globaler der erfahrene Mißerfolg attribuiert wurde, und zum anderen hatte der Attributionsstil keinen signifikanten Einfluß auf die Aufrechterhaltung der depressiven Verstimmtheit, wenn die Attribution für den Mißerfolg auspartialisiert wurde.

In einigen neueren Untersuchungen wurden die Annahmen des attributionstheoretischen Depressionsmodells hinsichtlich der Kausalität des

Attributionsstils auch für die Genese depressiver Störungen im Kindes- und Jugendalter untersucht. Dabei ergaben sich sowohl theoriekonforme als auch der Theorie widersprechende Befunde. Beispielsweise erfaßten Nolen-Hoeksema, Girgus & Seligman (1986) bei Grundschüler(inn)en zu fünf verschiedenenen Meßzeitpunkten die Schwere der depressiven Symptomatik, den Attributionsstil und die Anzahl der zwischen den Meßzeitpunkten aufgetretenen kritischen Lebensereignisse. Dabei konnte der Attributionsstil in Interaktion mit der Anzahl kritischer Lebensereignisse die Veränderung im Depressionsausmaß nur von t2 nach t3 und von t4 nach t5 vorhersagen, nicht aber von t1 nach t2 und von t3 nach t4.

In einer weiteren Untersuchung erhoben Hammen, Adrian & Hiroto (1988) zum ersten Zeitpunkt das Ausmaß an depressiver Symptomatik und den Attributionsstil bei 79 Jungen und Mädchen im Alter zwischen 8 und 17 Jahren. Zum zweiten Zeitpunkt, nach sechs Monaten, erhoben sie wiederum das Ausmaß an depressiver Symptomatik und zusätzlich die Anzahl zwischenzeitlich eingetretener kritischer Lebensereignisse. Entgegen dem attributionstheoretischen Depressionsmodell leistete weder der Attributionsstil allein noch in Interaktion mit den kritischen Lebensereignissen einen Beitrag zur Vorhersage des Ausmaßes an depressiver Symptomatik.

In der Studie von Stiensmeier-Pelster & Schürmann (1991) schließlich wurde das Ausmaß an depressiver Symptomatik mittels Selbstbeschreibungsfragebogen bei Gymnasiast(inn)en der fünften Klasse vor und nach der ersten Mathematikarbeit erhoben. Die Befunde stimmen weitgehend mit dem attributionstheoretischen Depressionsmodell überein. So hatte Mißerfolg einen um so größeren Anstieg an depressiver Symptomatik zur Folge, je stärker die Schüler(inn)en generelle Attributionen für negative Ereignisse bevorzugten. Die Auswirkungen von Erfolg waren demgegenüber erwartungsgemäß unabhängig vom Attributionsstil.

Entstehung und Aufrechterhaltung depressiver Störungen, Fazit. Zusammenfassend kann man festhalten, daß das attributionstheoretische Depressionsmodell der Theorie der erlernten Hilflosigkeit einen wichtigen Beitrag zur Erklärung der Entstehung und Aufrechterhaltung depressiver Störungen bei Erwachsenen leistet. Nicht umsonst wird daher dieses Modell von vielen Autoren als die herausragende kognitive Depressionstheorie angesehen (zsf. Kammer & Hautzinger, 1988). Die Tendenz, negative Lebensereignisse bevorzugt auf internale, stabile und globale Ursachen zu attribuieren (depressiver Attributionsstil), stellt somit einen bedeutsamen Risikofaktor für Depression dar. Der Diagnostik und gegebenenfalls der Veränderung dieses depressiven Attributionsstils sollte daher im klinischen Alltag eine besondere Aufmerksamkeit zuteil werden. Was den Beitrag des attributionstheoretischen Depressionsmodells für die Erklärung der Entstehung und Aufrechterhaltung depressiver Störungen im Kindes- und Jugendalter angeht, so bedarf es weiterer Untersuchungen, um zu einer abschließenden Bewertung zu kommen.

Literatur

Abramson, L. Y., Metalsky, G. I., & Alloy, L. B. (1989). Hopelessness depression: A theorybased subtype of depression. *Psychological Review, 96,* 358-372.

Abramson, L. Y., Seligman, M. E. P. & Teasdale, I. P. (1978). Learned helplessness in humans: Critique and reformulation. *Journal of Abnormal Psychology, 87,* 49-74.

American Psychiatric Association (1987). Diagnostic and statistical manual of mental disorders. Third edition revised (DSM-III-R). Washington DC: Author.

Atkinson, J. W. & Birch, D. (1974). The dynamics of achievement oriented activity. In J. W. Atkinson & J. O. Raynor (Eds.), *Motivation and achievement.* New York: Wiley.

Barnett, P. A. & Gotlib, I. H. (1988). Psychosocial functioning and depression: Distinguishing among antecedents, concomitants, and consequences. *Psychological Bulletin, 104,* 97-126.

Beck, A. T. (1967). *Depression: Clinical, experimental, and theoretical aspects.* New York: Harper & Row.

Beck, A. T., Ward, C. H., Mendelson, M., Mock, J. & Erbaugh, H. (1961). An inventory for measuring depression. *Archives of general psychiatry, 4,* 561-571.

Benfield, C. Y., Palmer, D. J., Pfefferbaum, B. & Stowe, M. L. (1988). A comparison of depressed and nondepressed disturbed children on measures of attributional style, hopelessness, life stress, and temperament. *Journal of Abnormal Child Psychology, 16,* 397-410.

Brickenkamp, R. (1962). *Test d2: Aufmerksamkeits-Belastungs-Test.* Göttingen: Hogrefe.

Brunstein, J. C. (1986). Attributionsstil und Depression: Erste Befunde zur Reliabilität und Validität eines deutschsprachigen Attributionsstil-Fragebogens. *Zeitschrift für differentielle und diagnostische Psychologie, 7,* 45-53.

Carver, C. S. (1979). A cybernetic model of self-attention processes. *Journal of Personality and Social Psychology, 37,* 1251-1281.

Carver, C. S., Blaney, P. H. & Scheier, M. F. (1979). Rassertion and giving up: The interactive role, self-directed attention and outcome expectancy. *Journal of Personality and Social Psychology, 37,* 1859-1870.

Coyne, J. C., Metalsky, G. I. & Lavelle, T. L. (1980). Learned helplessness as experimenter-induced failure and its alleviation with attentional redeployment. *Journal of abnormal Psychology, 89,* 350-357.

Diener, C. J. & Dweck, C. S. (1978). An analysis of learned helplessness: Continuous changes in performance, strategy, and achievement cognitions following failure. *Journal of Personality and Social Psychology, 36,* 451-460.

Follette, V. M. & Jacobson, N. S. (1987). Importance of attributions as a predictor of how people cope with failure. *Journal of Personality and Social Psychology, 52,* 1205-1211.

Hammen, C., Adrian, C. & Hiroto, D. (1988). A longitudinal test of the attributional vulnerability model in children at risk for depression. *British Journal of Clinical Psychology, 27*, 37-46.

Hanusa, B. H. & Schulz, R. (1977). Attributional mediators of learned helplessness. *Journal of Personality and Social Psychology, 35*, 602-611.

Heckhausen, H. & Kuhl, J. (1985). From wishes to action: The dead ends and short cuts on the long way to action. In M. Frese & J. Sabini (Eds.), *Goal-directed behavior: The concept of action in psychology*. Hillsdale, NJ: Erlbaum.

Hiroto, D. S. & Seligman, M. E. P. (1975). Generality of learned helplessness in man. *Journal of Personality and Social Psychology, 31*, 311-327.

Kammer, D. & Hautzinger, H. (1988). *Kognitive Depressionsforschung*. Stuttgart: Huber.

Kelley, H. H. (1973). The process of causal attribution. *American Psychologist, 28*, 107-128.

Klein, D., Fencil-Morse, E. & Seligman, M. E. P. (1976). Depression, learned helplessness, and the attribution of failure. *Journal of Personality and Social Psychology, 33*, 508-516.

Kuhl, J. (1981). Motivational and functional helplessness: The moderating effect of state versus action orientation. *Journal of Personality and Social Psychology, 40*, 155-170.

Kuhl, J. (1983). *Motivation, Konflikt und Handlungskontrolle*. Berlin: Springer.

Kuhl, J. (1984). Volitional aspects of achievement motivation and learned helplessness: Toward a comprehensive theory of action control. In B. A. Maher (Ed.), *Progress in Experimental Personality Research (Vol. 13)*. New York: Academic Press.

Kuhl, J. & Weiß, M. (im Druck). Performance deficits following uncontrollable failure: Impaired action control or generalized expectancy deficits. In J. Kuhl & J. Beckmann (Eds.), *Volition and personality: Action- and state- oriented modes of control*. Göttingen: Hogrefe.

Lavelle, T. L., Metalsky, G. I. & Coyne, J. C. (1979). Learned helplessness test anxiety, and acknowledgement of contingencies. *Journal of Abnormal Psychology, 88*, 381-387.

Levine, M. (1971). Hypothesis theory and nonlearning despite ideal S-R reinforcement contingencies. *Psychological Review, 78*, 130-140.

Maier, S. F. & Seligman, M. E. P. (1976). Learned helplessness: Theory and evidence. *Journal of Experimental Psychology: General, 105*, 3-46.

Metalsky, G. I., Halberstadt, L. J. & Abramson, L. Y. (1987). Vulnerability to depressive mood reactions: Toward a more powerful test of the diathesis-stress and causal mediation components of the reformulated theory of depression. *Journal of Personality and Social Psychology, 52*, 386-393.

Metalsky, G. I. & Joiner, T. E. Jr. (1992). Vulnerability to depressive symptomatology: A prospective test of the diathesis-stress and causal mediation components of the hopelessness theory of depression. *Journal of Personality and Social Psychology, 63*, 667-675.

Meyer, W.-U. (1971). Selbstverantwortlichkeit und Leistungsmotivation. Unveröffentlichte Disseration, Universität Bochum.

Meyer, W.-U. (1973). *Leistungsmotiv und Ursachenerklärung von Erfolg und Mißerfolg*. Stuttgart: Klett.

Mikulincer, M. (1986). Attributional processes in learned helplessness paradigm: The behavioral effects of globality attributions. *Journal of Personality and Social Psychology, 51*, 1248-1256.

Mikulincer, M. & Nizan, B. (1988). Causal attribution, cognitive interference, and the generalization of learned helplessness. *Journal of Personality and Social Psychology,* *55,* 470-478.

Miller, W. R. & Seligman, M. E. P. (1975). Depression and learned helplessness in man. *Journal of Abnormal Psychology, 84,* 228-238.

Mischel, W. (1973). Toward a cognitive social learning reconceptualization of personality. *Psychological Review, 80,* 252-283.

Nolen-Hoeksema, S., Girgus, J. S. & Seligman, M. E. P. (1986). Learned helplessness in children: Longitudinal study of depression, achievement, and explanatory style. *Journal of Personality and Social Psychology, 51,* 435-442.

Pasahow, R. J. (1980). The relation between an attributional dimension and learned helplessness. *Journal of Abnormal Psychology, 89,* 358-367.

Peterson, C., Semmel, L., von Bayer, C., Abramson, L. Y., Metalsky, S. I. & Seligman, M. E. P. (1982). The Attributional Style Questionnaire. *Cognitive Therapy and Research, 6,* 287-300.

Raps, C. S., Peterson, C., Reinhard, K. E., Abramson, L. Y. & Seligman, M. E. P. (1982). The attributional style among depressed patients. *Journal of Abnormal Psychology, 91,* 102-108.

Raven, J. C. (1974). *Advanced progressive matrices.* London: Lewis.

Sarason, I. G., Sarason, S. B., Keefe, D. E., Hayes, B. E. & Shearin, E. N. (1986). Cognitive Interference: Situational determinants and traitlike characteristics. *Journal of Personality and Social Psychology, 51,* 215-226.

Schürmann, M. & Stiensmeier-Pelster, J. (1993). *Attributionsstilerfassung bei Kindern: Kritische Analyse einer deutschsprachigen Version des Children's Attributional Style Questionnaires (CASQ).* Arbeiten aus der Arbeitseinheit Allgemeine Psychologie II, Universität Bielefeld, Abteilung für Psychologie.

Seligman, M. E. P. (1975). *Helplessness. On depression, development and death.* San Francisco: Freeman and Company.

Seligman, M. E. P., Abramson, L. Y., Semmel, A., & von Baeyer, C. (1979). Depressive attributional style. *Journal of Abnormal Psychology, 88,* 242-274.

Seligman, M. E. P., Peterson, C., Kaslow, N. J., Tannenbaum, R. L., Alloy, L. B. & Abramson, L. Y. (1984). Attributional style and depressive symptoms among children. *Journal of Abnormal Psychology, 93,* 235-238.

Stiensmeier-Pelster, J. (1989). Attributional style and depressive mood reactions. *Journal of Personality, 57,* 581-599.

Stiensmeier-Pelster, J. (1990). Generalisierung von motivationaler und funktionaler Hilflosigkeit. *Archiv für Psychologie, 142,* 167-179.

Stiensmeier-Pelster, J. (1993). Attributionsstil und Depression bei Kindern und Jugendlichen. In L. Montada (Hg.), *Bericht über den 38. Kongreß der Deutschen Gesellschaft für Psychologie in Trier 1992, Band 2.* Göttingen: Hogrefe.

Stiensmeier-Pelster, J. (in Vorbereitung). *Erlernte Hilflosigkeit: Grundlagen und Anwendungen.* Göttingen: Hogrefe.

Stiensmeier-Pelster, J., Kammer, D. & Adolphs, J. (1988). Attributionsstil und Bewertung bei depressiven versus nicht-depressiven Patienten. *Zeitschrift für klinische Psychologie, 17,* 46-54.

Stiensmeier, J., Kammer, D., Pelster, A. & Niketta, R. (1985). Attributionsstil und Bewertung der depressiven Reaktion. *Diagnostica, 31,* 300-311.

Stiensmeier-Pelster, J. & Schürmann, M. (1990). Performance deficits following failure:

Integrating motivational and cognitive aspects of learned helplessness. *Anxiety Research,* 2, 211-222.

Stiensmeier-Pelster, J. & Schürmann, M. (1991). Attributionsstil als Risikofaktor der depressiven Reaktion bei Kindern. *Zeitschrift für Entwicklungspsychologie und Pädagogische Psychologie, 23,* 318-329.

Stiensmeier-Pelster, J. & Schürmann, M. (im Druck). Determinants and consequences of action- versus state- orientation: Empirical and theoretical remarks. In J. Kuhl & J. Beckmann, (Eds.), *Volition and personality: Action- and state- oriented modes of control.* Göttingen: Hogrefe.

Stiensmeier-Pelster, J., Schürmann, M. & Duda, K. (1989). *Depressions-Inventar für Kinder und Jugendliche (DIKJ).* Göttingen: Hogrefe.

Stiensmeier-Pelster, J., Schürmann, M., Eckert, C. & Pelster, A. (1993). *Attributionsstil-Fragebogen für Kinder und Jugendliche (ASF-KJ).* Göttingen: Hogrefe.

Tennen, H. & Eller, S. J. (1977). Attributional components of learned helplessness and facilitation. *Journal of Personality and Social Psychology, 35,* 265-271.

Weiner, B. (1986). *An attributional theory of motivation and emotion.* New York: Springer.

Weiner, B., Frieze, I., Kukla, A., Reed, L., Rest, S. & Rosenbaum, R. M. (1971). *Perceiving the causes of success and failure.* New York: General Learning Press.

Weiner, B. (1979). A theory of motivation and some classroom experiences. *Journal of Educational Psychology, 71,* 3-25.

Weiner, B., Heckhausen, H., Meyer, W.-U. & Cook, R. E. (1972). Causal ascriptions and achievement behavior: A conceptual analysis of effort and reanalysis of locus of control. *Journal of Personality and Social Psychology, 21,* 239-248.

Weiner, B., Russell, D. & Lerman, D. (1979). The cognition-emotion process in achievement-related contexts. *Journal of Personality and Social Psychology, 37,* 1211-1220.

Die Erstellung dieses Beitrags wurde unterstützt durch Mittel der DFG, Sti. 84/2-1.

Kapitel 9

Kausalattributionen als gesundheitsbezogene Kognitionen

Ralf Schwarzer
Freie Universität Berlin

Wer *Krankheitssymptome* bei sich entdeckt, wird sich fragen, woher sie kommen und wie sie sich voraussichtlich weiterentwickeln werden. Ist das Symptom auf einen grassierenden Krankheitserreger zurückzuführen, oder ist es ein erstes Anzeichen eines altersgemäßen chronisch-degenerativen Leidens, oder hat man sich selbst auf fahrlässige Weise einem Erreger ausgesetzt, oder kündigt sich hier die Quittung für ein lebenslanges Risikoverhalten an? Wer *Opfer eines Unfalls* wird, begibt sich ebenfalls auf die Suche nach den Ursachen dafür. Hat man vielleicht nicht aufgepaßt, oder ist man aufgrund ständiger Unaufmerksamkeit das wiederholte Opfer solcher Ereignisse, oder hat jemand anders einen Fehler gemacht, oder ist man in einen berüchtigten Unfallschwerpunkt hineingeraten? *Verschreibt sich jemand einer Diät*, um sein Übergewicht zu reduzieren, dann sind Rückfälle in das frühere Risikoverhalten Ereignisse, die subjektiv als erklärungsbedürftig erscheinen. Der Rückfällige fragt sich, warum es zur Völlerei gekommen ist und gelangt vielleicht zu der Auffassung, daß er willensschwach ist, oder ihm nur ein Ausrutscher passiert ist, oder sein Körper genetisch auf ein höheres Gewicht vorprogrammiert ist, oder ein Freund ihn zu einem Festgelage verführt hat. Man kann auch die Perspektive vom Akteur zum Beobachter wechseln und fragen, wie wir die Ursachen von *Krankheiten anderer Menschen* beurteilen. Wenn jemand z.B. an AIDS erkrankt ist, lag es dann daran, daß er einer infizierten Blutkonserve zum Opfer gefallen ist, oder daß er sich leichtsinnig ungeschütztem Geschlechtsverkehr hingegeben hat?

Dies sind nur vier Beispiele für Ursachenzuschreibungen bei gesundheitlich bedeutsamen Ereignissen. Im folgenden soll zunächst eine kurze allgemeine Übersicht über das Forschungsfeld gegeben werden, und anschließend werden ein paar eigene Arbeiten erörtert, die einige Fragestellungen vertiefen.

Kurzer Überblick über die Erforschung von gesundheitsbezogenen Kausalattributionen

Um einen Eindruck von der Vielfalt der Forschungsfragen zu vermitteln, sollen einige Studien erwähnt werden, die für dieses Gebiet als typisch gelten können. Sie fallen in zwei Gruppen, nämlich in die "Bewältigung von Streß und Krankheit" und in "Gesundheitsverhalten und Prävention". Sie befassen sich mit Verletzungen, akuten Erkrankungen, chronischen Leiden, sexuellen Übergriffen, Unfruchtbarkeit, Gesundheitsverhalten wie Gewichtskontrolle, Raucherentwöhnung oder Alkoholentwöhnung und schließlich dem Typ A-Verhalten. (Ausführliche Darstellungen dazu finden sich bei Michela & Wood, 1986; Weary, Stanley & Harvey, 1989; Montada, Filipp & Lerner, 1992.)

In einer schon als klassisch zu bewertenden Arbeit haben Bulman und Wortman (1977) 29 querschnittgelähmte *Unfallopfer* befragt, um herauszufinden, welche Ursachenzuschreibungen sie gegenüber ihrem Schicksal vornahmen. Etwa zwei Drittel der Opfer gestanden etwas Selbstverantwortlichkeit zu, und etwa ein Drittel meinte sogar, die Ursache sei zumindest zur Hälfte auf die eigene Person zurückzuführen. Überraschenderweise war diese internale Attribution nicht mit Selbstzerfleischung oder Depression verbunden, sondern mit einer besseren Bewältigung des Schicksals. (Ähnliche Befunde zeigten sich übrigens in einer anderen Untersuchung an Unfallopfern in Deutschland [Frey, 1992]). Der Gedanke liegt nahe, daß die internale Attribution das Erleben persönlicher Kontrolle ausdrückt oder verstärkt, was wiederum die höheren Bewältigungsbemühungen erklären würde. Dem widerspricht hier jedoch der Befund, daß die Querschnitt-Patienten den Unfall zugleich als unvermeidbar ansahen – also als außerhalb ihrer Kontrolle liegend. Die Autoren interpretieren daher, die Opfer hätten deswegen eine tendenziell internale Attribution vorgenommen, um ihren Glauben an eine "gerechte Welt" aufrechterhalten zu können, in der jedem das zuteil wird, was er aufgrund seines Verhaltens verdient.

Wegen der Interpretationsschwierigkeiten mit diesen Daten hat Janoff-Bulman (1979) eine Unterscheidung zwischen dispositionaler Selbstzuschreibung (characterological self-blame) und verhaltensbezogener Selbstzuschreibung (behavioral self-blame) vorgenommen, eine Unterscheidung, die seitdem starke Verbreitung gefunden hat. Dispositionale Selbstzuschreibung entspricht einer internal-stabilen Attribution, z.B. auf die Persönlichkeit, während verhaltensbezogene Selbstzuschreibung der internal-variablen Attribution entspricht, womit z.B. einmalige Verhaltensfehler oder punktuelle Fehlentscheidungen gemeint sind, die allerdings schwerwiegende Konsequenzen nach sich ziehen können.

In einer Untersuchung an 49 *Brandopfern* (Kiecolt-Glaser & Williams, 1987) waren nur 27% der Opfer bereit, mehr als die Hälfte der Ursachen auf sich selbst zurückzuführen. Innerhalb dieser Untergruppe handelte es sich aber überwiegend um eine verhaltensbezogene Selbstzuschreibung. In dieser Studie war die Bewältigung nicht positiv mit der internalen Attribution korreliert, was zu dem vorher referierten Befund im Widerspruch steht. Bis heute läßt sich offenbar nicht eindeutig entscheiden, welche Rolle Attributionen von Unfallopfern für deren nachfolgende Bewältigung oder für die Genesung spielen.

Im Bereich der *akuten Erkrankungen und Symptominterpretationen* finden sich vor allem Studien aus differentieller Perspektive, die ein bestimmtes Attributionsmuster, den sog. "pessimistischen Erklärungsstil", mit der Prävalenz von Morbidität sowie mit Krankheitsbewältigung in Zusammenhang bringen (Peterson & Bossio, 1991; Seligman, 1991). Mit dem "pessimistischen Erklärungsstil" wird ein überdauerndes Muster bezeichnet, bei dem negative Ereignisse als eher internal, stabil und global aufgefaßt werden. Menschen, die sich für unerfreuliche Vorkommnisse verantwortlich fühlen und die dies fortwährend und auf ganzer Linie tun ("Ich bin ein Versager"), berichten demnach über mehr Krankheitssymptome und ergreifen weniger präventive und kurative Maßnahmen (Lin & Peterson, 1990). Dieser erworbene Attributionsstil gilt als Ursache für mangelndes Vorsorgeverhalten und stärkere Anfälligkeit, wobei jedoch ein methodisches Problem darin liegt, daß die Studien meist korrelativer Natur sind und alle Variablen auf Selbstberichten beruhen, so daß eine Kausalbeziehung nicht nachweisbar ist.

Bei Patienten mit *chronischen Leiden* wird ebenfalls angenommen, daß ihre Gesundheitskognitionen im Zusammenhang mit der Art ihrer Anpassung an die unheilbare Krankheit steht. Taylor, Lichtman und Wood (1984) haben dies bei 87 Brustkrebs-Patientinnen untersucht, die kurz zuvor wegen ihres Tumors operiert worden waren. Fast alle hatten über die Ursachen ihres Leidens nachgedacht, und ungefähr 40% nahmen bis zu einem gewissen Grade auch internale Attributionen vor. Jedoch standen diese in keiner Beziehung zu den Bewältigungsbemühungen. Was die Anpassung vielmehr bestimmte, war das Gefühl von Kontrolle über den weiteren Krankheitsverlauf, sei es die persönliche Kontrolle oder die des Arztes. Es scheint daher sinnvoll, nicht nur retrospektiv nach den Ursachen eines Problems zu fragen, sondern auch prospektiv nach den internalen oder externalen Ressourcen zur Lösung eines Problems, womit die Attributionstheorie im engeren Sinne jedoch verlassen wird (vgl. Filipp, 1990, 1992; Klauer & Filipp, 1990).

Einen gleichartigen Befund, nämlich keinen Zusammenhang zwischen Attribution und Coping, fanden Lowery, Jacobsen und Murphy (1983) bei 55 Arthritis-Patienten. Die Ursachen für die Krankheit wurden meist als external, stabil und unkontrollierbar angegeben, aber die retrospektive Beurteilung schien keine Auswirkungen auf zukünftiges Bewältigungsverhalten zu haben. Ähnliche Untersuchungen gibt es auch zu anderen Krankheiten, wie z.B. zu Diabetes (Tennen, Allen, Affleck, McGrade & Ratzan, 1984) und Herzinfarkt (Affleck, Tennen, Croog & Levine, 1987; Naea de Valle & Norman, 1992), wobei durchaus Zusammenhänge zwischen Coping und Attribution ermittelt werden konnten.

Ein anderer Forschungsbereich, der mit Streß und Viktimisierung zu tun hat, liegt in *sexuellen Übergriffen* (vgl. Krahé, 1992). Janoff-Bulman (1979) hat ihre Unterscheidung von dispositionaler und verhaltensbezogener Selbstzuschreibung auch auf das Studium von Vergewaltigungsopfern angewandt. Sie erfuhr von 48 Beratern von Vergewaltigungsopfern, daß deren Klientinnen sich meist einen Teil der Verantwortung für ihr Schicksal selbst zuschrieben. Verhaltensbezogene Selbstzuschreibung (69%) war häufiger anzutreffen als dispositionale Selbstzuschreibung (19%). Solche Attributionen auf ein Verhalten vermitteln den Opfern ein stärkeres Gefühl von Kontrolle gegenüber zukünftigen Attacken gleicher Art, weil sie ihr Verhalten gezielt ändern und damit den Wiederholungsfall eher unwahrscheinlich machen können.

Schließlich sei das Stigma der *Unfruchtbarkeit* zu erwähnen, das neuerdings stärker Gegenstand psychologischer Forschung wird (Stanton & Dunkel-Schetter, 1991). In einer Untersuchung von Tennen, Affleck und Mendola (1991) wurden 31 Frauen und 33 Männer miteinander verglichen, die sich Kinder wünschten, aber keine bekamen. Beide Gruppen attribuierten dieses Problem auf eine Mehrzahl von Ursachen, primär auf biologisch-medizinische Faktoren. Aber die Frauen neigten mehr als die Männer dazu, auch ihr eigenes Verhalten mitverantwortlich zu machen (z.B. über lange Zeit orale Verhütungsmittel eingenommen zu haben). Frauen scheinen wohl deswegen mehr internal zu attribuieren, damit sie ihre Männer vor dem Makel schützen, unfruchtbar zu sein. Es wurde nämlich beobachtet, daß Frauen sich erleichtert fühlten, wenn nicht ihre Männer, sondern sie selbst die Ursache für das Ausbleiben von Nachwuchs waren.

Die bisher referierten Beispiele stammten aus dem Forschungsfeld "Bewältigung von Streß und Krankheit". Daneben gibt es Studien zum Bereich "Gesundheitsverhalten und Prävention", auf die nun kurz eingegangen wird. Wenn jemand sein Risikoverhalten ändern möchte, um gesünder zu leben, dann kommt es oft zu Rückfällen, die dem Individuum erklärungsbedürftig erscheinen.

Einige Arbeiten haben sich mit der Attributionsanalyse bei der Regulation von *Übergewicht* befaßt. Hospers, Kok und Strecher (1990) haben 158 Personen untersucht, die an einem Gewichtsreduktionsprogramm teilnahmen, und die Zahl ihrer mißlungenen Diätversuche ins Kalkül gezogen. Der Erfolg in dem Programm stand überhaupt nicht in Beziehung zu der Zahl früherer Fehlschläge, sondern vielmehr dazu, wie diese Mißerfolge attribuiert worden waren. Wer sie nämlich auf stabile Faktoren zurückführte, war in diesem Gewichtsreduktionsprogramm weniger erfolgreich als jemand, der dafür variable Faktoren verantwortlich machte (vgl. auch Haisch & Haisch, 1988, 1991; Kok, Den Boer, DeVries, Gerards, Hospers & Mudde, 1992). Ähnliche Studien sind im Zusammenhang mit der Entwöhnung des *Rauchens* (Eiser & van der Pligt, 1986) und der Erforschung des *Alkoholismus* und anderer Risikoverhaltensweisen durchgeführt worden (vgl. Davies, 1992). Besonders einflußreich war die Attributionstheorie für die Entwicklung einer umfassenden Theorie der Rückfallverhütung, die heute allgemein als wegweisend anerkannt wird (Marlatt & Gordon, 1985; vgl. Schwarzer, 1992b).

Nachdem ein Überblick über einige Studien gegeben worden ist, die die Forschung zu gesundheitsbezogenen Kausalattributionen charakterisieren, sollen nun drei eigene Arbeiten etwas ausführlicher dargestellt werden. Sie befassen sich a) mit Attributionen von Typ A-Personen, b) mit der perzipierten Kontrollierbarkeit von Krankheitsursachen sowie c) mit der Beziehung zwischen Krankheitsursachen, dem Entstehen von Mitleid und der Gewährung von sozialer Unterstützung.

Studie I: Selbstwertdienliche Attributionen von Typ A-Personen

Ein Aspekt des koronaren Risikoverhaltens ist als Typ A-Verhalten bezeichnet worden (Friedman & Rosenman, 1974). Damit ist ein spezifisches Reaktionsmuster bei der Bewältigung von Lebensanforderungen und Streß gemeint, zu dem vor allem ehrgeiziges Leistungsstreben, Konkurrenzorientierung, Ungeduld, Ärger, Aggression und Feindseligkeit gehören. Damit einher geht Kampfgeist, eine allgemeine Erfolgsorientierung und ein unaufhaltsames Bemühen, sein Leben und seine Umwelt zu regulieren, wobei hohe Maßstäbe zugrunde liegen. Unabhängig von der Streitfrage, ob und in welchem Maße dieses Verhaltensmuster tatsächlich zum koronaren Risiko beiträgt (vgl. Schwarzer, 1992a), hat sich eine lebhafte psychologische Grundlagenforschung entwickelt, die diesen Verhaltenstyp zum Gegenstand genommen und dessen Bedingungen und Korrelate aufgespürt hat (vgl. Glass, 1977; Price, 1982; Strube, 1985, 1990).

So hat sich in einigen Untersuchungen herausgestellt, daß der A-Typ keineswegs nur ein unabhängiger, selbstbewußter, naßforscher und unerschütterlicher Macher oder Draufgänger ist, sondern daß dies oft nur Oberflächenmerkmale darstellen, und er im Kern eher ängstlich, selbstunsicher und erfolgsabhängig sein dürfte. Er lebt in einem immerwährenden Kampf mit neuen Herausforderungen, damit er seine Kompetenz unter Beweis stellen und seinen Selbstwert öffentlich bestätigen kann (Burke, 1984; Hamberger & Hastings, 1986; Matteson, Ivancevich & Gamble, 1987; Price, 1982).

Eine Forschungsfrage richtete sich darauf, ob sich spezifische Attributionsmuster finden lassen, ob also eine Typ A-Person nach Erfolg oder Mißerfolg andere Ursachenerklärungen bevorzugt als eine Typ B-Person. Streben die Typ A-Personen wirklich nach einer Selbstwerterhöhung, dann müßte man ein selbstwertdienliches Attributionsmuster erwarten, bei dem Erfolge der eigenen Kompetenz zugeschrieben werden, Mißerfolge dagegen nicht. Letztere müßten eher external oder variabel erklärt werden. Die Befundlage dazu erscheint widersprüchlich. Brunson und Matthews (1981) haben gefunden, daß Typ A-Personen Mißerfolge internal erklären, und zwar sowohl im Sinne mangelnder Anstrengung als auch mangelnder Begabung. Weitere Autoren konnten bestätigen, daß Typ A-Personen mehr eigene Verantwortung für ihre Mißerfolge übernahmen als Typ B-Personen (Furnham, Hillard & Brewin, 1985; Musante, MacDougall & Dembroski, 1984; Rhodewalt, 1984). Rhodewalt und Strube (1985), die ebenfalls solche Ergebnisse hervorbrachten, vertraten daraufhin die Auffassung, derartige Attributionen seien weniger ein Ausdruck von Selbstbeschuldigungen als vielmehr einer von Kontrollierbarkeit. Mißerfolg internal-variabel zu attribuieren, kann demnach heißen, nicht zum passiven Opfer der Verhältnisse geworden zu sein, sondern sich lediglich nicht genügend angestrengt zu haben, obwohl die Aufgabe prinzipiell bewältigbar sei. Diese Kontrollthese wäre aber nur dann einleuchtend, wenn Mißerfolg tatsächlich allein auf den internal-variablen Anstrengungsfaktor attribuiert worden wäre. Da aber auch Attribution auf Unfähigkeit gefunden worden war, fällt die Interpretation der Befunde schwer. Andere Arbeiten dagegen stützen mehr die Selbstwerterhöhungsthese. Strube (1985) und Strube und Boland (1986) fanden, daß Typ A-Personen sich mehr für ihre Erfolge verantwortlich fühlten, als dies die Typ B-Personen taten.

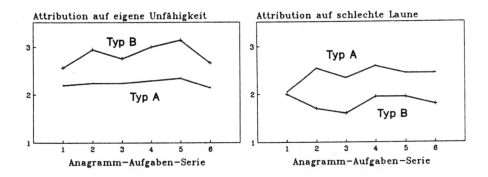

Abbildungen 1 und 2

Typ A-Personen gestehen ihre Unfähigkeit bei Mißerfolg nicht ein (links) und machen ihre schlechte Laune für ihren Mißerfolg verantwortlich (rechts)

Um die Klärung dieser Forschungsfrage weiterzutreiben, haben wir ein computerisiertes Leistungsexperiment durchgeführt, bei dem 15 Anagramm-aufgaben mit ansteigendem Schwierigkeitsgrad über sechs Leistungszyklen hinweg bearbeitet werden mußten. Die Beanspruchung durch alle 90 Anagramme sowie durch die psychometrischen Skalen nach jedem der sechs Durchgänge dauerte ungefähr drei Stunden. Eine Gruppe der Versuchsper-sonen erhielt kontinuierlich fiktive Erfolgsrückmeldungen, die andere Mißerfolgsrückmeldungen (das Experiment ist ausführlich beschrieben bei Jerusalem, 1990 und Leppin & Schwarzer, 1991). In der Erfolgsgruppe gab es 14 Typ A- und 25 Typ B-Personen, in der Mißerfolgsgruppe 20 Typ A- und 21 Typ B-Personen.

Innerhalb der Erfolgsgruppe ließen sich keine nennenswerten At-tributionsunterschiede zwischen den beiden Verhaltenstypen bestimmen. In der Mißerfolgsgruppe jedoch traten systematisch solche Differenzen hervor, die sich im Sinne der Selbstwerterhöhungsthese interpretieren lassen. Typ A-Personen waren weniger als ihre Gegenspieler dazu geneigt, ihren Mißerfolg mit Unfähigkeit zu erklären (Abbildung 1).

Darüber hinaus zeigte sich über die sechs Meßzeitpunkte hinweg ein systematischer Anstieg der Unfähigkeitsattribution beim Typ B, während sich die anderen von der wiederholten negativen Leistungsrückmeldung nicht erschüttern ließen. Sogar diese starke Konsistenzinformation, immer wieder an demselben Aufgabentyp zu scheitern, machte sie nicht bereitwilliger, Fähigkeitsmängel für ihr Dauerversagen verantwortlich zu machen. Womit erklärten sie ihr Scheitern denn sonst? Wir hatten gehofft, daß sie fehlende Anstrengung angeben würden, denn ein derartiges Befundmuster hätte zu einer Versöhnung der Kontrollthese mit der Selbstwertthese geführt. Aber stattdessen wurde ein anderer internal-variabler Faktor bevorzugt, nämlich die schlechte Laune (Abbildung 2).

Während des Experiments wurde von ihnen zunehmend die augenblickliche Befindlichkeit als Versagensgrund angegeben, während die Typ B-Personen auf diesen Attributionsfaktor weniger eingingen. Nach gleichem Muster wurde übrigens auch ein externaler Faktor angewählt, nämlich die fehlende Gewohnheit, vor einem flimmernden Computerbildschirm zu arbeiten (Leppin & Schwarzer, 1991).

Der präferierte Attributionsstil läßt sich demnach als selbstwertdienlich bezeichnen. Die genannten Befunde stützen die Selbstwerterhöhungsthese und stehen somit im Widerspruch zu einigen der oben genannten Arbeiten. Doch darüber hinaus haben wir eine verblüffende Entdeckung gemacht, die den Widerspruch aufzulösen in der Lage ist. Die Hälfte der Versuchspersonen war nämlich mit Hilfe des Videobildes von sich selbst sowie durch die Anwesenheit eines Beobachters in einen Zustand öffentlicher Selbstaufmerksamkeit versetzt worden, während die andere Hälfte ungefilmt und unbeobachtet blieb. Diejenigen Typ A-Personen nun, die sich im "Licht der Öffentlichkeit" erlebten, machten andere Attributionen, indem sie nämlich eher bereit waren, ihre Unfähigkeit einzugestehen. Offenbar handelt es sich hier um eine Selbstdarstellungsstrategie, sich anderen gegenüber als nicht so kompetent hinzustellen, für wie man sich selber hält. Bescheidenheit zu demonstrieren und eigene Mängel zuzugeben, kann eben auch eine selbstwertdienliche Strategie in der sozialen Interaktion darstellen. Damit erscheinen die scheinbar widersprüchlichen Befunde von Brunson und Matthews (1981) in einem anderen Licht, denn in ihrem Experiment mußten die Versuchspersonen ihre Attributionen öffentlich kundgeben, was wohl in derselben selbstwertdienlichen Weise geschehen sein mag wie bei uns. Für wie kompetent sich Typ A-Personen aber wirklich halten, läßt sich wohl nur im Zustand privater Selbstaufmerksamkeit bestimmen, also im "stillen Kämmerlein", wo keine Veranlassung besteht, anderen einen vorteilhaften Eindruck von sich selbst zu vermitteln.

Studie II: Kontrollierbarkeit, Mitleid und soziale Unterstützung angesichts von Krankheiten

Die Attributionstheorie wird neuerdings auch auf die Wahrnehmung und Beurteilung sozialer Stigmata sowie auf den Umgang mit Stigmatisierten angewendet (Weiner, Perry & Magnusson, 1988). Mit einem sozialen Stigma ist eine Eigenschaft gemeint, die eine Person als abweichend, auffällig, behindert, deformiert oder marginal erscheinen läßt (vgl. Albrecht, Walker & Levy, 1982; Jones, Farina, Hastorf, Markus, Miller & Scott, 1984). Dazu gehören körperliche Makel, schwere Krankheiten und Verhaltensprobleme wie z.B. Drogenabhängigkeit. Ein Beobachter, der mit einer stigmatisierten Person zu tun hat, sucht typischerweise nach den Gründen für die Entstehung solcher Stigmata, denn was von der Norm abweicht, erscheint erklärungsbedürftig. Je nach Informationsstand über die stigmatisierte Person ergeben sich unterschiedliche Kausalattributionen der vermeintlichen Herkunft des Stigmas.

Eine grundlegende Dimension von wahrgenommenen Ursachen liegt in der Kontrollierbarkeit (Weiner, 1985, 1986). Als kontrollierbar gelten solche Ursachen, die der Handelnde willentlich herbeiführen kann bzw. für die er selbst verantwortlich zu machen ist; unkontrollierbare Ursachen dagegen entziehen sich dem persönlichen Einfluß des Handelnden. Wenn jemand zum Beispiel aus Neugier psychotrope Drogen ausprobiert und dadurch abhängig wird, so wird dieses Stigma als kontrollierbar aufgefaßt, während in einem anderen Fall, in dem jemand mit solchen Drogen über längere Zeit medizinisch behandelt werden mußte und deswegen abhängig wurde, dies eher als Unkontrollierbarkeit interpretiert wird. In entsprechender Weise würde man die Entstehung eines Herzinfarkts als kontrollierbar ansehen, wenn der Patient sich über Jahrzehnte hinweg riskant verhalten hat, zum Beispiel indem er rauchte, übermäßig tierische Fette verzehrte, körperlich inaktiv war und keine Vorsorgeuntersuchungen durchführen ließ; dagegen wäre Unkontrollierbarkeit anzunehmen, wenn bei einer Person erbliche Faktoren für diese Krankheit ausschlaggebend gewesen wären.

Es hat sich gezeigt, daß die Wahrnehmung von sozialen Stigmata als entweder kontrollierbar oder unkontrollierbar einen Einfluß darauf ausübt, welche Gefühle und Verhaltensweisen man einer stigmatisierten Person entgegenbringt (DeJong, 1980; Weiner et al., 1988). Unkontrollierbare Stigmata scheinen Mitleid beim Beobachter hervorzurufen und Hilfeintentionen zu begünstigen, während kontrollierbare Stigmata eher Ärger entstehen lassen und weniger Bereitschaft, Unterstützung zu gewähren (Reisenzein, 1986; Schmidt & Weiner, 1988). Eine riskante Lebensführung als wahrgenommene Ursache eines Leidens erzeugt demnach Unmut, wenig Mitleid und wenig Hilfsbereitschaft, während ein mutmaßliches Opfer äußerer Umstände eher Mitleid und Hilfe und weniger Ärgerreaktionen erwarten kann.

Die bisher genannten Überlegungen und Forschungsarbeiten haben die Analyse zusätzlicher Merkmale der Zielperson, z.B. ihr gegenwärtiges Bewältigungsverhalten, nicht einbezogen. Es erscheint zweifelhaft, daß dem wahrgenommenen Ursprung eines Stigmas auch dann noch eine große Bedeutung beigemessen wird, wenn er lange Zeit zurückliegt und wenn die Person inzwischen alle Anstrengungen unternimmt, um frühere Fehler wieder gutzumachen. Das aktuelle Bewältigungsverhalten mag den Beobachter vielleicht stärker beeindrucken als ein Fehlverhalten in der Vergangenheit. Die weiterführende Forschungsfrage zielt demnach auf den kompensatorischen Effekt von Coping gegenüber dem Selbstverschulden eines Stigmas. Es ist verwunderlich, daß die Attributionstheoretiker dies nicht von vornherein mitbedacht haben, denn Coping entspricht dem wohlbekannten Anstrengungsfaktor in den frühen Arbeiten der leistungsthematischen Attributionsforschung: Ein Schüler zum Beispiel, der sich anstrengt, wird gerade dann vom Lehrer gelobt, wenn er trotz geringer Begabung überdurchschnittliche Leistungen erzielt.

In der Bewältigungsforschung ist auf die hier getroffene Unterscheidung bereits hingewiesen worden. Janoff-Bulman (1979) trennt die stabile von der variablen Verantwortung. Mit "characterological blame" meint sie die Zuschreibung der Schuld auf ein Persönlichkeitsmerkmal des Opfers und mit "behavioral blame" die Zuschreibung der Schuld auf ein Verhalten des Opfers. Brickman, Rabinowitz, Karuza, Coates, Cohn und Kidder (1982) haben vorgeschlagen, zwischen der Verantwortlichkeit für die Verursachung eines Problems und der Verantwortlichkeit für die Lösung dieses Problems zu unterscheiden. Modellvorstellungen von sozialer Unterstützung können sich dieser Zweiteilung bedienen. So läßt sich z.B. die beliebte Auffassung vertreten, wer ein Mißgeschick verschuldet hat, möge auch selbst für dessen Behebung sorgen; oder jemand, der die Schäden beseitigt, die andere hervorgerufen haben, opfere sich für andere auf und verdiene daher unsere besondere Zuneigung und Unterstützung.

Die vorliegende Fragestellung ergibt sich auch aus dem Umstand, daß verschiedene Forschungstraditionen zu ähnlichen Themen unverbunden nebeneinander entstanden sind und dringend einer gegenseitigen Bezugnahme bedürfen, nämlich (a) die Attributionsforschung über soziale Stigmata (Weiner et al., 1988), (b) die Coping-Forschung, die sich mit der Reaktion auf Opfer befaßt (vgl. Wortman & Dunkel-Schetter, 1987) und (c) die Social

Support-Forschung, die überwiegend die Perspektive des Betroffenen, nicht aber die des Helfers, untersucht (vgl. Schwarzer & Leppin, 1989, 1991). Die Ausgangsfrage richtet sich also darauf, welche Eigenschaften des Stigmatisierten primär dazu beitragen, auf der Seite des potentiellen Helfers positive Emotionen sowie die Bereitschaft zu sozialer Unterstützung auszulösen: ist es mehr die Kontrollierbarkeit der Stigma-Ursache, oder ist es mehr das aktuelle Bewältigungsverhalten?

Emotionale Reaktionen gegenüber acht gesundheitsbezogenen Stigmata sowie die Bereitschaft zu sozialer Unterstützung wurden in einem Simulationsexperiment untersucht. Die Ursache des Stigmas war entweder als kontrollierbar oder als unkontrollierbar dargestellt. Zusätzlich war das Verhalten der Zielperson als entweder aktiv bewältigend oder als passiv hinnehmend beschrieben. Die Forschungsfrage richtete sich auf die Wirkungen von Kontrollierbarkeit und Coping auf Mitleid mit der Zielperson sowie auf die Bereitschaft, ihr Unterstützung zu gewähren. Acht Stigmata wurden ausgewählt: AIDS, Krebs, Drogenabhängigkeit, Herzkrankheit, Anorexia nervosa, Kindesmißhandlung, Depression und Fettleibigkeit. Die Beschreibung jeder Zielperson wurde im Hinblick auf Stigma-Ursache und Bewältigungsverhalten variiert, so daß pro Stigma vier Szenarios resultierten (zwei Stufen des Faktors "Ursache" und zwei Stufen des Faktors "Coping"). Jede der 85 Versuchspersonen war mit allen acht Stigmata unter vier verschiedenen Bedingungen konfrontiert ("within-subjects design").

Es stellte sich heraus, daß beide experimentellen Faktoren emotionale Reaktionen und Unterstützungsbereitschaft hervorriefen. Wurde z.B. eine Krankheit als vom Patienten selbst verursacht dargestellt ("kontrollierbar"), so reagierten die Beobachter mit weniger Mitleid und weniger Hilfe, als wenn die Krankheit als unverschuldet ("unkontrollierbar") angesehen wurde.

Eine als unkontrollierbar wahrgenommene Stigma-Ursache führt zu mehr *Mitleid* bei Beobachtern im Fall von AIDS, Drogenabhängigkeit, Herzkrankheit, Depression und Fettleibigkeit. Ebenso erzeugt aktives Bewältigungsverhalten seitens der Zielperson mehr Mitleid bei AIDS, Krebs, Drogenabhängigkeit, Herzkrankheit und Kindesmißhandlung. Diese Emotion wird demnach ungefähr gleichermaßen durch die beiden Faktoren hervorgerufen. Nur im Fall von Anorexia erfolgt keine Reaktion. Abbildungen 3 und 4 veranschaulichen das Ausmaß beider Haupteffekte am Beispiel des AIDS- und des Herzinfarkt-Szenarios.

Wer für die Entstehung der koronaren Herzkrankheit verantwortlich war und sich darüber hinaus nicht um eine Besserung bemüht, hat die geringste Chance, bei den Beobachtern Mitleid zu erregen (und umgekehrt).

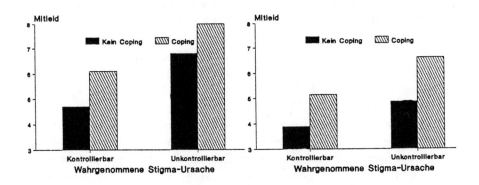

Abbildungen 3 und 4
Mitleid mit AIDS-Patienten (linke Abbildung) und Herzinfarkt-
Patienten (rechte Abbildung): Wer die Krankheit nicht selbst
verursacht hat und wer sich Mühe gibt, ruft mehr Mitleid hervor

Eine als unkontrollierbar wahrgenommene Stigma-Ursache führt zu mehr
Unterstützungsbereitschaft bei Beobachtern im Fall von AIDS und Drogenabhängigkeit, während für die anderen sechs Stigmata die Signifikanzgrenze
nicht erreicht wurde. Der Coping-Faktor wird in fünf Fällen signifikant und
liegt bei Krebs nahe der Signifikanzgrenze. Bei AIDS, Drogenabhängigkeit,
Depression, Anorexia und Herzkrankheit wird deutlich mehr Hilfsbereitschaft hervorgerufen, wenn die Patienten sich selbst bemühen. Abbildungen
5 und 6 veranschaulichen das Ausmaß des Unterstützungseffekts wieder am
Beispiel von AIDS und Herzkrankheit.

Herzpatienten, die Anstrengungen unternehmen, um ihre Krankheit zu
überwinden, erhalten offenbar eher Zuwendung, und zwar unabhängig
davon, ob die Erkrankung als kontrollierbar oder als unkontrollierbar
dargestellt wird.

Die Befunde geben Anlaß zu Überlegungen, wie die kausale Verbindung
zwischen den involvierten Variablen aussehen könnte. Nach der Attributionstheorie (Weiner, 1985, 1986) folgen Emotionen auf die Ursachenzuschreibung, und die Emotionen gelten ihrerseits als handlungsleitend. Es
wird demnach postuliert, daß im vorliegenden Fall Mitleid und Ärger die
Antezedenzien von Hilfsbereitschaft darstellen. Die Attributionseffekte auf
Emotionen waren stärker als diejenigen auf Hilfeintentionen. Vielleicht wäre
in einem entsprechenden Kausalmodell die Wirkung von Mitleid und Ärger
auf die Handlungsintention von größerer Bedeutung, so daß von der Attri-

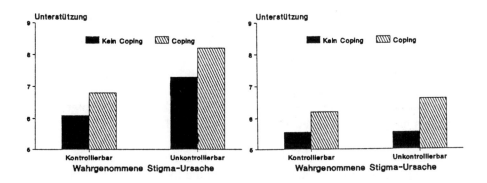

Abbildungen 5 und 6
Unterstützung von AIDS-Patienten (linke Abbildung) und von Herzinfarkt-Patienten (rechte Abbildung): Wer die Krankheit nicht selbst verursacht hat und wer sich Mühe gibt, ruft mehr Unterstützungsbereitschaft hervor

bution zusätzlich ein indirekter Effekt ins Kalkül zu ziehen wäre: die Attributionen würden dann direkt die Emotionen beeinflussen und indirekt durch diese die Handlungsintention.

Die Tatsache, daß die Ergebnisse stigma-spezifisch ausfielen, verweist auf die Notwendigkeit, die Stigmata näher im Hinblick auf ihre Eigenschaften zu überprüfen. Die hier gewählten Stigmata entstammen früheren Arbeiten, in denen lediglich die Kontrollierbarkeit untersucht worden war (Weiner et al., 1988). Damals sollten die mehr "biologischen" Stigmata (AIDS, Krebs, Herzinfarkt) den mehr "verhaltensbezogenen" Stigmata (Anorexia, Fettleibigkeit, Kindesmißhandlung, Drogenabhängigkeit) gegenübergestellt werden. "Verhaltensbezogene" Stigmata sind offensichtlich kontrollierbarer als "biologische". Es zeigt sich jedoch in der nun vorliegenden Untersuchung, daß diese Unterscheidung allein nicht hinreicht, um die entstandene Variation zu erklären. Vielmehr bedarf es in Zukunft einer differenzierten Taxonomie von Stigmata. Hier könnte es zum Beispiel eine Rolle spielen, wie wahrscheinlich ihr Auftreten ist und wie schwerwiegend dann die Konsequenzen ausfallen, denn AIDS und Fettleibigkeit zum Beispiel lassen sich in dieser Hinsicht deutlich voneinander unterscheiden.

Es wäre auch sinnvoll, den gegenwärtigen Bezugsrahmen auszudehnen von nur gesundheitlichen Stigmata auf alle Arten von Stigmata, die auch Opfer von Unfällen oder Verbrechen einschließen. Damit wäre die mögliche Fremdverursachung eines Problems nicht mehr nur auf Zufalls- oder medizinische Behandlungsbedingungen beschränkt, sondern auch auf Personen (z.B. Täter) bezogen, die ganz eindeutig die Verantwortung für ein bestimmtes Lebensschicksal tragen (z.B. für Invalidität). Es wäre dann zu prüfen, wie Beobachter auf das Bewältigungsverhalten der Zielperson reagieren, wenn diese entweder die Verantwortung für eine konstruktive Lebensführung trotz Behinderung übernimmt oder wenn sie von ihrer Umwelt eine Kompensation für das fremdverschuldete Leid verlangt, selbst dagegen nichts zur Krisenbewältigung beiträgt (vgl. Cohn, 1983).

Eine andere Erweiterung könnte sich darauf richten, chronische von akuten Stigmata zu unterscheiden. Während die hier behandelten Probleme von langer Dauer waren, könnte man zeitlich enger begrenzte Krankheiten auswählen, um zu sehen, ob die Unterstützungsbereitschaft generell ansteigt, wenn die Prognose gut ist und der Genesungsprozeß einem baldigen Ende entgegengeht. Knochenbrüche oder Infektionskrankheiten, die selbst- oder fremdverursacht sind und unterschiedlich gut bewältigt werden, würden sich als Beispiele dafür eignen. Mit dem wiederholten Auftritt solcher Ereignisse – als zusätzlichem experimentellen Faktor – könnte die attributionstheoretische Konsistenzperspektive ins Spiel gebracht werden (Kelley, 1967). Bei hoher Konsistenz liegt eine Attribution auf die Person näher, bei niedriger Konsistenz auf die äußeren Umstände.

Schließlich wäre es auch wünschenswert, die Szenario-Technik gelegentlich zu verlassen, um Attributionen, Emotionen und tatsächliche Unterstützung von Opfern durch Beobachter in natürlichen Situationen zu studieren, wie es in der Erforschung des Hilfehandelns praktiziert wird (vgl. Fisher, Nadler & DePaulo, 1983), während in der Social Support-Forschung solche Studien noch die Ausnahme darstellen (vgl. Kulik & Mahler, 1989). Die vorliegende Arbeit versteht sich jedoch als sozial- und gesundheitspsychologische Grundlagenforschung, die für solche Anwendungsprojekte neue theoretische Perspektiven beisteuern kann.

Studie III: Das Mediatormodell von Krankheitsursache, Mitleid und Unterstützungsbereitschaft

Über die Befunde für das Herzinfarktszenario wurde an anderer Stelle ausführlich berichtet (Schwarzer & Weiner, 1990). Während die hier beschriebene Studie in Berlin durchgeführt worden war, fand eine weitere Untersuchung nach demselben Design bei Studenten in Los Angeles statt (Schwarzer & Weiner, 1991). Der Schwerpunkt der Datenauswertung lag in der stigmaspezifischen Analyse des Beziehungsmusters "Attribution –

Emotion – Handlung". Neben dem Mitleid wurde ein weiterer Mediator berücksichtigt, nämlich die subjektive Erwartung, ob sich die Krankheit positiv entwickeln würde ("Wie wahrscheinlich ist es, daß sich der Zustand verbessern wird?"). Es wurde angenommen, daß sich die Kontrollierbarkeit und das Bewältigungsverhalten indirekt auf die Unterstützungsintention aus-

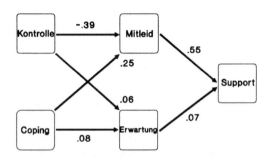

Abbildung 7

Die Beziehung von Kognition, Emotion und
Handlungsintention angesichts von AIDS

wirken würden, und zwar über die beiden Mediatoren Mitleid und Änderungserwartung. Mit Hilfe von acht Pfadanalysen wurde die Hypothese geprüft, indem pro Stigma ein gleichartiges Pfadmodell gerechnet wurde. Abbildungen 7 und 8 zeigen die Ergebnisse für AIDS und Herzinfarkt.

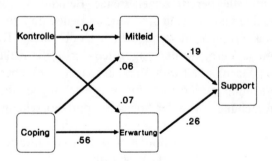

Abbildung 8

Die Beziehung von Kognition, Emotion und
Handlungsintention angesichts von Herzinfarkt

Im Falle von AIDS ergibt sich ein starker indirekter Effekt der Kontrollierbarkeit über Mitleid auf die Unterstützungsintention, während der konkurrierende, über die Erwartung laufende Pfad praktisch Null wird. Im Falle von Herzinfarkt dagegen ist Coping der bessere Prädiktor, und die Erwartung erweist sich als der bessere Mediator, während Kontrollierbarkeit und Mitleid hier kaum eine Rolle spielen. Die Ergebnisse, auch für die anderen sechs Stigmata, sind ausführlich beschrieben bei Schwarzer, Dunkel-Schetter, Weiner und Woo (1992). Offenbar läßt sich die von Weiner vertretene Kausalkette "Attribution - Emotion - Handlung" nicht auf alle Probleme verallgemeinern, sondern es gibt Umstände, in denen andere Faktoren sowie andere Kausalpfade dominieren. Entscheidend ist hier, daß es bei den Szenarios sehr unterschiedliche Einflußwege gab. Bei tödlichen Krankheiten wie AIDS oder Krebs erwies sich Mitleid als einflußreicher im Vergleich zur subjektiven Erwartung, während bei weniger stabilen Stigmata wie Drogenmißbrauch, Anorexie, Übergewicht oder Herzinfarkt die Kausalkette "Bewältigung - Erwartung - Unterstützungsintention" dominant hervortrat. Es könnte demnach sein, daß die wahrgenommene Stabilität eines Problems die entscheidende Dimension darstellt, die über die kognitiv-emotionalen Zwischenschritte zur Handlungsintention entscheidet. Die Veränderbarkeit des Problems bzw. die Beeinflußbarkeit der Krankheit, die sich in den Bewältigungsbemühungen der Patienten äußert, scheint positive Erwartungen beim Beobachter hervorzurufen und auf diesem Wege dann auch der Motivation zu helfen. Zu beobachten, wie ein Betroffener aktiv Kontrolle über seine Schwierigkeiten auszuüben versucht, weckt im Beobachter einen Sinn von Optimismus und ermutigt ihn dazu, helfend einzugreifen, um die bereits angelaufenen Bemühungen von außen zu unterstützen. Dabei verliert dann die Frage an Bedeutung, ob der Betroffene ursprünglich das Problem mitverursacht hat oder nicht. Die Schuldfrage gerät sozusagen in Vergessenheit zugunsten der in die Zukunft weisenden Frage nach der Machbarkeit von Veränderungen. Offenbar muß sich die Attributionsforschung hier öffnen für Fragestellungen und Befunde der Bewältigungsforschung sowie der Social Support-Forschung.

Verwandte Gesundheitskognitionen: Optimismus und Selbstwirksamkeitserwartung

In letzter Zeit wird die Forschung durch andere Gesundheitskognitionen dominiert, die mit der Attributionstheorie eng verwandt sind, nämlich dem Optimismus und der Selbstwirksamkeitserwartung. Die Seligman-Gruppe hat Optimismus als einen Erklärungsstil definiert, der nichts anderes darstellt als die Umkehrung des bekannten *"depressiven Attributionsstils"* (Peterson & Bossio, 1991; Seligman, 1991; vgl. auch Stiensmeier-Pelster, Kap. 8 in diesem Band). Wer dazu neigt, negative Ereignisse als internal, stabil und global zu interpretieren, gilt demnach als Pessimist, während derjenige, der sie external, variabel und spezifisch interpretiert, als Optimist gilt. Für positive Ereignisse soll das gegenteilige Attributionsmuster zutreffen. Beim "Optimismus" handelt es sich also um ein neues Etikett für einen schon lange bekannten Sachverhalt. Seit der 1978 neu formulierten Hilflosigkeitstheorie, die ja auch eine Anwendung der Attributionstheorie darstellt, hat sich konzeptionell nicht viel geändert. Der Unterschied zwischen dem optimistischen Stil und der klassischen Attributionstheorie liegt zum einen in der dispositionalen Perspektive, die individuelle Differenzen betont, und zum anderen in der Annahme eines dreidimensionalen kontinuierlichen Erklärungsmusters anstelle von vier Attributionsfaktoren bzw. -elementen. Eine Reihe neuerer Forschungsbefunde spricht dafür, daß Optimisten sich gesünder fühlen und Krankheiten besser bewältigen als Pessimisten (Peterson & Bossio, 1991).

Es sei jedoch davor gewarnt, diesen Ansatz mit einem anderen zu verwechseln, der sich ebenfalls dieses Etiketts bedient, ohne mit der Attributionstheorie viel gemeinsam zu haben. Scheier und Carver (1985) haben "positive generalisierte Ergebniserwartungen" als *"dispositionalen Optimismus"* bezeichnet und dieses Konstrukt vor allem bei Herzinfarktpatienten und Brustkrebspatientinnen untersucht. Wer zuversichtlich daran glaubte, daß sich alles zum Guten wenden würde, der investierte mehr Bewältigungsanstrengungen und erlebte einen schnelleren Genesungsprozeß als jemand, der skeptischer oder auch realistischer der Zukunft gegenüberstand. Dieser Ansatz verzichtet auf die Analyse von Attributionen, und es spielt keine Rolle für den Optimismus, ob eigene Fähigkeiten, Anstrengung, die Hilfe anderer oder die Gunst des Schicksals für den positiven Lebenslauf verantwortlich sind. Vielmehr gehört dieses Konstrukt zur Familie der "positiven Illusionen", die als adaptiv gelten und die uns helfen, trotz widriger Umstände eine gesunde Einstellung zu uns selbst, zur Welt und zur Zukunft aufrecht zu erhalten (Taylor, 1989).

Der Optimismus im Sinne von Erfolgserwartung ist lediglich mit der Stabilitätsdimension der Attributionstheorie verwandt. Wer angesichts einer Infektionskrankheit optimistisch ist, d. h. eine schnelle und vollständige Heilung erwartet, kann diesen Erfolg entweder auf die guten eigenen Abwehrkräfte (internal-stabil) oder auf die gute medizinische Hilfe (external-stabil) attribuieren. Sowohl das Immunsystem als auch die Antibiotika stellen stabile Attributionsfaktoren dar. Die Lokation der Kontrolle dagegen beeinflußt eher die Emotionen. Wenn nur die eigenen Abwehrkräfte für eine Genesung ausschlaggebend waren, so wird dies als angenehmer empfunden, als wenn man fremde medizinische Hilfe in Anspruch nehmen mußte.

Die *Selbstwirksamkeitserwartung* (Bandura, 1977, 1986, 1992) hat mit dem Optimismus nach Scheier und Carver (1985) die Erfolgserwartung gemeinsam, aber unterscheidet sich von ihr durch die Betonung der eigenen Handlungskompetenz, also die internal-stabile Attribution von Erfolgen. Für Gesundheit und Krankheit hat sich die Selbstwirksamkeitserwartung als ein wichtiges Konstrukt erwiesen, denn sie spielt eine Rolle z. B. bei der Bewältigung von Streß, dem Ertragen von Schmerzen, dem Umgang mit chronischen Leiden, der Entwöhnung von Abhängigkeiten und Risikoverhaltensweisen sowie dem Aufbau von Gesundheitsverhaltensweisen (Schwarzer, 1992b, 1993a, 1993b). Allen empirischen Arbeiten dazu ist gemeinsam, daß sich die Menschen mehr oder weniger auf eigene Bewältigungskompetenz verlassen und die schwierigen Anpassungsleistungen in dem Bewußtsein in Angriff nehmen, die Probleme auch wirklich unter Kontrolle bringen zu können.

Gesundheitskognitionen wie Optimismus und Selbstwirksamkeitserwartung stehen im engen Zusammenhang zu Bewältigungsprozessen und Genesungsvorteilen, was für einzelne Attributionen nicht in demselben Maße gezeigt werden konnte. Die neueren Konstrukte, die aus der Attributionstheorie entstanden sind, erweisen sich in der gesundheitspsychologischen Forschung als tragfähiger als die spezifischen Attributionen selbst. Die Attributionstheorie hat den heutigen Forschungsstand maßgeblich beeinflußt, doch reicht die Analyse von Attributionen in den seltensten Fällen aus. Vielmehr müssen darüber hinaus weitere Gesundheitskognitionen erfaßt werden, um Bewältigung und Genesung erklären und vorhersagen zu können.

Literatur

Affleck, G., Tennen, H., Croog, S. & Levine, S. (1987). Causal attribution, perceived benefits, and morbidity after a heart attack: An 8-year study. *Journal of Consulting and Clinical Psychology, 55,* 29-35.

Albrecht, G. L., Walker, V. G. & Levy, J. A. (1982). Social distance from the stigmatized. A test of two theories. *Social Science of Medicine, 16,* 1319-1327.

Bandura, A. (1977). Self-efficacy: Toward a unifying theory of behavioral change. *Psychological Review, 84,* 191-215.

Bandura, A. (1986). *Social foundations of thought and action.* Englewood Cliffs, NJ: Prentice Hall.

Bandura, A. (1992). Self-efficacy mechanism in psychobiologic functioning. In R. Schwarzer (Ed.), *Self-efficacy: Thought control of action* (pp. 355-394). New York: Hemisphere.

Brickman, P., Rabinowitz, P. C., Karuza, J. Jr., Coates, D., Cohn, E. & Kidder, L. (1982). Models of helping and coping. *American Psychologist, 37* (4), 368-384.

Brunson, B. I. & Matthews, K. A. (1981). The Type A coronary-prone behavior pattern and reactions to uncontrollable stress: An analysis of performance strategies, affect, and attributions during failure. *Journal of Personality and Social Psychology, 40*, 906-918.

Bulman, R. J. & Wortman, C. B. (1977). Attribution of blame and coping in the 'real world': Severe accident victims react to their lot. *Journal of Personality and Social Psychology, 35*, 351-363.

Burke, R. J. (1984). Beliefs and fears underlying Type A behavior: What makes Sammy run – so fast and aggressively? *Journal of Human Stress, 10*, 174-182.

Cohn, E. S. (1983). Effects of victims' and helpers' attributions for problem and solution on reactions to receiving help. In A. Nadler, J. D. Fisher & B. M. DePaulo (Eds.), *New directions in helping* (Vol. 3, pp. 43-70). New York: Academic Press.

Davies, J. B. (1992). *The myth of addiction: An application of the psychological theory of attribution to illicit drug use.* London: Harwood.

DeJong, W. (1980). The stigma of obesity: The consequences of naive assumptions concerning the causes of physical deviance. *Journal of Health and Social Behavior, 21*, 75-87.

Eiser, J. R. & Pligt, J. van der (1986). Smoking cessation and smokers' perceptions of their addiction. *Journal of Social and Clinical Psychology, 37*, 261-272.

Filipp, S.-H. (1990). Subjektive Theorien als Forschungsgegenstand. In R. Schwarzer (Hrsg.), *Gesundheitspsychologie* (S. 247-262). Göttingen: Hogrefe.

Filipp, S.-H. (1992). Could it be worse? The diagnosis of cancer as a prototype of traumatic life events. In L. Montada, S.-H. Filipp & M. J. Lerner (Eds.), *Life crises and experiences of loss in adulthood* (pp. 23-56). Hillsdale, NJ: Erlbaum.

Fisher, J. D., Nadler, A. & DePaulo, M. (Ed.) (1983). *New directions in helping* (Vol. 1). New York: Academic Press.

Frey, D. (1992). Psychological factors related to the recuperation process of accident patients. In L. Montada, S.-H. Filipp & M. J. Lerner (Eds.), *Life crises and experiences of loss in adulthood* (pp. 57-63). Hillsdale, NJ: Erlbaum.

Friedman, M. & Rosenman, R. H. (1974). *Type A behavior and your heart.* New York: Knopf.

Furnham, A., Hillard, A. & Brewin, C. R. (1985). Type A behavior pattern and attributions of responsibility. *Motivation and Emotion, 9*, 39-51.

Glass, D. C. (1977). *Behavior patterns, stress, and coronary disease.* Hillsdale, NJ: Erlbaum.

Haisch, J. & Haisch, I. (1988). Zur Effektivitätssteigerung verhaltenstherapeutischer Gewichtsreduktions-Programme durch sozialpsychologisches Wissen: Entwicklung und Prüfung attributionstherapeutischer Maßnahmen bei Übergewichtigen. *Zeitschrift für Sozialpsychologie, 19*, 275-286.

Haisch, J. & Haisch, I. (1991). Behandlung und Therapie von Eßstörungen - eine Attributionsanalyse. In J. Haisch & H.-P. Zeitler (Hrsg.), *Gesundheitspsychologie. Zur Sozialpsychologie der Prävention und Krankheitsbewältigung* (S. 243-259). Heidelberg: Asanger.

Hamberger, K. & Hastings, J. E. (1986). Irrational beliefs underlying Type A behavior:

Evidence for a cautious approach. *Psychological Reports*, *59*, 19-25.

Hospers, H. J., Kok, G. J. & Strecher, V. J. (1990). Attributions für previous failures and subsequent outcomes in a weight reduction program. *Health Education Quarterly*, *17*, 409-415.

Janoff-Bulman, R. (1979). Characterological versus behavioral self-blame: Inquiries into depression and rape. *Journal of Personality and Social Psychology*, *37*, 1798-1809.

Jerusalem, M. (1990). *Persönliche Ressourcen, Vulnerabilität und Streßerleben*. Göttingen: Hogrefe.

Jones, E. E., Farina, A., Hastorf, A. H., Markus, H., Miller, D. & Scott, R. A. (1984). *Social stigma. The psychology of marked relationships*. New York: Freeman.

Kelley, H. H. (1967). Attribution theory in social psychology. In D. Levine (Ed.), *Nebraska Symposium on Motivation* (Vol. 15). Lincoln, NB: University of Nebraska Press.

Kiecolt-Glaser, J. K. & Williams, D. A. (1987). Self-blame, compliance, and distress among burn patients. *Journal of Personality and Social Psychology*, *53*, 187-193.

Klauer, T. & Filipp, S.-H. (1990). Formen der Krankheitsbewältigung bei Krebspatienten. In R. Schwarzer (Hrsg.), *Gesundheitspsychologie* (S. 333-363). Göttingen: Hogrefe.

Kok, G., Den Boer, D., DeVries, H., Gerards, F., Hospers, H. J. & Mudde, A. N. (1992). Self-efficacy and attribution theory in health education. In R. Schwarzer (Ed.), *Self-efficacy: Thought control of action*. New York: Hemisphere.

Krahé, B. (1992). Coping with rape: A social psychological perspective. In L. Montada, S.-H. Filipp & M. J. Lerner (Eds.), *Life crises and experiences of loss in adulthood* (pp. 477-496). Hillsdale, NJ: Erlbaum.

Kulik, J. A. & Mahler, H. I. M. (1989). Social support and recovery from surgery. *Health Psychology*, *8*, 221-238.

Leppin, A. & Schwarzer, R. (1991). Attributions of type A individuals in an experimental academic stress situation. In C. D. Spielberger, I. G. Sarason, J. Strelau & J. M. T. Brebner (Eds.), *Stress and anxiety* (Vol. 13, pp. 261-273). Washington, DC: Hemisphere.

Lin, E. H. & Peterson, C. (1990). Pessimistic explanatory style and response to illness. *Behavioral Research and Therapy*, *3*, 243-248.

Lowery, B., Jacobsen, B. & Murphy, B. (1983). An exploratory intervention of causal thinking of arthritics. *Nursing Research*, *25*, 157-162.

Marlatt, G. A. & Gordon, J. R. (Eds.). (1985). *Relapse prevention: Maintenance strategies in the treatment of addictive behaviors*. New York: Guilford.

Matteson, M. T., Ivancevich, J. M. & O'Gamble, G. O. (1987). A test of the cognitive social learning model of Type A behavior. *Journal of Human Stress*, *13*, 23-31.

Michela, J. L. & Wood, J. V. (1986). Causal attributions in health and illness. *Advances in Cognitive-Behavioral Research and Therapy*, *5*, 179-235.

Montada, L., Filipp, S.-H. & Lerner, M. J. (1992). *Life crises and experiences of loss in adulthood*. Hillsdale, NJ: Erlbaum.

Musante, L., MacDougall, J. M. & Dembroski, T. M. (1984). The Type A behavior pattern and attributions for success and failure. *Personality and Social Psychology Bulletin*, *10*, 544-553.

Naea de Valle, M. & Norman, P. (1992). Causal attributions, health locus of control beliefs and lifestyle changes among pre-operative coronary patients. *Psychology and Health*, *7*, 201-211.

Peterson, C. & Bossio, L. M. (1991). *Health and optimism. New research on the relationship between positive thinking and well-being*. New York: The Free Press.

Price, V. A. (1982). *Type A behavior pattern. A model for research and practice*. New York: Academic Press.

Reisenzein, R. (1986). A structural equation analysis of Weiner's attribution-affect model of helping behavior. *Journal of Personality and Social Psychology, 50*, 1123-1133.

Rhodewalt, F. (1984). Self-involvement, self-attribution, and the Type A coronary-prone behavior pattern. *Journal of Personality and Social Psychology, 47*, 662-670.

Rhodewalt, F. & Strube, M. J. (1985). A self-attribution-reactance model of recovery from injury in Type A individuals. *Journal of Applied Social Psychology, 15*, 330-344.

Scheier, M. F. & Carver, C. S. (1985). Optimism, coping, and health: Assessment and implications of generalized outcome expectancies. *Health Psychology, 4*, 219-247.

Schmidt, G. & Weiner, B. (1988). An attribution-affect-action theory of motivated behavior: Replications examining judgments of help-giving. *Personality and Social Psychology Bulletin, 14*, 610-621.

Schwarzer, R. (1992a). *Psychologie des Gesundheitsverhaltens*. Göttingen: Hogrefe.

Schwarzer, R. (1992b). Self-efficacy in the adoption and maintenance of health behaviors: Theoretical approaches and a new model. In R. Schwarzer (Ed.), *Self-efficacy: Thought control of action* (pp. 217-242). New York: Hemisphere.

Schwarzer, R. (1993a). Defensiver und funktionaler Optimismus als Bedingungen für Gesundheitsverhalten. *Zeitschrift für Gesundheitspsychologie, 1*, 7-31.

Schwarzer, R. (1993b). Measurement of perceived self-efficacy: A documentation of psychometric scales. *Berlin: Freie Universität*.

Schwarzer, R., Dunkel-Schetter, C., Weiner, B. & Woo, G. (1992). Expectancies as mediators of the relationship between recipient characteristics and the intent to provide social support. In R. Schwarzer, (Ed.), *Self-efficacy: Thought control of action*. New York: Hemisphere.

Schwarzer, R. & Leppin, A. (1989). *Sozialer Rückhalt und Gesundheit: Eine Meta-Analyse*. Göttingen: Hogrefe.

Schwarzer, R. & Leppin, A. (1991). Social support and health: A theoretical and empirical overview. *Journal of Social and Personal Relationships, 8*, 99-127.

Schwarzer, R. & Weiner, B. (1990). Die Wirkung von Kontrollierbarkeit und Bewältigungsverhalten auf Emotionen und soziale Unterstützung. *Zeitschrift für Sozialpsychologie*, 113-117.

Schwarzer, R. & Weiner, B. (1991). Stigma controllability and coping as predictors of emotions and social support. *Journal of Social and Personal Relationships, 8*, 133-140.

Seligman, M. E. P. (1991). *Learned optimism*. New York: Knopf.

Stanton, A. L. & Dunkel-Schetter, C. (Ed.) (1991). *Infertility. Perspectives from stress and coping research*. New York: Plenum.

Strube, M. J. (1985). Attributional style and the Type A coronary-prone behavior pattern. *Journal of Personality and Social Psychology, 49*, 500-509.

Strube, M. J. (1990). Type A behavior. *Journal of Social Behavior and Personality, 5* (1), Special Issue.

Strube, M. J. & Boland, S. M. (1986). Postperformance attributions and task persistence among Type A and Type B individuals: A clarification. *Journal of Personality and Social Psychology, 50*, 413-420.

Taylor, S. E. (1989). *Positive illusions: Creative self-deception and the healthy mind*. New York: Basic Books.

Taylor, S. E., Lichtman, R. R. & Wood, J. V. (1984). Attributions, beliefs about control, and adjustment to breast cancer. *Journal of Personality and Social Psychology*, *46*, 489-502.

Tennen, H., Affleck, G. & Mendola, R. (1991). Causal explanations for infertility: Their relation to control appraisals and psychological adjustment. In A. L. Stanton & C. Dunkel-Schetter (Eds.), *Infertility: Perspectives from stress and coping research* (pp. 109-132). New York: Plenum.

Tennen, H., Allen, D. A., Affleck, G., McGrade, B. J. & Ratzan, S. (1984). Causal attributions and coping with insulin-dependent diabetes. *Basic and Applied Social Psychology*, *5*, 131-142.

Weary, G., Stanley, M. A. & Harvey, J. H. (1989). *Attribution*. New York: Springer.

Weiner, B. (1985). An attributional theory of achievement motivation and emotion. *Psychological Review*, *92*, 548-573.

Weiner, B. (1986). *An attributional theory of motivation and emotion*. Berlin: Springer.

Weiner, B., Perry, R. P. & Magnusson, J. (1988). An attributional analysis of reactions to stigmas. *Journal of Personality and Social Psychology*, *55* (5), 738-748.

Wortman, C. B. & Dunkel-Schetter, C. (1987). Conceptual and methodological issues in the study of social support. In A. Baum & J. E. Singer (Eds.), *Handbook of psychology and health. Vol. 5: Stress* (pp. 63-108). Hillsdale, NJ: Erlbaum.

Kapitel 10

Attributionstheorie in der Klinischen Psychologie: Gemeinsamkeiten mit Kognitiven und Verhaltenstherapien

Friedrich Försterling
Universität Bielefeld

In meinem Beitrag stelle ich (1.) den Versuch vor, aus Attributionstheorien ein relativ umfassendes System therapeutischer Interventionen abzuleiten. Dieser Versuch zeigt Fragen für die attributionstheoretische Grundlagenforschung auf, nämlich wie Theorien über die vorauslaufenden Bedingungen mit solchen über die Konsequenzen von Ursachenzuschreibungen integriert werden können. Ich untersuche dann, inwieweit das aus Attributionstheorien abgeleitete System Gemeinsamkeiten mit den theoretischen Grundlagen und dem praktischen Vorgehen bereits bestehender Therapieverfahren besitzt: Attributionstherapie wird (2.) zum einen mit den kognitiven Therapien von Beck und Ellis und zum anderen (3.) mit den auf klassischem Konditionieren basierenden Therapien verglichen.

Dabei zeige ich, daß zwischen diesen drei Ansätzen weitreichende Übereinstimmungen bei der Erklärung therapiewürdigen Verhaltens bestehen. Diese Gemeinsamkeiten belegen, daß die Attributionstheorien ein begriffliches System und eine Befundlage hervorgebracht haben, die mit etablierten klinischen Theorien und Verfahren kompatibel sind. Dies dokumentiert wiederum, daß sich Attributionstheorien mit zentralen Determinanten von Verhalten und Erleben befassen.

Attributionen in der Klinischen Psychologie

Naive kausale Erklärungen sind in allen Lebensbereichen von großer Bedeutung (s. Kelley, 1992). Daher haben sich seit den Anfängen der wissenschaftlichen Analyse von Attributionen auch klinische Psychologen für die Bedeutung naiver Theorien für die Entstehung, Aufrechterhaltung und Therapie von fehlangepaßtem Verhalten und Erleben interessiert. Anwendungsbemühungen attributionstheoretischer Prinzipien auf Fragen der Klinischen Psychologie sind unterschiedlichen theoretischen Traditionen zuzuordnen: So sind zum Beispiel aus der Zweifaktorentheorie von Schachter und Singer (1962) sogenannte Mißattributions-Ansätze hervorgegangen, und Rotters (1954) soziale Lerntheorie hat zahlreiche Studien zum Zusammenhang zwischen Kontrollüberzeugungen und psychischen Erkrankungen angeregt.

In dem vorliegenden Beitrag setze ich mich zunächst mit der klinischen Anwendung von zwei attributionalen Theorien auseinander, die sich explizit auf die von Heider (1958) begründete attributionstheoretische Forschungstradition berufen. Dies sind Weiners attributionale Analyse leistungsbezogenen Verhaltens (s. zusammenfassend Weiner, 1986) und die attributionstheoretische Analyse gelernter Hilflosigkeit und Depression von Abramson, Seligmann und Teasdale (1978). Diese beiden Ansätze haben besonders umfassend und explizit zum Verständnis der Rolle naiver Kausalerklärungen für klinische Phänomene beigetragen. Ich versuche, anhand dieser beiden Theorien zu zeigen, welche Rolle attributionale Ansätze in der Klinischen Psychologie spielen und welche Bedeutung die Klinische Psychologie ihrerseits für attributionale Theorien haben kann.

Attributionale Theorien

Nach Weiner beeinflussen kausale Erklärungen für Erfolg und Mißerfolg Emotionen, Erwartungen und leistungsbezogenes Verhalten. Wird Mißerfolg etwa auf eine stabile Ursache (z.B. mangelnde Fähigkeit) zurückgeführt, dann sinken nachfolgende Erfolgserwartungen in stärkerem Maße als bei Attributionen auf variable Ursachen (z.B. Zufall). Darüber hinaus führen Attributionen von Mißerfolg auf interne Ursachen (z.B. mangelnde Fähigkeit) zu negativen selbstwertbezogenen und möglicherweise leistungsstörenden Emotionen (z.B. Beschämung oder Depression). Niedrige Erfolgserwartungen und negative Emotionen bewirken, daß das Individuum leistungsbezogene Tätigkeiten nach Möglichkeit vermeidet, nur mit geringer Persistenz an ihnen arbeitet und daher vergleichsweise schlechte Ergebnisse erzielt.

Sehr ähnliche Überlegungen stellen Abramson, Seligman und Teasdale (1978) an, um erlernte Hilflosigkeit und Depression zu erklären. Diese Autoren gehen ebenfalls davon aus, daß Individuen nach positiven und negativen Ereignissen (z.B. nach Erfolg und Mißerfolg) fragen, warum das entsprechende Ereignis eingetreten ist. Abramson et al. (1978) nehmen an, daß interne, stabile und globale Attributionen von negativen Ereignissen zu Hilflosigkeitsdefiziten und zu den für Depression charakteristischen Symptomen führen. Attribuiert man ein negatives Ereignis auf die eigene Person (internal), führt dies zu reduziertem Selbstwertempfinden. Schreibt man ferner das negative Ereignis stabilen Ursachen zu, dann führt dies zu der Erwartung, daß auch in Zukunft negative Ereignisse auftreten werden. Schließlich bewirken Attributionen auf globale Faktoren, daß die Mißerfolgserwartungen auf verschiedene Lebensbereiche generalisieren. Reduziertes Selbstwertgefühl und die Erwartung, daß in verschiedenen Gebieten in der Zukunft Negatives wahrscheinlich ist, bewirken Hilflosigkeit und sind charakteristisch für Depressive.

Diese allgemeinpsychologischen Annahmen von Weiner (s. 1986) und Abramson et al. (1978; Peterson & Seligman, 1984) wurden vielfach empirisch bestätigt und haben Anlaß zu Untersuchungen bezüglich interindividueller Differenzen bei der Attribution gegeben. Weiner nimmt an, daß Personen mit einer Tendenz, Mißerfolg auf interne, stabile Faktoren zurückzuführen, nach Mißerfolg reduzierte Erfolgswahrscheinlichkeiten erleben, eher aufgeben und dazu neigen, nach Mißerfolg negative selbstwertbezogene Affekte (z.B. Beschämung und Depression) zu empfinden als Personen, die Mißerfolg vergleichsweise external, variabel und spezifisch attribuieren. Abramson et al. (1978) gehen – wiederum ähnlich wie Weiner – davon aus, daß Personen mit einer Disposition (einem "Attributionsstil"), interne, stabile und globale Faktoren für negative Ereignisse verantwortlich zu machen, dazu neigen, nach negativen Ereignissen hilflos und depressiv zu werden.

Daß Personen mit einer Tendenz, interne, stabile und globale Ursachen für negative Ereignisse heranzuziehen, ungünstiger auf diese Ereignisse reagieren (d.h., nach Mißerfolg schnell aufgeben bzw. depressiv werden), wurde ebenfalls in verschiedenen Studien gezeigt (z.B. Weiner & Kukla, 1970; zusammenfassend Peterson & Seligman, 1984).

Reattributions-Trainings

Diese Überlegungen und Befunde haben Studien angeregt, in denen die Möglichkeiten therapeutischer Veränderung von Attributionen untersucht wurden (s. zusammenfassend Försterling, 1985). In diesen sogenannten Reattributions-Trainings wird versucht, Attributionen positiv zu beeinflussen; sie bestehen aus drei Phasen, die eine Analogie zu den wichtigsten Schritten von Therapien darstellen:

In einem ersten Schritt (*Diagnose*) werden therapiewürdige Reaktionen diagnostiziert. Zum Beispiel werden Individuen, die nach Mißerfolg geringe Persistenz oder negative Affekte zeigen, identifiziert. In der zweiten Phase (*Therapie*) versucht der Experimentator, die vermeintlich zu den unangemessenen Reaktionen führenden Attributionen etwa durch Überredung oder durch Information zu verändern. So wird in dieser Phase des Experimentes der Versuchsperson typischerweise nahegelegt, Mißerfolg nicht durch die mangelnde eigene Fähigkeit, sondern durch mangelnde Anstrengung zu erklären. In der dritten Phase (*Evaluation*) wird dann überprüft, inwieweit diese Intervention Verhalten in einem Nachtest beeinflußt.

Attributionstrainings haben konsistent die avisierten Verhaltens- und Emotionsveränderungen ergeben und auch zu Veränderungen von Attributionen geführt (s. Försterling, 1985). Damit haben kurze, ökonomische, kognitive Interventionen, die aus experimentalpsychologisch basierten Theorien abgeleitet wurden, ihre Effektivität in therapieähnlichen Situationen bewiesen.

Grundlagen einer umfassenden Attributionstherapie

Aufgrund der erfolgreichen Anwendung von Attributionsveränderung bei der Verhaltensmodifikation liegt die Frage nahe, ob Attributionstrainings auf weitere Gebiete der Verhaltensänderung bezogen werden können. Man könnte argumentieren, daß Reattributionstrainings immer dann angewandt werden können, wenn bekannt ist, welche Attributionen bestimmte Reaktionen bewirken (ein allgemeinpsychologischer Befund), und daß Personen, die diese Reaktion zeigen, ebenfalls ein entsprechendes Attributionsmuster aufweisen (ein Befund zu interindividuellen Differenzen).

Es ist z.B. nachgewiesen, daß sich Individuen über andere Personen ärgern, wenn sie deren unerwünschtes Verhalten auf kontrollierbare Ursachen zurückführen (allgemeinpsychologischer Befund, s. Weiner, 1986). Darüber hinaus zeigt sich, daß Versuchspersonen mit hohen Werten auf einem Ärger-Fragebogen – mehr als solche mit niedrigen Werten – dazu tendieren, negatives Verhalten anderer durch kontrollierbare Faktoren zu erklären (ein Befund aus dem Bereich der Differentiellen Psychologie; s. Försterling, 1984). Diese Befundlage bildet die Voraussetzung zur Entwicklung von Attributionstrainings zur Reduzierung von Ärgerneigung durch die Veränderung von kontrollierbaren zu unkontrollierbaren Zuschreibungen für das Verhalten anderer.

Ganz allgemein hieße das, daß eine Reaktion (R1) zu einer anderen

Reaktion (R2) verändert werden kann, indem die zu der maladaptiven Reaktion (R1) führende Attribution (A1) durch die zu der angemesseneren Reaktion (R2) führende Attribution (A2) ersetzt wird.

Daß Reattributionstrainings Attibutionen von Mißerfolg auf mangelnde Fähigkeit und geringe Persistenz als veränderungswürdig definieren, stellt aber lediglich eine willkürliche Entscheidung dar, die nicht aus theoretischen Annahmen abgeleitet wurde (s. Försterling, 1986; 1988). Es erscheint aber intuitiv zweifelhaft – dem Tenor von Reattributionstrainings folgend – einer Person unter allen Umständen nahezulegen, Mißerfolg nicht durch die mangelnden eigenen Fähigkeiten, sondern durch mangelnde Anstrengung zu erklären. Unter bestimmten Bedingungen ist es sicher sinnvoll, Mißerfolg durch mangelnde Fähigkeiten zu erklären und nicht zu persistieren, nämlich dann, wenn man in der Tat nicht über die betreffende Fähigkeit verfügt. Eine realistische Anerkennung seiner eigenen Fähigkeiten mag etwa hilfreich dafür sein, gefährliche Situationen zu vermeiden.

Diese Argumente legen nahe, daß es nicht sinnvoll sein kann, a priori eine bestimmte Reaktion (z.B. geringe Persistenz) als veränderungswürdig zu bezeichnen und eine andere (Persistenz) als wünschenswert. Attributionstrainings haben sich aber bei der Entscheidung, welche Reaktionen veränderungswürdig sind, allein auf die Konsequenzen von Attributionen, nicht aber auf deren vorauslaufende Bedingungen konzentriert. Eine Analogie, die Schwächen dieses Vorgehens demonstriert, wäre etwa folgende: Man trainiert Kraftfahrzeugbesitzer, stets Benzinmangel (und nicht etwa einen Motorschaden) für das Nichtanspringen ihres Autos verantwortlich zu machen, denn Benzinmangel ist kontrollierbar, instabil und preiswerter zu beheben als ein Motorschaden. Diese in gewisser Weise von Reattributionstrainings geteilte Logik widerspricht aber den von Heider (1958) und Kelley (1967) eingeführten Grundannahmen der Attributionstheorien. Sie gehen davon aus, daß Individuen bestrebt sind, ein realistisches Verständnis der Ursachen von Ereignissen zu erreichen, und daß es funktional ist, realistische Attributionen vorzunehmen. Das heißt, daß in Abhängigkeit von den situativen Kontexten unterschiedliche Attributionen und Reaktionen angemessen und zielführend sind. Um zu entscheiden, welche Ursache für ein Ereignis verantwortlich ist, muß man nach Heider und Kelley die vorauslaufenden Bedingungen, nicht aber die Konsequenzen einer Zuschreibung betrachten.

Vorauslaufende Bedingungen von Attributionen

Heider und Kelley nehmen an, daß Laien – ähnlich wie Wissenschaftler –

durch Kovariationsinformation zu (realistischen) Ursachenzuschreibungen gelangen. Heider folgt in dieser Überlegung dem Philosophen J.S. Mill (1872) und formuliert in seinem Kovariationsprinzip, daß ein *Effekt der- jenigen Ursache zugeschrieben wird, die vorhanden ist, wenn der Effekt vorhanden ist, und die nicht vorhanden ist, wenn der Effekt nicht vorhanden ist.* Diese Überlegung wurde von Kelley (1967) aufgegriffen und syste- matisiert, indem er kausales Schlußfolgern mit der statistischen Methode der Varianzanalyse vergleicht. Nach Kelley erklären Individuen Verhaltens- resultate (z. B. Peters Mißerfolg an Aufgabe x) durch die Person (z.B. Peters Fähigkeit), die Entität (dies sind Personen oder Objekte, mit denen die in Frage stehende Person interagiert; z.B. die Aufgabe X) oder durch besondere Umstände (z.B. Peter hat Pech gehabt). Nach dem Kovariations- prinzip sollte man ein Ereignis auf die Person zurückführen, wenn das Ereignis mit der Person kovariiert (alle anderen außer Peter haben Erfolg) und nicht mit der Entität (hier: die Aufgabe; Peter hat bei allen anderen Aufgaben auch Mißerfolg). Dagegen sollte ein Ereignis auf die Entität zurückgeführt werden, wenn es nicht mit der Person kovariiert (alle an- deren außer Peter haben auch Mißerfolg) und Kovariation mit der Entität gegeben ist (Peter hat nur bei dieser Aufgabe Mißerfolg). Diese Vorher- sagen des Kovariationsprinzips sind empirisch gut bestätigt (s. z.B. McAr- thur, 1972; zusammenfassend Hewstone & Jaspars, 1987).

Neben Kovariationsbeobachtungen gibt es jedoch weitere Mechanismen, die Ursachenzuschreibungen bestimmen (s. Eimer, 1987; Einhorn & Hogarth, 1986; White, 1988). Eine Voraussetzung dafür, daß man ein Ereignis als Ursache für ein anderes ansieht, ist zeitliche und räumliche Kontiguität. Wir führen in der Regel nur dann ein Ereignis als Ursache für ein anderes an, wenn die potentielle Ursache zeitlich dem zu erklärenden Ereignis vorausgegangen ist und sie sich in räumlicher Nachbarschaft befindet (s. Michotte, 1963/1946). So neigen Individuen etwa dazu, ein Ereignis (z.B. einen Blitz) dann als Ursache für ein anderes (z. B. einen Hausbrand) heranzuziehen, wenn das erste Ereignis (Blitz) dem zweiten (Hausbrand) in der Zeit unmittelbar vorangeht und räumliche Nähe auf- weist. Individuen tendieren auch dazu, Ursachen zur Erklärung von Ereig- nissen heranzuziehen, die dem Ereignis ähnlich sind; "große" Effekte haben in der naiven Psychologie "große" Ursachen (Walster, 1966). Wir greifen diese Überlegungen erst wieder im Rahmen des Vergleichs der Attributions- theorien mit den Lerntheorien auf.

Eine umfassendere Anwendung der Attributionstheorien auf Fragen der Klinischen Psychologie und der Verhaltensmodifikation muß der Grundan- nahme der Attributionstheorien Rechnung tragen, daß es funktional ist,

Ursachenzuschreibungen vorzunehmen. Eine umfassende klinische Anwendung der Attributionstheorien müßte sich daher sowohl mit den vorauslaufenden Bedingungen als auch mit den Konsequenzen von Ursachenzuschreibungen befassen. Sie müßte davon ausgehen, daß dysfunktionale Reaktionen durch *unrealistische* Attributionen ausgelöst werden und Therapie darin bestehen sollte, mit dem Klienten *realistische* kausale Erklärungen zu erarbeiten.

Bei der Entscheidung, welche Attribution als realistisch und welche als unrealistisch einzustufen ist, sollten antezedente Informationen – und nicht die Konsequenzen von Attributionen – herangezogen werden. Abb. 1 faßt die Überlegungen über den Zusammenhang zwischen realistischen Attributionen und funktionalen Reaktionen und zwischen unrealistischen Attributionen und dysfunktionalen Reaktionen noch einmal zusammen.

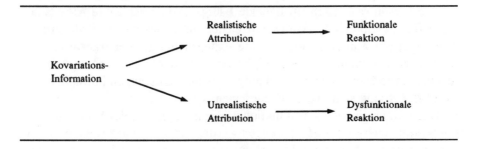

Abbildung 1

Zusammenhang zwischen vorauslaufender Kovariationsinformation, Attributionen und Reaktionen (nach Försterling, 1986)

Um die Veridikalität einer Attribution zu bestimmen, bedienen wir uns des Kelleyschen Kovariationsprinzips: Realistische Attributionen definieren wir als solche, die auf den vorhandenen Informationen über Konsensus, Distinktheit und Konsistenz basieren. Attributionen können als unrealistisch definiert werden, wenn sie Schlußfolgerungen darstellen, die gegen das normative Modell des Kelleyschen Kovariationsprinzips verstoßen.

Die Überlegung, daß realistische Attributionen zu funktionalen Reaktionen führen, kann am Beispiel eines Schülers illustriert werden, der einen Mißerfolg bei einer Mathematikarbeit darauf zurückführt, daß der Lehrer zu schwierige Aufgaben ausgewählt hat, daher ärgerlich wird und beginnt, mit dem Lehrer zu argumentieren.

Kovariationsinformationen können zur Entscheidung herangezogen werden, ob seine Attribution richtig ist. Wenn der Schüler bei anderen Mathematikarbeiten erfolgreich war (der Mißerfolg kovariiert mit der Aufgabe; hohe Distinktheit von Mißerfolg), und wenn zudem die meisten anderen in der Klasse ebenfalls Mißerfolg bei dieser Mathematikarbeit hatten (der Effekt kovariiert nicht mit dem Schüler; hoher Konsensus), dann erscheinen Attributionen auf die Aufgabenschwierigkeit realistisch. Auch würde es unter diesen Bedingungen angemessen erscheinen, ärgerlich auf das Verhalten des Lehrers zu sein und zu versuchen, seine Bewertung zu verändern.

Wenn der Schüler dagegen bei den meisten Mathematikarbeiten in der Vergangenheit schlecht abgeschnitten hat (der Effekt kovariiert nicht mit der Aufgabe; niedrige Distinktheit) und wenn zudem die meisten anderen erfolgreich bei der betreffenden Arbeit waren (der Effekt kovariiert mit der Person; niedriger Konsensus), dann wäre eine Attribution des Mißerfolgs auf die Person realistisch (mangelnde Fähigkeit oder schlechte Arbeitshaltung). In diesem Falle wäre es hilfreicher für den Schüler, Bedauern zu empfinden (etwa über seine schlechte Arbeitshaltung) oder traurig zu sein (etwa über seine mangelnden Fähigkeiten). Er könnte damit seine Arbeitshaltung verbessern oder sein Ziel aufgeben, gute Leistungen in Mathematik zu erbringen und sich andere Ziele setzen.

Dagegen erschiene es dysfunktional, wenn dieser Schüler Schuldgefühle erleben und sich vermehrt anstrengen würde, wenn die antezedenten Bedingungen eine Attribution des Mißerfolgs auf den Lehrer nahelegen und daher zu Ärger Anlaß geben sollten. Ebenfalls wäre es dysfunktional, wenn der Schüler Ärger gegenüber dem Lehrer äußern würde, wenn er realistischerweise den Mißerfolg auf die eigene mangelnde Anstrengung zurückführen sollte.

Die Überprüfung der Überlegung, daß realistische Attributionen zu angemessenen Reaktionen führen, erfordert, daß Attributionsstudien sowohl Antezedenzien als auch Konsequenzen von Attributionen manipulieren (s. Försterling & Rudolph, 1988). Attributionsstudien in der Tradition des Kelley-Modells manipulieren jedoch allein die Kovariationsinformation und erfassen auf der Seite der abhängigen Variablen lediglich die Attributionen; sie vernachlässigen damit die Reaktionen. Studien im Bereich attributionaler Verhaltensmodelle manipulieren dagegen typischerweise nur die Attribution, erfassen dann Reaktionen als abhängige Variablen, ignorieren dabei aber die vorauslaufenden Bedingungen der Attributionen. Wie jedoch bereits ausgeführt, sind die Folgen einer identischen Attribution (z.B. Benzinmangel oder mangelnde Anstrengung) sehr unterschiedlich in Abhängigkeit von der Situation, in der sie vorgenommen wird (d.h., ob der Tank wirklich leer ist oder ob man sich wirklich nicht angestrengt hat): Ist die Attribution realistisch, dann leitet sie "vernünftiges" Verhalten (Tanken, wenn der Tank leer ist und vermehrte Anstrengung, wenn die Aufgabe lösbar ist); ist sie unrealistisch, dann führt die gleiche Attribution nicht zum Ziel, sondern zu absonderlichem Verhalten (zum Betanken eines defekten Autos bzw. zu Anstrengung bei einer unlösbaren Aufgabe).

Wir haben Studien, in denen sowohl Antezedenzien als auch Attributionen manipuliert wurden, durchgeführt. Dabei zeigte sich eindeutig, daß Versuchspersonen die Konsequenzen von realistischen Attributionen positiver als die von (identischen) unrealistischen Attributionen einschätzen (Försterling & Rudolph, 1988).

Diese in Abb. 1 zusammengefaßten Überlegungen legen also nahe, daß innerhalb attributionstherapeutischer Interventionen den Klienten nahegelegt werden sollte, realistische Attributionen vorzunehmen, wenn unrealistische Attributionen zu dysfunktionalen Reaktionen führen. Dabei kann das Kelleysche Kovariationsprinzip als normatives Modell zur Überprüfung der Veridikalität von Ursachenzuschreibungen herangezogen werden.

Bestehende Therapien aus der Sicht der Attributionstheorie

Ich werde nun zeigen, daß die hier vorgestellte attributionstheoretische Analyse klinischer Phänomene und ihrer Therapie weitreichende Ähnlichkeiten mit der Theorie und Praxis kognitiver Therapien und den auf klassischem Konditionieren basierenden Verfahren aufweist.

Kognitive Therapien. Beck (1967, 1976, Beck, Freeman & Associates, 1990) und Ellis (1962) postulieren, daß neurotische Störungen wie Angst und Depression nicht direkt aufgrund äußerer Gegebenheiten entstehen, sondern davon abhängig sind, wie diese Gegebenheiten verarbeitet und bewertet werden. Hier zeigt sich die **erste** Gemeinsamkeit mit der attributionstheoretischen Analyse: Beide Ansätze teilen ein kognitives Modell menschlichen Fühlens und Verhaltens.

Beck und Ellis nehmen weiterhin an, daß neurotische Zustände aufgrund verzerrter, unrealistischer (Beck) bzw. sogenannter "irrationaler" Gedanken (Ellis) entstehen. Ziel von Therapie sei es daher, die unrealistischen und irrationalen Kognitionen "wissenschaftlich" zu hinterfragen und dem Individuum realistische bzw. rationale Gedanken nahezulegen, die zu funktionalen Reaktionen führen. Hier zeigt sich die **zweite** zentrale Gemeinsamkeit: Beide Ansätze basieren auf der Annahme, daß unrealistische Gedanken zu unangemessenen und realistische Gedanken zu angemessenen Reaktionen

führen, und daß Therapie realistische Gedanken fördern sollte.
Weitere Gemeinsamkeiten zeigen sich bei den inhaltlichen Konzepten, die die Kognitive Therapie und attributionale Modelle für Störungen verantwortlich machen: So verwendet etwa Beck (1967; 1976) in seiner Analyse

Tabelle 1

Gemeinsamkeiten von Attributionstherapie und Kognitiver Therapie

Attributionstherapie	Kognitive Therapie
1. Kognitionen beeinflussen Emotionen und Verhalten	Kognitionen beeinflussen Emotionen und Verhalten
2. Realistische Attributionen führen zu funktionalen Reaktionen	Irrationale, antiempirische Kognitionen führen zu therapiewürdigen Zuständen
3. Attributionen bilden sich aufgrund wissenschaftlichen Vorgehens (Kovariationsprinzip)	Irrationale und antiempirische Gedanken können durch wissenschaftliche Methoden verändert werden
4. Interne, stabile und globale Attributionen von Mißerfolg führen zu Depression	Negative Sicht der eigenen Person, der Situation und der Zukunft führen zu Depression
5. Niedrige Erfolgserwartungen führen zu Attributionen von Erfolg auf instabile und von Mißerfolg auf stabile Ursachen	Kognitive Schemata (Versager) führen zu Minimierung von Erfolg und Maximierung von Mißerfolg

der kognitiven Bedingungen reaktiver Depression folgende Konstrukte: die kognitive Triade, kognitive Schemata und fehlerhafte Prozesse der Informationsverarbeitung. Die "kognitive Triade" bezeichnet die Tendenz des Depressiven, unrealistisch negative Betrachtungen der eigenen Person, der Situation und der Zukunft vorzunehmen. Die eigene Person wird als unzulänglich und wertlos angesehen, die Situation und die Umwelt werden als unfair und schlecht wahrgenommen, und die Zukunft wird als unveränderbar negativ interpretiert.
Die von Beck für reaktive Depression verantwortlich betrachtete kognitive Triade ist gleichbedeutend mit der Tendenz, internale, stabile und

globale Attributionen für Mißerfolg vorzunehmen: Die internalen Zuschreibungen von Depressiven für Mißerfolg sind charakteristisch für ihre negative Sicht der eigenen Person; die Stabilität der Zuschreibungen von Mißerfolg bewirkt, daß sie auch die Zukunft als hoffnungslos negativ wahrnehmen, und die Globalität ihres Kausaldenkens spiegelt wider, daß sie viele Aspekte der Situation als negativ ansehen.

Kognitive Therapien und attributionale Modelle haben nicht nur bezüglich der Analyse der kognitiven Inhalte reaktiver Depression Ähnlichkeiten, sondern gelangen auch bezüglich anderer emotionaler Zustände zu übereinstimmenden Aussagen: So weisen Ellis & Abrahms (1977) darauf hin, daß Individuen, die sich unangemessen stark oder oft ärgern, häufig anderen Personen (unrealistischerweise) Intentionen zuschreiben, der eigenen Person zu schaden (externale, kontrollierbare Attributionen).

Eine zusätzliche Gemeinsamkeit der Analyse von Beck und des Attributionsansatzes besteht hinsichtlich der Prozesse, die für die Aufrechterhaltung von z.B. Depression verantwortlich gemacht werden. Daß Depressive die unrealistische Sichtweise ihrer eigenen Person, der Situation und der Zukunft entgegen widersprechender positiver Informationen aufrecht erhalten, erklärt Beck mit dem Konzept des kognitiven Schemas. Darunter versteht er relativ stabile Repräsentationen vergangener Erfahrungen (z. B. die Überzeugung, ein Versager sein), die bewirken, daß Informationen fehlerhaft und in der Regel zu ungunsten des Depressiven verarbeitet werden. Beispiele für fehlerhafte Informationsverarbeitungs-Prozesse nach Beck sind "Minimierung" und "Maximierung". Minimierung beschreibt die Tendenz der Depressiven, eigenen Erfolge herunterzuspielen, etwa, indem sie Erfolg durch den Zufall erklären. Maximierung meint dagegen, daß Depressive die Bedeutung von Mißerfolg überbewerten, etwa indem der Mißerfolg als indikativ für die eigene Fähigkeit gewertet wird. Dies führt dazu, daß das eigene Schema als "Versager" durch Mißerfolg bekräftigt wird, gegen die Revision durch Erfolgserlebnisse immunisiert wird und sich daher selbst stabilisiert. Auf einen ganz ähnlichen Prozeß haben Attributionstheoretiker hingewiesen: Geringe Erfolgserwartungen bzw. ein Konzept niedriger eigener Begabung führen ebenfalls zu Attributionen von Mißerfolg auf stabile Faktoren (z.B. Begabungsmangel) und bewirken, daß Erfolg variabel attribuiert wird. Dies führt wiederum dazu, daß geringe Erfolgserwartungen ein sich selbst stabilisierendes System darstellen (s. Meyer, 1983).

Schließlich leiten sich aus attributionstheoretischen Überlegungen therapeutische Interventionen ab, die denen der kognitiven Therapien ähneln: Beck und Ellis gehen davon aus, daß die Modifikation von unrealistischen

Kognitionen durch die "wissenschaftliche" Überprüfung dieser Gedanken zu geschehen hat. In der Therapie nach Beck haben die Klienten beispielsweise "Hausaufgaben" auszuführen, um "Daten" zur Überprüfung der dysfunktionalen Gedanken zu sammeln. Darüber hinaus wird in kognitiven Therapien analysiert, ob die Schlußfolgerungen, die Klienten aus ihren Beobachtungen ziehen, logisch sind. Zusätzlich werden verhaltenstherapeutische Übungen mit den Klienten entworfen, um Gegenbeweise für die irrationalen Überzeugungen zu sammeln; etwa genau das zu tun, von dem man (fälschlicherweise) meint, es nicht tun zu können.

Der attributionstheoretische Ansatz legt ebenfalls nahe, unrealistische Kognitionen (Ursachenzuschreibungen) durch "wissenschaftliches Vorgehen" (d.h. durch Einholen oder Verarbeiten von Kovariationsinformation) zu verändern. Interventionen der Kognitiven und der Rational-Emotiven Therapie können daher weitgehend mit dem Kovariationsprinzip beschrieben werden (s. Försterling, 1988).

Der folgende Therapiedialog nach Beck, Rush, Shaw & Emery, (1979) ist aus attributionstheoretischer Sicht dadurch ausgezeichnet, daß die Attribution des Klienten ("ich habe keine Selbstkontrolle") für ein Ereignis ("ich habe Süßigkeiten gegessen") durch das Betrachten von Kovariationsinformation modifiziert werden soll:

P: Ich habe überhaupt keine Selbstkontrolle.
T: Warum sagen Sie das?
P: Mir hat jemand Süßigkeiten angeboten, und ich konnte nicht ablehnen.
T: Haben Sie jeden Tag Süßigkeiten gegessen?
P: Nein, nur das eine Mal.
T: Haben Sie in der letzten Woche etwas dazu getan, um die Diät einzuhalten?
P: Ja, ich habe jedesmal, wenn ich die Süßigkeiten im Laden sah, der Versuchung widerstanden, sie zu kaufen.
T: Wenn Sie die Häufigkeit der Situationen, in denen Sie sich unter Kontrolle hatten mit der Anzahl von Gelegenheiten vergleichen, in denen Sie schwach wurden, welches Verhältnis würde sich ergeben?
P: Ungefähr 100 zu 1.
T: Wenn Sie sich 100 mal beherrschen konnten und nur einmal über die Stränge schlugen, ist das ein Zeichen dafür, daß Sie durch und durch schwach sind?

In diesem Dialog wird der Klientin gezeigt, daß sie Konsistenzinformation unrealistisch gewichtet. Sie nimmt eine stabile Attribution vor (mangelnde Selbstkontrollfähigkeit), als ob hohe Konsistenz des Effektes (dauerndes "Naschen") vorgelegen hätte. Der Therapeut betrachtet mit der Klientin die Konsistenzinformation genauer (ihr Verhalten in der Vergangenheit) und zeigt ihr, daß aufgrund der vorliegenden Konsistenzinformation die vorgenommene (stabile) Attribution unrealistisch ist und möglicherweise eher eine variable Attribution vorgenommen werden sollte. Hier zeigt sich also, daß verbale therapeutische Interventionen in der Kognitiven Therapie in der Terminologie des Kelleyschen Kovariationsprinzips konzipiert werden können (s. Försterling, 1986 für weitere Analysen von Therapiedialogen anhand des Kovariationsprinzips).

Auf klassischem Konditionieren basierende Therapien

Lange Zeit haben sich die klassischen Lerntheorien und die aus ihnen abgeleiteten Verhaltenstherapien auf der einen Seite und die kognitiven Theorien (z. B. die Attributionstheorie) und Therapien auf der anderen Seite als fundamental unterschiedliche Ansätze zur Erklärung und Veränderung von Verhalten verstanden (s. z.B. Ledwidge, 1978). Vertreter des einen Ansatzes kritisierten den jeweils anderen auf begrifflicher, methodischer und inhaltlicher Ebene. Neuere Literatur (s. z.B. Alloy & Tabachnick, 1984) weist aber darauf hin, daß es weitreichende Parallelen zwischen dem Attributionsprozeß und den Prozessen des klassischen und operanten Konditionierens gibt. Ich möchte anhand des Vergleichs vom Attributionsprozeß mit dem klassischen Konditionieren zeigen, daß sich die ehemals als diametral gegensätzlich betrachteten Ansätze heute auf sehr ähnliche Konzepte und Prozesse beziehen.

Beim klassischen Konditionieren wird ein zunächst neutraler Reiz (NS; z.B. ein Kaninchen) gemeinsam mit einem unkonditionierten Reiz (UCS; z.B. einem lauten Geräusch) dargeboten. Dabei löst der unkonditionierte Reiz zuverlässig eine unkonditionierte Reaktion (UCR; z.B. Angst) aus; der neutrale Reiz führt dagegen zu keiner bzw. zu einer anderen Reaktion als der UCS. Nach einer bestimmten Anzahl gemeinsamer Darbietungen von NS und UCS (Erwerbsphase) verwandelt sich der NS in einen konditionierten Reiz (CS), der nun allein eine ähnliche Reaktion wie der UCS auslöst, die konditionierte Reaktion (CR) genannt wird.

Die heute wohl meistakzeptierte Erklärung für klassisches Konditionieren geht davon aus, daß der Organismus in der Erwerbsphase lernt, daß der zunächst neutrale Stimulus den unkonditionierten Stimulus ankündigt (S-S-Konditionieren). Aus dieser Perspektive zeichnen sich Parallelen zwischen dem Ursachenzuschreibungs- und dem Konditionierungsprozeß ab (s. Tab. 2): Aus der Sicht der klassischen Lerntheorien muß ein zunächst neutraler Stimulus gewisse Bedingungen erfüllen, damit er zu einem konditionierten Stimulus wird. Diese Bedingungen haben weitreichende Gemeinsamkeiten mit den Bedingungen, die eine potentielle Ursache erfüllen muß, damit sie tatsächlich als Ursache für ein bestimmtes Ereignis angesehen wird. Ein neutraler Stimulus sollte in der Erwerbsphase des klassischen Konditionierens dem UCS zeitlich vorausgehen. Wenn der NS dem UCS nachfolgt, dann findet klassisches Konditionieren in der Regel nicht statt. Ebenso muß im Attributionsprozeß die potentielle Ursache zeitlich dem Effekt vorausgehen: Wenn sie erst auftritt, nachdem der zu erklärende Effekt aufgetreten ist, dann betrachten wir sie nicht mehr als Ursache für den in Frage stehenden Effekt. Eine Ursache im Attributionsprozeß und ein neutraler Stimulus im Konditionierungsprozeß haben also gemein, daß die Ursache der Wirkung und der CS dem UCS zeitlich vorausgehen.

Sowohl beim Attributionsprozeß als auch beim klassischen Konditionieren spielt raumzeitliche Kontiguität eine bedeutende Rolle. Wenn der Zeitraum, der zwischen dem Auftreten einer potentiellen Ursache und dem Effekt vergeht, zu groß wird, dann wird das erste Ereignis nicht mehr als potentielle Ursache für das zweite angesehen (s. Michotte, 1963/1946). Michotte hat dies in seinen klassischen Studien gezeigt, in denen er Versuchspersonen zwei sich bewegende Objekte (A und B) im Film vorführte. Wenn sich z.B. Objekt A auf Objekt B zubewegt, es berührt, und wenn sich dann das Objekt B zu bewegen beginnt, dann hatten die beobachtenden Versuchspersonen den Eindruck, daß das Objekt A die Bewegung von Objekt B verursacht. Wenn zwischen der Berührung des Objektes A und der Bewegung von Objekt B ein Zeitraum von mehr als 200 Millisekunden lag, dann berichteten die Versuchspersonen nicht mehr den Eindruck von kausaler Verknüpfung. In gleicher Weise findet klassisches Konditionieren nicht statt, wenn das Zeitintervall zwischen dem NS und dem UCS eine bestimmte Länge überschreitet.

Eine weitere Gemeinsamkeit zwischen klassischem Konditionieren und dem Attributionsprozeß besteht in der Bedeutung des Konzeptes der Ähnlichkeit. Ähnlichkeit zwischen potentieller Ursache (bzw. NS) und Effekt (bzw. UCS) fördert sowohl die Wahrnehmung kausaler Verknüpfung als auch klassisches Konditionieren. Attributionsstudien haben gezeigt, daß Menschen eher Ursachen für einen Effekt verantwortlich machen, die dem Effekt ähnlich sind, als solche, die unähnlich sind. Z.B. zeigt sich bei den Versuchen von Michotte, daß Versuchspersonen eher den Eindruck kausaler Verknüpfung gewinnen, wenn die Eigenschaft, die von Objekt A an Objekt

B "weitergegeben" wird, ähnlich ist: Wenn bei Berührung das Objekt B
eine gleiche Eigenschaft annimmt (sich in ähnlicher Geschwindigkeit wie A
weiterbewegt), wird der Eindruck von Verursachung gefördert. Bei der
Übertragung einer unähnlichen Eigenschaft (bei Berührung durch Objekt A
verändert Objekt B die Farbe), kommt es dagegen vergleichsweise weniger
zum Eindruck einer kausalen Beziehung. In der Literatur zum klassischen
Konditionieren findet sich eine interessante Parallele zu diesem Befund:
Nicht alle neutralen Stimuli lassen sich in gleicher Weise an einen UCS
konditionieren. Obwohl Steckdosen eine große Gefahrenquelle in unserem
Leben darstellen, gibt es kaum Steckdosenphobien. Dagegen treten Klein-
tierphobien immernoch gehäuft auf.

Garcia (s. Garcia & Koelling, 1966) setzte Ratten zunächst (in der
Erwerbsphase) sowohl einem audiovisuellen Reiz (Ton und Licht) als auch
einem Geschmacksreiz (süß, salzig) aus (neutrale Stimuli): Während die
Ratten Wasser tranken, wurde ein Ton und ein Licht dargeboten bzw.
wurde dem Wasser ein Geschmacksstoff zugefügt. Auf dieses Reizpaar
folgte für eine der experimentellen Gruppen ein Elektroschock (UCS), und
für eine zweite Gruppe wurde dem Wasser eine übelkeiterzeugende Sub-
stanz beigefügt. In der zweiten experimentellen Phase wurde jeweils der
Hälfte der Versuchstiere beider Experimentalgruppen entweder nur der
audiovisuelle Reiz dargeboten oder der Geschmacksreiz. Für diejenigen
Ratten, die als UCS im ersten Teil des Experimentes einem Elektroschock
ausgesetzt waren, zeigte sich, daß die klassisch konditionierte Reaktion
(Vermeidung) bei Darbietung des audiovisuellen Reizes in der zweiten
Phase ausgeprägter war als bei Darbietung des Geschmacksreizes. Wenn
dagegen der UCS in der ersten Phase experimentell erzeugte Übelkeit war,
dann war klassisches Konditionieren in der zweiten Phase des Experimentes
stärker nachzuweisen, wenn der Geschmacksreiz dargeboten wurde als bei
Darbietung des audiovisuellen Reizes.

Diese Ergebnisse sprechen gegen die Annahme, daß alle neutralen
Stimuli in gleicher Weise mit einem UCS verknüpft werden können. Vielmehr scheint Ähnlichkeit zwischen neutralem Stimulus und dem unkonditionierten Stimulus Konditionierungen zu fördern: Geschmack (NS) und
Übelkeit (UCS) auf der einen Seite und Ton/Licht und Elektroschock auf
der anderen Seite scheinen einander ähnlicher zu sein als Geschmack und
Elektroschock bzw. Ton/Licht und Übelkeit.

Die möglicherweise bedeutendste Gemeinsamkeit zwischen dem Attributionsprozeß und dem klassischen Konditionieren liegt in der Rolle von
Kovariation in beiden Prozessen. In jüngerer Zeit argumentiert Rescorla
(1988), daß Kontiguität nicht hinreichend für klassisches Konditionieren ist.

Wenn z.B. eine Ratte einen elektrischen Schock erhält, nachdem sie einem neutralen Stimulus (z.B. einem Ton) ausgesetzt war (d.h. wenn raumzeitliche Kontiguität zwischen UCS und NS gegeben ist), wird klassisches Konditionieren nicht unter allen Umständen eintreten. Trotz raumzeitlicher Kontiguität findet Konditionieren nicht statt, wenn der neutrale Stimulus "uninformativ" über das Eintreten des UCS ist. Das heißt, wenn der UCS

Tabelle 2
Gemeinsamkeiten zwischen dem Attributionsprozeß und dem klassischen Konditionieren

Attributionstheorie	Klassisches Konditionieren
1. Potentielle Ursache	Neutrale Stimuli
2. Wirkungen (Effekte)	Unkonditionierte Stimuli
3. Zeitliche Reihenfolge	Zeitliche Reihenfolge
4. Raumzeitliche Kontiguität	Raumzeitliche Kontiguität
5. Kovariation	Informationsgehalt
6. Ähnlichkeit	Garcia (preparedness)-Effekt
7. Abwertungsprinzip	Blocking
8. Diskrepanz zwischen Information und Attribution führt zu Störungen	Diskrepanz zwischen Situation und Verhalten definiert Störungen

auch auftritt, wenn der NS (der Ton) abwesend ist, dann tritt klassisches Konditionieren nicht ein. Wenn dagegen der Schock nur gegeben wird, wenn vorher der Ton verabreicht wurde und wenn der Schock in Abwesenheit des Tons nicht gegeben wird, findet Klassisches Konditionieren statt. In der Terminologie des Kovariationsprinzips muß also eine potentielle Ursache (NS) nicht nur anwesend sein, wenn der Effekt (UCS) anwesend ist, sondern sie muß auch abwesend sein, wenn der Effekt abwesend ist. D. h., ein Kovariationsmuster zwischen CS und UCS führt dann zu klassischem Konditionieren, wenn ein Entitätsmuster vorliegt: Wenn der UCS immer auftritt, wenn der CS auftritt (hohe Konsistenz) und wenn er nur auftritt, wenn der CS vorausgegangen ist (hohe Distinktheit), dann wird das Eintreffen des UCS als durch den CS verursacht wahrgenommen.

Zusammenfassend kann also festgehalten werden, daß zeitliche Reihenfolge, Kontiguität, Kovariation und Ähnlichkeit die zentralen Determinanten sowohl für klassisches Konditionieren als auch für den Attributionsprozeß darstellen. Aus der Perspektive der Attributionstheorie scheint in vielen Konditionierungssituationen der NS der potentiellen Ursache und der UCS dem erklärungsbedürftigen Effekt zu entsprechen. In diesen Fällen scheint der Organismus während der Erwerbsphase beim klassischen Konditionieren darüber Kenntnis zu erlangen, ob der NS als Ursache für den UCS zu betrachten ist. Kommt der Organismus während der Erwerbsphase zu dem "Schluß", daß der NS die Ursache für den UCS darstellt, dann findet Konditionierung statt. Wenn der NS jedoch als Ursache für den UCS nicht identifiziert wird, dann wird der NS allein nicht die UCR hervorrufen.

Neben den Ähnlichkeiten hinsichtlich der grundlegenden Konzepte und Prozesse beim klassischen Konditionieren und dem Attribuieren finden sich auch Gemeinsamkeiten bei verschiedenen Phänomenen, die in diesen beiden Forschungsbereichen untersucht wurden. Blocking bezeichnet etwa den folgenden Sachverhalt beim klassischen Konditionieren: Beim Vorliegen zweier neutraler Stimuli in der Erwerbsphase (z.B. einem Ton und einem Licht) werden normalerweise beide Reize (der Ton und das Licht) konditionierte Stimuli; beim Vorliegen einer der vormals neutralen Stimuli (dem Ton *oder* dem Licht) wird die konditionierte Reaktion ausgelöst. Hat das Versuchstier aber in vorauslaufenden Durchgängen die Erfahrung gemacht, daß ein neutraler Stimulus allein (z. B. nur der Ton oder allein das Licht) dem UCS vorausgeht, dann lernt es nicht mehr, auf den in späteren Durchgängen der Erwerbsphase eingeführten zweiten Reiz mit einer konditionierten Reaktion zu reagieren.

Dieser Befund findet eine Analogie im attributionstheoretischen Abwertungsprinzip. Wenn ein Ereignis (z.B. Erfolg) durch eine Ursache erklärt werden kann (z.B. Aufgabenleichtigkeit), wird eine zweite potentielle Ursache (z.B. Fähigkeit) als weniger bedeutsam wahrgenommen ("abgewertet").

Ebenfalls findet die aus der Attributionstheorie abgeleitete Überlegung, daß realistische Attributionen zu angemessenen Reaktionen und unrealistische Attributionen zu unangemessenen Reaktionen führen, eine Entsprechung in Forschungsarbeiten zum klassischen Konditionieren, nämlich im Rahmen von Seligmans Theorie erlernter Hilflosigkeit (s. Overmier & Seligman, 1967; Seligman & Mair, 1967). Das Forschungsparadigma bestand darin, daß Hunde, die jeglicher Fluchtmöglichkeiten beraubt waren, unkontrollierbare elektrische Schläge erhielten. In einer zweiten Phase befanden sich die Tiere in einem Käfig, in dem sie durch Überspringen einer Barriere den Schocks ausweichen konnten. Versuchstiere, die unvermeidbare Schocks erhalten hatten, zeigten auffällige Defizite in der zweiten Phase: Sie ertrugen passiv die nun vermeidbaren Elektroschocks und wiederholten zufällig gezeigte Fluchtreaktionen nicht.

Die Unangemessenheit und Therapiewürdigkeit des Zustands der erlernten Hilflosigkeit besteht darin, daß sich die Hunde, die sich in der zweiten Phase des Experimentes in einer Situation befinden, in der Kovariation zwischen ihrem Verhalten (Fluchtversuch) und dem Abstellen des aversiven Stimulus besteht, so verhalten, als bestünde diese Kovariation nicht. Nur deshalb, weil sich die Versuchstiere in einer Situation, die durch Kovariation gekennzeichnet ist (zweite Phase), so verhalten, als seien sie in einer Situation, in der keine Kovariation besteht (erste Phase), erscheint ihr Verhalten (Hilflosigkeit) unangemessen (s. Abb. 1).

Konsistent mit der Überlegung, daß der Attributionsprozeß und klassisches Konditionieren weitreichende Gemeinsamkeiten aufweisen, haben Forscher in dem Bereich des klassischen Konditionierens ihre mechanistische Metapher zu einer kognitiven Metapher geändert: In neueren Lehrbüchern liest man, daß klassisches Konditionieren der Prozeß sei, aufgrund dessen der Organismus Wissen über seine Umwelt erwirbt, und Rescorla (1988) spricht vom Versuchstier als "naiven Wissenschaftler".

Schluß

Ich habe in diesem Beitrag gezeigt, daß zwei renommierte Traditionen der Psychologie, nämlich Lerntheorien und kognitive Therapie-Ansätze zu ganz ähnlichen Konzepten, Befunden und Theorien über therapiewürdiges Verhalten gelangt sind wie Attributionstheorien. Dies ist besonders bemerkenswert, da diese Ansätze unterschiedlichen Disziplinen der Psychologie entstammen, die sich auch in Bezug auf die gewählten Methoden unterscheiden. Kognitive Therapie-Theorien haben sich aus der klinischen Praxis entwickelt, Lerntheorien aus tierexperimenteller Forschung, und Attributionstheorien sind im Rahmen sozialpsychologischer Fragestellungen entstanden.

Bemerkenswert erscheint mir ebenfalls, daß diese Perspektiven therapiewürdigen Verhaltens kompatibel mit der aus den Attributionstheorien abgeleiteten Annahme sind, daß unrealistische Kognitionen dysfunktionales Verhalten bewirken. Aus lerntheoretischer Perspektive tritt dysfunktionales

Verhalten auf, wenn Diskrepanzen zwischen der "objektiven" Situation und der im Organismus repräsentierten Situation bestehen (z.B. bei erlernter Hilflosigkeit). Und Beck betont, daß der Hauptaspekt von depressogenem Denken nicht etwa darin liegt, daß Depressive ihre Situation und ihre Zukunft als schlecht betrachten (kognitive Triade). Vielmehr sei "Paradoxie" das hervorstechendste Merkmal des Denkens von Depressiven. Diese Paradoxie zeigt sich in den Annahmen von Depressiven (z.B. ihre Zukunft sei schlecht), die aus Beobachtungen abgeleitet werden, die andere Personen zu vergleichsweise optimistischen Schlußfolgerungen veranlassen.

Ich hoffe, daß ich in dem Beitrag zeigen konnte, daß die Attributionsforschung Begriffe, Theorien und Befunde hervorgebracht hat, die mit etablierten klinischen Theorien und Verfahren kompatibel sind, und daß sich daher Attributionstheorien mit den zentralen Determinanten von Verhalten und Erleben befassen.

Literatur

Abramson, L. Y., Seligman, M. E. P. & Teasdale, J. D. (1978). Learned helplessness in humans. *Journal of Abnormal Psychology, 87,* 49-74.

Alloy, L. B. & Tabachnik, N. (1984). Assessment of covariation by humans and animals. The joint influence of prior expectations and current situational information. *Psychological Review, 91,* 112-149.

Beck, A. T. (1967). *Depression: Clinical, experimental and theoretical aspects.* New York: Harper and Row.

Beck, A. T. (1976). *Cognitive therapy and the emotional disorders.* New York: International Universities Press.

Beck, A. T., Freeman, A. & Associates (1990). *Cognitive therapy of personality disorders.* New York: The Guilford Press.

Beck, A. T., Rush, A. J., Shaw, B. F. & Emery, G. (1979). *Cognitive therapy of depression.* New York: Guilford.

Beck, A. T., Ward, C. H., Mendelsohn, M., Mock, J. & Erbaugh, J. (1961). An inventory for measuring depression. *Archives of General Psychiatry, 4,* 561-571.

Eimer, M. (1987). *Konzeptionen von Kausalität.* Bern: Huber.

Einhorn, H. J. & Hogarth, R. M. (1986). Judging probable cause. *Psychological Bulletin, 99,* 3-19.

Ellis, A. (1962). *Reason and emotion in psychotherapy.* Secaucus, N.J.: Citadel Press.

Ellis, A. & Abrahms, E. (1977). *Brief psychotherapy in medical and health practice.* New York: Springer.

Försterling, F. (1984). Importance, causal attributions and the emotion of anger. *Zeitschrift für Psychologie, 192,* 25-32.

Försterling, F. (1985). Attributional retraining: A review. *Psychological Bulletin, 98,* 495-512.

Försterling, F. (1986). Attributional conceptions in clinical psychology. *American Psychologist, 41,* 275-285.

Försterling, F. (1986). *Attributionstheorie in der Klinischen Psychologie.* München, Weinheim: Psychologie Verlags-Union.

Försterling, F. (1988). *Attribution theory in clinical psychology.* Chichester, England: John Wiley and Sons.

Försterling, F. & Rudolph, U. (1988). Situations, attributions, and the evaluation of behavior. *Journal of Personality and Social Psychology, 54,* 225-232.

Garcia, J. & Koelling, R. A. (1966). Relation of cue to consequences in avoidance learning. *Psychonomic Science, 4,* 124-151.

Heider, F. (1958). *The psychology of interpersonal relations.* New York: Wiley.

Hewstone, M. & Jaspars, J. (1987). Covariation and causal attribution: A logical model of the intuitive analysis of variance. *Journal of Personality and Social Psychology, 53,* 663-672.

Kelley, H. H. (1967). Attribution theory in social psychology. In D. Levine (Ed.). *Nebraska Symposium on Motivation.* Lincoln: University of Nebraska Press.

Kelley, H. H. (1992). Common-sense psychology and scientific psychology. *Annual Review of Psychology, 43,* 1-23.

Ledwidge, B. (1978). Cognitive behavior modification: A step in the wrong direction? *Psychological Bulletin, 85,* 353-375.

McArthur, L. A. (1972). The how and what of why: Some determinants and consequences of causal attributions. *Journal of Personality and Social Psychology, 22,* 171-193.

Michotte, A. (1963). *The perception of causality.* London: Methuen.

Mill, J. S. (1872). *A system of logic.* (8th edition). London: Longmans, Green, Reader & Dyer.

Meyer, W.-U. (1983). Das Konzept von der eigenen Begabung als ein sich selbst stabilisierendes System. *Zeitschrift für Personenzentrierte Psychologie und Psychotherapie, 2,* 21-30.

Overmier, J. B. & Seligman, M. E. P. (1967). Effects of inescapable shock upon subsequent escape and avoidance learning. *Journal of Comparative and Physiological Psychology, 63,* 28-33.

Peterson, C. & Seligman, M. E. P. (1984). Causal explanations as a risk factor for depression: Theory and evidence. *Psychological Review, 91,* 347-374.

Rescorla, R. A. (1988). Pavlovian conditioning: It's not what you think it is. *American Psychologist, 43,* 151-160.

Rotter, J. B. (1954). *Social learning and clinical psychology.* Englewood Cliffs, N. J.: Prentice Hall.

Schachter, S. & Singer, J. E. (1962). Cognitive, social, and physiological determinants of emotional states. *Psychological Review, 69,* 379-399.

Seligman, M. E. P. & Mair, J. F. (1967). Failure to escape traumatic shock. *Journal of Experimental Psychology, 74,* 1-9.

Walster, E. (1966). Assignment of responsibility for an accident. *Journal of Personality and Social Psychology, 3,* 73-79.

Weiner, B. (1986). *An attributional theory of motivation and emotion.* New York. Berlin, Heidelberg: Springer.

Weiner, B. & Kukla, A. (1972). An attributional analysis of achievement motivation. *Journal of Personality and Social Psychology, 15,* 1-20.

White, P. A. (1988). Causal processing: Origins and development. *Psychological Bulletin, 104,* 36-52.

Anschriften der Autoren

Merry Bullock
Max-Planck-Institut
für psychol. Forschung
Leopoldstr. 24
80802 München

**Klaus Fiedler, Gün Semin
& Catrin Finkenauer**
Universität Heidelberg
Psychologisches Institut
Hauptstr. 47-51
69117 Heidelberg

Friedrich Försterling
Pädagogische Hochschule
Erfurt-Mühlhausen
Nordhäuser Str. 63
99089 Erfurt

**Miles Hewstone
& Andreas Klink**
Universität Mannheim
Fakultät für Sozial-
wissenschaften
68159 Mannheim

**Wulf-Uwe Meyer,
Michael Niepel
& Achim Schützwohl**
Universität Bielefeld
Abteilung für Psychologie
Postfach 10 01 31
33501 Bielefeld

Rainer Reisenzein
Universität Bielefeld
Abteilung für Psychologie
Postfach 10 01 31
33501 Bielefeld

Sabine Rethorst
Universität Bielefeld
Abteilung für Sportwissenschaft
Postfach 10 01 31
33501 Bielefeld

Ralf Schwarzer
Freie Universität Berlin
Institut für Psychologie
Habelschwerdter Allee 45
14195 Berlin

Joachim Stiensmeier-Pelster
Universität Bielefeld
Abteilung für Psychologie
Postfach 10 01 31
33501 Bielefeld

Bernard Weiner
University of California
Department of Psychology
405 Hilgard Avenue
Los Angeles, CA 90024-1563
USA

Physische Attraktivität

hrsg. von Dr. MANFRED HASSEBRAUCK und PD Dr. REINER NIKETTA

X/316 Seiten, DM 68,–/sFr. 67,–/öS 531,– · ISBN 3-8017-0600-1

Wenige Variablen haben so vielfältige Konsequenzen für soziale Urteile und Interaktionen wie das Aussehen.

In den Beiträgen dieses Buches wird beschrieben, was die physische Attraktivität einer Person ausmacht, welche Variablen die Beurteilung der physischen Attraktivität kodeterminieren und welche Konsequenzen mit physischer Attraktivität verbunden sind. Die einzelnen Beiträge vermitteln einen umfassenden Überblick über den aktuellen Forschungsstand und beinhalten zudem Ergebnisse neuester Untersuchungen der jeweiligen Autorinnen und Autoren.

Das Buch wendet sich damit sowohl an Personen, die einen allgemeinen Überblick über die Thematik erhalten wollen, als auch an solche, die einen tieferen Einblick in Methoden und Probleme der Attraktivitätsforschung gewinnen möchten.

Hogrefe · Verlag für Psychologie

Kulturvergleichende Psychologie
Eine Einführung

hrsg. von Prof. Dr. ALEXANDER THOMAS

452 Seiten, DM 78,–/sFr. 77,–/öS 609,– · ISBN 3-8017-0408-4

Bisher gibt es kein deutschsprachiges Werk, das in die kulturvergleichende psychologische Forschung einführt. Mit der zunehmenden Internationalisierung unserer Gesellschaft wird sich die Psychologie zukünftig jedoch stärker als bisher mit Fragen kultureller Bedingtheiten psychischer Phänomene und der handlungssteuernden Wirkung kulturspezifischer Einflüsse befassen müssen. Die nun vorliegende Einführung in die kulturvergleichende Psychologie erfüllt deshalb eine wichtige Funktion.

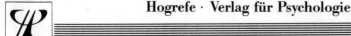

Hogrefe · Verlag für Psychologie